KNU 경북대학교 인문학술원 HK+사업단 자료총서03
INSTITUTE OF HUMANITIES STUDIES

중국목간총람(하)
中國木簡總覽(下)

윤재석 편저

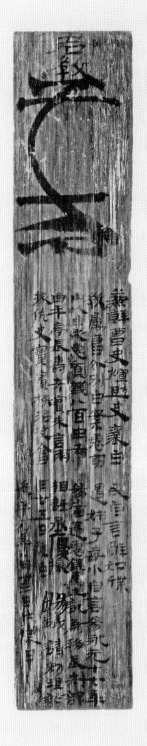

주류성

경북대학교
인문학술원
HK+사업단
자료총서

03

중국
목간
총람
(하)

발 간 처 | 경북대학교 인문학술원 HK+사업단
편 저 자 | 윤재석
저   자 | 김진우, 오준석, 다이웨이훙[戴衛紅], 금재원
펴 낸 날 | 2022년 1월 31일
발 행 처 | 주류성출판사 www.juluesung.co.kr
서울특별시 서초구 강남대로 435 주류성빌딩 15층
TEL | 02-3481-1024(대표전화) · FAX | 02-3482-0656
e-mail | juluesung@daum.net

이 저서는 2019년 대한민국 교육부와 한국연구재단의 지원을 받아 수행된 연구임
(NRF-2019S1A6A3A01055801).

잘못된 책은 교환해 드립니다.

ISBN 978-89-6246-466-5 94910
ISBN 978-89-6246-463-4 94910(세트)

* 이 책의 일부에는 함초롬체가 사용되었음.

중국목간총람(하)
中國木簡總覽(下)

윤재석 편저

차 례

형문 탑총 초간荊門 塌塚 楚簡(2010)
형주 고대 초간荊州 高臺 楚簡(2011)
형주 망산교 초간荊州 望山橋 楚簡(2013~2015)
형주 하가대 초간荊州 夏家臺 楚簡(2014~2015)
형주 용회하 초간荊州 龍會河 楚簡(2018~2019)
형주 조림포 초간荊州 棗林鋪 楚簡(2019)

3. 하남성河南省 출토 전국 목간
신양 장대관 초간信陽 長臺關 楚簡(1957~1958)
신채 갈릉 초간新蔡 葛陵 楚簡(1994)

II. 진대秦代 목간

1. 호북성湖北省 출토 진간
운몽 수호지 11호묘 진간雲夢 睡虎地 11號墓 秦簡(1975)
운몽 수호지 4호묘 진간雲夢 睡虎地 4號墓 秦簡(1975~1976)
운몽 용강 진간雲夢 龍崗 秦簡(1989)
강릉 악산 진간江陵 岳山 秦簡(1986)
강릉 양가산 진간江陵 楊家山 秦簡(1990)
강릉 왕가대 진간江陵 王家臺 秦簡(1993)
형주 주가대 진간荊州 周家臺 秦簡(1993)

2. 호남성湖南省 출토 진간
용산 이야 진간龍山 里耶 秦簡(2002, 2005)

3. 사천성四川省 출토 진간
청천 학가평 진간青川 郝家坪 秦簡(1979~1980)

4. 감숙성甘肅省 출토 진간
천수 방마탄 진간天水 放馬灘 秦簡(1986)

III. 한대漢代 목간

1. 감숙성·신강위구르자치구·내몽골자치구甘肅省·新疆維吾爾自治區·內蒙古自治區 출토 한간
[돈황 한간燉煌 漢簡]

서안 미앙궁유지 한간西安 未央宮遺址 漢簡(1980)
서안 두릉 한간西安 杜陵 漢簡(2001)
대통 상손가채 한간大通 上孫家寨 漢簡(1978)

3. 호남성湖南省출토 한간
   [장사 한간長沙 漢簡]
      장사 서가만(양가대산) 한간長沙 徐家灣(楊家大山) 漢簡(1951)
      장사 오가령 한간長沙 伍家嶺 漢簡(1951~1952)
      장사 사자당 한간長沙 砂子塘 漢簡(1961)
      장사 마왕퇴 한간長沙 馬王堆 漢簡(1972~1974)
      장사왕후 어양묘 한간長沙王后 漁陽墓 漢簡(1993)
      장사 구여재 한간長沙 九如齋 漢簡(1997)
      장사 주마루 한간長沙 走馬樓 漢簡(2003)
      장사 동패루 한간長沙 東牌樓 漢簡(2004)
      장사 오일광장 한간長沙 五一廣場 漢簡(2010)
      장사 상덕가 한간長沙 尚德街 漢簡(2011)
      장사 동패루 한·위진간長沙 東牌樓 漢·魏晉簡(2011)
      장사 파자가 한간長沙 坡子街 漢簡(2015)
      장사 청소년궁 한간長沙 青少年宮 漢簡(2016)
      장가계 고인제 한간張家界 古人堤 漢簡(1987)
      원릉 호계산 한간沅陵 虎溪山 漢簡(1999)
      주주 등공당 한간株洲 鄧公塘 漢簡(2009)

4. 호북성湖北省 출토 한간
   운몽 대분두 한간雲夢 大墳頭 漢簡(1972)
   광화 오좌분 한간光化 五座墳 漢簡(1973)
   강릉 봉황산 한간江陵 鳳凰山 漢簡(1973, 1975)
   강릉 장가산 한간江陵 張家山 漢簡(1983~1984, 1985, 1988)
   강릉 모가원 한간江陵 毛家園 漢簡(1985~1986)
   형주 관저 소가초장 한간荊州 關沮 蕭家草場 漢簡(1992)
   형주 고대 한간荊州 高臺 漢簡(1992, 2009)
   수주 공가파 한간隨州 孔家坡 漢簡(2000)
   형주 인대 한간荊州 印臺 漢簡(2002~2004)
   형주 기남 송백 한간荊州 紀南 松柏 漢簡(2004)
   운몽 수호지 한간雲夢 睡虎地 漢簡(2006)
   형주 사가교 한간荊州 謝家橋 漢簡(2007)
   의도 중필 한간宜都 中筆 漢簡(2008)

발간사

인류가 문자 생활을 영위한 이래 기록물의 효용성은 단순히 인간의 의사소통과 감성 표현의 편의성 제공에만 머물지 않았다. 각종 지식과 정보의 생산·가공·유통에 기초한 인간의 사회적 존립을 가능케 하고, 축적된 인류사회의 경험과 기억의 전승 수단으로서 역사발전을 추동하는 원천으로 작용하였다. 이 과정에서 기록용 도구는 기록물의 제작과 보급의 정도를 질적 양적으로 결정하는 중요 인자로서, 특히 종이는 인류사회 발전의 창의와 혁신의 아이콘으로 작용하였다. 그러나 인류사에서 종이의 보편적 사용 기간이 약 1천 5백 년에 불과한 점에서 볼 때, 종이 사용 이전의 역사는 非紙質 문자 자료의 발굴과 연구에 의존할 수밖에 없다. 한국·중국·일본 등 동아시아지역에서 공통으로 발굴되는 목간을 비롯하여 이집트의 파피루스와 서양의 양피지 등은 종이 사용 이전 역사 연구의 필수 기록물임은 잘 알려진 사실이다.

경북대 인문학술원에서 2019년 5월부터 7년간 수행하는 인문한국플러스(HK+) 지원사업의 연구 아젠다인 "동아시아 기록문화의 원류와 지적네트워크 연구"의 주요 연구 대상이 바로 非紙質 문자 자료 중 한국·중국·일본에서 발굴된 약 100만 매의 '木簡'이다. 이들 목간은 기록물 담당자 또는 연구자에 의해 가공과 윤색을 거치지 않은 1차 사료로서 당해 사회의 면면을 고스란히 간직하고 있다. 따라서 목간은 문헌자료가 전해주지 못하는 고대 동아시아의 각종 지식과 정보를 함축한 역사적 기억공간이자 이 지역의 역사와 문화적 동질성을 확인하는 터전이기도 하다. 그런 만큼 목간에 대한 연구는 고대 동아시아세계의 역사적 맥락을 재조명하는 중요한 계기가 될 것이다.

지금까지의 목간 연구는 주로 문헌자료의 부족으로 인하여 연구가 미진하거나 오류로 밝혀진 각국의 역사를 재조명하는 '一國史' 연구의 보조적 역할을 하거나, 연구자 개인의 학문적 취향을 만족시키는 데 머문 경향이 없지 않았다. 그 결과 동아시아 삼국의 목간에 대한 상호 교차

연구가 미진할 뿐 아니라 목간을 매개로 형성된 고대 동아시아의 기록문화와 여기에 내재된 동아시아 역사에 대한 거시적이고 종합적 연구가 부족하였다. 이에 우리 HK+사업단에서는 목간을 단순히 일국사 연구의 재료로서만이 아니라 고대 동아시아 기록문화와 이를 바탕으로 형성·전개된 동아시아의 역사적 맥락을 再開하고자 한다. 그리고 기존의 개별 분산적 분과학문의 폐쇄적 연구를 탈피하기 위하여 목간학 전공자는 물론이고 역사학·고고학·어문학·고문자학·서지학·사전학 등의 전문연구자와 협업을 꾀하고자 하며, 이 과정에서 국제적 학술교류에 힘쓰고자 한다.

본서는 이러한 연구목표를 달성하기 위한 기초작업으로서, 1900년대 초반부터 지금까지 한중일 삼국에서 발굴된 모든 목간의 형태와 내용 및 출토 상황 등을 포함한 목간의 기본 정보를 망라하여 『한국목간총람』, 『중국목간총람』, 『일본목간총람』의 세 책에 수록하였다. 이를 통하여 동아시아 목간에 대한 유기적·통섭적 연구를 기대함과 동시에 소위 '동아시아목간학'의 토대가 구축되기를 희망한다. 아울러 본서가 학문후속세대와 일반인들에게 목간이라는 생소한 자료를 이해하는 길잡이가 되기를 바란다. 나아가 이러한 학문적 성과의 나눔이 고대 동아시아 세계가 공유한 역사적 경험과 상호 소통의 역량을 오늘날 동아시아세계의 소통과 상생의 에너지로 재현하는 중요한 계기가 되기를 희망한다.

짧은 기간임에도 불구하고 방대한 분량의 원고를 집필해주신 HK연구진에 감사를 드린다. 아울러 본서의 완성도를 높이기 위해 꼼꼼하게 감수와 조언을 아끼지 않으신 한중일 목간학계와 자료 정리 등의 궂은 일을 마다하지 않은 연구보조원들에게도 감사의 마음을 전한다. 그리고 본서의 출간을 포함한 경북대 인문학술원의 HK+연구사업을 지원하고 있는 한국연구재단과 본서의 출간을 흔쾌히 수락해주신 주류성 출판사에 고마움을 표한다.

윤재석

경북대학교 인문학술원장

HK+지원사업연구책임자

2022.1

서문

　이 책은 경북대학교 HK+ 사업단 '동아시아 기록문화의 원류와 지적 네트워크 연구'의 1단계 사업의 성과로 간행되는 한중일 목간총람 중 『중국 목간 총람』이다. 『중국 목간 총람』은 1900년 이래 지금까지 중국에서 출토된 목간 자료를 대상으로, 출토 상황에 대한 개요 및 목간의 구체적인 내용을 정리했다.

　목간은 종이 보급 이전 고대동아시아 세계의 일반적인 서사 재료였다. 문자가 사용된 이래로 고대 중국에서 서사 재료는 갑골, 청동, 목질 재료(대나무와 나무), 비단 등 다양했지만, 그중에서도 대나무를 가공한 죽간과 일반 목재로 만든 목간·목독이 殷周時代부터 시기와 장소를 불문하고 가장 보편적으로 사용되어 왔다. 따라서 '지질기록물' 이전 문자 기록자료에 대한 연구는 목간을 중심으로 할 수밖에 없다.

　중국의 경우만 놓고 보면, 죽간과 목간·목독의 합칭을 簡牘이라고 하며, 혹은 문자가 서사된 비단[帛]까지 포함하면 簡帛이라고 부르는 것이 좀 더 일반적인 호칭이라고 할 수 있다. 다만 본 총람에서는 동아시아의 한국, 중국, 일본에서 출토된 목질 서사재료를 총망라하고 있기 때문에 '목간'으로 용어를 통일한다.

　중국 목간 출토의 역사는 한대로 거슬러 올라간다. 한 무제 때 공자의 고택에서 나온 것으로 알려진 先秦時代 고서나 西晉 무제 때 戰國時代 魏나라 고묘에서 나온 『汲冢書』는 모두 전국시대 목간으로 알려져 있다. 이렇게 발견된 선진 고서는 일부 정리되어서 지금까지 전해지고 있지만, 발견된 목간의 실물 자체는 전하는 바가 없어서 구체적인 것은 확인하기 어렵다.

　오늘날 고대 중국을 연구하는 기본 자료로서 목간에 대한 체계적인 발굴·정리·연구는 20세기 초 영국의 고고학자 오렐 스타인 등이 타림 분지의 니아, 누란, 돈황 유적지에서 漢·晉목간을 발견하면서부터 시작되었다. 1900년 이래 1949년까지 주로 외국 탐사대에 의해 중국 서북

지역의 목간이 발견되었지만, 아직은 체계적인 발굴이 아니라 탐사대가 사막의 유지에서 수집하는 수준이었다. 1949년 이후 보다 체계적이고 과학적인 발굴이 시작되었고, 특히 1970년대 이후로는 이전의 서북지역만이 아니라 호남·호북을 비롯한 중국 전역에서 목간이 대량으로 출토되었다. 1975년 호북성 운몽 수호지에서 나온 秦簡을 전기로 해서, 이후 장가산 한간, 주마루 오간, 용산 이야 진간, 장사 오일광장 간독, 익양 토자산 간독 등 일일이 헤아리기도 어려울 정도로 많은 지역에서 목간 출토가 보고되었다. 특히 2000년대 이후로는 정식 발굴로 출토된 목간과 함께, 도굴되어 국외로 밀반출되었다가 다시 중국 내 기관이 입수한 목간도 적지 않다. 상해박물관, 청화대학, 안휘대학, 악록서원, 북경대학 등에서 소장하고 있는 전국 및 진한시대의 목간이 그것이다.

이처럼 중국에서 지금까지 나온 목간은 약 50여 만 매로 추산되며, 시기는 기원전 4세기 전국시대에서 진한시기를 거쳐 3~4세기 삼국·위진시대까지이다. 다만 서북 지역에서는 남북조·수당 및 서하 목간까지 계속 발견되고 있으며, 한자 이외에 토번·쿠차·우전·카로슈티 문자 목간도 출토되었다. 심지어 원, 명, 청시대의 木質 문자자료도 일부 확인되고 있는데, 이들 목간은 紙木 병용시대의 기록 문화 및 역사 연구에도 도움을 준다.

20세기 이래 지금까지 대량으로 출토되고 있는 목간은 중국 고대의 보편적인 서사 재료였던 만큼, 그 내용도 문자 기록의 거의 모든 면을 포괄하고 있다. 각종 행정문서·법률문서·편지·일서·전적·역보·견책·고지서·출입증·계약문건·유언장·습자·명함 등을 망라하며, 서사 재료의 용도에 맞게 簡·牘·觚·檢·楬·符·券·棨·致·傳·柿·槧 등 다양한 형태의 목간이 사용되었다. 따라서 방대한 수량에 다양한 내용과 형태를 갖춘 목간이라는 새로운 자료의 축적은 고대 중국에 대한 전면적이고 종합적인 새로운 연구의 물꼬를 트게 되었다. 일찍이 왕국유가 "새로운 학문은 새로운 발견에서 시작한다"고 했듯이, 1900년 이래 중국 목간의 발견은 목간 그 자체의 종합적이고 독자적인 연구 영역으로 자리매김하는 이른 바 '간독학'의 성립으로 이어졌다. 체계적인 '간독학' 연구의 성과는 역사·지리·언어·문자·의학·과학기술 등 제 방면의 활발한 연구를 이끌어 내었고, 이러한 상호 작용은 목간이라는 자료에 기반하는 '고대중국학(고대학+중국학)'이라는 융복합적인 종합 학문으로 발전해간다고 해도 과언이 아니다.

이러한 추세에 한국 학계도 예외는 아니었다. 일찍이 1970년대 운몽 수호지 진간의 출토는 한국 학계에도 직접적인 자극을 주어, 목간을 적극적으로 활용하는 새로운 연구 경향이 나타나기 시작하였다. 초창기 제한된 정보 속에서도 소수 연구자들의 고군분투로 목간 자료를 활용한 중국 고대사 연구역량은 점차 축적되었다. 현재 한국 학계의 역량은 여전히 소수의 연구자와 제한된 연구 영역이라는 한계가 있음에도, 더 이상 국내에 고립되지 않고 중국·일본·구미 등 해외 학계와 동시적인 학술 교류를 할 수 있을 정도로 성숙하여, 어느 정도 창의성과 독자성을 갖추었다고 자평할 수 있다.

1970년대 이래 지난 반세기 동안 한국에서의 중국 목간 연구 역량의 성숙은 바로 본 사업단의 연구 아젠다를 가능케 하는 기반이 되었다. 본 사업단의 연구 아젠다는 중국 목간과 함께 한국과 일본에서의 목간 자료도 아울러서, 종이 보급 이전 고대 동아시아 세계 기록문화의 원류를 탐색하고 종횡으로 이어지는 지적 네트워크를 모색하려는 시도이다. 이러한 사업을 수행하기 위한 토대 구축의 일환으로서 본 사업단은 우선 지금까지 출토된 한·중·일 목간에 대한 기본 정보를 총망라해서 정리할 필요가 있었고, 그 결과 한중일 목간 총람을 편찬하게 되었다.

그중 『중국 목간 총람』은 1900년 이래 가장 최근까지 중국에서 출토된 목간을 망라해서 정리하고자 했다. 이를 위해 사업단 내 중국 목간팀은 먼저 출토 목간의 목록을 전국 목간 36종, 진간 10종, 한간 113종, 삼국·위진·남북조·수당·서하·원명청 시기 목간 94종, 대학·박물관 소장 목간 21종을 포함하는 총274종의 목간을 망라해서 작성했다. 이어서 목간의 최초 발굴보고, 정식 도판·석문 출판물, 관련 연구성과 등 필요한 자료를 수집하였고, 이에 근거하여 본 사업단 HK연구교수들이 분담하여 각 시대별 목간에 대한 집필을 진행하였다. 戰國時代 목간 부분은 다이웨이홍[戴衛紅]·오준석, 秦代 목간 부분은 오준석, 漢代 목간 부분은 김진우·오준석, 삼국·위진·남북조·수당·서하·원명청 시기의 목간은 다이웨이홍과 금재원이 집필을 전담하였다. 자료 수집과 참고문헌 목록 작성 및 중문 원고 번역과 초고 윤문 등 많은 일을 경북대 대학원 석·박사 과정에 있는 연구보조원 이근화·김종희·이계호·유창연 등이 담당하였다.

방대한 중국 목간 자료를 총망라하여 정리하면서 최대한 빠짐없이 상세한 정보를 담고자 하였다. 다만 집필 내용은 새로운 의견을 제시하기보다는 목간의 발굴 상황과 내용 및 형태를 정리 소개하는 정도이다. 그럼에도 1년여의 짧은 시간을 고려하면 집필은 쉽지 않은 과정이었고, 여전히 부족하고 잘못된 부분도 적지 않게 발견될 것이다. 부족하고 잘못된 부분은 전적으로 집필자의 책임이며, 당연히 총람 출간 이후에도 계속 수정하고자 한다. 방대한 중국 목간에 대한 정리를 하면서, 무엇보다 '愚公移山'과 '日日新又日新'의 의미가 새롭게 와닿았다. 부족한 부분에 대해 연구자를 비롯한 독자 여러분의 질정을 바란다.

범례

一. 이 책에 수록된 목간은 2020년 12월 말까지 중화인민공화국 영토 내에서 출토·보고된 것을 대상으로 하였다. 낙랑한간의 경우 시기 및 내용으로는 한대 목간이지만, 출토지가 한반도이므로, 『한국 목간 총람』에 수록하였다.

一. 이 책은 기본적으로 해당 목간의 발굴 및 정리를 담당한 정리자 혹은 정리소조의 정식 발굴보고 및 출판 간행물에 기반하여 작성하였고, 필요한 경우 개별 연구 성과도 반영하였다.

一. 이 책은 Ⅰ. 전국시대 목간, Ⅱ. 진대 목간, Ⅲ. 한대 목간, Ⅳ. 삼국·위진남북조·수당·서하·원명청시대 목간, Ⅵ. 대학·박물관 소장 목간 등 크게 5항목으로 분류하였다.

一. 서술 순서는 1. 출토지, 2. 개요(발굴기간, 발굴기관, 유적종류, 시대, 시기, 출토상황), 3. 내용, 4. 참고문헌 순으로 하였다.

一. 목간의 編號·配置·標點 등은 해당 목간을 수록한 정식 출판물(발굴보고서, 도록 등)에 따랐다.

一. 이 책에서 사용하는 중국 목간 관련 인명·지명 등은 과거와 현대를 구분하지 않고 한국 한자음에 따라 표기하는 것을 원칙으로 했다. 다만 신강위구르 지역 중 일부 지명은 현지음에 따라서 표기했다.

一. 이 책에서 사용하는 목간 관련 용어는 기본적으로 현재 중국에서 통용되는 것으로 사용했다. 예를 들어 목간을 깎아 낸 얇은 파편을 한국에서는 '목간부스러기', 일본에서는 '削屑', 중국에서는 '削衣'라고 표기하는데, 본서에서는 중국의 사용례에 따라 '削衣'로 표기했다.

一. 〈1900년 이래 출토 중국 목간 일람표〉는 본 『중국 목간 총람』에 수록된 목간을 각 시대별로 구분한 후 가급적 출토연도 순으로 배열 정리한 것이다.

一. 〈참고문헌〉은 중국목간에 관한 전체 목록이 아니라, 1970년대 이후 현재까지 한국에서의 관련 연구만을 대상으로 작성하였다.

6. 강소성江蘇省 출토 한간

고우 소가구 한간(1957)
高郵 邵家溝 漢簡

1. **출토지** : 강소성 양주시 고우현 소가구 한대 유지
2. **개요**
   1) 발굴기간 : 1957년 2월
   2) 발굴기관 : 강소성 문물관리위원회, 강소성 박물관
   3) 유적종류 : 생활 폐기물 유적
   4) 시대 : 한대
   5) 시기 : 후한 말
   6) 출토상황 : 소가구 한대 유지는 강소성 양주시 고우현에서 북쪽으로 약 8㎞ 정도 떨어진 운하 동안에 위치한다. 1957년 2월부터 강소성 문물관리위원회와 강소성 박물관은 40여 일 동안 약 400㎡ 면적의 소가구 한대 유지를 발굴하여 387건의 유물을 수습하였다.

소가구 유지의 현존 면적은 약 750~850㎡ 정도이며, 북으로는 낭떠러지로 끊겼고 동·남쪽도 경사진 비탈로 깎였다. 서편으로만 비교적 보존 상태가 양호한 편이다. 유지의 퇴적 문화층은 남·북으로 구분해서 북반부는 시기적으로 상층문화 퇴적층이고 남반부는 상층과 하층문화 퇴적층을 포괄하고 있다. 하나의 유지 내 두 퇴적문화층이 존재하기는 하지만, 출토 유물로 보면 실제 동일한 시대라고 할 수 있다.

상층문화층(黃焦土層)에는 灰坑 1기와 파손된 상태의 목관묘 2기가 있는데, 도기를 중심으로 약간의 자기·철기·칠기·목기 등 당시 생활 용기가 주로 나왔다. 하층문화층(灰黑土層)에는 灰坑, 灰溝, 地窖가 각 1기씩 있는데, 출토 유물이 풍부하게 나왔다. 주로 청자기와 도기류가 많으며 또 수박씨, 竹席, 칠기 잔편 등도 있으며 특히 篆書로 "天帝使者", "鄭□私(?)印"라고 음각되어 있는 封泥 및 도교 주술 목독 1매가 나와서 중요한 가치를 가진다.

출토 유물은 전부 387건인데, 그중 도기류가 罐·壺·盆·豆·鉢·盃 등 323건으로 전체의 83.5%를 차지한다. 자기류는 罐·壺·盃·瓷片 등 19건이고 칠기류가 耳杯·碗·殘漆片 등 11건이다. 목기류가 梳·木牘·기타 殘件 등 9건이고, 철기류가 犁·錘 등 5건이다. 기타로 숫돌, 동전, 짚신, 복숭아 씨, 수박 씨, 개나 물고기 뼈 등 20건이 있다.

3. 내용

강소성 양주시 고우현 소가구 한대 유지에서 출토된 목독은 유지 내 하층문화 퇴적층의 제2호 灰溝(편호 H2)에서 발견되었다. 작은 숫돌, 흰 조약돌, 陶珠, 竹席, 칠기 파편, 봉니 등이 함께 출토되었는데, 봉니에는 篆書로 각각 "天帝使者", "鄭□私(?)印" 등이 음각되어 있다.

〈邵家溝 출토 封泥 篆書 "天帝使者"〉

목독은 길이 28㎝ 너비 3.8㎝에 보존 상태가 비교적 좋은 편인데, 朱砂로 부적과 주술을 쓰고 있다. 부적은 목독 상단에 그렸는데, 부적 위에 '符(?)君'이라는 2글자 또는 '北斗君'으로 해석되는 3글자가 있고, 부적 그림과 '符(?)君' 글자 사이에는 七星을 한 줄로 이어서 그리고 있다.

목독 하단 부분에 귀신을 쫓는 주술 문장이 가재되어 있다.

『道藏』에 60갑자의 매 1일에 죽은 귀신은 모두 고유한 이름이 있는데, 그중 '光'이라는 이름은 甲子日의 귀신 元光이나 甲戌日의 귀신 甲光이 있다. 『道藏』의 乙巳日 귀신 이름은 皕元으로 위의 소가구 목독의 乙巳日 귀신 이름 天光과는 서로 다르다. 또 '天帝神師'는 위의 소가구 출토 봉니의 '天帝使者'와 동일한 호칭으로, 天帝가 지상으로 내려 보내 降魔除鬼의 신통력을 발휘하는 도교의 신선이다. 그리고 귀신의 이름을 알면 그 귀신을 물리칠 수 있다는 전통적인 관념이 이 소가구 목독의 주술 문장에도 '已知汝名'이라는 표현으로 반영되어 있음이 확인된다. '南山' 이하 2글자가 분명하지는 않지만 귀신을 잡아먹는 신의 이름으로 추정되는데, 劉釗 등은 이를 수호지진간 일서·갑종에 나오는 호랑이 형상의 귀신 잡아먹는 신 '豻澔'라고 해석하기도 한다.

따라서 주술은 을사일에 죽은 귀신 天光에게 이미 이름을 알고 있으니 바로 멀리 물러날 것을 명하면서, 만약 물러나지 않으면 귀신 잡아먹는 신에게 먹힐 것이라고 위협하는 내용이다.

고우 소가구 목독의 내용은 '天帝使者' 봉니와 함께 중국 도교의 초기 역사를 연구하는데 중요한 실물 자료로서 가치를 가진다고 할 수 있다. 최초의 발굴 보고는 「江蘇高郵邵家溝漢代遺址的清理」(1960)로 발표되었고, 소가구 목독의 神名 등 문자 분석은 劉樂賢의 「邵家溝漢代木牘上的符咒及相關問題」(2003)와 劉釗의 「江蘇高郵邵家溝漢代遺址出土木簡神名考釋」(2003) 등을 참고할 수 있다.

4. 참고문헌

江蘇省文物管理委員會(朱江), 「江蘇高郵邵家溝漢代遺址的清理」, 『考古』 1960-10.

劉樂賢, 「邵家溝漢代木牘上的符咒及相關問題」, 『簡帛數術文獻探論』, 湖北教育出版社, 2003.

劉釗, 「江蘇高郵邵家溝漢代遺址出土木簡神名考釋」, 『東南文化』 2003-1.

연운항 해주 초산 한간(1962)

連雲港 海州 礁山 漢簡

1. **출토지** : 강소성 연운항시 해주구 망탄장 초산 한묘

2. **개요**

   1) 발굴기간 : 1962년 7월~9월

   2) 발굴기관 : 남경박물원

   3) 유적종류 : 고분

   4) 시대 : 한대

   5) 시기 : 전한 말~후한 초

   6) 출토상황 : 1962년 7월 강소성 연운항시 해주 網疃莊 小礁山에서 큰 비가 내린 후 물에 씻겨 내린 고묘 1기가 발견되었다. 연운항시 문교국에서 먼저 현장 조사 후 출토 유물을 수습했고, 그 후 남경박물원에서 다시 출토 유물의 감정 및 조사를 진행했다.

   망탄장은 연운항시 해주구 동문 바깥 2.5㎞ 떨어진 거리에 있다. 발견된 고묘는 망탄장 남쪽 100m 지점의 초산 아래에 위치한다. 묘실은 남북 방향이며 동쪽으로 3도 정도 기울어져 있다. 묘실 내 곽실은 길이 약 2.7m, 너비 2.05m, 깊이 0.8m 정도이며, 곽실 내에는 2구의 목관이 동서 방향으로 안치되어 있어 부부 합장묘임을 알 수 있다. 무덤의 시기는 전한 말~후한 초 무렵인 것으로 추정된다.

   수장 유물은 모두 관 속과 상자에서 나왔는데, 동관에서는 玉猪·琥珀虎 등의 장식품과 오수전 및 遣策(衣物疏) 목독, 상자에서는 木俑과 釉陶壺 등 도기와 칠기가 출토되었다. 서관은 수장 유물이 적은데, 오수전과 철검 및 遣策(衣物疏) 목독이 나왔지만 이미 부패 정도가 매우 심한 상태였다.

   이상의 발굴 상황으로 동관이 여성이고 서관이 남성으로 추정된다. 출토 유물의 수량은 모두

29건으로, 그중 銀扣漆器 등 漆器類가 8건으로 가장 많다. 동경 등 동기가 4건이고 오수전이 6 매이다. 그 밖에 여성 형상의 木俑 1건, 木釵 1건, 철검 1건, 釉陶壺 2건, 玉猪 2건, 琥珀虎 2건, 귀고리 1건 등이 있다. 남녀 무덤에서 각 1매 씩 遣策(衣物疏) 목독이 나왔지만, 여성의 묘에서 나온 것만 수습했고 남성 묘의 목독은 이미 부패해서 정리할 수 없었다.

3. 내용

1962년 강소성 해주 망탄장 초산 한묘에서 출토된 목독 1매는 무덤 내 2구의 목관 중 동관 여성의 관에서 나온 것이다. 목독은 길이 23㎝ 너비 6.7㎝이다. 내용은 수장한 衣物의 명칭과 수량을 기재한 것이다.

위에서 아래로 5칸으로 나누고, 첫 번째 두 번째 칸은 각 7행, 세 번째 네 번째 칸은 각 8행, 다섯 번째 칸은 4행으로 쓰고 있다. 글자는 분명하지 않고 희미하게 알아 볼 수 있을 정도이다. 예를 들면 "□□衣一領"과 같은 내용에서 견책류 의물소라는 것은 분명하지만, 대부분의 글자는 모호해서 판명하기가 어렵다.

발굴보고는 「江蘇連雲港市海州綱疃莊漢木槨墓」(1963)가 있고, 석문은 『散見簡牘合輯』 (1990)과 趙寧의 「散見漢晉簡牘的蒐集與整理 上」(2014) 등이 참고할 만하다.

4. 참고문헌

南京博物院, 「江蘇連雲港市海州綱疃莊漢木槨墓」, 『考古』 1963-6.

李均明·何雙全, 『散見簡牘合輯』, 文物出版社, 1990.

趙寧, 「散見漢晉簡牘的蒐集與整理 上」, 吉林大學碩士學位論文, 2014.

연운항 해주 곽하묘 한간(1973)

連雲港 海州 霍賀墓 漢簡

1. **출토지** : 강소성 연운항시 해주구 망탄장 초산 전한 곽하 묘

2. **개요**

   1) 발굴기간 : 1973년 3월

   2) 발굴기관 : 남경박물원, 연운항시박물관

   3) 유적종류 : 고분

   4) 시대 : 한대

   5) 시기 : 전한 말

   6) **출토상황** : 강소성 연운항시 해주구에서 동남쪽 약 2㎞ 떨어진 망탄장의 소초산 북쪽 기슭에서, 1973년 3월 현지 농민이 토지 정리를 하다가 전한대 한묘를 발견했다. 이에 남경박물원과 연운항시박물관은 3월 13일부터 15일까지 발굴 조사를 진행하였다.

   묘는 묘갱과 곽실 및 목관으로 구성되어 있다. 묘갱은 소초산 북쪽 기슭의 경사진 땅에서 수직으로 파내려가는 방식으로 만들었고, 坑 내에 곽실을 만들었는데 길이 3.34m, 너비 2.65m, 높이 1.23m 규모이다. 곽실 내에는 2구의 목관이 안치되어 전형적인 부부합장묘임을 알 수 있다. 남성 관 내 유골은 보존 상태가 비교적 좋은 편이데, 연령은 70세 이상으로 추정된다. 이에 비해 여성 관의 유골은 이미 부패가 심하고 보존 상태가 좋지 않은데, 연령은 40여 세 전후로 남성 보다 먼저 사망했다가, 남성의 매장 시 천장한 것으로 보인다.

   출토 유물은 모두 90여 건으로 대부분 보존 상태가 좋다. 칠기류는 26건으로 碗·耳杯 등 생활용품이다. 竹木器는 木牘·鳩杖·木硯盒木梳·竹笥 등 모두 19건인데, 그중 목독은 7매이다. 금속기는 銅·鐵·鉛 3종의 재료로 구분되는 52건이다. 이 중 남성 관 내 유골의 왼손 쪽에서 발견된 銅印에 '霍賀之印'라고 음각되어 있어서, 묘주의 이름이 분명히 확인된다. 다만 史書에서

는 확인되지 않으며 묘의 규모로 보아서 현지의 土人이나 하급관료 정도의 신분으로 추정된다. 銅錢은 38개로 모두 오수전이다. 그 외 釉陶壺 2건, 粟·棗 등 식물도 있다.

해주 망탄장 일대는 한대 목곽묘가 집중되어 있는 지역 중의 하나로, 부부합장묘인 霍賀墓의 시기는 관곽의 형태나 수장 기물·서체 등의 특징 등을 통해 전한 말로 특정할 수 있다.

3. 내용

해주 전한 곽하 묘 출토 목독은 7매인데, 그중 1매에만 글자가 있다. 길이 22㎝, 너비 6.5㎝ 이지만, 출토 시 이미 두 조각으로 쪼개져 있었다. 예서체로 썼으며 이미 글자가 부분적으로 흐 릿해져 판독하기 어려운 글자가 상당하다. 예를 들면 '紅□□, 一領', '白□襌, 領', '白□□衣, 一領', '皂復衣, 一領' 등과 같은 내용이다. 견책류 목독으로 수장 의물의 명칭과 수량을 기재한 의물소이다.

참고로 함께 발견된 木硯盒의 안쪽에도 글자가 쓰여 있는데, 역시 이미 흐릿해져 모두 판독 할 수는 없고 일부 글자만 확인할 수 있다. 또 漆器 食奩의 안쪽 바닥에 '橋氏'라는 漆工의 인장 이 찍혀 있으며, 環首書刀의 刀身에 '宜官腴二千石'이라고 음각되어 있는 것도 확인된다.

4. 참고문헌

南京博物院/連雲港市博物館, 「海州西漢霍賀墓清理簡報」, 『考古』 1974-3.
趙寧, 「散見漢晉簡牘的蒐集與整理 上」, 吉林大學碩士學位論文, 2014.

연운항 해주 시기요묘 한간(1973)

連雲港 海州 侍其繇墓 漢簡

1. **출토지** : 강소성 연운항시 해주구 망탄장 초산 전한 시기요 묘

2. **개요**

    1) 발굴기간 : 1973년 12월

    2) 발굴기관 : 남경박물원

    3) 유적종류 : 고분

    4) 시대 : 한대

    5) 시기 : 전한 중후기

    6) 출토상황 : 1973년 12월 남경박물원은 강소성 연운항시 해주구에서 동남쪽으로 약 2㎞ 떨어진 망탄장 부근 초산 동쪽 기슭에서 전한 중후기 토광 수혈식 부부합장묘를 발굴했다. 이 지역은 漢墓群이 밀집되어 있고, 이미 1962년 7월 한묘 1기를 발굴해서 1매의 衣物疏 목독이 나왔고 1973년 3월에도 전한 말 霍賀묘에서 의물소 목독이 나온 적이 있었다. 해당 묘는 앞서의 霍賀묘에서 동쪽으로 100m 정도 떨어진 위치에 있다.

이 묘는 부부합장묘로 장방형의 토광 수혈식 묘인데, 토광이 남·북 두 부분으로 나뉘면서 깊이가 약간 달라서 아마 두 번에 걸쳐 땅을 파고 매장했을 것으로 보인다. 토광 내 2개의 곽이 안치되어 있는 곽실도 북곽이 남곽보다 약간 더 높다. 곽 내부에는 관이 하나씩 있는데, 관 내 유골은 앙신직지의 형태로 매장되어 있다. 북관이 남성, 남관이 여성으로 모두 노년으로 추정된다. 관의 옆에는 각각 1개 씩 수장품을 담아두는 상자가 있다.

수장 유물은 모두 102건으로 대부분 칠기·동기·목기류이다. 칠기는 漆奩·漆食盒·漆耳杯·漆盤 등 38건이고 목기는 木劍·木書刀·木枕·鳩杖·木棍 등 12건이다. 동기는 31매의 오수전 화폐를 포함해서 銅鏡·銅鐎壺 등이며, 그밖에 龜鈕銀印 도장과 옥 장식품, 骨釵, 陶甕, 粟·棗 등

의 식물 등이 있다. 수장 의복의 명칭과 수량을 기록한 의물소 목독도 남성과 여성의 관에서 각각 1매씩 나왔다.

출토된 龜鈕銀印에서 묘주의 이름이 侍其繇라는 것이 확인되었는데, 漢初 공신인 酈食其의 증손인 武가 侍中을 지낸 것으로 官과 氏를 합해 성으로 삼았다는 『古今姓氏書辯證』의 설에 근거한다면, 侍其는 酈食其의 후손으로 전한 중후기의 복성이라고 할 수 있다. 또 묘주 侍其繇의 신분은 출토된 龜鈕銀印으로 보아 2천석 급의 관료로 추정할 수 있다. 아울러서 묘장의 형태나 출토 유물 및 서체 등의 특징으로 보아 시기가 전한 중후기라는 것은 분명하다.

3. 내용

시기요 묘 출토 목독 2매는 길이 23㎝, 너비 7.5㎝, 두께 0.5㎝이다. 여성의 관에서 나온 목독은 이미 글자가 지워져서 알아볼 수 없지만, 남성 관 출토 목독은 정면의 글자가 비교적 분명해서 대부분 판독할 수 있는데, 예서체로 상중하 3칸으로 나누어 썼다. 모두 25행 186자이다. 背面은 상단에 글자 흔적이 있지만 이미 흐려져서 분명하지 않다.

목독의 내용은 수장 의물의 명칭과 수량을 기재한 것으로, 견책류 의물소 목독이다. 목독에 기재하고 있는 의물은 30건 이상으로, "白野王綺復衣, 一領"과 같이 먼저 옷의 색깔·원산지·재료 등을 쓴 후 의복의 명칭과 수량을 기재하는 식이다. 기재되어 있는 의복의 명칭은 『說文』, 『急就篇』, 『釋名』 등에서 대체로 확인할 수 있으며, 원산지는 한대 방직품의 주요 산지 중 하나인 齊 지역이다.

4. 참고문헌

南波, 「江蘇連雲港市海州西漢侍其繇墓」, 『考古』 1975-3.
李均明·何雙全 편, 『散見簡牘合輯』, 文物出版社, 1990.
趙寧, 「散見漢晉簡牘的蒐集與整理 上, 吉林大學碩士學位論文, 2014.

연운항 해주 대성묘 한간(1976)

連雲港 海州 戴盛墓 漢簡

1. 출토지 : 강소성 연운항시 해주구 망탄장 초산 한묘(戴盛)

2. 개요

    1) 발굴기간 : 1976년

    2) 발굴기관 : 미상

    3) 유적종류 : 고분

    4) 시대 : 한대

    5) 출토상황 : 강소성 연운항시 해주구에서 동남쪽으로 약 2km 떨어진 망탄장 부근 초산 일대는 한묘군이 밀집되어 있는 지역이다. 이미 1962년 1기의 한묘에서 의물소 목독이 나왔었고, 1973년에도 전한 중후기 한묘인 霍賀와 侍其繇 묘에서도 의물소 목독이 출토된 적이 있다. 연운항시 花果山 출토 간독을 소개하는 李洪甫의 「江蘇連雲港市花果山出土的漢代簡牘」(1982)에서 1976년 해주 초산 한묘군 중 대성묘에서 衣物券 木方 1매가 나왔다고 처음 언급되었지만, 지금까지 구체적인 발굴정황이나 내용에 대해서는 확인되지 않고 있다.

3. 참고문헌

李洪甫, 「江蘇連雲港市花果山出土的漢代簡牘」, 『考古』 1982-5.

연운항 해주 화과산 한간(1978)
連雲港 海州 花果山 漢簡

1. **출토지** : 강소성 연운항시 해주구 화과산 雲臺 한묘

2. **개요**

    1) 발굴기간 : 1978년 7월

    2) 발굴기관 : 미상

    3) 유적종류 : 고분

    4) 시대 : 한대

    5) 시기 : 전한 애제 元壽2년(기원전 1년) 전후

    6) 출토상황 : 1978년 7월 강소성 연운항시 해주구 화과산 아래 雲臺 벽돌공장에서 벽돌용 흙을 얻기 위해 폭파하다가 주변에 있었던 한묘를 파괴했고 그 과정에서 무덤 안의 수장품이었던 간독 30매가 부서진 상태로 나왔다. 30매의 간독 중 글자를 판독할 수 있는 것이 13매이고, 나머지 17매는 이미 글자가 희미해져 알아볼 수 없거나 본래 글자가 없는 상태였다. 간독을 발견한 지역에는 십여 기의 목곽묘가 있었기 때문에 아마도 간독은 본래 그중 하나의 수장품이었을 것으로 추정된다. 문자가 있는 13매의 간독은 현장에서 초보적인 판독을 한 후 운송·처리하는 과정에서 파손되어, 모본만 있고 실물이나 사진 도판은 없는 상태이다.

3. **내용**

    30매의 해주 화과산 운대 한간독 중 글자를 알아볼 수 있는 13매의 간독은 처음 출토될 당시 부서진 상태여서 남아있는 간의 크기가 각각 다르다. 모본 상으로 번호를 붙인 간독을 순서대로 정리하면 다음과 같다.

간번호	길이/너비	형태	서체
1호간	13/5.8㎝	목독	
2호간	4.2/5㎝	목독	
3호간	6.2/4.5㎝	죽독	예서
4호간	4.5/8㎝	죽독	예서
5호간	4/7.5㎝	목독	예서
6호간	2.6/5.5㎝	목독	예서
7호간	20/4㎝	목독	예서
8호간	3.2/6.4㎝	목독	예서
9호간	6.2/5.7㎝	목독	큰 글씨는 예서, 작은 글씨는 초서
10호간	12.5/5㎝	목독	초서
11호간	9.5/4.4㎝	목독	예서
12호간	8.25/4.2㎝	목독	초서
13호간	15/3㎝	죽독	예서

이상 13매의 죽·목독은 3매가 죽독이고 10매가 목독이다. 예서를 주로 하면서 초서도 쓰고 있다. 내용은 형사 사건의 기록과 曆日의 간지 등이다. 1~6호간은 수호지진간 봉진식과 비슷한 내용으로 일종의 '決事比' 종류의 문서이다. 이에 해당 간독이 수장되어 있던 묘의 묘주는 獄吏일 가능성도 있다. 7호간은 전한 애제 元壽2년(기원전 1년)~元始원년(기원후 1년)의 朔閏表이고 8~9호간은 日書類로 보이며, 10, 12, 13호간은 잔결이 심하지만 酒·鈺 등 물품 매매기록으로 보인다. 11호간은 '再拜' 2글자만 있는데, 名謁類일 가능성이 있다.

해주 화과산 한간독은 비록 현재 실물이나 사진 도판이 없지만 모본과 석독을 통해 어느 정도 그 내용을 확인할 수 있는데, 한대 東海郡 지역의 사회·경제·문화 및 수륙 지리의 변천을 연구하는데 귀중한 자료를 제공해 준다. 또 서체는 완숙한 예서체로 霍賀묘나 侍其繇묘의 문자보다 약간 시기가 늦은 것으로 보이는데, 실제 간독의 간지를 추산하면 애제 元壽 2년(기원전 1

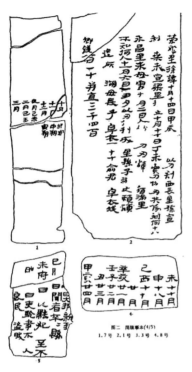

〈해주 화과산 한간독 摹本(1, 3, 7, 8호간)
(『考古』1982-5 轉載)〉

〈해주 화과산 운대 한간독 摹本(2, 4, 5, 6, 9, 10, 11, 12, 13호간)
(『考古』1982-5 轉載)〉

년) 전후에 해당한다.

4. 참고문헌

李洪甫, 「江蘇連雲港市花果山出土的漢代簡牘」, 『考古』 1982-5.

李均明·何雙全, 『散見簡牘合輯』, 文物出版社, 1990.

연운항 고고정 한간(1979~1980)
連雲港 高高頂 漢簡

1. **출토지** : 강소성 연운항시 당장 고고정 한묘

2. **개요**

   1) 발굴기간 : 1979년 12월~1980년 5월

   2) 발굴기관 : 연운항시 박물관

   3) 유적종류 : 고분

   4) 시대 : 한대

   5) 시기 : 전한 말

   6) 출토상황 : 강소성 연운항시 唐莊은 雲臺山의 서쪽 기슭에 위치하면서 옛부터 바다와 접해있던 곳이었다. 1979년 12월 현지 농민이 唐莊 高高頂에서 묘를 발견하자, 연운항시 박물관에서는 현장 조사를 하여 이미 드러난 北槨에서 木俑 5건을 수습했다. 이어서 1980년 5월 26~30일까지 묘의 南槨을 발굴 정리했다.

   고고정 한묘는 토갱 수혈식 묘로 묘갱·묘실·목관으로 구성되어 있다. 묘실 내에 2개의 곽이 있는데, 南槨이 먼저 매장되고 北槨이 나중에 만들어졌다. 北槨室 내에 장방형의 관이 하나 있고, 南槨室은 수장품을 담은 邊箱이 있는 형태로, 관 내는 물이 가득 차고 유골은 이미 부패한 상태였다.

   수장품은 먼저 수습했던 북곽의 목용 5건을 포함해서 모두 68건으로 대부분 보존 상태가 양호하다. 칠목기·도기·식물 등인데, 그중 粧奩·木牘·銅鏡·小鉛棒·鉛環·五銖錢 등은 관 내에서 나왔고 나머지는 모두 邊箱에서 출토되었다. 묘에서 나온 동경과 오수전의 특징으로 보아 묘장 시기는 전한 말이며 묘주의 신분에 대해서는 알 수 없다.

3. 내용

연운항 당장 고고정 한묘 출토 목독은 관 내에서 출토되었는데, 의물소 견책이다. 출토 시 다섯 조각이었는데, 합쳐서 길이 23.1㎝, 너비 5.5㎝가 되었다. 예서체로 앞뒤 양면에 모두 글씨를 썼는데, 정면은 4칸이고 背面은 2칸으로 나누었다. 글자가 흐릿해서 대부분 알아보기가 어렵다.

「連雲港市唐莊高高頂漢墓發掘報告」(1995)는 고고정 한독의 정면 도판 사진과 석문을 수록했지만, 사진이 매우 선명하지 않다. 발굴보고에서는 木方이라고 하고 있다.

4. 참고문헌

周錦屛, 「連雲港市唐莊高高頂漢墓發掘報告」, 『東南文化』 1995-4.

연운항 해주 서곽보묘 한간(1985)
連雲港 海州 陶灣 西郭寶墓 漢簡

1. 출토지 : 강소성 연운항시 해주구 錦屏山 陶灣村 黃石崖 한묘(西郭寶)

2. 개요

1) 발굴기간 : 1985년 4월

2) 발굴기관 : 연운항시 박물관

3) 유적종류 : 고분

4) 시대 : 한대

5) 시기 : 전한 중후기

6) 출토상황 : 1985년 4월 연운항시 박물관은 강소성 연운항시 해주구 금병산 도만촌 황석애의 전한 중후기 묘장(편호 LTHHM 1)을 발굴하여 목독 4매 죽간 2매를 출토했다.

도만촌 황석애는 연운항시 新浦에서 남쪽으로 8㎞ 정도 떨어져 있는데, 이 곳에서 발견된 전한 중후기 한묘 M1은 수혈식 토갱묘로 길이 3.1m, 너비 2.1m의 규모에 1관1곽의 구조이다. 곽실은 길이 2.8m, 너비 1.32m, 높이 1.25m이고, 그 안의 관은 길이 2.22m, 너비 0.73m, 높이 0.7m 정도이다. 관 내의 유골은 남성으로 약 25세 전후이다. 곽 바깥의 상자 하나에 수장품을 두었는데, 칠기·목기·죽기·금속기 등이다. 칠기는 樽·案·盤·耳杯·盾 등 24건이고 목기는 木俑 등 13건, 죽기는 竹笥 등 4건, 금속기는 環首書刀·銅鏡·鐵劍·銅印·五銖錢 등 6건이다. 그 밖에 毛筆·枕·玉器 등도 있다. 출토 유물 중 銅印에 篆書로 음각한 '西郭寶' 3글자가 있고 함께 출토된 名謁로도 증명되기 때문에, 묘주가 西郭이란 復姓에 이름은 寶라는 사실을 알 수 있다.

3. 내용

해주 서곽보묘 한간에서 먼저 목독 4매 중 2매는 衣物疏로 수장품 목록이다. 그중 1매는 정면을 5칸으로 나누고 매 칸 마다 8~9행씩 모두 44행으로 기재했다. 기록하는 물품은 被·襜·襦·袴·服刀 등이다. 다른 목독은 정면을 3칸으로 나누어 제1칸은 10행, 제2칸은 8행, 제3칸은 7행으로 썼다. 기록하는 물품은 被·衣·袴 및 '印一', '印衣二', '藥橐一', '板硯一', '墨硯一', '錢萬萬', '玉含一具' 등이다.

다른 목독 2매는 名謁로 길이 21.5㎝, 너비 6.5㎝, 두께 0.8㎝이다.

죽간은 2매인데, 길이 17㎝, 너비 1.2㎝로 출토 당시 이미 훼손되어 있었다. 1매는 곽 바깥의 상자에서 나왔는데, 예서체로 '月(肉?)散□宮'이라고 쓰여 있다. 또 다른 1매는 陶瓮 안에서 나왔는데 '□□一石'이라고 쓰여 있어서 아마도 수장품의 명칭과 수량을 기록한 籤牌일 가능성이 크다.

도만촌 황석애 전한 묘의 발굴 상황 및 출토 목독에 대해서는 「連雲港市陶湾黄石崖西漢西郭寶墓」(1988)에 처음 관련 내용이 나온다. 또 石雪萬의 「西郭寶墓出土木楬及其釋義再探」(1996)에서는 서곽보묘 목독의 도판을 제공하고 있다.

4. 참고문헌

連雲港市博物館, 「連雲港市陶湾黄石崖西漢西郭寶墓」, 『東南文化』 1988-3.

石雪萬, 「西郭寶墓出土木楬及其釋義再探」, 『簡帛研究』 第2輯, 1996.

연운항 해주 동공·능혜평묘 한간(2002)

連雲港 海州 東公·凌惠平墓 漢簡

1. **출토지** : 강소성 연운항시 해주구 쌍룡촌 화원로 전한묘 2기(M1, M2)

2. **개요**

   1) 발굴기간 : 2002년 7월 8일~19일

   2) 발굴기관 : 연운항시 박물관

   3) 유적종류 : 고분

   4) 시대 : 한대

   5) 시기 : 전한

   6) 출토상황 : 2002년 7월 8일에서 19일까지 연운항시 박물관은 강소성 연운항시 해주구 쌍룡촌 화원로의 도로 건설 과정에서 발견한 2기의 전한대 묘(M1, M2)에 대해 구제 발굴을 진행했다. 먼저 발견한 M1은 보존 상태가 비교적 온전했고, M2는 M1에서 동남쪽으로 2.5m 떨어진 위치에서 파손된 상태로 발견되었다.

   M1은 지표에서 3.2m 깊이에 2곽4관의 토갱 수혈식 묘이다. 묘의 입구에서 곽실까지는 이미 파괴되었고, 묘실은 4.2×3.6m의 넓이에 남북으로 2개의 곽실이 있다. 北槨室에는 3구의 관이 안치되어 있는데, 그중 2호관의 덮개에 예서체로 '東公'이라고 새겨져 있다. 南槨室은 비교적 작으며 1구의 관(4호관)만 안치되어 있다. 2호관의 묘주가 남성이고, 나머지 3구의 관은 시신이 모두 여성인데, 3호관에서 비교적 온전한 상태의 여성 시신이 발견되었다. 3호관의 여성 시신은 신장이 158㎝, 체중 25.5㎏ 정도에 피부나 두발, 치아도 비교적 훼손되지 않은 상태여서, 1972년 장사 마왕퇴1호묘 여성 유체 발견 이후 또 하나의 중요한 발견이라고 할 수 있다. 3호관의 유체 옆에서 나온 龜鈕銅印의 印文이 '凌氏惠平'이어서, 성명은 凌惠平으로 확인된다. 사망 시 55세 전후로 추정되었다. M2도 토갱 수혈식 묘이며, 1곽2관이지만 관곽이 모두 심

하게 부패하여 유골이 남아있지 않다. M1 2호관 남성은 東公, 3호관 여성은 凌惠平으로 성명이 확인되었기 때문에, 海州 東公·凌惠平 묘라고 특정하게 되었다.

M1에서는 모두 81건의 유물이 출토되었다. 그중 1호관에서는 銅鏡·銅刷·木梳 등, 2호관에서 名謁 7매·衣物疏 1매·無字 3매 등 11매의 목독과 銅鏡·銅印·銅刷·鐵劍·毛筆·石板硯 등, 3호관에서는 衣物疏 목독 1매 및 銀指環·銅鏡·銅印·木尺·漆木針筒 등, 4호관에서는 無字 목독 1매와 銅鏡·木線繞 등이 나왔다. 4구의 관 모두 오수전이 출토되었다. M2에서는 부서진 木俑 6건과 오수전 및 동경 파편 등이 나왔을 뿐이다.

오수전·동경 등 M1의 출토 유물의 형태나 명알 목독의 내용으로 볼 때, M1은 전한 중후기에 해당하고, M2도 비슷한 시기이지만 묘장의 형태나 규모에서 큰 차이를 보여주고 있어 동일한 가족 묘지는 아닌 것으로 보인다. 묘주인 東公과 凌惠平은 각각 관 내에 龜鈕銅印이 있어서, 적어도 300석 이상의 지방 관원 부부로 추정되며, 그 외 유골의 부패가 심한 상태인 1호관과 4호관의 여성은 수장 기물이나 관곽의 형태에서 차이가 있어서 정처가 아닌 첩의 신분이었을 가능성이 있다.

3. 내용

해주 쌍룡촌 동공·능혜평 한묘는 M1, M2 2기의 무덤이지만, 실제 대부분의 유물은 M1에서 나왔다. 목독의 경우도 전부 13매인데, M1 2호관(東公)에서 11매가 나왔다. 그중 7매가 名謁이고 1매가 衣物疏이며 3매가 글자가 없는 공백 목독이다. 3호관(凌惠平)에서는 의물소 1매가 나왔으며, 4호관에서 글자가 없는 공백 목독 1매가 나왔다.

2호관에서 나온 7매의 명알 목독은 길이 23㎝ 너비 7㎝ 정도이다.

한편, M1:30 명알 '孤子曰平侯永' 중에서 '曰'자를 凡國棟은 '西'자로 고쳐서 '孤子西平侯永'이라고 보고, 전한 선제·원제 시기 대신이었던 于定國의 아들 西平侯 于永이라고 해석했다. 따라서 M1:30 명알은 于永이 M1의 묘주인 東公에게 보낸 명알이므로, M1의 시기를 좀 더 좁힐 수 있다고 하기도 했다.

의물소 목독은 2호관과 3호관에서 각각 1매씩 나왔다. 2호관 의물소 목독은 길이 23㎝ 너비

7㎝에 앞면 상단에 4행으로 썼지만, 글자는 이미 흐려져서 판독하기가 어렵다. 3호관의 의물소
는 앞면은 4단으로 나누어 31행을 쓰고 뒷면은 1단으로 8행을 쓰고 있다. 내용은 수장 의물의
명칭과 수량을 기재한 것이다.

「江蘇連雲港海州西漢墓發掘簡報」(2012)에 처음 해주 쌍룡촌 동공·능혜평 한묘에 대한 발굴
보고와 출토 목독의 소개 및 석문이 공개되었다.

4. 참고문헌

連雲港市博物館,「江蘇連雲港海州西漢墓發掘簡報」,『文物』 2012-3.

高一致,「連雲港海州西漢墓名謁管窺」, 武漢大學 簡帛網 2012.11.14.

凡國棟,「釋連雲港海州西漢墓名謁中的"西平侯"」, 武漢大學 簡帛網 2013.11.21.

연운항 해주 남문 왕망 신간(미상)

連雲港 海州 南門 王莽 新簡

1. **출토지** : 강소성 연운항시 해주구 남문 벽돌공장 왕망시기 묘

2. **개요**

   1) 발굴기간 : 미상

   2) 발굴기관 : 연운항시 박물관

   3) 유적종류 : 고분

   4) 시대 : 한대

   5) 시기 : 왕망 신 시기

   6) **출토상황** : 연운항시 박물관의 項劍雲은 강소성 연운항시 해주구 남문 벽돌공장에서 발견된 왕망 신 시기 묘에서 1매의 목독을 채집했다. 묘에서 발견된 화폐가 모두 '大泉五十'이어서, 묘장 시기는 왕망 신에서 후한 초이다.

3. **내용**

   연운항시 해주구 남문 벽돌공장 왕망 묘 채집 목독은 길이 23㎝, 너비 약 6㎝ 정도이다. 목독의 글자는 이미 판독하기 어려울 정도로 훼손되었는데, 확인할 수 있는 몇몇 글자로 名謁이라는 것은 알 수 있다.

   발굴 상황이나 목독 자료가 정식으로 공개되지는 않았지만, 劉洪石의 「謁、刺考述」(1996)에서 내용을 인용하고 있다.

4. **참고문헌**

   劉洪石, 「謁、刺考述」, 『文物』 1996-8.

염성 삼양돈 한간(1963)

鹽城 三羊墩 漢簡

1. **출토지** : 강소성 염성시 亭湖區 伍佑街道 삼양돈 1호 한묘

2. **개요**

　　1) 발굴기간 : 1963년 11월

　　2) 발굴기관 : 강소성 문물관리위원회, 남경박물원

　　3) 유적종류 : 고분

　　4) 시대 : 한대

　　5) 시기 : 한대

　　6) 출토상황 : 1963년 11월 강소성 문물관리위원화와 남경박물원은 강소성 염성시의 삼양돈에서 2기의 한묘를 발굴했다. 삼양돈은 4m 정도 높이에 현재 남북 64.3m, 동서 30m 정도의 면적이 남아있다. 2기의 한묘 중 1호묘(M1)는 방형 토갱묘로 일찍이 도굴당했다.

　　묘의 입구는 길이 6.7m, 너비 6.3m 정도이고, 서남단에 묘도가 있는데 너비 4.05m에 안으로 길이 약 1.64m 정도가 남아있다. 묘갱 내부에 있는 곽실은 각각 관과 頭箱·邊箱으로 구성되어 있는데, 이중의 곽 내부에 있는 관은 北棺·中棺·南棺 모두 3기이다. 북관과 중관은 이미 도굴당했지만, 남관은 도굴되지 않아서 안의 유골도 비교적 상태가 좋고 출토 유물도 칠목기·동기·철기 등 모두 91건이 나왔으며, 그중 목독 1매가 있다.

3. **내용**

　　강소성 염성 삼양돈 1호 한묘 출토 목독은 길이 22.8㎝, 너비 3.5㎝이다. 목독은 4칸으로 나누어 기록했지만, 글자가 이미 흐릿해져서 알아보기 어렵다.

　　제1칸에는 1행만이 남아서 "□□一" 등의 글자가 남아있고, 제2칸은 1행 반이 남아서 "□丸襦褕一" 등의 글자가 있다. 제3칸에는 2행이 남아서 "閑丸□一", "相丸□一" 등이 보이고 제4칸

에는 3행이 남아있다. 여기서 '丸'은 매끄럽고 광택이 있는 비단 '紈'으로 읽어야 한다. 이와 같이 목독에 남아있는 글자로 보아서, 목독은 수장 기물의 명칭과 수량을 기재한 遣策이라고 할 수 있다.

4. 참고문헌

江蘇省文物管理委員會·南京博物院, 「江蘇鹽城三羊墩漢墓淸理報告」, 『考古』 1964-3.

우이 동양 한간(1974)

盱眙 東陽 漢簡

1. **출토지** : 강소성 우이현 동양 고성 7호 한묘

2. **개요**

   1) 발굴기간 : 1974년 8월

   2) 발굴기관 : 남경박물원

   3) 유적종류 : 고분

   4) 시대 : 한대

   5) 시기 : 전한 말~왕망 신

   6) 출토상황 : 1974년 8월 남경박물원은 강소성 우이현 동쪽 동양 고성의 7호 한묘에서 1매의 木札을 출토했다.

   우이현은 강소성 서부에 위치하며, 현성은 회수에 인접해 있다. 동양은 우이현에서 동북쪽으로 35㎞ 떨어져서 洪澤湖와 高寶湖 사이에 위치하면서 안휘성 天長縣과 이웃하는데 지금도 진한대 東陽城址의 흔적을 찾아볼 수 있다. 따라서 이 지역에서는 특히 한대 묘장이 많이 발견되었는데, 1974년 8월 漢 東陽 古城址 부근의 한묘(01호묘)에서 木刻畵가 출토된 것을 계기로, 모두 8기의 한묘에 대한 발굴 조사를 진행하게 되었다.

   8기의 한묘군은 고성 바깥 300m 지점에 위치하는데, 강소성과 안휘성의 경계 지역이다. 모두 장방형 수혈식 토갱 목곽묘로, 묘구는 지표에서 불과 0.5m 정도 떨어져 있고 묘갱은 수직으로 2.2~4.2m 정도 내려가는데 4호묘를 제외하고는 별도의 묘도가 없다.

   묘장 중 4기는 1곽1관(2·3·5·6호묘)이고, 또 4기는 1곽2관(01·1·4·7호묘)인데, 그중 목찰이 나온 7호묘는 곽실 내 東室·西室·脚箱으로 구분된다. 동·서실에 각각 관이 1구씩 안치되어 있고 아래 脚箱에 수장 기물을 주로 놓아두고 있다. 목찰은 西棺 유체의 머리 부분에서 나왔다.

8기의 묘장에서 출토된 유물은 목·칠·도·동·철·옥기 및 화폐·견직품 등 모두 200여 건으로 그중 칠기가 가장 많다. 특히 곽의 천정판에 그려진 7점의 木刻畵가 주목되는데, 각각의 묘에서 星象圖 2점과 인물고사와 百戲雜技圖 3점, 6호묘에서 建築圖 2점이 나왔다.

3. 내용

강소성 우이현 동양 7호 한묘 출토 목찰은 장방형 목판으로, 길이는 23.6㎝, 너비는 4.2㎝에 3행으로 모두 32자이다. 예서체로 썼으며 문자는 대부분 판독하기에 분명한 편이다.

내용은 王父母 즉 조부를 위해 뭇 귀신에게 전을 바치면서 기원하는 일종의 기도서라고 할 수 있다. 목찰이 7호묘의 관 내 유체 머리 부분에서 나왔는데 바로 옆에 12매의 오수전도 함께 나왔기 때문에, 목찰의 내용으로 볼 때 본래 목찰과 오수전을 한꾸러미로 묶어서 묻은 것으로 추정된다. 7호묘의 묘장 시기는 전한 말에서 왕망 신 시기로, 당시 일반적인 종교 습속을 이해하는데 귀중한 자료라고 할 수 있다.

4. 참고문헌

南京博物院,「江蘇盱眙東陽漢墓」,『考古』1979-5.

고우 신거산 광릉왕묘 한간(1979~1980)

高郵 神居山 廣陵王墓 漢簡

1. **출토지** : 강소성 고우시 고우호 서신구 신거산 1, 2호 한묘(廣陵王 劉胥 부부)

2. **개요**

   1) 발굴기간 : 1979~1980년

   2) 발굴기관 : 양주 한묘박물관

   3) 유적종류 : 고분

   4) 시대 : 한대

   5) 시기 : 전한 중후기(소제~선제 연간)

   6) **출토상황** : 1979년에서 1980년까지 양주 한묘박물관은 강소성 고우현 신거산의 M1, M2 대형 전한 목곽묘를 발굴했다. 고우현 신거산은 양주시에서 서북쪽으로 45㎞ 정도에 위치하는데, 1975년 5월 채석 과정에서 대형 한묘가 발견되어 1980년 6월까지 발굴이 진행되었다.

   이 묘는 대형 岩坑 수혈식 목곽묘로 시기는 전한 선제 무렵이며, 당시 광릉국 제후왕이었던 한 무제의 넷째 아들 劉胥의 부부합장묘이다. 묘는 이미 도굴당해 1979년 발굴 당시 파손 상태가 매우 심한 편이었지만, 묘장의 규모가 마왕퇴 한묘의 18배에 달할 정도로 거대하며 한대 천자에 준하는 제후왕의 장례로 '黃腸題湊'를 갖추고 金縷玉衣의 잔편도 나왔다. 또 옥기·동기·칠기·도기·목용 등 970건의 유물이 출토되었는데, 漆塌·木履와 浴具 등은 한대 보기 드문 유물이라고 할 수 있다.

   고우 신거산 대형 목곽묘의 발굴은 전한 '黃腸題湊'식 제후왕 묘장제도의 실물로서 중요한 가치를 가진다. 또한 생전의 생활과 동일하게 갖추어 놓는 묘장의 건축 구조물에서 한대 건축사 연구에도 중요한 가치를 가지며, 한대 광릉국이라는 지방 제후국 연구에도 풍부한 실물 자료를 제공해 주고 있다.

3. 내용

강소성 고우 신거산 광릉왕묘 출토 목독은 지금까지 자세한 내용이 공개되지 않아서 그 수량부터 확인되지 않는다. 다만 발굴 초기에 소개되었던 자료에는 2호묘에서 '六十四年'이라는 기년이 적힌 목독이 있고, 또 1호묘의 목독에서는 '廣陵船棺材板'이라는 내용이 있다는 정도를 알 수 있다.

4. 참고문헌

「高郵天山漢墓發掘的意义」, 1980年江蘇省博物館學會、考古學會成立大會學術論文集(第三冊), 1980.9.1.

王冰,『高郵天山漢墓墓主考辨』,『文博』1999-2.

趙化成·高崇文,『秦漢考古』, 文物出版社, 2002.

한강 호장 한간(1980)
邗江 胡場 漢簡

1. **출토지** : 강소성 한강현 서호공사 호장촌 5호 한묘

2. **개요**

    1) 발굴기간 : 1980년 4월

    2) 발굴기관 : 양주박물관, 한강현도서관

    3) 유적종류 : 고분

    4) 시대 : 한대

    5) 시기 : 전한 선제 *本始*4년(기원전 79년) 전후

    6) 출토상황 : 1980년 4월 양주박물관은 한강현도서관과 공동으로 한강현 西湖公社 胡場 大隊에서 5호 한묘를 발굴했다. 이 묘는 방형 수혈식 묘에 30세 전후의 남성과 20세 전후의 여성이 묘주인 부부합장묘이다. 수장품으로는 칠기·금속기·죽목기·도기 등 200여 건이 나왔는데, 그중 목독 13매, 簽牌(木楬) 6매, 封檢 7매가 출토되었다.

3. **내용**

수장품 중 銅印이 3개 출토되었는데, 각각 篆書로 '臣奉世', '封信願君自發' 및 2面印으로 '王奉世印', '王少孫印'이라고 새겨져 있어서 묘주의 성명은 王奉世로 확인된다.

묘장 연대는 告地書 목독에 아래와 같이 '四七年', '廣陵'이 나오기 때문에, 전한 선제 本始4년(기원전 79년) 廣陵王 劉胥 47년에 해당한다는 것을 알 수 있다. 고지서 목독은 묘주 왕봉세가 살아있을 때 광릉국의 관리였다가 죄를 지어 처벌받았는데 사후에 다시 관직을 회복한다는 내용이다.

출토된 목독 13매 중 1매는 남성 관의 북단에서 나왔고 12매는 옆의 상자에서 나왔다. 글자

가 남아있는 것이 6매이고, 그중 글자 판독이 가능한 것은 4매 정도이다. 내용은 神靈名, 記事日記, 告地書 등으로 길이 23㎝ 너비 3.5~3.7㎝ 정도이다.

簽牌(木楬) 6매는 관 옆 상자의 북단에서 나왔는데, 상단을 둥글게 깎고 묵으로 검게 칠했고 그 아래에 식품의 명칭을 기록했다.

封檢 7매도 관 옆 상자 북단에서 나왔다. 봉검 상단에 封泥槽가 있는데, 출토 시 '王'자가 양각되어 있는 封泥가 남아있었고, 봉검 하단에는 각종 식량과 布絹의 명칭을 기록하고 있다.

서체는 八分體이다. 현재 양주박물관에서 소장하고 있다.

4. 참고문헌

王勤金, 「江蘇邗江胡場五號漢墓」, 『文物』 1981-11.

梁勇, 「江蘇邗江胡場五號漢墓木牘銅印及相關問題再考」, 『東南文化』 2011-2.

田天, 「江蘇邗江胡場五號漢墓木牘的再認識」, 『出土文獻』 第3輯, 2012.

李均明 何双全, 『散見簡牘合輯』, 文物出版社. 1990.

양주 평산 양식장 한간(1983)

揚州 平山 養殖場 漢簡

1. **출토지** : 강소성 양주시 서북 교외 평산 양식장 3호 한묘

2. **개요**

   1) 발굴기간 : 1983년

   2) 발굴기관 : 양주박물관

   3) 유적종류 : 고분

   4) 시대 : 한대

   5) 출토상황 : 1983년 강소성 양주시박물관은 양주시 서북 교외의 한 광릉성 유지에서 500m 정도 떨어진 평산 양식장에서 4기의 한묘를 발굴했는데, 그중 3호묘에서 簽牌(木楬) 3매가 출토되었다.

   첨패가 출토된 3호묘(M3)는 수혈식 토갱 부부합장 목곽묘이다. 곽은 길이 3.04m, 너비 1.94m, 높이 0.72m이다. 곽실 내는 2구의 목관과 頭箱으로 이루어져 있는데, 남쪽을 甲棺 북쪽을 乙棺으로 칭한다. 甲棺은 길이 2.2m, 너비 0.73m, 높이 0.68m이고, 乙棺은 길이 2.19m, 너비 0.7m, 높이 0.68m이다. 수장품은 칠목기·금속기·도기 등인데, 칠기는 匜·案·盤·耳杯 등이고 목기는 儀杖俑·侍奉俑·舞蹈俑·坐樂俑 등의 木俑이다. 금속기는 鐵劍·鐵削·鐵帶鉤·鐵鏡·五銖錢 등이고 도기는 陶井·陶瓴·陶灶 등이다.

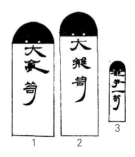

〈양주 평산 양식장 3호묘 출토 簽牌 摹本(『文物』1987-1 轉載)〉

3. **내용**

   3호묘 출토 첨패는 상단은 둥글게 깎아서 검게 칠하고 2개의 작

은 구멍을 뚫어서 끈으로 수장품을 담은 竹笥에 표식으로 걸어 둔 것이다. 3매의 첨패는 각각 '大食笥', '大雜笥', '瓠笋一笥'라고 쓰여 있다.

'大食笥'簽牌는 길이 16.5㎝, 너비 6.5㎝, 두께 0.3㎝에 음식물을 담은 상자의 표식이며, '大雜笥'簽牌는 雜物을 담은 상자의 표식이다. '瓠笋一笥'簽牌는 길이 8.8㎝, 너비 2.5㎝, 두께 0.3㎝에 조롱박·죽순 같은 종류를 담은 상자의 표식이다.

평산 양식장 한묘 발굴 상황과 출토 첨패의 내용에 대해서는 「揚州平山养殖场汉墓清理简報」(1987)에 소개되었는데, 첨패의 사진은 없고 모본만 있다.

4. 참고문헌

揚州博物館, 「揚州平山養殖場漢墓清理簡報」, 『文物』 1987-1.

의징 서포 한간(1984)
儀徵 胥浦 漢簡

1. **출토지** : 강소성 양주시 의징현 서포 101호 한묘

2. **개요**

　　1) 발굴기간 : 1984년

　　2) 발굴기관 : 양주박물관

　　3) 유적종류 : 고분

　　4) 시대 : 한대

　　5) 시기 : 전한 말

　　6) **출토상황** : 1984년 강소성 양주시 의징현 서포에서 전한 말의 부부합장묘(101호묘)가 발굴되었다. 이 묘는 토갱 수혈식 목곽묘이며, 수장품으로는 칠목기·금속기·도기 등 100여 건이 나왔다. 간독은 남쪽의 관 내 동단에 놓여 있었는데, 모두 죽간 17매 목독 2매 봉검 1매가 출토되었다.

3. **내용**

　　출토 죽간 17매 중 16매는 길이 22.3㎝, 너비 1.2~1㎝로 하나의 冊으로 묶을 수 있다. 예서체로 간 마다 10~23자 정도에 모두 272자이다. 내용은 묘주가 죽기 전에 남긴 유언으로, 간에 「先令券書」라고 쓰고 있다. 유산 상속과 토지 양도 등의 유언 내용이 확인되지만, 원본은 아니고 부본이다.

　　나머지 1매의 죽간은 길이 36.1㎝, 너비 0.9㎝인데, 사람을 고용할 때의 전을 의미하는 '雇山錢'지급의 내용을 기록하고 있다. 목독 2매 중 1매는 길이 23.3㎝, 너비 7.5㎝에 앞뒤 양면으로 전의 출납을 기록했고, 다른 1매는 길이 23.6㎝에 衣物을 기록한 遣策이다. 封檢 1매는 길이

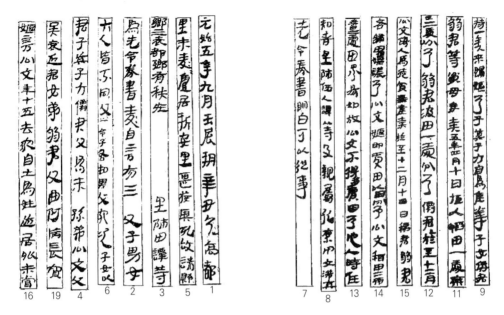

〈의징 서포 한간〈先令券書〉 모본〉(『文物』 1987-1 轉載)

17.3cm, 너비 3.5cm로 상단에 封泥槽가 있고 그 아래 '賜錢五十'이라고 기록하고 있다.

관련 연구에 따르면, 남쪽 관의 묘주는 朱凌이라는 여성으로, 모두 3번 남편을 婿로 맞이하는데 북쪽 관에 매장된 남성이 그중 첫 번째 남편이었던 朱孫으로 추정한다.

발굴을 담당한 양주박물관은 「江蘇儀徵胥浦101號西漢墓」(1987)에서 상세한 발굴 보고를 하면서, 일부 출토 간독의 도판 사진 및 모본과 석문을 공개했다. 여기에 「先令券書」도 사진·모본·석문이 수록되어 있었고, 이후 학계의 많은 주목을 받으면서 활발한 연구가 진행되면서 석문에 대해서 다양한 견해가 제기되었다. 于麗微의 「高臺、關沮、胥浦漢墓簡牘集釋與文字編」(2014)은 그동안의 다양한 견해를 망라하는 集釋을 석문과 함께 상세하게 정리하고 있어서 참고할 만하다. 서체는 草隸를 기본으로 古隸도 섞여 있다. 현재 양주박물관에서 소장하고 있다.

4. 참고문헌

揚州博物館, 「江蘇儀徵胥浦101號西漢墓」, 『文物』 1987-1.

陳平, 「儀徵胥浦101號西漢墓先令券書初考」, 『文物』1987-1.

陳雍, 「儀徵胥浦101號西漢墓先令券書補釋」, 『文物』1988-10.

于麗微, 「高臺、關沮、胥浦漢墓簡牘集釋與文字編」, 吉林大學碩士學位論文, 2014.

의징 연대산 한간(1985)

儀徵 煙袋山 漢簡

1. **출토지** : 강소성 의징현 龍河鄉 丁沖村 연대산 한묘(YYM1)

2. **개요**

　　1) 발굴기간 : 1985년 10월~12월

　　2) 발굴기관 : 남경박물원

　　3) 유적종류 : 고분

　　4) 시대 : 한대

　　5) 시기 : 전한 중기(무제~선제 시기)

　　6) **출토상황** : 의징 연대산 한묘(편호 YYM1)는 강소성 의징현 용하향 정충촌 남쪽에 위치하는데, 용하향에서 남으로 2㎞ 떨어졌고 의징현으로부터는 동북쪽으로 8㎞ 정도 거리이다. 일찍이 현지인들이 연대산 부근에서 작업을 하다가 이 묘를 발견했는데 일부분 훼손되었다. 이에 1985년 10월~12월 남경박물원에서 해당 묘를 발굴하게 되었다.

연대산 한묘는 산 정상 부분에 있는 수혈식 토갱 목곽묘이다. 묘 위에는 높이 4.6m의 봉토층이 있고 그 밑으로 묘갱 입구가 나오는데 앞부분은 넓고 뒷부분은 좁은 '凸'자형이다. 묘갱은 총 깊이가 8.3m로 바닥의 관곽까지 수직으로 내려간다. 묘 바닥에 위치한 곽실은 북쪽편에 있는 正藏과 남쪽편에 있는 外藏槨으로 구분되는데, 正藏 쪽이 0.6m 정도 깊다.

正藏 내부는 頭箱·足箱·邊箱 및 棺室로 구성되어 있다. 頭箱에는 侍俑·伎樂俑·도기·칠기 등이 들어 있었고, 足箱에는 도기·칠기 등, 邊箱에는 도기·동기 등이 있었다. 관실은 길이 220㎝, 너비 208㎝ 정도로 2개의 관이 안치되어 있는데, 동일한 형태로 안은 朱漆 밖은 黑漆이 되어서 광택이 여전했다. 각각 남성과 여성의 유골이 안치되어 있어 부부합장묘라는 것을 알 수 있다. 여성 관에서 陶灶·陶井·鐵釜·木杖·銅璧 및 오수전 등이 나왔다. 남성의 관에서는 鐵環首刀·玉

璧·오수전 등이 나왔다. 이 묘는 일찍이 도굴당해 관실 가운데에 도굴한 구멍이 남아있고 묘 내가 물과 진흙으로 가득 찬 상태여서 수장품의 본래 수량과 위치는 분명하지 않다. 도굴당하지 않은 外藏槨에서는 도기·칠기·木碓·石磨·儀仗俑·車馬 등과 함께 목독 26매와 봉니갑 1건이 출토되었다. 비록 도굴당하기는 했지만 출토 유물이 적지 않아서 도기·동기·철기·玉石器·칠목기·車馬器·木俑·木牘 및 9매의 오수전 등 모두 400여 건이 나왔다.

연대산 한묘의 묘장 시기는 기년이 분명한 유물이 나오지는 않았지만, 출토 유물과 묘장의 특징으로 보아 무제~선제 시기인 전한 중엽으로 추정할 수 있다. 또 연대산 한묘는 부부합장묘인데, 남녀 묘주의 신분과 성명을 알 수 있는 명확한 문자 자료는 나오지 않았다. 다만 묘장의 형태나 수장품의 규모가 일반 서인이나 하급관리보다는 상당한 신분을 가진 경우로 보인다.

3. 내용

의징 연대산 한묘 출토 목독은 26매로 대부분 잔결이 많은 상태에 장기간 진흙 속에 있어서 목독의 글자를 판독하기 어려운 상태이다. 다만 목독의 형태와 재질 등으로 볼 때 수장품의 목록을 기재한 遣策으로 보인다. 길이는 44㎝, 너비 8㎝, 두께 0.2㎝이다.

封泥匣은 凹자형으로 삼나무로 만든 것이다. 匣 중간의 凹槽 안은 封泥로 채워졌고 본래 匣을 묶었던 끈이 일부 남아있지만, 글자는 이미 흐릿해서 알아볼 수가 없다. 길이 4.5㎝, 너비 3.2㎝, 두께 1.8㎝이다.

연대산 한묘의 발굴 상황에 대해서는 남경박물원의 「江蘇儀徵烟袋山漢墓」(1987)에서 상세히 소개하고 있지만, 출토 목독의 사진이나 석문은 나와 있지 않다.

4. 참고문헌

南京博物院, 「江蘇儀徵烟袋山漢墓」, 『考古學報』 1987-4.

동해 윤만 한간(1993)

東海 尹灣 漢簡

1. **출토지** : 강소성 연운항시 동해현 온천진 윤만촌 2호, 6호 한묘

2. **개요**

   1) 발굴기간 : 1993년 2월~4월

   2) 발굴기관 : 연운항시 박물관

   3) 유적종류 : 고분

   4) 시대 : 한대

   5) 시기 : 전한 말 성제 연간(6호묘), 왕망 신(2호묘)

   6) 출토상황 : 1993년 2월에서 4월까지 강소성 연운항시의 연운항시박물관은 동해현 온천진 윤만촌에서 서남쪽으로 약 2㎞ 떨어져 위치한 한묘군에서 6기의 묘장을 발굴했다(편호 WYM 1~M6). 이들 고분은 동시기의 것은 아니지만, 기본적으로 동일한 형태로 모두 장방형 수혈 석갱묘이다. 동서 방향에 부부 합장 및 단독장 2종류이며 모두 앙신직지형으로 유골이 안치되어 있다. 관·곽을 갖추고 있으며 邊箱·足箱이 있는 묘도 있고 3호묘의 경우 경사진 묘도가 있다. 1·3·5호묘는 일찍이 도굴당해 출토 유물이 별로 없다. 대부분의 수장품은 2·4·6호묘에서 출토되었는데 그중 보존상태가 양호한 6호묘가 가장 풍부하다. 부부합장묘인 6호묘에서 목독 23매와 죽간 133매가 나왔고, 2호묘에서는 衣物疏 목독 1매가 출토되었다.

   1호묘에서 5호묘까지는 묘주를 알 수 있는 증거가 나오지 않았지만, 6호묘에서 나온 名謁과 衣物疏에는 묘주가 생전 東海郡 功曹史를 지낸 師饒이고 자가 君兄이라는 사실이 명확하게 기록되어 있다. 6기의 묘는 각각 시대별로 차이가 있는데, 1·3·5호묘는 수장품이나 묘장의 형태상으로 전한 말로 추정된다. 2·4호묘에서는 왕망 신의 '大泉五十' 화폐가 출토되었고 또 '四'자를 '三'로 쓰는 왕망 시기의 서사 방식이 보이므로, 묘장 연대가 왕망 신에서 후한 초로 보인다.

6호묘는 출토 목독에 '永始', '元廷' 같은 전한 성제의 연호가 나오므로 전한 성제 연간이다. 따라서 전체 6기 한묘의 시기는 전한 말에서 후한 초까지로 특정할 수 있다.

3. 내용

6호묘 출토 목독은 전부 23매에 길이 21.5~23.5㎝, 너비 6~9㎝, 두께 0.3~0.8㎝이다. 죽간은 133매로 길이 22.5 ~23.5㎝에 大簡의 너비은 0.8~1㎝이고 小簡은 0.3~0.4㎝이다. 글자 수로는 모두 4만여 자이다.

6호묘 출토 윤만한간독은 내용에 따라 다음과 같이 구분할 수 있다.

① 東海郡 공문서

「集簿(YM6D1)」

'集簿'라는 제목을 정면 중앙에 예서로 쓰고, 그 내용은 초서로 정면·뒷면 양쪽에 쓰고 있다. 기록한 내용은 東海郡의 행정기구·관리정원·호구·墾田·錢穀 출입 등에 관한 1년 통계 수치이다. 아마도 동해군이 上計한 집부의 정본 혹은 부본일 것이다.

「東海郡吏員簿(YM6D2)」

본래 정면에 제목이 있지만 글자가 분명하지 않다. 제목과 본문 모두 예서로 썼는데, 내용은 동해군 태수·도위 및 각 현·향·侯國·都官의 吏員 통계이다. 집부와 비교하면 총수가 1인 적게 기재되어 있다.

「東海郡下轄長吏名籍(YM6D3-YM6D4)」

제목 없이 예서체로 썼다. 동해군 관할 38개 현·읍·후국 및 도관 장리의 관직, 관적, 성명, 본래 관직 및 인사 이동의 사유 등이 기재되어 있다.

「東海郡下轄長吏不在署·未到官者名籍(YM6D5 正)」

본래 제목이 없었는지는 잔결로 인해 판단하기 어렵다. 예서체로 쓰여 있다. 都內로 전을 운송하거나 요역이나 告劾되었거나 결원이거나 아직 관서에 도착하지 않았다던지 등의 부재 사유가 있는 장리의 관직과 성명을 기록하고 있다.

「東海郡屬吏設置簿(YM6D5 反)」

제목 없이 예서체로 썼다. 현임 掾史 등 속리의 설치 상황이 기재되어 있는데, 정원인 '員'과 비정원인 '非員(以故事置·請治所置 등)'으로 구분된다. 이 문서는 당연히 동해군 태수부의 속리에 관한 것이다.

「武庫永始四年(기원전 13년)兵車器集簿(YM6D6)」

제목이 있고 모두 예서로 썼다. 永始는 전한 성제의 연호로 永始4년은 기원전 13년에 해당한다. 황제 전용 兵車器와 庫의 兵車器 2종류로 구분해서 武庫에 수장하고 있는 각종 병기류의 명칭과 수량을 기록하고, 각각의 합계 및 총계 수를 마지막에 적고 있다. 목독 정면 제3란 오른쪽 하단과 배면 제5란 아래에 호주 계승과 관련 있는 내용이 있는데 아마도 나중에 별도로 쓴 것으로 생각된다.

② 數術書

「神龜占(YM6D9 正·A–B), 六甲占雨(YM6D9 正·C)」

제목 없이 예서체로 썼다. 목독을 세 난으로 나누어 앞의 두 난은 神龜占이고 뒤의 한 난은 六甲占雨이다. 제1란에 占法을 쓰고 제2란에 거북 모양의 神龜圖를 그려 놓고 아래 왼쪽 부분에 '以此右行'이라고 썼다. 제3란의 六甲占雨는 특정 도형 위에 60갑자를 배열하고 아래에 '● 占雨'라고 썼는데 기상을 점치는 용도이지만 점법은 없다.

「博局占」(YM6D6 反)

제목 없이 예서체로 썼다. 전부 여섯 난으로 나누어 맨 위 제1란에 60간지의 博局圖가 그려져 있고, 아래 제2란에서 제6란까지는 '●占取婦、嫁女', '●問行者', '●問轂者', '●問病者', '● 問亡者' 등의 내용으로 점을 치는 질문과 해석, 결과 등 占文이 기재되어 있다.

「元延元年(기원전 12년)曆譜(YM6D10 正)」

제목 없이 예서체로 썼다. 전한 성제 원정 원년(기원전 12년)의 역보로 해당 연도의 正月閏을 포함한 13개월을 상하 양단으로 나누어 배치한 후, 다시 그 안 쪽을 상하좌우 네 변에 각 달의 대소와 삭일 간지 및 四立·二至·二分·三伏·臘日 등을 주기했다.

「元延三年五月(기원전 10년)曆譜(YM6D11)」

제목 없이 예서체로 썼다. 세 난으로 나누어 원정 3년(기원전 10년) 5월의 간지를 기록한 역보이다. 제1란의 첫머리에 '五月小'라고 해서 본 역보가 5월의 역보이고 해당 월이 작은 달[小]이라는 것을 밝히고 이어서 '建日牛', '反支末', '解衍丑', '復丁癸', '名日乙', '月省末', '月殺丑', '□□子' 등 8개의 길흉 擇日을 배열한 후 각각 제2란에 15일, 제3란에 14일로 5월의 총 29일을 적고 있다. 제2란과 제3란 사이에 4행의 역보와 무관한 내용이 쓰여 있는데, 뜻이 분명하지는 않지만 대체로 인물과 관련 있는 내용이다.

「刑德行時(YM6J77-89)」

11매의 죽간으로 표제인 「刑德行時」는 본래 간에 적혀 있었다. 편호 85간과 86간을 하나로 합치고, 88간과 89간을 하나로 합쳐서 편호는 13매의 간이지만 완정간으로는 11매이다. 日干을 '甲乙', '丙丁', '戊己', '庚辛', '壬癸' 등 다섯으로 배열하고, 하루를 '雞鳴', '蚤食', '日中', '餔時', '日入'의 다섯 시각으로 구분해서 길흉을 점치는 방식이다.

「行道吉凶(YM6J90-113)」

「行道吉凶」이라는 표제가 적혀 있고, 60干支를 배열해서 출행의 길흉을 점치는 내용이다. 편호는 18매의 간이지만 91·92·93·94·95·96·97간, 98·99간, 그리고 101·102간을 각각 하나로 합쳐 10매의 간지표를 만들었다. 간지 마다 아래에 음양의 수와 문의 방위를 기재해서 출행의 상황에 맞추어 길흉을 설명하고 있다.

③ 私文書

「贈錢名籍(YM6D7-YM6D8)」

본래 표제는 없는데, 초서로 묘주인 師饒가 투병할 때와 사망했을 때 각각 돈을 내어 부조한 사람들의 이름과 그 금액을 기록한 장부이다. 목독에는 그밖에 '外大母', '季母', '之長安'과 같은 글자가 있는데 아마도 돈을 낸 이유와 관련이 있는 것 같다.

「借貸書(YM6D10 反)」

본래 표제가 없는데, 원정 원년(기원전 12년) 묘주인 師饒가 師子夏란 인물에게 8만전을 빌려주고 5월 말까지 돌려받기로 한 券書로 공증인은 師大孟과 季子叔 두 사람이다. 다만 하단에 분명하지 않은 글자로 판독되지 않는 부분이 있어서 전체적인 내용은 완전하지 않다.

「君兄衣物疏(YM6D12)」

묘주 師饒의 무덤에 수장한 의물의 명칭과 수량을 기재한 목록이다.

「君兄繪方緹中物疏(YM6D13正)」

묘주 師饒의 무덤에 수장한 서적 및 문구류의 명칭과 수량을 기재한 목록이다.

「君兄節司小物疏(YM6D13反)」

묘주 師饒의 무덤에 수장한 각종 일상 생활용품의 명칭과 수량을 기재한 목록이다.

「名謁(YM6D14-23)」

표제가 없으며, 모두 10매의 목독으로 초서로 쓴 名謁이다. 그중 7매는 다른 군의 태수가 吏를 시켜 묘주 師饒에게 보낸 것이고, 1매는 동해군 태수, 2매는 묘주 師饒가 사용한 名謁이다.

「元延二年(기원전 11년)視事日記(YM6J1-76)」

본래 마지막 부분 74간에 '元延二年'이라고 되어 있어서 「元延二年日記」라고 제목을 붙였다가, 내용이 묘주 師饒가 동해군 태수부 功曹史로 있으면서 업무와 관련 해서 기록한 일상의 기록이므로 「元延二年視事日記」라고 개칭했다. 본래 62매의 죽간을 편철해서 책자를 만들었는데, 출토 시에는 55매만이 묶여 있었다. 일기는 마지막 간을 제외하고 두 부분으로 나뉘는데, 먼저 大月(單月)로 본래 31매였지만 출토 시 27매만 남아있었고 편호는 YM6J1-41까지이다. 다른 부분은 小月(雙月)로 본래 30매였지만 출토시 28매만 남아있었고 편호는 YM6J42-73까지이다. 편책한 형태를 보면 간지·삭일·兩分·四立·兩至·三伏·臘日 등 1년의 중요 날짜만을 기입한 공백의 책자를 먼저 만들고 여기에 날짜에 맞추어 묘주인 師饒가 자신의 직무와 관련해서 숙박지 및 숙박비, 방문, 출장, 도적 체포, 날씨 등의 내용을 간략하게 기록한 것이다.

④ 漢賦

「神烏傅(YM6J 114-133)]

한대 俗賦로 말미의 132간에 「神烏傅」이라는 표제가 예서로 쓰여 있다. 본문은 114~131간의 18매이고, 표제간 132간 다음의 YM6J133간은 본문과는 관계 없는 서사자에 관한 내용이다. 본문은 초서로 아마도 두 사람이 쓴 것으로 보이는데, 내용은 四言句 의인화의 방법으로 암컷 새가 도둑 새를 만나 상처를 입고 죽으면서 숫컷 새와 이별하는 내용으로 부부 혹은 모자 간의 간절한 감정을 표현한 것이다.

「無名氏衣物疏(YM2D1)

왕망 신 시기의 2호묘에서 나온 목독으로, 2호묘의 묘주인 여성의 수장 의물 목록이다. 앞뒤 양면에 각각 6란으로 나누어 의물의 명칭과 수량을 기록했다.

이상 윤만 한간독은 1993년 처음 출토된 이래 내용이 풍부하면서 보존 상태도 양호해서 한대 정치·경제·군사·사회 등 연구에 매우 중요한 가치를 가지는 것으로 주목받았다. 연운항시 박물관의 「江蘇東海縣尹灣漢墓群發掘簡報」(1996)에 발굴보고와 함께 일부 사진 도판이, 「尹灣漢墓簡牘釋文選」(1996)에 석문이 처음 소개되었다. 「尹灣漢墓簡牘槪述」(1996)과 「尹灣漢墓簡牘初探」(1996)도 윤만 한간독의 형태와 내용에 대한 비교적 상세한 분석을 진행하고 있어 이후 관련 연구에 기본적인 토대를 제공했다고 할 수 있다.

『尹灣漢墓簡牘』(1997)은 전체 사진 도판과 석문 및 발굴보고와 관련 자료를 수록하고 있어서 윤만 한간독에 대한 가장 기본적인 자료라고 할 수 있다. 『中國簡牘集成·第十九冊 江蘇省』(燉煌文藝出版社, 2005)에도 전체 석문과 주석이 실려 있다. 『書法叢刊』 1997년 4기의 「尹灣漢墓出土簡牘」에는 재촬영한 윤만 한간독의 일부 도판이 수록되었으며, 일본에서 출판된 『尹灣漢墓出土簡牘(神烏傳、禮錢簿、贈錢名簿、集簿)』(日本書藝院, 1999)와 『江蘇連雲港·揚州新出土簡牘選』(西林昭一, 每日新聞社, 2000)에 일부 컬러 및 확대 도판이 실려 있다. 또 『尹灣漢簡·神烏傳』(文物出版社 , 2000)는 神烏傳의 도판만 수록했고, 『中國法書全集 1·先秦秦漢卷』(宋鎭豪, 文物出版社 , 2009)도 도판을 싣고 있다.

1998년 8월 20일에서 22일까지 연운항시에서 주최한 「東海尹灣漢墓簡牘學術硏討會」에서 발표된 40여 편 관련 연구성과를 모은 논문집으로 『尹灣漢墓簡牘綜論』이 출판되었으며, 2000년 「長沙三國吳簡暨百年來簡帛發現與硏究國際學術硏討會」에서 발표된 10여 편의 관련 논문은 『簡帛硏究2001』(廣西師範大學出版社, 2001)과 『長沙三國吳簡暨百年來簡帛發現與硏究國際學術硏討會論文集』(中華書局, 2005)에 각각 수록되어 있다. 아울러 윤만 한간독 관련 專著로는 廖伯源의 『簡帛與制度-尹灣漢墓簡牘官文書考證』(1998)과 蔡萬進의 『尹灣漢墓簡牘論考』(2002) 등이 일찍이 출판되기도 했다.

『尹灣漢墓簡牘校理』(2011)는 윤만 한간독의 22종 문헌에 대한 전면적인 표점 및 주석 작업을 진행하였고, 宋培超의 「尹灣漢墓簡牘集釋」(2014)은 1993년 출토 이래 20여 년 동안의 연구를 망라한 集釋 성과이다. 이외에 지금까지 역사학·언어학·문학·문헌학·서법학·민속학·군사학 등 다방면에 걸쳐 140여 편 이상의 관련 연구가 활발하게 진행되어서 한대의 정치·제도·경제·문화·사회·군사 등을 이해하는데 중요한 성과를 거두었다고 할 수 있다.

　현재 강소성 연운항시 박물관에서 소장하고 있다.

4. 참고문헌

連雲港市博物館, 「江蘇東海縣尹灣漢墓群發掘簡報」, 『文物』 1996-8.

連雲港市博物館, 「尹灣漢墓簡牘釋文選」, 『文物』 1996-8.

藤昭宗, 「尹灣漢墓簡牘概述」, 『文物』 1996-8.

連雲港市博物館, 「尹灣漢墓簡牘初探」, 『文物』 1996-10.

連雲港市博物館 等 編, 『尹灣漢墓簡牘』, 中華書局, 1997.

廖伯源, 『簡帛與制度-尹灣漢墓簡牘官文書考證』, 臺北文豊出版社, 1998/增訂版 廣西師範大學出版社, 2005.

連雲港市博物館 等 編, 『尹灣漢墓簡牘綜論』, 科學出版社, 1999.

蔡萬進, 『尹灣漢墓簡牘論考』, 臺灣古籍有限出版公司, 2002.

張顯成·周群麗著, 『尹灣漢墓簡牘校理』, 天津古籍出版社, 2011.

宋培超, 「尹灣漢墓簡牘集釋」, 吉林大學碩士學位論文, 2014.

郝建平, 「尹灣漢墓簡牘研究綜述」, 『古籍整理研究學刊』 2015-1.

사양 대청돈 한간(2002~2003)

泗陽 大青墩 漢簡

1. 출토지 : 강소성 숙천시 사양현 삼장향 대청돈 사수왕총

2. 개요

  1) 발굴기간 : 2002년 11월~2003년 1월

  2) 발굴기관 : 남경박물원, 숙천시 문화국, 사양현 방송국 연합 고고대

  3) 유적종류 : 고분

  4) 시대 : 한대

  5) 시기 : 전한 중후

  6) 출토상황 : 전한 무제 원정4년(기원전 113년) 상산헌왕 유순의 아들 劉商이 처음 泗水王으로 분봉된 이래 기원 10년 왕망에 의해 폐국될 때 까지 사수국은 5대6왕 123년 간 이어졌다. 한대 사수국은 오늘날 강소성 숙천시 사양현 및 주변 지역에 해당하는데, 사양현의 三莊鄕에 약 40여 기의 한대 토곽묘가 대묘를 중심으로 밀집 분포하고 있다. 대묘는 한 사수국왕의 왕릉이고 주변의 토곽묘는 귀족·관원들의 배장묘로, 그 남단이 남쪽의 사수국 도성 유지와 연결되면서 남북 방향의 일정한 축선 위에 규칙적으로 배열되어 있다.

  사양 한묘군에 대한 도굴 피해가 매우 심한 상태에서, 2002년 11월~2003년 1월 남경박물원은 숙천시 문화국, 사양현 방송국과 협력하여 사양현 三莊鄕의 陳墩 한묘와 大青墩 한묘에 대해 긴급 구제 발굴을 진행하게 되었다. 진돈 한묘에서는 청동기·칠기·옥기·악기·화폐·인장 등 100여 건의 유물이 출토되었는데, 특히 대단히 정미한 古瑟과 漆奩盒이 주목된다. 대청돈 한묘는 대형 토갱 목곽묘로 묘실은 주묘실과 外藏槨으로 구성된다. 묘장의 형태와 출토 유물 및 槨板에 새겨놓은 '王宅', '泗水王□' 등의 문자 등에서 이 묘가 한대 사수국 왕릉이라는 점은 의심의 여지가 없지만 구체적으로 어느 왕의 능묘인지는 확실한 증거가 없다.

外藏椁 중 南外藏椁에서는 木立俑 36건, 木坐俑 29건, 木馬 15건, 木騎俑 9건, 木猪 1건, 木質 房屋模型 1건 및 木車·도기·동기·철기 등 10여 건의 유물과 밤·고량 등의 음식물이 나왔다. 東南 外藏椁에서는 대형 목질 저택 모형이 나왔는데, 대형 건축물의 모형 내에 각종 木質 俑, 馬, 車 등의 明器가 자리하고 있어서 한대인들의 '事死如生' 관념이 잘 반영되어 있다. 바로 이 院落모형에서 3매의 목간이 출토되었는데, 내용은 수장 기물을 기록한 遣策이다. 서체는 전한 초의 초기 예서이다. 東北 外藏椁은 糧倉으로 주로 곡식이 들어 있는데, 출토 시 이미 부패한 상 태였다. 西外藏椁은 주방과 저장고인데, 西南 外藏椁에서 銅器 4건 陶器 23건 및 목기와 칠기 각 1건 씩 나왔고 西北 外藏椁에서는 부서진 陶器 13건이 나왔다. 주관실과 외장곽 사이에도 동기, 도기, 칠기, 목기, 철기 등 적지 않은 유물이 있었다.

주곽실은 동·서 양실이 있는데, 각각 관이 1구씩 있다. 서실이 주실로 묘주가 남성이다. 이미 심하게 도굴당한 상태였지만 여전히 칠기·동기·금속기·옥기·골각기 등과 인골이 남아 있었 다. 그중 銅盆에 '長樂'이라는 2글자가 있는데, 이는 한대 자주 사용되던 吉祥語이기는 하지만, 장안 황궁의 명칭이기도 해서 중앙 황실에서 사수국에 하사한 물품일 가능성도 있다. 陪葬坑은 상하 두 층으로 나뉘는데, 여기는 출행하는 의장대를 갖추어 놓아 木立俑 ·木坐俑·木騎俑· 木 馬·木船·木車 등 238건의 유물이 출토되었다. 배장갱과 外藏椁 사이에도 車馬·武士·侍從·伎 樂俑 등으로 의장을 배치해 두어, 왕후의 격에 맞는 능묘의 규모를 갖추었다고 할 수 있다. 그리 고 대청돈 한묘의 유물 중 漆木器가 549건으로 전체의 83%를 차지할 정도로 다수를 이루고 있 어서, 나무를 중심으로 구성되는 사수왕릉의 주요한 특징을 확인할 수 있다.

대청돈 사수왕릉은 이미 도굴당한 상태이지만, 그럼에도 칠목기·도기·철기·동기·옥기 등 660여 건의 유물이 나와서, 100여 건의 유물이 나온 진돈 한묘와 함께 한대 사수왕국 연구 및 한대 물질·정신문화를 연구하는데 진귀한 실물 자료를 제공해 준다.

3. 내용

강소성 숙천시 사양 대청돈 한간독 중 3매의 목간은 묘실 내 東南 外藏椁의 대형 저택모형에 서 출토되었다. 내용은 수장 기물의 목록을 기재한 遣策이다. 그 외에 목독도 수십 매 나왔다고 하는데, 지금까지 대청돈 한간독은 미공개 상태여서 자세한 내용은 확인할 수 없다.

4. 참고문헌

陸建方, 「泗陽大靑墩泗水王陵」, 『東南文化』 2003-4.

中國考古學會 편, 『中國考古學年鑑 2003』, 文物出版社, 2004.

양주 우강 유무지묘 한간(2004)

揚州 邗江 劉毋智墓 漢簡

1. **출토지** : 강소성 양주시 우강구 양묘진 한묘(M1 : 劉毋智 墓)

2. **개요**

   1) 발굴기간 : 2004년 9월

   2) 발굴기관 : 양주시 문물고고연구소

   3) 유적종류 : 고분

   4) 시대 : 한대

   5) 시기 : 전한 초(기원전 195년~154년)

   6) 출토상황 : 2004년 9월 강소성 양주시 우강구 양묘진의 한묘가 도굴당한 후, 양주시 문물고고연구소는 긴급 구제 발굴을 진행하고 이 묘를 1호묘(M1)로 지정했다. 1호 한묘는 양주시 우강구 양묘진 양묘촌 王家廟組의 기와 공장 내에 위치한다.

   이 묘는 장방형 토갱 수혈식 목곽묘로, 이미 도굴당한 상태로 묘장의 봉토나 관곽의 상세한 형태는 분명하지 않다. 남아있는 관곽으로 보면, 正藏槨과 外藏槨 두 부분으로 구성되어 있는데, 그중 외장곽의 보존 상태가 비교적 좋은 편으로 68건의 수장품이 출토되었고, 정장곽 내에는 1구의 관과 2개의 상자가 있었을 것으로 추정되는데 이미 도굴당했던 유물을 회수한 것이 111건이었다.

   수장 유물은 도기 63건, 칠기 73건, 죽기 2건, 목기 14건, 골기 4건, 금속기 22건, 옥기 1건 등으로 분류할 수 있는데, 그중 목기 중에 封泥匣 5건이 포함되어 있다. 옥기는 옥인으로 '劉毋智'라는 이름이 새겨져 있어서 묘주의 성명을 확인할 수 있다.

   묘장 시기를 확정할 수 있는 紀年 자료는 나오지 않았지만, 묘장의 형태나 수장품의 특징에서 전한 초기로 볼 수 있다. 묘주 유무지의 신분은 출토 유물 중 漆耳杯에 '邰陽侯家', '吳家'라는 명문을 통해 추정할 수 있다. 일찍이 한 고조 유방의 형 劉仲은 고조 8년(기원전 199년) 代王의 자리에서 흉노의 공격을 받고 달아났기 때문에 合陽侯로 강등되었고, 다시 유중의 아들 劉濞가 고조 12년(기원전 195년) 吳王으로 봉해진다. 따라서 유무지 묘의 상한은 고조 12년(기원전 195년)이 되며, 유무지는 오왕 유비와 밀접한 관련이 있는 인물이라고 할 수 있다. 오왕 유비가 경제 前元 3년(기원전 154년) 오초칠국의 난을 일으켰다가 패망하기 때문에 유무지 묘의 하한은 경제 前元3년(기원전 154년)이 된다. 즉 유무지의 묘장 시기는 기원전 195년에서 기원전 154년 사이가 된다.

출토된 칠기와 죽·목기는 전한 초 수공예 기술의 성숙함을 여실히 보여주며, 특히 陶熏爐에 '蒼頡' 2글자가 쓰여 있어 한대인들의 문자의 기원에 대한 인식을 엿볼 수 있다. 유무지 묘는 지금까지 발굴된 최초의 한초 제후국 吳國의 묘장으로 당시 제후국 吳의 역사·문화를 연구하는 데 중요한 의의를 가진다.

3. 내용

강소성 양주 우강 유무지 묘 출토 5건의 封泥匣은 삼나무 재질로 만들었으며 匣 중간의 凹槽 내에 봉니가 남아있고 끈으로 묶은 흔적이 있다. 끈은 이미 부패한 상태였다. 그중 2건의 봉니갑에 글자가 있고 나머지 3건은 매우 심하게 썩은 상태에 글자도 찾아볼 수 없다. 문자가 있는 2건의 봉니갑 중 하나는 길이 7㎝, 너비 1.8㎝, 두께 1.8㎝로 '張皇'이라고 쓰여 있다. 다른 하나는 길이 5.7㎝, 너비 1.5㎝, 두께 1.5㎝에 '東□'이라고 쓰여 있다.

양주 우강 유무지 묘의 발굴 보고와 봉니갑의 사진 및 모본은 「江蘇揚州西漢劉毋智墓發掘簡報」(2010)에 수록되어 있다. 봉니갑은 현재 양주시 문물고고연구소에서 소장하고 있다.

4. 참고문헌

揚州市文物考古研究所,「江蘇揚州西漢劉毋智墓發掘簡報」,『文物』2010-3.

양주 한간(2015)

揚州 漢簡

1. **출토지** : 강소성 양주시 전한 중기 한묘

2. **개요**

    1) 발굴기간 : 2015년

    2) 발굴기관 : 미발표

    3) 유적종류 : 고분

    4) 시대 : 한대

    5) 시기 : 전한 중기

    6) 출토상황 : 2015년 강소성 양주시의 중형 전한 묘에서 13매의 목독이 발견되었다고 전해졌지만, 아직 발굴보고나 출토 간독의 석문이 공개되지 않아서 자세한 내용은 알 수 없다.

3. **내용**

    2015년 강소성 양주시의 전한묘 출토 13매 목독에 대해서는 張朝陽의 「秦漢時代的狗-以揚州新出土西漢尋狗案爲中心」(2018)에 관련 내용이 간략하게 소개되어 있다. 목독은 묘주 遂라는 이름의 관원이 '大王'에게 보내는 奏疏이다. 그중 張朝陽이 소개하는 내용은 4封의 목독에 기록된 전한 중엽 廣陵國 궁중에서 기르던 개를 잃어버렸다가 1년 만에 찾게 되는 사건이다. 이는 전한 제후국의 공문서로는 처음 발견된 것이면서, 또 한대 잃어버린 개를 찾는 기록으로는 유일한 것으로 흥미로운 내용이라고 할 수 있다.

4. **참고문헌**

張朝陽, 「秦漢時代的狗-以揚州新出土西漢尋狗案爲中心」, 『史林』 2018-2.

7. 산동성 山東省 출토 한간

임기 은작산 한간(1972)
臨沂 銀雀山 漢簡

1. 출토지 : 산동성 임기시 은작산 1·2호 한묘

2. 개요

    1) 발굴기간 : 1972년 4월

    2) 발굴기관 : 산동성박물관, 임기문물팀

    3) 유적종류 : 고분

    4) 시대 : 한대

    5) 시기 : 전한 초

    6) 출토상황 : 산동성 임기시 남쪽에 금작산과 은작산이라는 2개의 작은 산이 동서로 마주하고 있는데, 동산이 금작산이고 서산이 은작산이다. 이곳은 한대 東海郡 開陽縣에 속하는 지역으로서, 1972년 4월 산동성박물관과 임기문물팀은 은작산에서 건설 공사 중에 발견된 1호, 2호 한묘를 발굴하게 되었다.

    1호, 2호 묘는 모두 장방형 수혈식인데, 그중 1호묘는 남북 3.14m, 동서 2.26m의 크기에 윗부분은 파손되어 물이 차있는 상태였다. 다만 곽실은 온전한 편이고 묘갱과 목곽 사이가 가는 회백색 점토로 채워져 있다. 곽실은 길이 2.64m, 너비 1.76m에 1m 정도의 높이로, 동편에 관이 놓여져 있고 서편에 수장 기물을 담은 邊箱이 있다. 관은 길이 2.14m, 너비 0.66m, 높이 0.62m의 크기로, 관내에 앙신직지형의 유골 1구가 있었지만 이미 부패하여 흩어진 상태여서 성별은 확인할 수가 없다. 묘장의 연대는 한 무제 초로 추정된다.

    1호묘에서는 7,500여 매의 죽간과 5매의 목독이 출토되었는데, 오랫동안 진흙 속에 파묻혀 달라붙은 채로 있어서 이미 매우 심하게 파손된 죽간이 많았다. 또 1972년 출토 당시 인식과 기술의 한계로 손상을 입은 죽간이 생겨났다. 1호묘 출토 죽간 7,500여 매는 잔간 4,942매에

글자가 없는 잔편 수천 매인데, 모두 곽실 서편 邊箱 북단의 칠목기와 도기 사이에서 발견되었다. 출토될 때부터 죽간은 이미 흐트러진 상태로 죽간 표면은 짙은 갈색으로 변색되었고 묶은 줄도 모두 부패했다. 다만 죽간에 쓰여진 글자는 대부분 비교적 분명했다. 2호묘에서는 32매의 죽간이 나왔다.

은작산한간은 1972년 출토 후 많은 관심을 받으면서 신속히 정리 보호 작업이 진행되었다. 중국 중앙정부의 지원 하에, 동시기에 출토된 마왕퇴한묘백서, 수호지진간 등과 마찬가지로 당시 중국 학계의 저명한 전문가들로 정리소조가 갖추어져서 죽간의 보존 처리와 摹寫 및 釋讀이 진행되었다. 은작산한간은 출토 당시 이미 심하게 파손되고 오염된 상태였는데 특히 오랜 기간 진흙 속에 있으면서 수분 함유량이 400%에 달할 정도였다. 은작산한간의 탈수 보존처리에는 '에틸알코올-에테르 혼합 유향수지 탈수 고정법[醇醚乳香膠脫水定型]'이 사용되었다. 에틸알코올-에테르 혼합물로 죽간 내의 수분을 치환하면서 유향수지로 죽간을 보강하여 건조 과정에서 표면의 張力을 감소시킴으로써 죽간 본래의 형태를 유지하는 이 방법은 이후 간독의 탈수 보존 처리 작업에 중요한 참고사례를 제공했다고 할 수 있다.

3. 내용

산동성 은작산한간 중 1호묘 죽간은 길이의 장단에 따라 2종류로 구분된다. 長簡은 길이 27.5㎝, 너비 0.5~0.7㎝, 두께 0.1~0.2㎝이고 短簡은 길이 18㎝ 너비 0.5㎝이다. 長簡은 상중하 세 줄로 편철했고, 短簡은 상하 두 줄로 편철했다. 대부분의 죽간은 長簡이지만, 「天地·八風·五行·客主·五音」에 관한 占書 1종만이 短簡으로 쓰여졌다.

1호묘 출토 목독 5매는 길이 22.3~22.9㎝, 너비 1.0㎝, 두께 0.2㎝이다. 그중 첫 번째 목독은 본래 두 조각난 것을 이어붙였는데, 「守

〈은작산한간 손자병법 篇題木牘(銀雀山漢墓竹簡(壹), 1985 圖版 24쪽 轉載)〉

法」, 「要言」, 「庫法」, 「王兵」, 「市法」, 「守令」, 「李法」, 「王法」, 「委法」, 「田法」, 「兵令」 및 「上篇」, 「下篇」 등 13개의 편제가 3칸으로 나누어 기재되어 있다. 두 번째 목독은 6조각의 잔편을 결합한 것인데, 『孫子兵法』의 편제를 3칸으로 나누어 썼다. 세 번째 목독은 9조각의 잔편을 결합했는데, 4칸으로 나누어 「將敗」, 「兵之恒失」, 「效賢」, 「爲國之過」, 「持盈」 등의 편제를 기재했다. 네 번째 목독은 4조각의 잔편을 붙였는데 「曹氏」, 「禁」 등의 편제가 나열되어 있다. 다섯 번째 목독은 3조각의 잔편을 붙였는데 2칸으로 「分土」, 「興理」, 「三亂」, 「三危」, 「亡里」 등의 편제가 있다. 5매 목독 모두 가운데에 끈의 흔적이 남아있는데, 아마도 죽간을 묶은 뒤 그 위에 죽간 서적의 편제를 쓴 목독을 題簽으로 함께 동여 맨 것으로 보인다.

은작산 1호 한묘 출토 죽간은 대부분 『孫子兵法』, 『孫臏兵法』, 『尉繚子』, 『晏子』, 『六韜』 등의 고서적이다. 일부는 현재도 전해지고 있는 고서이지만 대부분은 전해지지 않는 책이다. 은작산 한간의 逸書類 서적은 『손자병법』, 『손빈병법』, 『한서』 예문지·병음양가에 나오는 『地典』, 唐勒·宋玉의 論馭賦, 편제 목독에 기재된 편명의 대부분, 「十官」 「五議」 「務過」 「爲國之道」 「起師」 등 정치·군사를 논한 문장, 「曹氏陰陽」 등 陰陽·時令·占候 관련 서적, 相狗書·作醬法 등의 잡서 등이다. 2호묘 죽간 32매는 길이 69㎝의 長簡도 있는데 상중하 세 줄로 편철했다. 내용은 武帝 元光 元年(기원전 134년)의 曆譜이다. 이상 은작산 1·2호묘 죽간의 내용을 세부적으로 살펴보면 다음과 같다.

(1) 제1집

① 孫子兵法

은작산한간 『손자병법』은 上·下 양편으로 나뉜다. 상편은 『孫子』13편의 잔간이고, 하편은 『孫子』佚文 4편과 손자가 오왕을 만나 부인들에게 병법을 시험한 일을 기록한 殘文 1편을 수록하였다. 현재 정리된 은작산 죽서 『孫子』13편 잔간은 모두 2,700여 자로, 현행본 『孫子』13편의 내용은 「地形」편을 제외하고는 모두 확인된다. 하편에 수록된 『孫子』佚篇 4편 중 「吳問」은 손자와 오왕 사이에 晉의 군사·정치제도에 관한 문답이고, 「黃帝伐赤帝」 「四變」 「地形二」는 상편의 「行軍」 「九變」 「九地」에 대해 해석하는 내용이다.

② 孫臏兵法

은작산한간『손빈병법』의 前4편은 손빈과 齊 威王의 문답을 기록한 것으로 손빈의 저술이 분명하다고 할 수 있다. 제16「强兵」편도 손빈과 위왕의 문답을 기록한 것이지만, 손빈병법의 본문은 아닐 수 있다. 제5에서 제15까지 각 편은 모두 "孫子曰"로 시작하는데, 이 역시『孫子』佚編일 가능성도 배제할 수는 없다. 하지만 문체나 풍격이『孫子』13편과는 사뭇 차이가 있어서, 여기서 말하는 孫子는 孫臏을 지칭한다고 추정할 수 있다.『손빈병법』은『한서』예문지에『齊孫子』로 나왔지만『수서』경적지에는 언급되지 않았기 때문에, 孫武와 孫臏을 동일 인물로 의심했었다. 하지만 은작산한간에서『손빈병법』이 별도로 나오면서 이러한 의문은 완전히 해결되었다고 할 수 있다.

③ 尉繚子

『한서』예문지의『尉繚子』는 31편인데, 현행본은 24편이다. 은작산한간의 죽서『尉繚子』는 현행본과는 6편이 일치하는데, 그중 「兵令」편은 현행본 「兵令」상·하와 동일하지만 그 서체와 체제가 차이가 있어서「守法守令十三篇」에 수록되었다. 따라서 은작산한간의『尉繚子』는 「兵談」「政權」「守權」「將理」「原官」5편이다.

④ 晏子

모두 16장으로 그 내용은 현행본『晏子』8편 215장 내에서 찾아볼 수 있다. 그중 제10장과 제11장은 현행본에서는 각각 2개의 장으로 나누어져 있어서, 문자의 차이 이외에도 편장의 체례에서도 차이가 있었음을 알 수 있다.

⑤ 六韜

은작산한간 죽서『六韜』의 내용은 병법만을 다루는 것은 아니고, 현행본『六韜』에서 전문적으로 병법을 다루는 편이 보이지 않아서 차이가 매우 큰 편이다. 죽서『六韜』는 모두 14組3類로 구성된다. 1~7組가 第1類로 묶이는데 현행본『六韜』의 「文韜」는 4조, 「武韜」는 3조에 해당한다. 8~13조는 第2類인데 현행본에는 보이지 않는 佚文이다. 14조가 第3類인데, 잔간으로 주 문왕과 태공망을 언급하고 있다.

⑥「守法守令十三篇」

모두 10편으로, 편제 목독의 제목에 따라서 정리한 것이다. 「守法」「守令」은 나누지 않고 한 편으로 합쳤다. 「守法」은 『墨子』의 「備城門」과 「號令」 등과 내용이 비슷하다. 「要言」은 격언을 모아 놓은 편이다. 「庫法」「市法」「田法」「委法」 등은 토지·시전·창고·부세 등의 제도에 관한 내용이다. 「王兵」은 『管子』에서 내용을 찾아볼 수 있으며 「李法」은 관리 처벌에 관한 내용이다. 「王法」은 왕된 자의 마땅한 도를 언급하며, 「兵令」은 현행본 『尉繚子』兵令篇과 내용이 같다.

(2) 제2집 逸書叢殘:

은작산 1호 한묘 죽간 중 제1집에 들어간 佚書類 문헌 이외에 그 나머지 비교적 뜻을 살려 篇을 이룰 수 있는 간들을 「逸書叢殘」이라고 해서 제2집에 수록하여 정리했다. 내용상으로 「十官」「五議」「務過」「爲國之過」「起師」 등 「論政論兵之類」50편, 「曹氏陰陽」「陰陽散」「禁」 등 「陰陽·時令·占候之類」12편, 「唐勒」「相狗方」「作醬法」「算書」 등 「기타」13편 등 3부분으로 구성되어 있다.

(3) 제3집

은작산 1호 한묘 죽간 중 잔편 전부와 5매의 편제 목독 및 은작산 2호 한묘의 「元光元年曆譜」를 싣고 있다. 32매의 죽간을 묶은 기본적으로 완전한 簡冊인 「元光元年曆譜」는 한 무제 元光 元年(기원전 134년)의 曆譜이다. 10월을 歲首로 하는 태초력 이전의 가장 완전한 형태로 발견된 역보로 매우 중요한 가치를 가진다고 할 수 있다.

두 묘의 형태는 전한 초기의 특징을 보여주는데, 무제 建元 연간(기원전 140년~135년)에 주조된 三銖錢(1호묘)과 무제 元光 元年(기원전 134년)의 曆譜(2호묘)가 출토되었기 때문에, 묘장 연대의 상한은 무제 元光 元年(기원전 134년), 하한은 元狩 5년(기원전 118년)으로 생각되지만 죽간의 서사 연대는 이보다 좀 빠르다고 할 수 있다. 즉 죽간 중 『손자병법』에 한 문제의 이름 '恒'을 피휘하지 않고 있으므로, 아마도 죽간은 문제가 즉위하는 기원전 179년 이전에 서사되었다고 볼 수 있다.

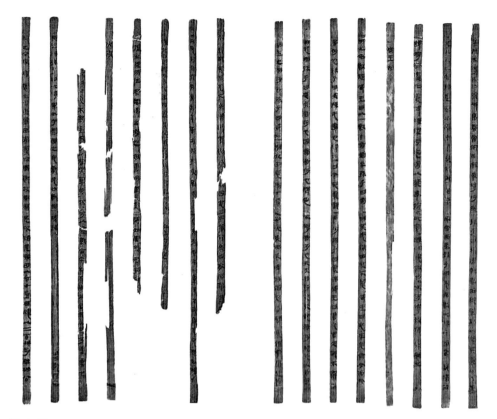

〈은작산한묘죽간 손자병법 죽간(『銀雀山漢墓竹簡(壹)』
(1975), 11쪽 轉載)〉

〈은작산한묘죽간 손빈병법 죽간(『銀雀山漢墓竹簡(壹)』
(1975), 12쪽 轉載)〉

　서체는 기본적으로 예서체이며, 草隸의 풍격도 보인다. 서사자는 1인이 아닌 복수의 사람이
쓴 것으로 보인다. 현재 임기시 은작산한묘죽간박물관과 산동성박물관에서 소장하고 있다.

　은작산한간의 출토는 중국 간독 중 중요한 발견의 하나로, 하나의 묘장에서 선진 고서 및 일
서류 서적이 집중적으로 나온 것은 매우 보기 드문 경우이다. 따라서 중국 고대 역사·철학·역
법·고문자·간책제도·서법 등 각 방면 연구에 매우 풍부하고 귀중한 자료를 제공해 준다. 이에
1972년 은작산한간은 출토되자마자 북경으로 옮겨져서 중국국가문물국 문물보호과학기술연
구소와 산동성박물관, 고궁박물원 등의 전문가들이 참여하여 죽간의 정리 보존 처리 및 편호와

도판 사진 촬영 등의 작업이 진행되었다. 은작산한간의 출토 상황에 대해서는 처음「山東臨沂西漢墓發現〈孫子兵法〉和〈孫臏兵法〉等竹簡簡報」(1974)에 소개되었다. 이어서 중국국가문물국 주도 하에 중화서국·중국역사박물관·고궁박물원·북경대학·중산대학·중국사회과학원·산동 성박물관 등의 전문가들이 〈은작산한묘죽간정리조〉를 편성해서 정리작업을 진행한 결과, 은작 산한간의 사진 도판 및 석문이『銀雀山漢墓竹簡(壹)』(1975)로 공개되었고 1985년 수정본도 나왔다. 1985년 수정본은 1975년판에 비해서 특히『손빈병법』에 대해 일정한 학술적인 조정이 있었다.『銀雀山漢簡釋文』(1985)은 비록 도판은 없지만 은작산한간 전체의 석문을 수록하면서, 叙論에서 은작산 1,2호 한묘의 형태 및 죽간의 학술 가치를 소개하고 부록으로「元光元年曆譜」 복원도 및「銀雀山漢簡校注本分類目錄」을 실어서 참고할 만한 가치가 있다.『銀雀山漢簡文字 編』(2002)도 출판되었다.

다만 본래 3輯으로 나누어 편성하여 제1집에『손자병법』,『손빈병법』,『尉繚子』,『六韜』,『晏子』,『守法守令等十三篇』, 제2집에『逸書叢殘』, 제3집에 죽간 잔편 전부와 목독의 편제 및 2호 묘의「元光元年曆譜」등을 수록하여 출판하려고 했지만,『銀雀山漢墓竹簡(壹)』에는 제1집의 내용만 싣고 제2집·제3집의 내용은 출판하지 못했다. 2010년이 되어서야 이전에 미수록된 제2집·제3집의 도판과 석문·주석을 실은『銀雀山漢墓竹簡(貳)』가 출판되었다.

4. 참고문헌

山東博物館·臨沂文物組,「山東臨沂西漢墓發現〈孫子兵法〉和〈孫臏兵法〉等竹簡簡報」,『文物』 1974-2.

吳九龍 編,『銀雀山漢簡釋文』, 文物出版社, 1985.

銀雀山漢墓竹簡整理小組 編,『銀雀山漢墓竹簡(壹)』, 文物出版社, 1975/1985(수정본).

騈宇騫 編著,『銀雀山漢簡文字編』, 文物出版社, 2002.

銀雀山漢墓竹簡整理小組 編,『銀雀山漢墓竹簡(貳)』, 文物出版社, 2010.

임기 금작산 한간(1978, 1983)
臨沂 金雀山 漢簡

1. **출토지** : 산동성 임기시 금작산 11·13(1978년), 28호(1983년) 한묘
2. **개요**

    1) 발굴기간 : 1978년 9월(11·13호묘), 1983년 12월(28호묘)

    2) 발굴기관 : 산동성 임기시박물관

    3) 유적종류 : 고분

    4) 시대 : 한대

    5) 시기 : 전한 중후기

    6) 출토상황 : 산동성 임기시 남쪽에 금작산과 은작산이라는 2개의 작은 산이 동서로 마주하고 있는데, 동산이 금작산이고 서산이 은작산이다. 이미 산봉우리는 깎여서 평평해졌지만 여전히 지세는 비교적 높은 편이다.

    1978년 9월 금작산 부근 기상국 증축 공사 중 6기의 한묘군이 발견되었다. 이에 산동성 임기시박물관은 1978년 10월부터 11월까지 발굴 정리 작업을 진행했다. 6기의 묘장은 모두 장방형 수혈식 토갱묘인데 모두 200여 건의 유물이 출토되었다. 200여 건의 유물은 칠기 74건, 도기 30건, 죽기 20건, 목기 38건, 동기 10건 등이며 오수전도 168매 나왔다. 그중 11호·13호 묘에서 부서진 죽독 조각 8매가 나왔다.

    6기의 묘장군 형태나 출토유물, 특히 오수전은 전형적인 전한 중후기의 특징을 보여주고 있어서 시기는 전한 중후기로 특정할 수 있다. 그리고 11호묘의 '周寬信印', 12호묘의 '周少翁', 14호묘의 '周寬之' 등 私印이 3건 나와서, 이를 통해 周氏 가족묘지라는 점도 확인된다. 즉 산동성 임기시 금작산 한묘군은 전한 중후기 周氏 가족묘라고 할 수 있다.

    이어서, 1983년 12월 산동성 임기시 금작산 서북쪽 南壇백화점 공사 현장에서 고묘군이 발

견되어 임기시박물관은 바로 현장 조사를 진행했다. 1983년의 금작산 고묘는 1978년 발견된 묘장군에 비해 약간 서쪽에 위치해서 금작산과 은작산 사이라고 할 수 있는데, 모두 9기의 묘장이 확인되었다. 9기의 한대 묘장에 대해서는 각각 편호 M26~34가 매겨지고 발굴 정리 작업을 하였는데, 모두 장방형 수혈식 토갱묘이다. 출토 유물은 도기·동기·철기·칠기·목기·죽기·옥기 등 380여 건에 반량·오수전 등 화폐도 234매 나왔다. 이 중 28호묘(M28)에서 목독 1매가 출토되었다.

1983년 금작산의 9기 고묘군은 시기가 일부는 전국 말에서 한초, 또 다른 묘장은 무제~선제기의 한 중기로 비정할 수 있고, 또 각 묘의 묘주는 현지 하급 관리 및 중소지주 그리고 서인층이 섞여 있다고 할 수 있다.

3. 내용

1978년 금작산 11·13호 한묘 출토 8매의 죽독 파편은 당시 이미 파손이 매우 심해, 내용은 판독하기가 어렵다. 하지만 정리 연구를 통해 견책류 의물소에 해당하는 것으로 확인된다. 11호묘에서는 문구류로 漆盒石硯과 毛筆도 1건 씩 나왔다.

1983년 금작산 출토 목독은 28호묘의 邊箱에서 나왔는데, 길이 23㎝, 너비 6.8㎝, 두께가 0.2㎝이며, 한쪽에 글자가 있지만 이미 흐릿해져서 판독하기가 어렵다.

1978년 금작산 11·13호 한묘 발굴 상황과 출토 죽독에 대해서는 임기시박물관이 「山東臨沂金雀山周氏墓群發掘簡報」(1984)를 통해 소개하고 있다. 1983년 금작산의 9기 한대 묘장의 발굴 상황과 28호묘 출토 목독에 대해서는 임기시박물관이 「山東臨沂金雀山九座漢代墓葬」(1989)에 각각 그 내용을 소개하고 있다.

4. 참고문헌

臨沂市博物館(沈毅), 「山東臨沂金雀山周氏墓群發掘簡報」, 『文物』 1984-11.
臨沂市博物館(馮沂), 「山東臨沂金雀山九座漢代墓葬」, 『文物』 1989-1.

내서 대야 한간(1978)

萊西 岱野 漢簡

1. **출토지** : 산동성 내서현 대야촌 전한 1호·2호묘

2. **개요**

   1) 발굴기간 : 1978년 12월

   2) 발굴기관 : 산동성 烟臺지구 문물관리조, 내서현 문화관

   3) 유적종류 : 고분

   4) 시대 : 한대

   5) 시기 : 전한 중·후기

   6) 출토상황 : 대야 전한묘는 산동성 내서현 小沽河 동안 院里公社 岱野村 동측의 '点將臺'라고 불리는 고지 위에 위치한다. 1978년 12월 약 30m 깊이의 토양 아래에서 2기의 장방형 수혈식 토갱묘가 발견되어 각각 M1, M2로 편호하고 2개월에 걸쳐 정리하였다. 묘 내의 곽실은 모두 40~80㎝ 깊이로 물이 차 있었고 수장품은 이미 부패하여 본래의 모습은 확인하기 어렵다. 1호묘는 길이 5m, 너비 3.4m, 길이 6.2m의 규모로, 곽실은 主室·邊箱·脚箱 3부분으로 구성되어 있다. 주실에 2중으로 관이 안치되어 있고, 변상에 동기·칠기, 각상에 도기를 비치했다. 관 내의 유해는 앙신직지형으로 안치되어 있는데 남아있는 두발 상태로 보아 중년 여성으로 보인다. 수장품은 칠기·동기·도기·옥석기·목기 등이 나왔는데, 변상 부분에서 봉니 2건이 나왔다. 2호묘는 길이 5.7m, 너비 4.3m로 1호묘보다 규모가 큰 편이다. 곽실은 2중 관이 안치되어 있는 主室과 그 양편으로 구분되어 있는 邊箱과 아래 쪽의 脚箱 부분으로 구분된다. 관 내의 유해는 이미 부패한 상태이지만 남아있는 형적으로 본래 앙신직지형이었음을 알 수 있고 잔존한 치아를 통해 묘주는 중년 남성으로 추정된다. 수장품은 칠기·동기·철기·도기·옥석기·목기 등인데, 木方 6매를 비롯하여 木瑟, 木俑, 木偶, 六博盤, 六博具, 算籌 등이 나와서 주목된다.

산동성 내서현 대야촌 전한 1·2호묘의 출토 유물은 강소성 해주 곽하묘와 비슷하다. 해주 곽하묘의 연대가 전한 후기로 단정할 수 있기 때문에, 내서현 대야촌 1·2호묘도 전한 중후기로 비정할 수 있다. 1호묘와 2호묘는 묘장의 거리와 형태, 수장 기물의 구성 등에서 서로 부부 관계로 추정된다. 2호묘 남성 묘주는 지방 관리의 신분으로 보이는데, 대야 지역이 전한대 膠東國의 봉지에서 25㎞ 정도 떨어져 있어서 아마도 교동국에 속했을 가능성이 크다.

3. 내용

산동성 내서현 대야촌 전한 2호묘 출토 木方 6매는 모두 관 내에서 나왔다. 최초 발굴 보고인 「山東萊西縣岱野西漢木槨墓」(1980)에 따르면, 길이 23㎝, 너비 7㎝, 두께 0.3㎝에 해주 곽하묘 출토 목방과 매우 비슷한 형태라고 했다. 출토 시 완전히 물 속에 잠겨 있었기 때문에, 정리하면서 글자 흔적을 찾을 수 없었다. 다만 비슷한 형태인 해주 곽하 묘 출토 목방 7매 중 글자가 부분적으로 확인되는 1매가 내용상 의물소 목독이기 때문에, 내서 대야 목방도 본래 의물소 목독이었을 가능성을 배제할 수 없다. 1호묘 출토 봉니 2건에서는 글자가 확인되는데, 각각 '遂□之印', '遂麋之印'으로 되어 있다.

4. 참고문헌

烟臺地區文物管理組·萊西縣文化館, 「山東萊西縣岱野西漢木槨墓」, 『文物』 1980-12.

일조 대고성 한간(1987)

日照 大古城 漢簡

1. **출토지** : 산동성 일조시 東港區 대고성 1·2호 한묘

2. **개요**

   1) 발굴기간 : 1987년 5월

   2) 발굴기관 : 일조시박물관

   3) 유적종류 : 고분

   4) 시대 : 한대

   5) 시기 : 전한 중후기

   6) **출토상황** : 산동성 일조시 동항구는 한대 琅琊郡의 海曲縣에 속했던 지역으로, 한대 海曲故城에서 서북쪽으로 1㎞ 떨어진 곳에서 한묘 3기가 현지민의 주택 공사 중 발견되었다. 이에 일조시박물관은 1987년 5월 초부터 긴급구제 발굴 정리를 진행하여 수장 기물을 수습하였다.

   3기의 한묘는 모두 장방형 수혈 토갱묘인데, 서로 긴밀하게 붙어있는 형태이다. 그중 3호묘는 이미 파괴되고 수장품도 현지주민이 가져가 버렸다고 한다. 1호묘는 묘갱이 길이 3.4m 너비 1.53m이며, 곽실은 길이 2.82m, 너비 1.02m, 높이 0.64m에 頭箱과 관실로 구성되어 있다. 관은 안팎으로 칠이 되어 있고 관내에 유골은 이미 부패하여 남아있지 않다. 頭箱 내에서 釉陶器 5건, 漆里杯 5건, 木案 1건, 木杖 2건이 나왔고, 관 내에서는 글자가 없는 공백 죽간 10매와 漆子奩 5건, 漆耳杯 1건, 木梳 3건, 木尺 1건, 비녀 4건, 동검 등이 나왔다.

   2호묘는 곽실이 3.5m, 너비 1.15m, 높이 0.67m에 역시 頭箱과 관실로 구성된다. 관 내에 유골은 이미 부패한 상태로 머리카락만 남아있다. 頭箱 내에서 釉陶器 6건, 木俑 5건, 漆耳杯 11건, 漆碗·勺·瓢 각 1건, 木杖 1건, 木案 2건, 비녀 2건 등이 나왔고, 관 내에서는 글자가 없는

공백 죽간이 잘려진 채로 나왔으며 그밖에 비녀 3건, 漆耳杯 1건, 목검 1건이 나왔다. 관 옆의 竹笥에서는 銅鏡 3건, 木鏡 1건, 木梳 3건, 木笾 2건이 나왔고, 또 그 옆에 竹筒 1건, 목독 1매, 銅刷 1건, 銅印 1건, 木印 1건 등이 나왔다. 2호묘에서 나온 인장 중 동인은 '王溥私印', 목인에는 '王夷雲印'이라고 각각 전서로 새겨져 있다.

일조 대고성 한묘는 묘장의 형태나 수장 기물의 유형에서 대체로 전한 중·후기의 특징을 보여주는데, 3호묘가 비교적 빠르고 2호묘가 그 다음이고 1호묘가 가장 늦은 편이다. 또 2호묘 출토 인장의 명문에서 전한 중후기 무렵 王氏 가족묘지로 추정된다.

3. 내용

일조 대고성 1호 한묘에서는 관 내에서 모두 10매의 글자가 없는 공백 죽간이 나왔고, 2호묘에서도 관내에서 몇 개의 글자 없는 죽간 잔편이 나왔다. 또 2호묘 관 주변에서 길이 9.8㎝, 너비 6.2㎝의 쪼개진 목독 1매가 나왔는데 글자가 모호해서 판독할 수 없다.

4. 참고문헌

日照市博物館, 「山東日照市大古城漢墓發掘簡報」, 『東南文化』 2006-4.

일조 해곡 한간(2002)

日照 海曲 漢簡

---

1. **출토지** : 산동성 일조시 서쪽 교외 堡村 해곡 106·129·130호 한묘

2. **개요**

1) 발굴기간 : 2002년 3월~6월

2) 발굴기관 : 산동성 문물고고연구소

3) 유적종류 : 고분

4) 시대 : 한대

5) 시기 : 전한 무제 後元2년(기원전 87년)

6) **출토상황** : 2002년 3월에서 6월까지 산동성 문물고고연구소는 고속도로 공사 도중 발견된 산동성 일조시 서쪽 교외에 위치한 堡村 海曲 한묘군에 대해 긴급 구제발굴을 실시하여 3곳의 封土에서 모두 86기의 묘장을 발굴했다. 그중 가장 규모가 큰 106호묘에서 죽간 39매와 공백 목독 4매가 출토되었고 129호와 130호묘에서는 각각 목독 2매 씩 나왔다. 106호 한묘에서 발견된 인장 중에 '公孫昌印'이 있어서, 106호묘의 묘주는 公孫昌이라는 인물이다.

106호묘는 일조 해곡 한묘군의 1호 봉토 동남부에 위치한다. 장방형 수혈식 토갱묘로 이미 도굴당했지만 도굴자가 묘실까지 들어가지는 못했기 때문에 보존 상태가 온전한 편이다. 1곽1관의 구조이며, 목곽은 井자형으로 길이 4.04m, 너비 1.2m, 높이 0.86m이다. 곽 내부에 頭箱·足箱 및 관이 있는데, 관은 겉은 흑갈색 칠, 안은 붉은 칠을 했고 길이 2.12m, 너비 0.76m, 높이 0.76m이다. 관내의 인골은 이미 부패해서 약간의 모발만 남아있으며, 관 내부의 수장 기물은 칠기·竹杖·木杖·동경·옥벽 등이 나왔다. 頭箱 내에 2건의 漆木箱이 있는데 이미 파손되었지만 안에서 칠기·銅燈·죽간 등이 나왔고, 足箱과 관 사이에도 漆木箱이 1건 있는데 안에 木構件 등이 있었다. 목곽의 북편에 邊槨을 따로 설치했는데, 그 안에서 대량의 도기·동기·칠기 등

이 나왔다.

129호묘와 130호묘는 모두 일조 해곡 한묘군의 1호 봉토 서남부에 위치한다. 129호묘는 장방형 수혈식 토갱묘이며 1곽1관의 구조이다. 관내 주요 수장품은 칠기이며, 동경과 머리 묶는 기물 등도 나왔다. 관과 곽 사이에 비교적 많은 수장품이 놓여 있는데, 주로 도기·동기·칠기 등 20여 건에 2매의 遣策 목독이 있다. 130호묘도 장방형 수혈식 토갱묘로 129호묘에 침범당한 상태이다. 130호묘는 일찍이 도굴당했지만 내관은 파괴되지 않아서 동경·銅帶鉤·동인·철검· 칠목기·竹杖 등이 나왔다. 또 남북 2곳의 邊箱도 도굴당했지만 남아있는 수장품으로 銅燈·칠기·陶壺 등이 나왔으며 頭箱의 잔존 수장품으로 도기와 동기 잔편이 있다. 묘 안에서 2매의 遣策 목독도 출토되었다.

3. 내용

산동성 일조 해곡 106호 한묘에서 나온 39매의 죽간은 길이 23.5㎝, 너비 0.6㎝, 두께 0.1㎝ 이다. 죽간의 글자는 비교적 선명한데, 그중 1매의 잔간에 '天漢二年城陽十一年'이라는 기년이 기재되어 있다. 天漢 二年은 한 무제의 연호로 기원전 99년인데, 城陽國의 연호로 '城陽十一年' 이 한 죽간에 함께 기록되어 있는 것은 보기 드문 경우이다. 또 31간에 보이는 大小月과 다른 간의 간지에 따라 간지표를 작성한 결과, 무제 後元 2년(기원전 87년)의 朔日과 동일하다는 것 이 확인되었다. 따라서 일조 해곡 106호 한묘 출토 죽간은 한 무제 後元 2년(기원전 87년)의 視 日簡 즉 曆譜이다. 37간에는 죽간의 바깥 竹靑 부분에도 글자의 흔적이 남아있다. 아마도 제목 이라고 생각되지만 글자가 분명하지 않아 판독하기가 어렵다. 다만 내용상으로 은작산한간의 「七年視日」과 비슷하기 때문에, 「漢武帝後元二年視日」이라고 명명되었다. 이에 일조 해곡 106 호 한묘의 묘장 시기는 한 무제 後元2년(기원전 87년) 전후로 판단된다.

함께 출토된 목독 4매는 장방형에 약간 변형되었다. 표본으로 M106:32 목독의 경우 길이 23.6㎝, 너비 7.3~7.5㎝, 두께 0.4㎝이다. 모두 글자가 없는 공백 목독이다. 그 밖에 장방형의 漆硯盒도 하나 출토되었는데, 길이 23.4㎝, 너비 7.1㎝, 두께 2㎝ 정도의 크기로 장방형 부분에 石硯이, 둥근 부분에는 연마석이 들어가게 되어 있다.

129호묘와 130호묘에서 나온 목독은 수장품의 명칭과 수량을 기록한 견책류로, 산동성에서 처음으로 발견된 한대 견책이다. 이를 통해 묘주의 성별과 신분을 추정하고 또 다른 지역에서 나온 견책과 비교해서 수장품의 명칭에서의 차이점 등을 확인하는데 유용한 자료라고 할 수 있다.

일조 해곡 106호 한묘는 「山東日照海曲西漢墓M106發掘簡報」(2010)에 발굴 정황과 함께, 106호묘 출토 視日簡에 대해 간략하게 소개하고 있다. 또 발굴에 참여한 중국문화유산연구원의 劉紹剛과 산동성문물고고연구소의 鄭同修는 공동으로 「日照海曲"漢武帝後元二年視日"簡研究」(2010)와 「日照海曲漢墓出土遣策槪述」(2013)에서 106호묘의 視日簡과 129·130호묘의 遣策 목독에 대한 정리 분석을 각각 진행하고 석문도 수록하고 있다. 2013년에는 중국문화유산연구원과 산동성 문물고고연구소가 청화대학 出土文獻硏究與保護中心의 도움을 받아 적외선 촬영을 진행하여 더욱 선명한 자료를 확보했다고 한다. 현재 산동성 문물고고연구소에서 소장하고 있다.

4. 참고문헌

山東省文物考古硏究所, 「山東日照海曲西漢墓M106發掘簡報」, 『文物』 2010-1.

劉紹剛·鄭同修, 「日照海曲"漢武帝後元二年視日"簡研究」, 『出土文獻硏究』 第9輯, 2010.

劉紹剛·鄭同修, 「日照海曲漢墓出土遣策槪述」, 『出土文獻硏究』『出土文獻硏究』 第13輯, 2013.

청도 토산둔 한간(2011, 2016~2017)

靑島 土山屯 漢簡

1. 출토지 : 산동성 청도시 黃島區 張家樓鎭 토산둔촌 동북쪽 능선 한묘군

2. 개요

1) 발굴기간 : 2011년 4~5월 / 2016년 5월~2017년 11월

2) 발굴기관 : 청도시문물보호고고연구소, 황도구박물관

3) 유적종류 : 고분

4) 시대 : 한대

5) 시기 : 기원전 1년(한 애제 元壽 二年)

6) 출토상황 : 토산둔 한묘는 청도시 황도구 장가루진 토산둔촌 동북쪽 능선에 위치한다. 이 지역에서 도로 공사 중 漢魏시기 墓群이 발견되어 2011년 4~5월 청도시문물보호고고연구소가 膠南市박물관(현 黃島區박물관)과 함께 긴급 구제성 발굴을 진행했다. 이때 3곳의 封土에 13기의 한묘를 발굴하여 상당한 유물이 나왔는데, 그중 수장 기물을 기록한 遣策 목독이 M6, M8 무덤에서 각각 1매 씩 나왔다.

이어서 2016년 5월부터 2017년 11월까지 청도시문물보호고고연구소는 황도구박물관과 함께 다시 토산둔의 한위시기 봉토 15곳의 125기 한묘에 대한 발굴 조사를 진행했다. 그 결과 현재 23매의 한대 목독이 새로 나왔다. 그

〈土山屯 漢牘 출토 槪況〉

발굴시점	종류	내용	수량	비고
2011년	木牘	遣策	2	
2016~2017년	木牘	遣策	9	
		名刺	2	
		公文書	6	(上計文書類)
		空白簡	6	
합계			25	

중에서 9매는 견책 목독, 2매는 名刺 목독, 6매는 上計文書 목독이며 나머지는 공백 목독이다. 6매 상계문서 목독은 각각 「堂邑元壽二年要具薄」, 「諸曹要具集簿」, 「堂邑盜賊命簿」, 「囚簿」, 「元壽二年十一月見錢及逋簿」, 「君視事以來捕得它縣盜賊小盜傷人簿」, 「牧君移書要」, 「堂邑元壽二年庫兵要完堅簿」 등의 문서명을 가지고 있다.

산동성 청도시 토산둔의 한묘군은 시기가 전한 중후기에서 후한대에 이르며 "劉氏가족묘지"라고 할 수 있는데, 그중 147호묘의 묘주는 전한 말 堂邑현령과 蕭縣 현령을 지낸 劉賜라는 인물로 40세 전후에 사망했다고 한다. 한대 당읍현의 위치는 오늘날 중국 남경시 북부의 六合區에 해당한다. 본래 당읍현은 진대 처음 설치되어 九江郡에 속했지만, 한 고조 6년 陳嬰을 堂邑安侯로 봉하면서 堂邑侯國이 되었다가, 무제 때 國이 폐지되고 臨淮郡에 속한 29개 현 중 하나로 전한 말까지 이르렀다. 반면 蕭縣은 한대 沛郡에 속한 37개 현 중 하나이다. 147호묘에서 '堂邑令印'과 함께 '蕭令之印'이 함께 나와 劉賜는 일찍이 蕭縣의 현령도 지냈을 것으로 보이지만, 上計문서 목독은 堂邑縣의 것만 있을 뿐 蕭縣의 것은 나오지 않았다. 아마도 이는 劉賜가 죽기 전 마지막으로 지낸 관직이 堂邑縣令이었고 따라서 생전의 지위를 증명해주는 공문서로는 당읍현 것만을 수장했기 때문인 것으로 생각할 수 있다.

3. 내용

토산둔 147호묘에서 모두 11매의 목독이 묘주의 왼쪽 다리 편에 있던 대나무 상자 안에 담겨서 나왔다. 목독은 너비 약 7㎝, 길이 약 23㎝, 두께 0.5㎝ 정도이다. 그중 10매는 상자 안에 함께 포개져 있었는데, 2매는 공백 목독이고 2매는 "堂邑令賜再拜謁"이라고 쓴 名謁이며 6매가 上計類 문서이다. 따로 떨어져 있던 1매의 목독은 衣物疏(M147:45)이다. 의물소 목독의 목록에 '堂邑户口簿 一'이라는 항목도 있어서 6매의 상계 목독 외에 당읍현의 현급 호구부도 존재했음을 짐작할 수 있다. 토산둔한간 6매의 상계문서 목독을 각각 소개하면 아래와 같다.

① M147:25-1 〈堂邑元壽二年要具簿〉〈元壽二年十一月見錢及逋薄〉

M147:25-1 목독은 앞뒤 양면을 모두 사용하고 있는데, 각각 상하로 칸을 나누어서 쓰고 있다. 앞면과 뒷면의 상단까지 38행으로 〈堂邑元壽二年要具簿〉를 기록하고 있으며, 뒷면의 하단

14행으로 〈元壽二年十一月見錢及逋薄〉를 쓰고 있다. 〈堂邑元壽二年要具簿〉는 당읍현의 吏員數, 縣城과 縣 전체의 크기, 戶口 수, 범죄인 수, 비축 무기 수량, 토지 면적 및 경작 면적, 傳馬 수량, 錢糧·市稅, 질병 및 빈민 구제 등 각종 현황을 기록하고 있다. 뒷면 하단의 〈元壽二年十一月見錢及逋薄〉는 稅收 및 미납된 각종 세수 항목을 기록한 문서이다.

② M147:25-6 〈諸曹要具集簿〉

M147:25-6 목독도 앞뒤 양면을 모두 쓰고 있는데, 20행으로 기록한 〈諸曹要具集簿〉문서는 내용이 〈堂邑元壽二年要具簿〉와 비슷하다고 한다.

③ M147:25-7 〈堂邑盜賊命簿〉

M147:25-7 목독은 앞면만 쓰고 있는데, 7행으로 당읍현에서 체포한 도적과 그 죄를 기록한 〈堂邑盜賊命簿〉 문서이다.

④ M147:25-8 〈囚簿〉〈牧君移書要〉

M147:25-8 목독은 앞뒤 양면을 쓰고 있다. 앞면은 상하 두 칸으로 나누어서, 상단은 6행의 〈囚簿〉문서로 죄수를 定罪하여 鐵官으로 보낸 정황 등을 기록하고 있다. 하단에는 별도의 문서 명 없이 4행으로 2건의 재판 안례와 戈船의 소재 위치가 기재되어 있다고 한다. 뒷면은 8행의 〈牧君移書要〉 문서인데, 州牧이 내려보낸 문서를 6가지로 요약한 내용이라고 한다.

⑤ M147:25-9 〈堂邑元壽二年庫兵要完堅簿〉

M147:25-9 목독도 앞뒤 양면을 사용하면서 각각 상하 두 칸으로 구분해서 쓰고 있다. 앞뒷 면에 걸쳐 모두 49행의 〈堂邑元壽二年庫兵要完堅簿〉문서는 당읍현 무기고에 보관하고 있는 병 기 상태의 통계를 기록하고 있다.

⑥ M147:25-10 〈盜賊命簿〉〈君視事以來捕得他縣盜賊小盜傷人簿〉〈囚簿〉

M147 : 25-10 목독은 앞뒤 양면을 쓰고 있는데, 앞면은 상하 두 칸으로 구분해서 상단은 7 행의 〈盜賊命簿〉 문서이다. 하단은 7행의 〈君視事以來捕得他縣盜賊小盜傷人簿〉라는 문서명으로, 劉賜가 당읍현령으로 업무를 시작한 이래 체포한 다른 현의 도적, 좀도둑, 상해죄 등의 정황을 기록한 것이다. 뒷면도 두 칸으로 나누었는데, 상단은 5행의 〈囚簿〉이고 하단은 문서명은 따로 없이 3행으로 縣民이 걸린 역병과 치료한 정황을 기록하고 있다.

이상 토산둔한간에는 6매의 상계문서 목독에 실려있는 〈堂邑元壽二年要具簿〉〈元壽二年十一月見錢及逋簿〉〈諸曹要具集簿〉〈堂邑盜賊命簿〉〈囚簿〉〈牧君移書要〉〈堂邑元壽二年庫兵要完堅簿〉〈君視事以來捕得他縣盜賊小盜傷人簿〉 및 문서명이 없는 기타 내용, 그리고 의물소 목록에 있는 〈堂邑戶口簿〉 등 한대 현급 행정문서가 다양하게 확인된다.

다만 대체로 토산둔한간의 이 6매 목독을 상계문서라고 지칭하고 있지만, 〈牧君移書要〉나 〈君視事以來捕得他縣盜賊小盜傷人簿〉와 같은 문서명을 보면 이 모든 문서가 현에서 군으로 보고되는 상계문서의 범주에 포함될 수 있을지는 다소 의문이 든다. 즉 이 목독 문서들을 수장한 목적이 당

〈土山屯漢牘 M147:25-1, 正面/反面(『考古學報』 2019-3 轉載)」〉

읍현령을 역임한 묘주 劉賜가 사후에도 자신의 신분을 증명하여 저승의 세계에서도 그 지위를 그대로 누리고자 하는데 있었다고 한다면, 〈君視事以來捕得他縣盜賊小盜傷人簿〉와 같은 문서는 실제 상계문서라기보다는 자신의 현령으로서의 치적을 과시하는 용도로 작성된 것일 수도 있다고 보이기 때문이다.

2019년에 토산둔 125기의 한묘 중 출토유물의 풍부함이나 보존상태의 양호함 등에서 대표

성을 갖췄다고 할 수 있는 4호봉토(F4) 아래 147호묘, 148호묘 두 한묘에 대한 상세한 발굴보고가 「山東靑島土山屯墓群四號封土與墓葬的發掘」(2019)로 나왔는데, 여기에 147호묘에서 출토된 목독의 상계문서 중 「堂邑元壽二年要具簿」와 「元壽二年十一月見錢及逋簿」에 대한 석문과 도판이 수록되어 있어 참고할 수 있다.

4. 참고문헌

鄭祿江 · 翁建紅, 「山東靑島市土山屯墓地的兩座漢墓」, 『考古』 2017-10.

彭峪, 「山東靑島土山屯墓群」, 『大衆考古』 2017-10.

彭峪, 「漢代縣令家族的身後事 山東靑島土山屯墓群」, 『大衆考古』 2018-2.

靑島市文物保護考古硏究所 · 黃島區博物館, 「山東靑島土山屯墓群四號封土與墓葬的發掘」, 『考古學報』 2019-3.

8. 산서성·하북성·북경시·천진시 山西省·河北省·北京市·天津市 출토 한간

유차 왕호령 한간(1971)

楡次 王湖嶺 漢簡

1. **출토지** : 산서성 유차시 왕호령 3호 한묘

2. **개요**

    1) 발굴기간 : 1971년 10월~11월

    2) 발굴기관 : 산서성 문물공작위원회

    3) 유적종류 : 고분

    4) 시대 : 한대

    5) 시기 : 진말한초

    6) 출토상황 : 1971년 산서성 유차시에서 건설 공사 중 왕호령에서 고묘군이 발견되었다. 이에 산서성 문물공작위원회는 1971년 10월 초에서 11월 중순까지 발굴 작업을 진행하게 되었다. 고묘군은 유차시 왕호령 지역에 위치하는데, 약 2,300㎡ 정도 면적에 지세는 비교적 높고 묘장이 밀집되어 있다. 발굴은 7기의 한묘에 대해 이루어져 각각 M1·M2·M3·M4·M5·M6·M11로 번호가 매겨졌는데, 그중 3호묘(M3)에서 籤牌 목독 1매가 출토되었다.

7기의 한묘는 기본적으로 동일한 형태의 장방형 수혈식이며, 묘실 내는 1곽1관을 갖추고 있다. 관곽은 대부분 부패했지만, 그중 M3과 M4가 비교적 보존 상태가 좋은 편이다. M3을 기준으로 곽은 길이 6.25m, 너비 2.2m, 높이 0.6m 정도이다. 관의 경우 길이 2.1m, 너비 0.8m 정도이며, 관의 덮개는 검은 색으로 칠을 했고 안은 붉게 색을 칠했다.

출토 유물은 대부분 곽과 관의 사이에서 나왔는데, 동경·옥기 등의 일부 유물은 관 내 유체 주변에서 나오기도 했다. 유차 왕호령 한묘의 규모가 크고 출토 유물도 많은 편인데, 특히 3호묘에서는 목독과 함께 동기가 많이 나왔다. 또 4호묘(M4)에서는 '安國君'이라는 石印이 출토되어서, 묘주의 신분을 짐작케 해준다. 출토 유물은 동·철·도·옥·골·칠목기 등 모두 116건이 나

〈산서성 유차 왕호령 3호묘(M3) 출토 簽牌〉(『文物』1974-12, 73쪽 圖37 轉載)

왔는데, 그중 도기가 가장 많다. 묘장의 형태나 출토 유물을 보면 대체로 전국 초문화의 영향을 받은 진한 교체기로 시기를 추정할 수 있다.

3. 내용

유차 왕호령 3호묘(M3) 출토 목독은 1매로 길이 5.7㎝, 너비 4㎝, 두께 0.3㎝로, 비교적 작고 얇은 편이다. 상단은 둥글게 깎아서 검게 표시했고 하단은 반듯한 모양으로, 구멍을 내어 실로 묶은 흔적은 없다. 목독은 출토 당시 완정한 상태로 글자도 비교적 분명한 편이다. 2글자가 쓰여 있는데, 앞 글자는 판독하기 어렵고 뒤 글자는 '笥'자이다. 笥는 수장 기물을 담는 상자이므로, 목독은 상자에 어떤 물품을 담고 있는지를 표시하는 簽牌라고 할 수 있다.

4. 참고문헌

王克林, 「山西楡次古墓發掘記」, 『文物』 1974-12.

태원 열룡대 한간(2017~2018)

太原 悅龍臺 漢簡

1. **출토지** : 산서성 태원시 迎澤區 郝庄街道 辦店坡 社區 東山 6호 한묘

2. **개요**

   1) 발굴기간 : 2017년 7월~2018년 9월

   2) 발굴기관 : 산서성 고고연구소, 태원시 문물고고연구소, 산서박물원, 태원시박물관, 북경대학 考古文博學院

   3) 유적종류 : 고분

   4) 시대 : 한대

   5) 시기 : 전한 초

   6) 출토상황 : 열룡대 묘지는 산서성 태원시 영택구 학장가도 판점파 사구 서쪽 700여m에 위치한다. 2017년 7월~12월 이 지역에서 건설 공사 도중 고묘군이 발견되어 긴급 구제 발굴을 진행하게 되었다. 그 결과 漢~明淸시기 묘장 29기를 발굴했는데, 그중 한묘가 11기였고 특히 6호묘(M6)가 가장 중요하다.

이 묘는 墓道·過洞·墓室로 구성되었는데, 경사진 묘도에서는 銅灯 하나와 반량전 40매가 발견되었다. 묘실 내 관곽은 보존 상태가 온전했지만 서쪽의 '中'자형 한묘 東山古墓와 인접해 있었기 때문에, 묘장 전체를 통째로 옮겨 야외가 아닌 실내에서 발굴을 계속하기로 결정되었다.

2018년 1월부터 9월까지 산서성 고고연구소, 태원시 문물고고연구소, 산서박물원, 태원시박물관, 북경대학 考古文博學院 등이 합동으로 태원시박물관으로 6호 한묘를 그대로 옮겨 실내 발굴 조사를 실시했다. 6호묘는 1곽1관으로, 관 내 묘주의 인골은 이미 완전히 부패한 상태였다. 출토 유물은 모두 66건으로 칠목기 22건 금·동·철기 등 금속기 23건 도기 12건 옥석기 4건이었다. 그중 중요한 것으로는 漆奩盒·銅鏡·琴·瑟·漆案·漆盘·漆耳杯·漆纚冠·铜印·玉印

및 木簡牘 등이 있다.

출토 유물 중 묘도에서 발견된 반량전으로 6호묘의 묘장 시기는 무제 이전 전한 초이면서, '中'자형 東山古墓와 인접해 있기 때문에 그 배장묘로 판단된다. 출토 간독 및 環首刀·磨力石·琴瑟 등의 유물로 보아 6호묘의 묘주는 전한 왕부의 문관일 가능성이 있다.

3. 내용

2018년 산서성 태원 열룡대 6호 한묘 출토 간독은 모두 600여 매 전후이다. 길이는 약 23㎝, 너비는 약 0.8㎝로 재질은 삼나무이다. 적외선 촬영 결과 잔간에 '□其□□□中□其□百日', '□□□二寸□' 등의 글자가 발견되기도 했지만, 대부분 잔결이 심해 글자를 판독하기는 어려운 상태이다.

태원 열룡대 한간독은 1971년 유차 왕호령 한묘에서 籤牌 1매가 나온 이래, 산서성 지역에서는 거의 처음이라고 할 정도이며 또 출토된 수량도 적지 않아서, 산서 지역 간독자료의 공백을 보완할 수 있고 또 진한대 산서 지역 연구에 풍부한 신자료를 제공해 줄 것으로 기대된다. 아울러 묘장 전체를 실내로 통째로 옮겨 정밀한 발굴과 보존 작업을 진행한 것은 야외 고고 발굴에 비해서, 보다 안전하게 유물을 보호할 수 있는 고고학 발굴 방법의 새로운 진전이라고도 평가할 수 있다.

4. 참고문헌

馮鋼, 「山西首次發現漢代簡牘」, 中国文物報 2018.11.16.
「山西首次出土漢簡, 墓主或爲西漢代王」, 澎湃新聞 2018.11.1.
「山西太原悦龍臺M6室内考古的新發現」, 中国社會科學院考古研究所 2018.11.19.

정주 팔각랑 한간(1973)
定州 八角廊 漢簡

1. **출토지** : 하북성 정주시 팔각랑촌 40호 한묘

2. **개요**

   1) 발굴기간 : 1973년 5월

   2) 발굴기관 : 하북성 문물연구소 定縣박물관

   3) 유적종류 : 고분

   4) 시대 : 한대

   5) 시기 : 전한 선제 五鳳3년(기원전 55년)

   6) 출토상황 : 1973년 5월 하북성 문물연구소와 정현박물관은 하북성 定縣(현 定州市)에서 서남쪽으로 4㎞ 떨어진 팔각랑촌에서 40호 한묘를 발굴했다. 이 묘는 이미 전한 말에 도굴되었지만 당시 도굴범이 무덤 내에 실수로 불을 내고 도망가는 바람에, 중요한 유물이 도굴되지 않은 채 그대로 보존되었다.

   하북성 정현은 하북 평원의 서부에 위치하면서, 춘추전국시대 中山國에 속했고 한대에도 이곳은 중산국으로 분봉된 곳이었다. 한대 중산국의 도성이 바로 현재의 정현 현성인데, 그 주위 구릉 지대에는 많은 한대 대묘가 존재한다. 정현 서남쪽 4㎞ 정도 떨어진 팔각랑촌 서남부의 40호 한묘도 그중 하나로 본래 봉토의 높이가 16m에 달한다.

   이 묘의 담장은 장방형으로 남북 145m, 동서 127m의 규모이며, 봉토는 직경이 90m에 이르며 모두 판축으로 쌓아올렸다. 묘도는 경사진 형태로 전반부는 이미 파괴되었지만 본래 약 30m 정도의 길이에 위는 넓고 아래로 좁아져서 가장 넓은 곳의 너비가 6m이다. 土壤은 전체 길이가 31m에 가장 넓은 곳의 너비는 12.9m인데, 내부는 받침목을 쌓아올린 前室과 後室이 있다. 묘실은 이미 도굴되고 불에 타서 바닥까지 무너진 상태이다. 후실은 장방형으로 본래 전

실과는 나무 벽으로 차단되었는데, 길이 11.5m, 너비 11.4m에 원래 높이는 약 3.3m로 전실보다 60㎝ 정도 낮고 바닥에는 陶片이 깔려있다. 후실은 다시 中·東·西室로 구분되며, 중실 후반부에 5겹으로 이루어진 목관이 있다. 가장 안쪽의 관만 진홍색 칠을 하고 나머지는 모두 검은색으로 칠을 했다. 세 번째와 네 번째 관 위에 견직물이 있고, 다섯 번째 관 위는 두꺼운 붉은 견직물이 덮여 있다. 관의 남, 서 양쪽으로 도굴꾼이 구멍을 뚫어서 관 내부의 유물은 이미 관 바깥으로 나온 상태였다. 40호 한묘의 관곽은 모두 7겹으로 구성되며, 內棺 안에는 1구의 남성 유체가 앙신직지형으로 안치되어 있었다. 묘주의 유체는 이미 출토 시 부패한 상태였지만, 본래 금루옥의를 입고 있었고 사망하기 1년 전에 기록한 「六安王朝五鳳二年(기원전 56년)正月起居記」라는 죽간을 통해 묘주는 五鳳3년(기원전 55년)에 사망한 中山懷王 劉脩임이 확인되었다. 죽간은 후실의 동실에서 출토되었다.

3. 내용

정주 팔각랑촌 한간은 모두 약 2,500여 매의 죽간이지만, 죽간이 나온 40호 한묘가 이미 도굴되면서 불에 타는 바람에 죽간은 대부분 흩어지고 탄화된 덩어리가 되어 잔결이 심하고 온전한 죽간은 매우 적다. 죽간의 문자도 판독하기가 매우 어렵다. 죽간 부근에 탄화된 絹帛과 書刀, 장방형 研墨石板, 滴水小銅壺 등이 있어서 묘 안에는 죽간만이 아니라 帛書도 있었던 것으로 보인다.

1974년 6월 정주 팔각랑촌 40호 한묘 고고발굴 책임자 劉來成 주도 하에 정주한간은 국가문물국으로 옮겨져 보호·정리 작업에 들어가게 되었다. 1976년 6월부터는 문물출판사 주도로 張政烺·李學勤·顧鐵符·于豪亮·劉來成·信立祥 등 전문가들이 참여하여 죽간의 정리 및 판독을 진행했는데, 죽간의 문자를 카드에 초록하여 하나의 간에 하나의 카드로 순서대로 번호를 매겨나가는 방식이었다. 하지만 1976년 7월 唐山 대지진으로 죽간을 담은 나무 상자가 뒤집어지면서 죽간이 흩어지고 손상을 입는 바람에 작업이 중지되었다.

1980년 4월 古文獻研究室에서 이학근의 책임 하에 정주한간의 정리작업이 다시 시작되었다. 정주한간의 『논어』, 『文子』, 『太公』, 『六安王朝五鳳二年正月起居記』, 『日書』, 『奏議』 및 공자와 공자제자 간의 언설 등에 관해 이전에 카드에 초록한 내용을 죽간과 對校해서 다시 정리했으며 일부 판독 가능한 글자의 자형에 대한 모본 작업도 진행했다. 그 결과의 일부는 「〈儒家者言〉釋文」 및 「〈儒家者言〉略說」(1981) 등으로 소개되기도 했지만, 모종의 이유로 다시 죽간 정리 작업은 중단되었다.

1995년 8월 하북성 문물국과 하북성 문물연구소는 다시 정주한간정리소조를 결성하여 정주한간의 정리 작업을 계속 진행하였다. 그 결과 이전 작업의 기초 위에서 먼저 정주한간 중 『文子』에 대해 죽간의 배치, 對校, 석문, 교감기 등을 완성하여 「定州西漢中山懷王墓竹簡〈文子〉釋文」, 「定州西漢中山懷王墓竹簡〈文子〉校勘記」(1995) 등으로 발표했다. 이어서 1997년 『論語』 죽간의 일부 석문이 소개되었다가(『文物』 1997-5), 곧 『定州漢墓竹簡〈論語〉』(1997)를 공간하여 정주 『논어』 죽간의 전체 석문과 주석 및 교감기 등이 발표되었다. 『六韜』 부분은 「定州西漢中山懷王墓竹簡〈六韜〉釋文及校注」, 「定州西漢中山懷王墓竹簡〈六韜〉的整理及其意義」(2001) 등으로 공개되었다. 또 『中國簡牘集成(18)·河北省, 安徽省(上)』(2005)에는 정주한간정리소조가 공개한 석문을 옮겨 실으면서, 아울러 문헌에 근거해서 校注를 달고 죽간의 배치 순서도 새롭게 하기도 했다.

지금까지 정주한간 중 도판과 석문이 모두 발표된 것은 『論語』, 『儒家者言』, 『文子』, 『六韜』, 등 4종의 서적이다. 가장 먼저 「河北定縣40號漢墓發掘簡報」(1981)에 張守中이 摹寫한 『儒家者言』 부분의 96매 죽간 모본이 실렸다. 또 「定縣40號漢墓出土竹簡簡介」(1981)에는 정주한간의 원 도판 15매가 공개되었는데, 각각 『儒家者言』 8매, 『論語』 1매, 『保傅傳』 1매, 『文子』 1매, 『六安王朝五鳳二年正月起居記』 1매, 『太公(이후 六韜로 명명)』 1매, 기타 2매 등이다.

「定州西漢中山懷王墓竹簡〈文子〉釋文」에 『文子』 모본 18매, 「定州西漢中山懷王墓竹簡〈論語〉釋文選」(1997)에 『論語』 모본 1매가 각각 실려 있으며, 「定州西漢中山懷王墓竹簡〈六韜〉釋文及校注」(2001)에는 20매의 『六韜』 모본을 수록하였다. 이 밖에 『中國書法全集5·秦漢簡牘帛書一』(榮寶齋出版社, 1997)에는 『文子』, 『儒家者言』 등의 흑백 및 일부 확대 도판 6매를 수록하고 있다. 『中國簡牘集成(2)·圖版選(下)』(돈황문예출판사, 2001)에는 『儒家者言』, 『文子』, 『保傅傳』, 『六韜』 등의 13매 도판을, 『中國簡牘集成(14)·圖版選(下)』(돈황문예출판사, 2005)는 이전 『文

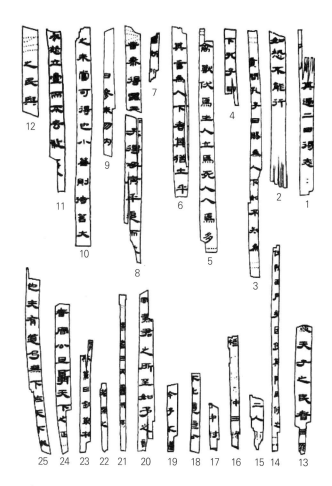

〈定縣40호 한묘 출토 『儒家者言』죽간 摹本(『文物』1981-5 轉載)〉

物』 등에서 공개되었던 정주한간의 도판·모본 전부를 모두 모아서 실었다. 『中國法書全集1·先秦秦漢』(文物出版社, 2009)은 『文子』, 『儒家者言』, 『六韜』 등의 컬러 도판 7매를 수록하고 있다.

정주한간은 처음 출토된 이래 1976년, 1980년, 1995년 모두 3차례 정리 작업이 진행되어 현재 8종의 고서적으로 기본적인 정리가 완료되었고, 그중 『論語』, 『儒家者言』, 『文子』, 『六韜』 등 4종은 도판 및 석문이 공개되었다. 나머지 4종은 『哀公問五義』, 『保傅傳』, 『六安王朝五鳳二年正月起居記』, 『日書』 등이다. 이하 8종의 정주한간 고서적의 내용을 소개한다.

① 『論語』

약 620매로 길이 16.2㎝, 너비 0.7㎝이다. 대부분이 잔간으로 현행본 『논어』의 절반도 되지 않는다. 간 마다 글자가 19~21자 정도이고, 죽간의 상중하 세 줄로 편철한 흔적이 남아 있다. 초록한 석문은 모두 7,576자에, 가장 적은 분량은 「學而」편으로 1매의 간, 20자에 불과하다. 가장 많은 분량은 「衛靈公」편이며 694자로 현행본의 77%에 달한다.

정주 『논어』 죽간은 비록 잔간이 많고 분량이 현행본의 절반도 되지 않지만, 20세기 출토된

『논어』 간독 중에서는 가장 많은 분량이며, 시기적으로 선진 이래 내용의 변동이 비교적 적은 『논어』의 원형에 가장 접근한 것이라고 할 수 있다. 또한 현행본과 비교해서 章節의 구분이나 문자의 내용에서도 적지 않은 차이점이 있다. 따라서 정주『논어』죽간은 아직 『논어』가 현행본의 형태로 합쳐지기 이전, 『齊論』, 『魯論』, 『古論』이 병용되던 시기의 판본으로서 『논어』 텍스트의 유행과 변화과정을 연구하고 현행본『논어』를 교감하는데 매우 중요한 자료라고 할 수 있다. 아울러 20세기 이래 지금까지 중국·한국·일본 등에서 각각 『논어』 간독이 다수 발견되고 있는데, 고대 동아시아세계 문자와 서적의 유통과 전파를 이해하는데에 비교할 만한 중요 참고자료가 된다.

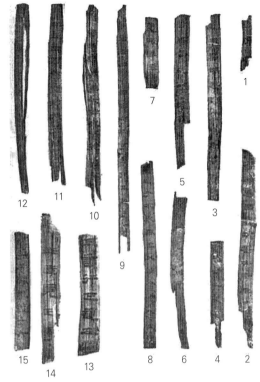

〈정현40호 한묘 출토 죽간 도판(『문물』 1981-5 轉載)〉

②『儒家者言』

102매에 길이 11.5㎝, 너비 0.8㎝이다. 「明主者有三懼」, 「孔子之周」, 「湯見祝網者」 등의 27장으로 구성되어 있다. 각 장은 모두 간의 머리부터 시작하지만, 간의 처음과 마지막 부분에 부호 표지가 없고 제목 역시 보이지 않는다. 간 마다 자수와 서체는 일치해서 1행을 가득 채우면 14자이고 서체는 반듯하다. 글자의 크기와 간격은 일률적이며, '而'자는 '如'자로 가차해서 많이 쓰고 있어서 독립된 하나의 고서라고 할 수 있다. 따라서 정리소조는 文義가 부합하는 죽간 102매를 한 편으로 묶어서 『儒家者言』이라고 명명했다. 『散見簡牘合輯』(1990)에도 석문이 수록되어 있다.

위로는 상 탕왕과 주 문왕의 인덕을 서술하고 아래로는 樂正 子春의 언행을 쓰고 있는데, 그 중 공자와 제자들 간의 언행이 가장 많은 부분을 차지한다. 대부분 유가의 충·효·예·신 등의 내용으로, 『說苑』, 『孔子家語』 등 선진·전한대 저작에서도 확인되는 문장이지만 더 오래된 원 시자료라고 할 수 있다. 따라서 현행본 문헌의 오류를 교정하면서 선진·진한 유가 연구에 매우 귀중한 가치를 가진다.

③ 『哀公問五義』

죽간의 수량은 확인되지 않는다. 현행본 『荀子』 哀公편, 『大戴禮記』, 『孔子家語』 등에 동일한 문장이 보인다. 그 죽간의 형태가 정주한간의 다른 서적과 달라서 별도의 초록본일 가능성이 있다.

④ 『保傅傳』

죽간의 수량은 확인되지 않는다. 정주 『보부전』잔간의 내용은 현행본 賈誼 『新書』와 『大戴禮 記』 등에서 확인할 수 있다. 양자는 기본적으로 내용이 같지만, 『대대례기』, 『신서』에 비해 정주 『보부전』잔간은 "昔禹以夏王" 이하의 후반부 문자가 더 많고, 또 『신서』에 비해 「連語」 두 절이 더 많다.

⑤ 『六韜』

모두 144매에 1,402자이다. 출토 시 불에 탄화되어 손상이 엄중해서 글자가 분명하지 않았 지만, 보존 처리를 거쳐 대부분 판독할 수 있었다. 가장 글자가 많은 간(簡號 2263)은 20자이고 가장 적은 간(簡號 1634)은 1자에 불과하다. 정주 『육도』간은 모두 13개의 편제가 발견되었는 데, 「治國之道第六」, 「以禮義爲國第十」, 「國有八禁第卅」 등이다. 그중 「治亂之要」 등 3편의 내용 은 현행본 『六韜』, 『群書治要』 등에서 확인된다. 정리된 잔간을 볼 때 본래 『육도』의 분량이 적 지 않은데, 망실된 부분이 많고 篇目만 있고 내용이 없는 간도 적지 않다. 정주 『육도』죽간은 『한서』 예문지나 『수서』 경적지 등에서 인용하는 강태공을 저자로 하는 서적을 초록한 것이겠 지만, 어떤 책인지는 확정하기 어렵다. 다만 일부 편제의 앞에 "方"자로 시작하는데에서, 죽간 의 일부는 方術書 종류라고 추정되기도 한다.

⑥『六安王朝五鳳二年正月起居記』

전한 선제 五鳳2년(기원전 56년), 六安國 繆王 劉定이 장안에 입조할 때의 상황을 기록한 내용이다. 장안까지의 여정에 지나가는 곳의 지명과 거리 등이 상세하게 기재되어 있어, 중국고대 역사지리 연구에 매우 좋은 자료라고 할 수 있다. 또 입조해서 朝謁하는 상황의 기록은 당시 의례제도 연구에 아주 중요한 의의를 가진다고 할 수 있다.

⑦『文子』

모두 277매에 2,790자이다. 현행본『문자』과 같은 문장으로「道德篇」87매 1,000여 자가 확인되고, 그 밖에「道原」,「精誠」,「微明」,「自然」 등의 내용이 비슷하다. 나머지는 현행본『문자』에서는 찾아볼 수 없는 佚文이다.『한서』예문지에 따르면 文子는 老子의 제자로『文子九篇』이 있다고 했다. 다만 정주『문자』죽간에서의 文子는 周 平王의 질문에 답을 하는 선생이지만, 현행본『문자』에서는 평왕을 대신해서 질문을 하는 사람이 文子가 되고 답을 하는 사람은 老子로 바뀌는 차이가 있다. 정주『문자』죽간의 발견으로『문자』라는 도가류 텍스트의 원형을 부분적이나마 확인할 수 있게 되었고, 따라서『문자』가 본래 위서가 아니고 현행본『문자』는 후인이 잘못 고친 것이었음이 증명되었다. 정주『문자』죽간의 佚文 부분은 대부분 天道·仁·義·功·德과 敎化에 대한 설명으로 일정한 특색을 갖추고 있다.

⑧『日書·占卜』

대부분 잔간으로 판독하기 어렵다.

서체는 정형화된 八分體로, 이를 통해 전한 중후기에 이미 정제된 八分體가 정착했음을 알 수 있다. 현재 하북성 문물연구소에서 소장하고 있다.

4. 참고문헌

河北省文物研究所,「河北定縣40號漢墓發掘簡報」,『文物』1981-8.

國家文物局古文獻研究室·河北省博物館·河北省文物研究所·定縣漢墓竹簡整理小組,「定縣40號漢墓出土竹簡簡介」,『文物』1981-8.

國家文物局古文獻研究室·河北省博物館·河北省文物研究所·定縣漢墓竹簡整理小組,「〈儒家者言〉釋文」,『文物』1981-8.

何直剛,「〈儒家者言〉略說」,『文物』1981-8.

河北省文物研究所定縣漢墓竹簡整理小組,「定州西漢中山懷王墓竹簡〈文子〉的整理和意義」,『文物』1995-12.

河北省文物研究所定縣漢墓竹簡整理小組,「定州西漢中山懷王墓竹簡〈文子〉釋文」,『文物』1995-12.

河北省文物研究所定縣漢墓竹簡整理小組,「定州西漢中山懷王墓竹簡〈文子〉校勘記」,『文物』1995-12.

河北省文物研究所定縣漢墓竹簡整理小組,「定州西漢中山懷王墓竹簡〈論語〉釋文選」,『文物』1997-5.

河北省文物研究所定縣漢墓竹簡整理小組,「定州西漢中山懷王墓竹簡〈論語〉選校注」,『文物』1997-5.

河北省文物研究所定縣漢墓竹簡整理小組,「定州西漢中山懷王墓竹簡〈論語〉介紹」,『文物』1997-5.

河北省文物研究所定縣漢墓竹簡整理小組,「定州西漢中山懷王墓竹簡〈六韜〉釋文及 校注」,『文物』2001-5.

河北省文物研究所定縣漢墓竹簡整理小組,「定州西漢中山懷王墓竹簡〈六韜〉的整理及其意義」,『文物』2001-5.

河北省文物研究所定縣漢墓竹簡整理小組,『定州漢墓竹簡〈論語〉』,文物出版社, 1997.

張靜,『定州漢墓竹簡和上孫家寨漢墓木簡集釋』,吉林大學碩士學位論文, 2014.

김경호·이영호 책임편집,『지하의 논어, 지상의 논어』, 성균관대출판부, 2012.

노룡 범장 한간(1987)

盧龍 范莊 漢簡

1. 출토지 : 하북성 진황도시 노룡진 범장촌 한묘(蔡文)

2. 개요

   1) 발굴기간 : 1987년 9월

   2) 발굴기관 : 하북성 문물연구소

   3) 유적종류 : 고분

   4) 시대 : 한대

   5) 시기 : 전한 초

   6) 출토상황 : 1987년 9월 하북성 문물연구소는 하북성 진황도시 노룡진 범장촌의 '甲'자형 대묘에 대해 발굴 조사를 실시했다. 묘의 정상에서 바닥까지 깊이 13m에 이르는데, 묘갱은 묘 입구에서부터 묘도와 관곽이 있는 主室로 구분된다. 약 26.5m의 경사진 묘도를 들어가 바닥 부분에 外藏槨이 안치되어 있고, 그 안에 겹으로 內槨이 있는데 사이에 邊箱이 2개 놓여 있다.

   內槨 내에 대형 黑漆棺이 있는데, 관곽은 이미 2차례 도굴당했지만, 그럼에도 많은 수장 유물이 출토되었다. 내·외곽 사이의 東邊箱에서 陶鼎·壺·盆·甀 등 대량의 도기류가 나왔다. 특히 곽 내부에는 부패하기는 했지만, 漆盒·漆木箱·漆奩盒 등 대량의 칠기가 나왔는데, 漆奩 내에 銅鏡·梳子 등이 들어 있기도 했고 漆盤에 붉은 글씨로 '丁丑司空', '丙子將軍', '庚辰司馬' 등 간지와 관직이 적힌 경우도 있다. 이는 일종의 六博棋의 한 종류로 보인다.

   또 漆盒 내에 '蔡文'이라고 음각된 白玉印이 발견되었는데, 이는 묘주의 이름을 새긴 私印으로 보인다. 그 밖에 書刀·竹器 및 동검·철검·갑옷·弩·鏃·彈丸 등의 다양한 무기류가 나와서 묘주 蔡文은 무관이었을 가능성이 높다.

   '甲'자형 대묘는 2곽1관에 2邊箱을 갖추고 있는데, 묘장의 형태나 수장 유물의 특징이나 서체의 변화 등으로 보아 시기가 전한 초 무렵으로 추정된다. 묘주인 채문은 아마도 한초 고조를 따라 종군했던 무관 혹은 군수급의 관리로 보이는데, 묘가 위치한 노룡은 고조 원년 蔡寅을 봉하여 侯國으로 삼았던 곳이다. 따라서 묘장의 형태나 시기 등으로 볼 때 채문은 채인과 일정한 관계가 있는 인물로 보인다.

3. 내용
이 묘는 1987년 발굴되었으나, 간독의 내용은 아직까지 공개되지 않았다.

4. 참고문헌
鄭紹宗, 「盧龍縣范莊大型西漢木槨墓」, 『中国考古学年鑒1988』, 文物出版社, 1989.

북경 대보대 한간(1974)
北京 大葆臺 漢簡

1. 출토지 : 북경시 豊臺區 郭公莊 대보대 1·2호 한묘

2. 개요

    1) 발굴기간 : 1974년 6월~1975년 4월

    2) 발굴기관 : 북경시고묘발굴판공실

    3) 유적종류 : 고분

    4) 시대 : 한대

    5) 시기 : 전한 중후기

    6) 출토상황 : 1974년 6월 북경시 고묘발굴판공실 등은 북경시 서남 교외에 위치하는 대보대에서 2기의 한묘(M1, M2)를 발굴했다. 2기의 묘는 동서로 병렬해 있으며, 봉분은 높이 8m에 길이 약 100m, 너비 80여m로 거대한 규모이다. 동편의 1호묘는 묘주가 남성이고 서편의 2호묘는 묘주가 여성인데, 1호묘가 2호묘보다 시기가 빠르다. 두 묘는 이미 도굴되고 또 내부가 불에 타버린 상태였다. 묘 내에서 출토된 오수전과 '二十四年五月丙辰'이라는 기년이 새겨져 있는 칠기를 통해 시기를 추정해 보면, 대체로 전한 제후왕 중에서 기원전 80년 사망한 燕王 旦 아니면 기원전 45년에 사망한 廣陽頃王 建과 왕후의 합장묘일 가능성이 크다.

    남성의 묘인 1호묘는 한대 제후왕급의 대형 '黃腸題湊' 묘장을 갖추고 있다. 나무를 두텁게 쌓아올려 관곽을 둘러싸는 題湊의 바깥은 다시 2겹의 나무로 구성한 外回廊으로 둘러싸여 있고, 내부는 前室·後室·內回廊을 만들어 2곽3관을 안치하고 있다. 주요 수장품은 外回廊에 들었는데, 木俑·偶車馬·陶器 및 馬·豹의 뼈 등이 출토되었고, 죽간 1매도 나왔다.

3. 내용

북경 대보대 한묘 출토 죽간 1매는 1호묘 黃腸題湊의 黃腸木 위에 놓여있었다. 죽간은 길이 20.5㎝, 너비 0.7㎝, 두께 0.1㎝정도인데, 죽간에는 6글자가 쓰여 있었다. 이 6글자를 최초 발굴보고「大葆臺西漢木槨墓發掘簡報」(1977)에서는 "樵中格(?)吳子運"으로 석독했다.

죽간의 6글자 "樵中格吳子運"에 대해서는 이후 몇 가지 의견이 제시되어 있다. 胡平生(2004)은 마지막 글자인 運을 孟으로 고쳐 읽으면서, 분명하지 않지만 혹 黃腸題湊를 제작한 工匠이나 監工의 이름일 수도 있다고 보았다. 侯旭東(2009)은 '格'을 한대 자연 취락의 통칭으로 후대의 '村'에 상당하는 것으로 보았다. 따라서 죽간은 樵中村(=格)에 거주하는 吳子孟의 명부라고 보았다. 王子今(2011)은 후욱동의 자연촌락설이 확증하기 어렵다고 하면서, '樵中格'을 黃腸의 규격이 요구에 부합하는지 검사한 기록일 수 있다고 했다.

북경 대보대 한묘에 대해서는「大葆臺西漢木槨墓發掘簡報」(1977)에서 처음 소개하였으며, 또『北京大葆臺漢墓』(1989)가 공간되어 전체적인 발굴 상황과 출토 자료를 수록하고 있다.

4. 참고문헌

北京市古墓發掘辦公室,「大葆臺西漢木槨墓發掘簡報」,『文物』1977-6.

大葆帶漢墓發掘組·中國社會科學院考古研究所,『北京大葆臺漢墓』, 文物出版社, 1989.

胡平生·李天虹,『長江流域出土簡牘與研究』, 湖北教育出版社, 2004.

侯旭東,「北京大葆臺漢墓竹簡釋義--漢代聚落自名的新證據」,『中國歷史文物』2009-5.

王子今,「大葆臺漢墓竹簡樵中格的理解與漢代聚落自名問題」,『中國國家博物館館刊』2011-10.

천진 계현 도교 한간(2000)

天津 薊縣 道敎 漢簡

1. **출토지** : 천진시 계현 劉家壩鄕 大安宅村 古井

2. **개요**

   1) 발굴기간 : 2000년

   2) 발굴기관 : 천진시 역사박물관 고고부

   3) 유적종류 : 우물[古井]유적

   4) 시대 : 한대

   5) 시기 : 미상

   6) 출토상황 : 천진 계현 유가파향 대안택촌의 마을 주민이 마을 북쪽에 위치한 양어장 내부의 흙을 파내는 과정에서 여러 개의 우물을 발견하였는데, 우물에서 항아리, 우물 갈고리 등의 유물이 나왔다. 그중 가장 중요한 것이 1매의 한대 목독이다. 천진시역사박물관의 고고 부서는 이 옛 우물에 대해 구제 발굴을 진행하여 전국 시기 우물 7개, 한대 우물 11개, 窖穴 2기, 車轍 두 세트, 灰坑 2개, 명대 우물 1개를 발견하였다. 한대의 우물은 주로 벽돌과 나무가 결합된 구조이며, 일부는 원형 벽돌 구조이다. 벽돌과 나무가 혼합된 우물의 상단은 원형의 벽돌 구조이며, 일반적으로 벽돌을 사용하여 아치형으로 둘러서 쌓거나 작은 아치형으로 繩紋磚을 사용하여 평평하게 쌓았다. 우물 내부의 유물에 관한 분석을 통하여 일부 우물은 벽돌 부분 위에 원형의 陶制 고리를 증축하여 우물 입구를 추가하였고, 하단은 방형 나무구조이다. 우물의 깊이는 지면과 5~7m 정도 차이가 난다.

3. **내용**

   천진 대안택촌 고정에서 나온 유물 중 가장 중요한 것은 묵서 문자 목독이다. 목독은 출토 당시에 이미 여러 조각으로 부서진 상태였는데, 중국문물연구소기술실에서 탈수 작업을 진행한 후 다시 이어 맞추어 거의 하나의 온전한 목독이 되었다. 적외선 촬영을 활용하여, 6행의 희미한 필사 흔적을 석독했는데, 그 내용은 漢·魏시기 도가의 방술 문서로 추정되었다.

이전에 발견한 도교 문자 유물은 符籙이 많았는데, 계현의 목독에 기록된 도교 방술 문서는 첫 번째 사례이다. 목독은 문자 수가 많고 내용이 매우 중요하여 현재까지 보기 드문 사례로서, 초기 도교의 기원을 연구하는 데 중요한 의미를 지니고 있다.

4. 참고문헌

梅鵬雲·盛立雙 等,「薊縣出土國內首見道教方術木牘文書清理十餘口戰國·兩漢古井出土各類遺物500件」, 中國文物報 2000.9.24.

9. 사천성·중경시 四川省·重慶市 출토 한간

운양 구현평 한간(2002)

雲陽 舊縣坪 漢簡

1. 출토지 : 중경시 운양현 쌍강진 구현평 한대 유지

2. 개요

    1) 발굴기간 : 2002년 초

    2) 발굴기관 : 길림성 문물고고연구소

    3) 유적종류 : 洞穴유적

    4) 시대 : 한대

    5) 시기 : 한초(늦어도 한 무제 전후)

    6) 유적과 출토상황 : 2002년 초 길림성 문물고고연구소는 중경시 운양현 구현평 한대 유지의 발굴을 담당했는데, 유지 남쪽에서 수혈식 동혈을 발견하여 도기·동기 및 간독 20여 매를 출토했다. 그중 5건의 간독에는 記事가 적혀 있어서 유지 자체의 고고 가치뿐만 아니라 장강 중류 三峽 일대의 역사를 이해하는데 큰 가치를 가진다고 할 수 있다.

    구현평 유지는 장강 북안의 대지 위에 위치하는데, 유지의 동쪽 및 서북쪽에 모두 동시대의 대규모 묘지가 있고 총 면적이 100여 만㎡에 달하는데, 한대 朐忍 縣城 고지로 추정된다. 1999년 전국~한대 冶鐵 유지가 발견된 이래 야철 관련 爐·窖·鼓風 및 鑄范·母范 등의 유적과 유물이 계속 출토되었다. 그중 '朐'자가 바닥 부분에 새겨져 있는 陶碗과 '□君'이 쓰인 封泥의 출토는 특히 중요하다. 구현평 유지는 서주 말에서 전국, 진한, 남북조 시기까지 풍부한 유물이 고르게 나오는데, 이는 진한~위진 시기 朐忍縣의 설치 시기와 규모와도 서로 부합한다.

3. 내용

2002년 중경시 운양현 구현평 한대 유지 출토 간독은 중경지구에서 처음 발견된 간독으로,

구현평 유지의 성격과 유물의 특징, 당시 주민들의 의식 형태 및 三峽 일대의 역사 문화를 연구하는데 중요한 자료이다.

간독은 유지 내 洞穴의 한대 지층에서 나왔는데, 직경 5.5m인 동혈의 상부는 토갱이고 하부는 암갱으로 입구에서 바닥까지 깊이가 15.7m에 달한다. 출토 유물인 도기 등이 한초의 특징을 보이며, 간독의 문자도 한초 초기 예서의 서법에 속해서 해당 유지는 늦어도 무제 전후의 한초로 시기를 특정할 수 있다. 20여 매의 간독은 길이가 일정하지는 않고 또 죽간과 목간이 뒤섞여 있어 하나로 편철해서 만든 책은 아니다.

글자가 비교적 분명한 5매의 목간은 글자 수가 적게는 3~5자, 많게는 수십 자이다. 글자 수가 가장 많은 목독은 장방형으로 길이 1.35m, 너비 16㎝, 두께 5㎝ 정도인데 상단은 검게 칠하고 왼편에 작은 구멍을 뚫어 실로 매달 수 있게 만들었다. 정면의 문자는 모두 7행 50자인데, 그중 31자가 판독 가능하다.

내용은 記事로 '東陽', '年', '月', 'ㅐㅐㅐ日' 등의 글자가 있다. 다른 목간에는 '五石' 등의 글자도 있다. 또 눈금이 새겨져 尺으로 추정되는 가는 나무 막대도 나왔는데, 일반적인 漢尺과는 길이가 차이가 있다. 간독과 함께 뼈 조각과 7건의 陶罐 등이 나왔지만, 관곽은 없어서 묘장은 아닌 것으로 보인다. 현재 重慶中國三峽博物館에서 소장하고 있다.

4. 참고문헌

洪峰·德平, 「重慶三峽庫區首次發現木簡」, 中國文物報 2002.8.16.

천회 노관산 한간(2012~2013)

天回 老官山 漢簡

1. 출토지 : 사천성 성도시 금오구 천회진 토문사구 노관산 한묘

2. 개요

  1) 발굴기간 : 2012년 7월~2013년 8월

  2) 발굴기관 : 성도 문물고고연구소, 형주문물보호중심

  3) 유적종류 : 고분

  4) 시대 : 한대

  5) 시기 : 전한 초

  6) 출토상황 : 2012년 7월에서 2013년 8월까지 성도 문물고고연구소는 형주문물보호중심과 공동으로 고고대를 조직하여, 사천성 성도시 금오구 천회진의 지하철 공사 현장에서 발견된 전한 시기 한묘에 대해 긴급 구제 발굴을 진행했다. 이 묘는 사천성 성도시 금오구 천회진 토문사구 衛生站 동편에 위치한다. 전한대 수혈식 토갱 목곽묘 4기에 대해 발굴을 진행하여, 칠목기·도기·동기·철기 등 모두 620여 건의 유물을 출토하였다.

  출토 유물 중 칠기는 240여 건, 도기는 130여 건, 목기는 140여 건, 동기는 100여 건이 나왔으며, 4기의 한묘 중 1호묘에서 목독 50매와 3호묘에서 죽간 951매가 출토되었다.

3. 내용

  노관산 1호 한묘에서 나온 목독 50매는 공문서와 巫術로 구분된다. 그중 공문서는 한대 부세제도 연구에 중요한 자료로서 가치를 가진다. 또 3호묘 출토 죽간 951매(잔간 포함)는 대부분 의서간이고 일부 법률문서가 포함되어 있다. 의서간의 발견은 마왕퇴 의서간과 무위 의서간에 이은 의서의 발견으로, 중국 고대 의학사 연구에 매우 귀중한 의의를 가진다고 할 수 있다.

246 197

노관산 3호묘 출토 의서 죽간은 각각 묘의 北Ⅱ底室에 730매, 南Ⅱ底室에 221매로 나누어 놓여있었다. 北Ⅱ底室 출토 죽간은 기존 사료에는 없던 佚書인데, 죽간에 『五色脈診』만 書名이 있고 나머지 『弊昔醫論』, 『脈死侯』, 『六十病方』, 『病源』, 『經脈·上經』, 『經脈·下經』은 내용에 따라 정리소조가 명명한 것으로 모두 9부의 의서이다. 별도의 법률문서로 『尺簡』이 있다.

南Ⅱ底室에서 출토된 죽간 221매는 다수가 잔간이고 완전한 형태의 간은 56매인데, 역시 의서이지만 『醫馬書』는 수의학 관련 내용으로 보인다. 죽간의 글자는 모두 2만여 자에 달한다.

3호묘에서는 의서간과 함께 옻칠을 한 온전한 人體經穴像도 발견되어 주목된다. 높이 14㎝의 인체상에는 '心', '肺', '盆', '腎' 등 장기 부위 및 경맥의 노선과 경혈의 지점을 분명하게 표시하고 있어, 의서간과 함께 묘주가 한

〈노관산한간 醫書簡 藥方(出土文獻研究 제16집, 2017, 圖版肆 轉載)〉

대 의술에 종사했던 사람이었음을 짐작하게 해준다. 즉 노관산 한간 의서간과 經穴人體像은 지금까지 볼 수 없었던 의서의 발견이면서 가장 이른 시기의 經穴人體 모형의 발견이어서 중국 고대 의학사에 매우 귀중한 실물자료의 발견이라고 할 수 있다.

특히 이들 의서는 일찍이 실전되었던 한초 扁鵲 학파의 의서로 추정되면서, 중국 고대 의학의 이론체계 형성 과정을 이해하는데 보다 중요한 가치가 있다. 즉 의서는 내과·외과·산부인과·피부과·이비인후과 및 말을 관리하는 獸醫까지 망라하면서, 단순히 병의 진단과 처방이 아

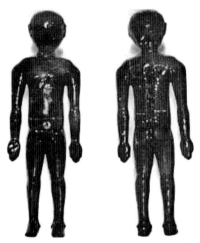

〈노관산 한묘 출토 經穴人體像 正面 背面(『考古』 2014-07, 圖10, 11 轉載)

니라 病理學의 차원에서 병의 원인을 설명하고 약의 처방도 單方이 아니라 복합적인 처치를 하는 등 마왕퇴한간 의서와 비교해도 한층 성숙된 이론체계를 보여준다. 특히 아직 巫術과 완전히 분리되지 않은 기존 출토 의서간에 비해 노관산 한간 의서간은 무술과 분리해서 독립된 의술 체계를 전개하고 있어, 전국 이래 한초 편작 학파의 발전된 수준을 짐작케 해준다.

이들 의서간은 현재 연구가 활발하게 진행되고 있는데, 발굴 상황 및 간독을 정리해서 소개한 글은 아래 참고문헌을 참고하면 된다. 노관산한묘정리소조의 『天回醫簡』이 정식으로 출판될 예정이다. 현재 성도문물고고연구원에서 소장하고 있다.

4. 참고문헌

謝濤,「成都市天回鎭老官山漢墓」,『考古』 2014-7.

王軍,「成都天回鎭老官山漢墓發掘簡報」,『南方民族考古』 2016-1.

金陵,「四川成都天回漢墓醫簡整理簡報」,『文物』 2017-12.

「成都天回鎭老官山漢墓醫簡」,『出土文獻硏究』 2017-1.

거현 성패 한간(2014~2018)

渠縣 城垻 漢簡

1. **출토지** : 사천성 달주시 거현 토계진 성파촌 한대 유지

2. **개요**

   1) 발굴기간 : 2014~2018년

   2) 발굴기관 : 사천성 문물고고연구원

   3) 유적종류 : 고성 유적

   4) 시대 : 한대

   5) 시기 : 전한 초기~후기~후한

   6) 출토상황 : 사천성 문물고고연구원은 2014년부터 2018년까지 사천성 달주시 거현 성패 한대 유지에 대한 고고 조사 및 발굴 작업을 진행하여 묘장 44기, 水井 11口, 灰坑 336개, 城墻 2段, 성문 1곳, 房址 8곳, 溝 37條, 窖 6곳 등 400여 곳을 정리 수습했다. 그중 水井은 2000여 년 이상 한대부터 지금까지도 사용해 오는 것이었다.

   출토 유물은 전국 말에서 진한, 위진시기의 1,000여 건으로 瓦當·간독·式盤 등이다. 10건의 와당에는 '宕渠'라는 문자가 있어, 진한대 문헌기록의 宕渠城이 소재했던 곳이라는 것을 알 수 있다.

3. **내용**

   사천성 거현 성패 유지 출토 간독은 주로 유지 내 郭家臺 城址 내 水井, 窖穴 및 성 외부의 津關 구역에서 나왔다. 간독은 죽·목 간독 200여 매로, 간독의 형태상 單行簡·兩行簡·半弧形 등 3가지 형태의 竹木簡 및 木牘, 木楬(簽牌) 등이다. 특히 죽간 중에는 아직 대나무의 껍질과 마디를 깎아 내지 않은 채 그대로 글씨를 쓴 형태도 있어서 주목된다. 간독의 서체는 예서체로 시기

는 전한 초로 추정된다. 서사 방식에서는 붓으로 쓴 것 이외에 소량이지만 먼저 글자를 새긴 후 붉은색 묵으로 칠한 가공하지 않은 竹片도 발견되었다. 간독의 내용상으로 木楬, 書信, 爰書, 戶籍, 簿籍, 識字교본, 구구단표, 습자간 등으로 분류할 수 있다. 「四川渠縣城壩遺址」(2019)에 자세한 발굴 정황과 함께 일부 죽간독의 사진과 간략한 내용을 소개하고 있는데 정리하면 다음과 같다.

① 平面式 兩行簡 T6⑨:70

② 兩面坡屋脊狀 兩行簡 H319:102

③ 半弧形竹簡牘(臨:1)

④木楬 T3⑧:28

⑤ 書信 T7⑦:14

⑥ 爰書 T1⑧:4

爰書는 보존 상태가 양호하며, 길이 37.5㎝, 너비 3㎝이다. 양면에 글자를 썼
고 반듯한 예서체이다. 한쪽 면에 "河平二年十月", 다른 면에 "平
二年十月癸巳朔壬子都鄕有秩□佐□史爰書長年里戶人大女第君□
卅八筭一産五子……" 등의 문자가 있다.

T1⑧:4

⑦ 識字교본 T7⑦:11

잔결이 있는 상태에서, 길이 8㎝, 너비 1.5㎝이다. 양면에 單行
으로 글자를 썼는데, 예서체이다. 내용은 『蒼頡篇』, 『急就篇』과
다른데, 한쪽 면에 "鑄銷銅……" 등의 글자가 있어서 유사한 식자
교본으로 추측된다.

T7⑦:11

⑧ 簿籍 H319⑤:70

簿籍은 보존 상태가 양호한 편으로, 길이 15㎝, 너
비 4㎝이다. 예서체로 양면에 글자를 썼는데, 물품의
명칭·가치·인원의 성명 등을 기재했다.

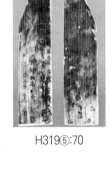

H319⑤:70

⑨ 戶籍簡 J10:6

兩行으로 썼지만 잔결이 있다. 간의 길이는 21㎝,
너비는 3㎝이다. 예서체로 한쪽 면에만 서사했다.

⑩ 習字簡 T7⑦:13

잔결이 있는데, 남은 간의 길이는 23㎝, 너비
는 2.5㎝이다. 예서체로 양면에 單行으로 서사했
다. "蒼頡作書. 以教……" 등의 문자가 있다.

J10:6

⑪ 구구단표 T3⑧:61

잔결이 있고, 남은 간의 길이는 7.6㎝ 너비는
2.8㎝이다. 양면으로 각각 칸을 나누어 서사했다.
상단에는 4행으로 "五六卅, 四六卄四, 三六十八,

T7⑦:13

T3⑧:61

二六十二", 하단은 1행으로 "三 四十二, 二四而八, 三三而九, 二二而四"라고 되어 있다.

그밖에, 간독 종류는 아니지만 점치는 용도의 목질 式盤 1건(T3⑧:82)이 출토되었다. 직경 6.5㎝ 정도로 남아있는 부분에 불에 탄 흔적이 선명하게 남아있다. 內·中·外 3부분으로 나뉘는데, 안쪽 부분의 중심에 작은 구멍이 하나 뚫려 있고 북두칠성의 도안이 그려져 있다. 중간 부분에는 예서체로 쓴 월별 신의 이름이 방사형으로 배열되어 있는데, "魁", "大(太)一" 정도만 알아볼 수 있다. 바깥 부분에는 예서체로 쓴 28星宿의 명칭이 시계 반대 방향으로 배열되어 있다. "奎類胃昴畢觜參井鬼柳星張翼" 등의 글자가 남아있다.

사천 거현 성패유지 출토 간독은 사천성 지역에서 청천 진목독과 노관산한간의 발견 이후 새로운 발견으로 중요한 의의를 가진다. 발견된 지 얼마되지 않아 초보적인 정리 분석 단계에 있지만, 대체로 간독의 시기는 전한·후한을 아우르고 있다. 간독 중에는 '竟寧', '河平', '元延' 등 전한 원·성제 시기의 연호도 보이고, 서체상으로는 전한 초나 후한대의 간독도 있다. 또 성패 한간 중에는 살청하지 않은 상태에 글자를 쓰거나, 붓으로 쓰지 않고 글자를 새긴 후 붉은 묵을 바르는 등 지금까지는 없었던 간독 형태와 서사 방식도 있어서 간독학 연구에 새로운 자료를 제공해준다. 한대 지방행정기구가 남긴 문자자료로서, 성패한간은 현급·향급 행정기구의 운용 및 당시 사천지역의 역사·사회 방면 연구에도 매우 중요한 학술 가치를 가진다. 즉 진한 제국의 서남지역 개척과 지배 형태를 탐색하는데 중요한 실물 증거라고 할 수 있다.

거현 성패유지의 발굴을 담당한 四川省文物考古研究院은 「宕渠之城 躍然簡上-四川渠縣城壩遺址考古發掘取得重要收穫」(2018)에서 유지 발굴의 성과를 간단히 소개하면서 15매의 한간독을 공개했으며, 또 「四川渠縣城壩遺址」(2019)에서는 발굴 정황을 자세히 정리하면서, 출토 간독에 대한 초보적인 정리 분석과 함께 일부 사진도 수록했다.

4. 참고문헌

陳衛東, 「四川渠縣城壩遺址」, 『大衆考古』 2018-10.

四川省文物考古研究院, 「宕渠之城 躍然簡上-四川渠縣城壩遺址考古發掘取得重要收穫」, 『中國文物報』 2018.10.9.

凌文超, 「四川渠縣城壩遺址J9漢代户口簡考釋-兼論課役身分老的形成與演變」, 『出土文獻』 第14輯, 2019.

四川省文物考古研究院·渠縣歷史博物館, 「四川渠縣城壩遺址」, 『考古』 2019-7.

10. 광동성·광서장족자치구·귀주성·운남성 廣東省·廣西壯族自治區·貴州省·雲南省 출토 한간

귀현 나박만 한간(1976)

貴縣 羅泊灣 漢簡

---

1. **출토지** : 광서장족자치구 귀현 나박만 1호 한묘

2. **개요**

　1) 발굴기간 : 1976년

　2) 발굴기관 : 광서장족자치구 문물관리위원회

　3) 유적종류 : 고분

　4) 시대 : 한대

　5) 시기 : 전한 초기

　6) 출토상황 : 1976년 광서장족자치구 귀현에서 비료공장 확장공사를 하는데, 나박만에서 한초의 묘장이 발견되었다. 이에 광서장족자치구 문물공작대가 발굴 조사 작업을 진행하였는데, 묘실 내 곽실이 이미 도굴당해서 수장품이 동기 200건 이상, 철기 20여 건, 도기 50여 건 정도만이 남아 있었다. 출토 유물 중에는 동기 중에 篆書로 용량을 새겨 놓았거나, 칠기 중에 '市府草' 등이 각인되어 있거나, '胡', '廚' 등의 글자를 새겨 놓는 등의 문자자료를 확인할 수 있다. 또 묘장 내에는 여성 6명과 남성 1명으로 모두 7명의 미성년으로 추정되는 殉葬坑이 있는데, 그 관의 덮개에 秦隷로 '胡偃', '蘇偃'이라고 이름이 새겨져 있기도 하다. 간독은 목독 5매, 목간 10여 매, 封檢 2매가 출토되었다.

3. **내용**

　나박만 1호 한묘 출토 간독 중 목독은 5매인데 2매만이 온전한 편이다. 그중 하나 「從器誌」로 명명된 목독은 길이 38㎝, 너비 5.7㎝, 두께 0.2~0.7㎝에, 앞뒤 양면으로 모두 372자가 예서체로 쓰여 있는 견책이다. 그 부장품 목록에 甲·矛·盾·弓·弩·矢 등의 무기류가 다수 기재되어

있어서 묘주는 무관직을 역임했을 것으로 추측된다. 또 다른 목독「東陽田器誌」는 길이 9㎝ 너비 4.9㎝ 정도로 남아있는데, 수장된 농기구의 목록을 기록하고 있다.

10여 매의 목간은 출토 당시 이미 잔결된 상태로 판독할 수 있는 것은 몇 매 되지 않는다. 封檢 2매는 수장 기물과 음식물의 명칭을 기록하고 있다. 서체는 篆書의 필법이 남아있는 예서체로 당시 일반적으로 사용되던 실용 통행체라고 할 수 있다. 현재 광서장족자치구 문물관리위원회에서 소장하고 있다.

4. 참고문헌

蔣廷瑜 等,「廣西貴縣羅泊灣一號墓發掘簡報」,『文物』1978-9.

廣西壯族自治區博物館 編,『廣西貴縣羅泊灣漢墓』, 文物出版社, 1988.

林强,「貴港羅泊灣漢墓」,『中国文化遺産』2008-5.

광주 남월국 한간(1983, 2004~2005)
廣州 南越國 漢簡

1. **출토지** : 광동성 광주시 象崗山 南越王(趙眜) 묘/

   광동성 광주시 남월국 궁전 유지 264호 古井

2. **개요**

   1) 발굴기간 : 1983년(남월왕 조매 묘)/2004년 11월~2005년 1월(남월국 궁전 유지)

   2) 발굴기관 : 광주시 문물고고연구소

   3) 유적종류 : 고분/궁전유적

   4) 시대 : 한대

   5) 시기 : 전한 文帝 前元2년(기원전 178년)

   6) 유적과 출토상황 : 2002년 9월 광주시 문물고고연구소, 중국사회과학원 고고연구소, 남월왕궁박물관은 공동으로 고고발굴팀을 조직하여 남월국 궁전유적을 발굴하여 대량의 유물을 출토하였다. 이어서 2004년 11월에서 2005년 1월까지 궁전유지 내 264호 古井을 발굴해서 100여 매의 南越國 목간을 얻게 되었다.

   그 이전에도 1983년 광주 象崗山 남월왕 조매의 무덤에서 簽牌 1매가 발견된 적이 있다. 조매는 조타의 아들로 남월 2대왕이다. 한 무제 시기인 기원전 136~125년 사이 재위했기 때문에, 이 목간의 시기는 기원전 125년 이후라고 할 수 있다.

3. **내용**

   2004~2005년 광주 남월국 궁전유적에서 출토된 100여 매의 목간 중 온전한 것은 길이 25cm, 너비 1.7~2.4cm, 두께 0.19~0.2cm 정도이다. 1매만이 2행으로 쓰고 나머지는 모두 1행으로 썼다. 내용은 簿籍과 법률문서 등이다. 남월은 기원전 204년 진의 지방관리였던 趙佗가 독

립하여 건국한 나라로, 이후 5대 93년 동안 이어지다가 무제 元鼎 6년(기원전 111년)에 멸망했다. 91번 간에 '卄六年'이라는 기년이 나오는데, 이는 남월왕 조타의 재위 26년이라고 본다면 기원전 178년 즉 전한 문제 前元2년에 해당한다.

　진한대 공문서 간독의 크기는 대체로 길이는 당시의 1尺인 23㎝에 너비 0.8㎝ 정도이다. 그런데 남월국 간독은 길이는 약 25㎝로 좀 더 길고 너비도 1.7~2.4㎝ 정도로 2~3배 더 넓다는 특징이 있다. 이들 간독의 출토는 광동성에서 간독자료의 공백을 메워주는 중요한 발견이라고 할 수 있다. 서체는 篆書의 풍격이 남아있는 예서체이다. 현재 광주시 문물고고연구소에서 소장하고 있다.

4. 참고문헌

廣州市文物管理委員會 編, 『西漢南越王墓』, 文物出版社, 1991.

韓維龍·劉瑞·莫慧旋, 「廣州市南越國宮署遺址西漢木簡發掘簡報」, 『考古』 2006-3.

何有祖, 「廣州南越國宮署遺址出土西漢木簡考釋」, 『考古』 2010-1.

귀항 심정령 한간(1991)
貴港 深釘嶺 漢簡

1. **출토지** : 광서장족자치구 귀항시 심정령 31호 한묘

2. **개요**

   1) 발굴기간 : 1991년 1월~7월

   2) 발굴기관 : 광서장족자치구문물공작대, 귀항시문물관리소

   3) 유적종류 : 고분

   4) 시대 : 한대

   5) 시기 : 전한 중기 초반

   6) **출토상황** : 귀항시는 광서장족자치구 동남부 郁江 평원에 위치하며, 深釘嶺은 귀항시의 북쪽 교외의 그다지 높지 않은 고개이다. 귀항시는 한대 東山縣으로 郁林郡의 치소가 있었던 곳으로, 당시 이 지역의 정치·경제·문화의 중심이었다. 귀항시에서 인접한 북쪽 교외의 심정령 일대는 지세가 평탄해서 수백 기의 한묘군이 밀집해 있는데, 이미 1950년대 이래 상당한 발굴이 이루어지기도 했다. 그리고 1991년 1월부터 7월까지 도로 공사 도중 심정령 일대에서 40여 기의 고묘가 발견되었는데, 광서장족자치구 문물공작대와 귀항시 문물관리소는 이 중 20기의 한묘에 대해 발굴 조사를 진행하였다.

   발굴된 20기의 한묘 중 수혈식 토갱묘가 13기, 전실묘가 7기인데, 그중 전실묘는 이미 도굴당한 상태였다. 수혈식 토갱묘 중 묘도가 있는 것이 12기이고, 없는 경우가 1기이다. 묘도는 11기가 경사가 졌고, 31호묘만이 평탄한 상태였다. 목독이 나온 31호묘는 심정령의 동쪽 비탈에 위치하는데, 지표 위로 봉토층이 있고 아래로 묘 입구에서 남쪽에서 평탄한 묘도를 통해 묘실로 들어가는 형태이다. 묘실 내에서는 罐·壺·鈁·灶 등의 도기와 樽·鉢·鼎·鏡 등의 동기 및 마노·진주 등의 보석이 출토되었고 칠기의 잔편도 찾아볼 수 있다. 그리고 수장 기물들 속에서

목독 1매가 함께 나왔다.

심정령 한묘에서 시기를 알 수 있는 기년 자료가 나오지 않았지만, 묘장의 형태와 수장품을 통해서 31호묘는 묘도가 평탄한 형태의 수혈식 토갱묘로 아직 경사진 묘도의 형태로 변하기 전인 전한 중기의 초반 무렵으로 볼 수 있다.

3. 내용

심정령 31호 한묘에서 발굴된 목독은 이미 부서진 상태로 길이 6㎝, 너비 1.7㎝, 두께 0.5㎝ 정도만이 남아있는 상태였다. 앞뒤 양면에 모두 7자의 글자가 있는데, 「廣西貴港深釘嶺漢墓發掘報告」(2006)에 실린 모본 상으로는 正面의 '水一石'과 背面의 '□□□泠'으로 4자 정도만 판독할 수 있다.

4. 참고문헌

廣西壯族自治區文物工作隊·貴港市文物管理所, 「廣西貴港深釘嶺漢墓發掘報告」, 『考古學報』 2006-1.

안순 영곡 한간(1996)

安順 寧谷 漢簡

1. **출토지**: 귀주성 안순시 영곡진 한대 유지

2. **개요**

   1) 발굴기간 : 1996년

   2) 발굴기관 : 귀주성 문물고고연구소

   3) 유적종류 : 절터 유적

   4) 시대 : 한대

   5) 시기 : 후한 말~위진시기

   6) **출토상황** : 영곡진은 귀주성 안순시에서 8㎞ 정도 남쪽에 위치한다. 1976년 귀주성박물관 고고대는 안순시 영곡지구 고묘군을 조사하면서 龍泉寺·瓦窖堡 등에서 繩紋板瓦·繩紋筒瓦·雲紋瓦當 등의 잔편을 발견했었다.

   이어서 1990년에 귀주성 문물고고연구소가 다시 이 지역을 조사하면서 약 9만㎡의 한대 유지와 약 5천㎡의 陶窖 유지 및 수백 기의 고묘 등을 발견했다. 이에 1990~1996년 귀주성 문물고고연구소는 안순 지역 관련 기관과 합동으로 이 일대에 대한 발굴 조사를 진행하게 되었다. 그중 龍泉寺 유지는 1996년 겨울 약 두달 간에 걸쳐 정식 발굴이 진행되었는데, 5m×5m 크기의 探方 8개로 150㎡의 면적을 발굴했다.

   유지는 지표에서 6개층으로 나누어 조사했는데, 제1층은 소량의 한대 기와 잔편이 나왔고 제2층에서는 명청시대 자기 파편과 한대 기와 잔편이 나왔다. 제3층에서도 한대 기와 잔편이 출토되었는데 그중 '長樂未央'이 새겨진 와당 잔편도 있었다. 제4층에서도 기와 잔편이 나왔고 제5층에서는 기와와 함께 도기류도 있다. 마지막 제6층에서 가와 잔편과 함께 木板·木楔·木牘 및 죽간 잔편 등이 나왔다.

대부분의 출토 유물이 板瓦·筒瓦·瓦當 등 기와 파편으로 陶器類인데, 그중 '長樂未央'이라고 예서로 명문이 있는 문자 와당이 10건 있다. 그밖에 罐·鉢·釜 등이 소량 있다. 동기는 鏃·杯 등 3건이고, 화폐는 오수전 2매와 반량전 1매가 있다. 철기는 2건, 골기 1건이 있다. 목기는 목독을 비롯하여 5건이 있다.

3. 내용

귀주성 안순시 영곡 한대 유지에서 출토된 목독 1매는 길이 15㎝, 너비 5.2㎝, 두께 0.5㎝ 정도의 장방형이다. 상단은 손상되어 쪼개졌지만, 하단은 비교적 곧바른 상태이다. 오른편 가운데와 아래 모서리에도 쪼개진 부분이 있다. 표면은 매끄러운데 예서체로 13자가 남아있지만 대부분 흐릿해져서 판별하기가 쉽지 않다. 목독을 상하 2부분으로 구분해서 보면, 상단은 쪼개진 상태로 글자가 매우 큰 1자만 있고 하단은 3행으로 제1행은 뒷부분에 잔결이 있지만 4자, 제2행과 제3행도 모두 4자 씩이다.

이 목독은 일종의 법률 소송 문서로서 〈自告爰書〉라고 할 수 있다. 시기는 후한 말 혹은 위진 시기이며, 글을 쓴 이는 현의 관리로 판결에 불복하여 다시 재심을 '乞鞫'하는 내용으로 보인다. 따라서 한대 사법제도 연구에 귀중한 실물 자료의 하나이다.

木楔은 2건으로 모두 長條形이다. 그중 하나는 길이 17㎝ 너비 3.6㎝ 두께 0.1~4㎝에 양끝이 비스듬하게 날이 졌고 뒷면 가운데에 얇은 槽가 있으며 단면은 정삼각형이다. 다른 하나는 길이 10.75㎝ 너비 3.7㎝ 두께 0.4~2.4㎝ 정도인데, 하단은 평평하며 상단은 한쪽이 비스듬하게 깎였고 한쪽은 방형이다. 이 2건의 木楔은 일반적인 간독의 길이에 비해 짧은 편이어서 잔간일 가능성도 있지만, 문서를 봉함하는 용도의 檢이나 梜과 같은 종류의 간독 재료 즉 '封檢'으로 보인다. 木板 2건도 장방형인데, 한면은 넓은데 다른 한면은 약간 좁다. 길이 25.8㎝, 너비 5㎝, 두께 0.6㎝ 정도이다.

귀주성문물고고연구소는 「貴州安順市寧谷漢代遺址與墓葬的發掘」(2004)에 처음 안순 영곡 한대 유지에 대한 발굴 보고와 출토 목독의 모본을 수록했다. 안순 영곡한간의 석문 및 관련 내용은 「安順寧谷木牘試釋」(2018)을 참고할 수 있다.

4. 참고문헌

貴州省文物考古研究所, 「貴州安順市寧谷漢代遺址與墓葬的發掘」, 『考古』 2004-6.

史繼忠, 「安順寧谷遺址」, 『當代貴州』 2007-6.

楊林洁, 「安順寧谷木牘試釋」, 『大衆文藝』 2018-11.

광남 모의 한간(2007)

廣南 牡宜 漢簡

1. **출토지** : 운남성 문산장족묘족자치주 광남현 모의 한묘(M1)

2. **개요**

   1) 발굴기간 : 2007년 9월

   2) 발굴기관 : 운남성 문물고고연구소

   3) 유적종류 : 고분

   4) 시대 : 한대

   5) 시기 : 전한 중후기~후한(무제 元狩 5년(기원전 118년) 이후)

   6) 출토상황 : 2007년 9월 운남성 문산장족묘족자치주 광남현 黑支果鄕 모의촌 白龍坡에서 큰 비가 내려 墓穴이 노출되면서 陶罐 등 유물이 발견되었다. 이에 운남성 문물고고연구소는 현지 담당 기관과 협조하여 9월 12일부터 긴급 구제 발굴을 진행하게 되었다. 이 묘는 운남성 고대 句町國의 영역 내에서 곤명 羊甫頭 한묘 이래로 두 번째로 발견된 한대 수혈식 토갱 목곽묘로 한대 서남지역 역사 연구에 중요한 고고자료라고 할 수 있다.

이 묘는 나무뿌리와 도굴 등의 원인으로 묘장의 봉토층은 대부분 파괴된 상태였고, 묘실 내의 관곽도 이미 2차례 도굴당해 소량의 수장품만 남아있는 상태였다. 수습한 유물은 銅鉢·鼎 등 금속기, 파손된 漆耳杯 등 칠기, 목마·목거마 등 목기, 缸·罐 등의 도기, 5매의 오수전 등인데, 그중 목독 잔편 5건이 포함되어 있다. 출토 칠기 중 붉은 글씨로 '王×'가 있는 漆耳杯가 5건 있는데, 1건은 '王侯' 나머지 4건은 '王承'으로 읽을 수도 있다고 한다.

광남 모의 목곽묘는 묘장의 형태에 초문화와 南越문화의 영향이 강하게 남아있고 출토 유물은 전형적인 한대의 기물들이다. 이 묘의 조성 시기는 출토된 오수전을 볼 때 빨라도 무제 元狩 5년(기원전 118년) 이후 전한 중후기이며 늦어도 후한 시기이다. 묘주는 재지 유력자로서 당시

이 지역의 句町國과 관련 있는 정치·경제적 지위를 가진 인물로 추정된다. 반면 또 다른 견해로 당시 적극적으로 이 지역에 진출하고 있던 南越國과 관련 있는 인물로 보기도 한다.

3. 내용

모의한간의 발견은 운남성 지역에서 처음 발견된 간독으로 중요한 의미를 가진다. 모두 5매의 잔편으로 내용은 수장 기물의 목록인 견책류이다. 대부분 글자가 흐릿해서 판독할 수 있는 글자는 '××三枚', '××三枝', '王笏一' 정도에 불과하다.

4. 참고문헌

雲南省文物考古研究所·文山自治州文物管理所, 『雲南邊境地區(文山州和紅河州)考古調查報告』, 雲南科技出版社, 2008.

楊帆·曾跃明, 「廣南縣牡宜木槨墓與句町古國」, 『文山師範高等專科學校學報』 2008-3.

洪德善·張濤, 「廣南牡宜木槨墓的時代及墓主身份探討」, 『湖南考古輯刊』 第9輯, 2011.

IV

삼국·위진남북조·수당·
서하·원명청 三國·魏晉南北朝·隋唐·
西夏·元明淸
시대 목간

1. 삼국三國 목간

무위 신화향 조위간(1991)
武威 新華鄉 曹魏簡

1. **출토지** : 감숙성 무위시 신화향 紅崖支渠 조위묘

2. **개요**

    1) 발굴기간 : 1991년 4월

    2) 발굴기관 : 무위박물관

    3) 유적종류 : 고분

    4) 시대 : 삼국시대 위

    5) 시기 : 236년

    6) 출토상황 : 1991년 4월 감숙성 무위시 신화향 홍애지거에 위치한 삼국시대 위나라 묘에서 목독 1매가 나왔다. 길이 24㎝ 너비 3.7㎝ 두께 0.4㎝의 목독은 목독은 위 명제 청룡 4년(236년)의 衣物疏에 해당한다. 양면 모두 묵서로 문자가 기록되어 있으며, 문자는 선명한 편이다.

3. **내용**

의물소 목독은 각종 의물의 항목을 나열하고 있다. 예를 들어 故單被, 故袴, 故單衣, 故巾, 故履 등의 의물이 포함되어 있는가 하면, 銅刀, 弩基郭 등의 무기류도 포함되어 있다. 마지막 행에 "청룡사년오월사일"의 기년과 날짜가 적혀 있고, "民左坐醉死"라고 하여 묘주로 추정되는 이의 사망 사실과 의물을 모두 갖추어 넣었음을 설명했다. 이로 보건대, 앞서 나열된 물품 항목은 묘주가 생전에 사용한 의복 및 기타 용품에 해당할 것이다.

4. 참고문헌

梁繼紅,「武威出土的漢代衣物疏木牘」,『隴右文博』1997-2.

남창 고영묘 오간(1979)
南昌 高榮墓 吳簡

1. **출토지** : 강서성 남창시 양명로 孫吳 高榮 묘

2. **개요**

    1) 발굴기간 : 1979년 6월 하순

    2) 발굴기관 : 강소성 역사박물관

    3) 유적종류 : 고분

    4) 시대 : 삼국시대 오

    5) 시기 : 232~238년

    6) 출토상황 : 해당 묘는 甬道와 전·후실이 있고 총 길이는 6.18m로 정남향이다. 이 묘는 3개의 관이 함께 매장된 묘이다. 甲棺과 乙棺 안쪽 머리 부분 옆에는 모두 漆奩盒이 놓여 있었다. 甲棺에는 금팔찌·금비녀 등의 물품도 수장되었다. 乙棺에는 머리 부분 옆에 작은 은주전자도 놓여 있었으며, 주전자 안쪽에는 동전과 금제 꽃모양 모자장식이 있었다. 따라서 甲棺·乙棺에 안치된 사람은 마땅히 여성이다. 丙棺 안쪽 머리 부분 옆에는 장방형의 漆盒이 있었고, 그 안에 木簡·木方·漆耳杯·銅鏡·竹尺·木梳·石硯·墨 등이 있었다. 따라서 丙棺에 안치된 사람은 마땅히 남성으로 묘주일 것이다. 출토된 기물은 비교적 풍부하며, 보존상태는 대부분 양호하다. 출토 기물로는 도기·청자기·칠기·죽목기·금은기·동철기 등 총 100여 점이 있다. 묘 중 丙棺 속에서 21매의 목간이 나왔다. 목간의 형태는 장방형이며, 그 형태와 크기는 서로 비슷하였다. 목간의 길이는 24.5㎝ 너비는 3.5㎝ 두께는 1㎝이다. 목간마다 묵서된 예서체 글자들이 있다. 목방은 동일한 형태의 2건이 乙棺과 丙棺에서 각각 1건씩 출토되었다. 길이는 24.5㎝ 너비는 9.5㎝ 두께는 1㎝이다.

3. 내용

乙棺에서 발견된 木方에 기록된 글자의 일부는 지워져서 희미하게 남아있는 상태이다. 丙棺에서 발견된 木方은 양면에 글자가 기록되어 있는데, 그 필적이 비교적 선명하며 衣物疏에 해당한다.

丙棺에서 출토된 목간·목방에 기록된 묵서 문자의 내용을 통해, 묘주의 성은 高이고 이름은 榮, 자는 萬綬라는 사실을 알 수 있다. 그는 沛國 相縣 출신인데, 곧 오늘날의 강소 서주 지역이다. 묘지 내부 수장품의 형태로 볼 때 해당 연대는 삼국 오 초기에 속한다고 추정할 수 있다. 고영의 신분은 정확히 파악할 수 없으나, 묘실의 구조가 鄂城 吳 孫將軍의 묘나 武昌 蓮溪寺 東吳墓의 구조와 같은 것으로 보아 고영의 신분은 孫將軍과 비슷하거나 약간 낮은 것으로 추측된다.

4. 참고문헌

劉林, 「江西南昌市東吳高榮墓的發掘」, 『考古』 1980-3.

남경 설추묘 오간(2004)

南京 薛秋墓 吳簡

1. **출토지**: 강소성 남경시 대광로 孫吳 薛秋 묘

2. **개요**

    1) 발굴기간 : 2004년 12월

    2) 발굴기관 : 남경시 박물관

    3) 유적종류 : 고분

    4) 시대 : 삼국시대 오 중후기

    5) 시기 : 3세기 후반

    6) 출토상황 : 묘실 안에 2개의 목관이 놓여 있었는데, 북쪽에 놓인 목관의 보존상태는 비교적 양호하였다. 木名刺·木印章·石印章·銀帶具·鐵環首刀 등의 유물들이 출토되었고, 목관에 안치된 사람은 남성일 가능성이 크다(男棺으로 칭함). 약간 남쪽에 놓인 목관은 이미 파손되었으며, 婆金釵·婆金戒指·金環·鐵鏡 등의 유물들이 출토되었기에 이 목관에 안치된 사람은 여성일 가능성이 크다(女棺으로 칭함). 男棺에서 출토된 기물들은 비교적 풍부한데, 도기·청자기·칠기·목기·금은기·철기·동기와 동전 등을 포함하며, 石印章 1점도 있다. 석인장은 사각형이고 아치형 손잡이가 있다. 손잡이에는 '折鋒校尉'라고 음각된 印文이 새겨져 있다. 테두리 가장자리의 길이는 2.5㎝이고, 높이는 1.7㎝이다.

3. **내용**

    名刺는 5매이다. 그중 3매는 男棺에서 발견되었고, 서사 방식과 내용은 동일하다. 名刺의 정면은 두 부분으로 나누어진다. 상단 가운데에 '折鋒校尉沛國竹邑東鄉安平裏公乘薛秋年六十六字子春'이라고 묵서로 기록되어 있고, 하단에는 글자가 없다. 다른 名刺 2매는 묘실에서 발견되

<남경 설추묘오간·名刺>

었다.

표본 MI:12에는 '折鋒校尉薛秋口口口竹邑字子春'이란 묵서가 남아있다.

표본 MI:45에는 '字子春'이란 묵서만 남아있다. 길이는 24.2㎝ 너비는 3.2㎝ 두께는 0.6㎝이다.

출토된 名刺와 印章에 따르면, 묘주는 薛秋이고 관직은 折鋒校尉이다. 설추의 원적지는 沛國 竹邑 東鄉 安平里이다. 校尉는 漢 武帝 시기부터 설치되었는데, 그 당시에 설치된 8교위 모두 질록이 2000石이었다. 후한 말에 이르러 校尉의 명칭은 점점 많아지는데, 『三國志』와 『資治通鑑』에 교위에 관한 명칭이 많이 등장한다. 이와 관련해서 胡三省은 『隸釋』을 인용하여 '諸侯擅命, 率意各置官署.'라 하였다. 李蔚然은 이러한 호칭들은 임시적인 拜封일 뿐이었고, 史籍에서는 관련 기록이 없다고 했다.

4. 참고문헌

南京市博物館, 「南京大光路孫吳薛秋墓發掘簡報」, 『文物』 2008-3.

무한 임가만 정추묘 오간(1955)
武漢 任家灣 鄭醜墓 吳簡

1. **출토지** : 호북성 무한시 무창구 임가만 하가산

2. **개요**

   1) 발굴기간 : 1955년 4월 27일~5월 5일

   2) 발굴기관 : 무한시 문물관리위원회

   3) 유적종류 : 고분

   4) 시대 : 삼국시대 오

   5) 시기 : 3세기

   6) 출토상황 : 1955년 4월 27일, 무한시 무창구 임가만에서 武泰閘을 건설하기 위해 흙을 파던 중 온전히 보존된 한 기의 고분이 발견되었다. 이 고분은 임가만 옆의 何家山이라는 작은 흙산에 조영되어 있었다. 발견 당시 해당 묘지의 봉토는 이미 불도저에 3m 정도 밀려서 묘지 前室의 반원형 천정이 밀린 상태였으며, 묘실 내에 흙이 가득 쌓여 있었다. 묘지는 남쪽을 향해 있었지만, 동쪽으로 20도 정도 틀어져 있었다. 葬具는 장방형의 목관이며 後室의 왼쪽 후방에 배치되어 목관의 바닥에 동전이 가득히 깔려 있었고, 목간과 목제 빗도 밑판의 앞쪽에 놓여 있었다. 묘지 속의 수장품은 총 66점이었으며, 錢幣 3,630매도 발견되었다. 66점의 수장품은 陶·瓷·銅·鉛·銀·漆·木·鐵 등의 8가지 종류이다. 이 묘는 지금까지 발견된 소수의 삼국시대 오의 초기 대형 고분 중에서도 그 고고학적 연대 비정이 명확한 고분 중 하나이다. 이 고분 속 에는 강남지역에서 초기 도교가 성행하였다는 정보가 담겨 있다.

3. **내용**

   M113호 묘주의 관에서 총 3매의 名刺 木簡이 발견되었다. 목간의 길이는 18.8~21.5㎝이고

너비는 3.5㎝이다. 그중 한 매에 '道士鄭醜再拜……' 등의 글자들이 기록되어 있다. 또 鉛券 한 점이 출토되었는데, 券文에 '黃武'라는 연호 및 그 연호의 朔閏·간지가 새겨져 있었다.

4. 참고문헌

武漢市文物管理委員會, 「武昌任家灣六朝初期墓葬清理簡報」, 『文物』 1955-12.

白彬, 「湖北武昌任家灣東吳初年"道士"鄭醜墓再研究」, 『江漢考古』 2006-4.

악성 수니창 오간(1970년대 말~1980년대 초)
鄂城 水泥廠 吳簡

1. 출토지 : 호북성 악성현 수니창 取土 공사장

2. 개요

1) 발굴기간 : 1970년대 말~1980년대 초

2) 발굴기관 : 악성현 박물관

3) 유적종류 : 고분

4) 시대 : 삼국시대 오

5) 시기 : 3세기

6) 출토상황 : M1墓에서 6매의 木牘이 출토되었다. M1墓는 묘도·묘갱·묘실 3개 부분으로 구성되는데, 묘갱은 수혈식으로 동서 길이는 4.45~4.9m이고 남북의 너비는 3.85m이다. 묘의 깊이는 6.6m이다. 출토 당시 목독들은 묘실 사방에 흩어진 상태였다. 목독은 길이 24~25㎝ 너비 3.3㎝ 두께 0.4㎝이다. 예서체로 묵서되었다.

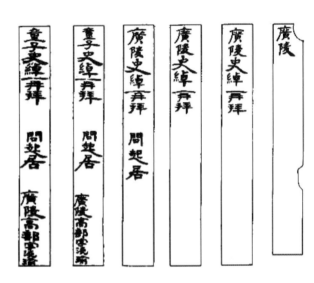

3. 내용

목독들은 대체로 문안 인사를 올리는 양식을 표현하고 있는데, '童子史緯' 혹은 '廣陵史緯'이 문안의 주체로 나온다.

4. 참고문헌

鄂城縣博物館,「湖北鄂城四座吳墓發掘報告」,『考古』1982-3.

악성 전실묘 오간(1993)

鄂城 磚室墓 吳簡

1. **출토지** : 호북성 악주시 濱湖西路 양란호 북안 孫吳 시기 전실묘

2. **개요**

　　1) 발굴기간 : 1993년 3월~4월

　　2) 발굴기관 : 악주시 박물관

　　3) 유적종류 : 고분

　　4) 시대 : 삼국시대 오

　　5) 시기 : 3세기

　　6) **출토상황** : 악주시 남쪽 양란호 북안에 위치한 濱湖西路 부속 공사를 진행하던 중, 삼국 오 시기의 磚室墓 2기를 발굴하였다(편호 : M1, M2). 2기의 고묘는 모두 남북으로 향하면서, 서로 1m의 간격을 두고 조영되었다. 두 고묘 내부의 수장품은 青瓷器·陶器·漆器 등이 있다. 청자는 碗·四系盤口壺·盞이 있으며, 도기는 井·磨·倉灶·盤·雙系罐 등이 있고, 칠기는 漆耳杯·果盒·憑幾 등이 있다. 木俑·銀釵·銅錢·竹器 등의 기물도 발견되었는데, 그중에 묘주의 신분과 수장품을 기록한 名刺와 遣策이 있었다. 하지만 자세한 출토 위치·출토된 수량·문자 내용에 대해 언급한 논저는 아직 없다.

3. **내용**

　묘주의 신분과 수장품을 기록한 名刺와 遣策이라고 하지만, 아직 자세한 내용은 알려지지 않았다.

4. 참고문헌

馮務建, 「鄂州市濱湖西路吳墓」, 『中國考古學年鑒 1994』, 文物出版社, 1997.

남릉 마교 오간(1978)

南陵 麻橋 吳簡

1. 출토지 : 안휘성 남릉현 마교공사 동풍대대

2. 개요

    1) 발굴기간 : 1978년 11월

    2) 발굴기관 : 안휘성 문물고고공작대

    3) 유적종류 : 고분

    4) 시대 : 삼국시대 오 초기

    5) 시기 : 3세기

    6) 출토상황 : 1978년 11월, 안휘성 문물고고공작대는 안휘 남릉현 마교에서 4기의 삼국시대 오 묘장을 발굴하였다. 그중 1·2·3호 묘는 모두 甬道가 설치된 장방형의 單室磚墓이다. 3매의 木方은 각각 2호 묘와 3호 묘에서 출토되었다. M2 묘에서 출토된 木方 1매에 붙여진 일련번호는 M2:19이며, 내용은 遣策에 해당한다. M2묘에서 출토된 유물로는 1점의 酒槃이 있다. 酒槃의 재질은 靑瓷이고 형태는 쟁반형으로, 입구 직경 27.5㎝ 바닥 직경 14.4㎝ 높이 8.6㎝이다. 이 기물은 酒具를 두는 용도인데, 발굴 보고에는 이 기물을 '靑瓷盆'이라고만 언급하였다. 또 M2묘에서 출토된 실물로 '漆木果盒'이 있는데, "蓋·盒 모두 쟁반 모양이며 …… 쟁반의 직경은 30.2㎝ 높이는 8㎝이다."라고 언급되어 있다. M3:11에는 총 12행, 56자가 기록되어 있으며, M3:10은 15행으로 45자가 기록되어 있다. 상술한 3매의 목방 중에서 M2:19와 M3:11은 관 속에서 발견되었는데, 관 안의 기물만을 기록하고 있다. M3:10은 관 바깥에서 발견되어 묘실 내부의 수장품을 기록하고 있다.

3. 내용

M2:19 遣策의 양면 모두 글자가 있다. 앞면은 31행, 116자가 기록되어 있고, 뒷면에는 33행, 총 156字가 기록되어 있다.

M3:11 遣策에는 "右褚衣物合八種, 是丹楊宣成男子蕭禮有"라는 내용이 기록되어 있다.

4. 참고문헌

江西省歷史博物館,「江西南昌市東吳高榮墓的發掘」,『考古』1980-3.

白彬,「南方地區吳晉墓葬出土木方硏究」,『華夏考古』2010-2.

마안산 주연묘 오간(1984)

馬鞍山 朱然墓 吳簡

1. 출토지 : 안휘성 마안산시 雨山鄕 安民村 雨山 남쪽 朱然 묘

2. 개요

 1) 발굴기간 : 1984년 6월 9일~6월 23일

 2) 발굴기관 : 안휘성 문물고고연구소·마안산시문화국

 3) 유적종류 : 고분

 4) 시대 : 삼국시대 오

 5) 시기 : 3세기

 6) 출토상황 : 이 묘의 방향은 180°이며, 封土·墓道·墓坑·墓室 네 부분으로 구성되어 있다. 묘 안에서 칠목기, 자기, 도기, 동기 등을 포함한 140여 점의 수장품이 발견되었다. 수장품 중 칠목기·자기·동기의 대부분은 後室과 墓道에 놓여 있었으며, 뒤집어진 관 아래에 많은 기물이 깔려 있었다. 刺는 14점이 발견되었는데, 木質의 길쭉한 형태이다. 그 길이는 24.8㎝ 너비는 3.4㎝ 두께는 0.6㎝이다. 무늬 없는 단색에 형태와 크기가 서로 똑같다. 刺의 정면에 묵서가 있는데, 글자체는 예서체이면서 해서체의 양상도 보인다. 謁은 3점이며, 木質의 직사각형 형태이다. 표본 135호의 길이는 24.8㎝ 너비는 9.5㎝ 두께는 3.4㎝이다. 무늬 없는 단색에 형태와 크기가 똑같으며, 문장 서식도 비슷하다.

3. 내용

 名刺의 서식은 3가지 종류가 있다. 표본 122의 '弟子朱然再拜問起居字義封', 표본 129의 '故鄣朱然再拜問起居字義封', 표본 130의 '丹楊朱然再拜問起居故鄣字義封'이다.

 謁의 정면에는 상단 가운데 '謁'字가 묵서되어 있으며, 우측에 '□節右軍師左大司馬當陽侯丹

楊朱然再拜'가 묵서되어 있다. 글자체는 예서체이면서 해서체의 양상도 보인다.

    출토된 謁과 名刺에 묘주의 이름·본적과 관직이 명확히 기록되어 있어서, 이 묘의 주인은 朱然이 분명하다. 1986년까지 장강 중~하류 지역에서 육조시대 묘장으로 총 2,000여 기가 발견되었는데, 그중 오나라 묘는 300여 기가 넘는다. 이미 발굴된 오나라 묘 중에서 가장 높은 신분의 묘주는 주연이다. 삼국시대 오나라 최고 지배계층에 속했던 주연묘의 묘장 형태·규격·수장품은 동오 묘장 연구에 하나의 기준을 제공하며, 다른 한편으로는 동오 시대의 喪葬 풍습과 사회의식을 이해할 수 있는 풍부한 자료를 제공한다.

4. 참고문헌

安徽省文物考古硏究所·馬鞍山市文化局, 「安徽馬鞍山東吳朱然墓發掘簡報」, 『文物』 1986-3.

침주 소선교 오간(2003)

郴州 蘇仙橋 吳簡

1. 출토지 : 호남성 침주시 소선교 유지(원 郴州美術印刷有限公司 소재지)

2. 개요

    1) 발굴기간 : 2003년 12월

    2) 발굴기관 : 호남성 문물고고연구소·침주시문물처

    3) 유적종류 : 古井群

    4) 시대 : 삼국시대 오

    5) 시기 : 3세기

    6) 출토상황 : 2003년 12월, 침주시문물처 고고팀은 침주시 소선교의 공사장에서 한대부터 송·원 시기까지 古井 11기(일련번호 : J1-J11)를 발견하였다. 고고 발굴팀은 이 古井에 대한 고고 발굴 작업을 진행하였다. 공사장의 면적은 8,700㎡이고, 동쪽에 郴江이 있으며 지세가 평탄한 침주의 역사·문화 유적이 밀접하게 분포된 지역이다. 2003년 12월 24일에 간독이 발견되었다. 먼저 J4의 밑 부분에서 삼국시기 오간 140매가 발견되었다(파손된 간독 포함). 또한 서진시기 목간 940여 매도 잇따라 발견되었다. J4는 원형의 토갱 수혈식 우물이며 우물 입구 직경은 1.25m이고 깊이는 6m이다. 출토 당시에 간독과 도자기 파편들도 같이 나왔다. 완전한 간독의 길이는 23~25㎝ 너비는 1.4~2.1㎝이다. 파손된 간독이 많아 잔간이 전체의 절반 이상에 달한다. 또한 封泥匣과 형태가 규칙적이지 않은 목재에 기록된 묵서도 있다. 전반적으로 간독의 가공방식은 규칙적이지 않으며, 일부 간독에서는 불로 태운 흔적도 보인다. 간문 속 赤烏 2년·5년·6년은 각각 239년·242년·243년이다.

3. 내용

침주소선교유지 J4 삼국 오간은 잔간과 파편이 대부분을 차지하고, 대부분 글자도 판독하기 힘든 상태였다. 정리자들은 판독할 수 있는 간독을 簿籍·書信(文書)·記事(紀年)·習字 등의 종류로 구분하였다. 많은 잔간·파편은 정확히 구분할 수 없었기 때문에 기타로 구분하였다.

1) 簿籍類

부적류는 대부분 錢米와 牲畜의 가격에 관한 기록들이다. 특히 간40에서 "米六百八十六斛八斗六升爲錢七百九十六萬"이라 기록했는데, 이를 통해 추산하면 1斛 당 11590전에 달했다는 의미가 된다. 그 가격은 주마루오간에서 嘉禾4년 長沙國 臨湘縣 米價가 1곡당 1600전에 불과했던 것과 현격한 차이가 난다. 이는 자연재해 혹은 전란 등의 원인으로 인해 해당 지역에 통화팽창이 발생했거나 손오 정권 화폐제도의 혼란 상황을 반영해 주목된다.

2) 文書·書信類

대략 20여 매의 간독이 이에 해당한다. 간문에 의하면 수신자를 "李君", 즉 李某라고 명확히 지정하고 있어 해당 간독은 이모의 사문서임이 분명하다.

3) 記事類

간문 중 "叛戶", "逐亡叛", "叛部" 등의 내용은 주마루오간에도 나온다. 주마루오간에서는 "叛走"라 하여 호를 이탈하여 망명한 행위를 주로 다루고 있다. 이와 비교하면 해당 간독의 "叛戶" 또한 호적에서 이탈하는 망명행위를 가리킬 것이고, 전체 문서는 그와 관련한 내용을 기술했을 것이다.

4) 紀年簡

간문에 기록된 年·月의 기간은 삼국 오나라 손권 적오 2년부터 적오 6년까지이며, 적오 5년 정월 갑자삭은 陳垣의 『二十史朔閏表』와 부합한다.

5) 習字簡

10여 매이다. 기록된 내용은 서로 연결되지 않아 완전한 문장으로 보기 힘들지만, 일련의 중요한 정보가 남아있었다. 예를 들면, 簡1의 '郡'과 簡60의 '桂陽'은 응당히 桂陽郡일 것이다. 桂陽郡의 관할 구역은 시기마다 변화가 많은데, 삼국시대 오는 후한의 제도를 폐지하였고 서진은 오와 대체로 일치한다.

6) 기타

J4에서 발견된 간독의 대부분이다. 파손 상태가 심하여 석독할 수 없으므로 '기타'로 구분했다. 내용은 물품과 관련된 것으로, 예를 들면 '瓦廿枚', '饒布', '中立信校尉' 등이다.

간문에 기록된 '米斛萬餘錢'과 叛走·叛戶·叛部 등의 내용은 해당 시기의 과중한 徭賦·높은 물가 및 백성이 폭정의 압박을 감당해내지 못하는 사회 현실의 한 측면을 반영하고 있다. 간문 중 서신의 수신자로 李氏가 있는데, 이와 관련된 간독 문헌은 응당 이씨의 개인 문서일 것이다. 대부분의 간독은 파손되었으며, 심지어 어떤 간독은 불로 태운 흔적도 보인다. 많은 간독은 습자와 削衣의 용도로 사용되었으며, 그 후 쓸모없는 잔간이 되어 우물 J4에 차례대로 폐기된 것이다. J10 晉簡과 기타 고고 발견을 종합해보면 이곳은 응당 한대부터 송·원 시기까지 관서 소재지였다. 전한부터 兩晉시기까지 郴州는 桂陽郡의 郡治 소재지였다. 그러므로 이씨는 桂陽郡府의 屬吏일 것이다. 郴州는 南嶺의 북쪽에 위치하며, 상고 시기에는 百越의 거주지였다. 해당 지역에서 발견된 초나라 묘지를 통해, 전국 말 초나라의 세력이 이미 이 지역까지 확장되었고 진말 項羽가 郴州에서 義帝를 쫓아냈으며, 한나라 초기에 桂陽郡을 설치하였다는 것을 알 수 있다. 그러나 역사 문헌에는 매우 간략하게 기록되어 있으며, 地方史志의 편찬도 명·청 시기까지 지체되면서 상당히 긴 세월 동안 기록의 공백을 남겼다. 소선교 J4의 삼국 吳簡과 J10의 西晉簡은 해당 시대를 이해하기 위한 소중한 자료를 제공해준다.

4. 참고문헌

湖南省文物考古研究所·郴州市文物處, 「湖南郴州蘇仙橋J4三國吳簡」, 『出土文獻研究』第7輯, 2005.

장사 주마루 오간(1996)

長沙 走馬樓 吳簡

1. **출토지** : 호남성 장사시 오일광장 古井 J22

2. **개요**

    1) 발굴기간 : 1996년 7월~12월

    2) 발굴기관 : 장사시 문물공작대(장사시 문물고고연구소)

    3) 유적종류 : 관청 유적 내 古井

    4) 시대 : 삼국시대 오

    5) 시기 : 3세기

    6) 출토상황 : 1996년 7월~12월, 장사시 문물공작대(장사시 문물고고연구소)는 도시기초 건설팀과 협력하여 주마루 거리 서남쪽 호남평화당상무빌딩 건설 구역에 위치한 古井에 대하여 발굴 작업을 진행하였는데, 동·철·도자기·대나무·나무류 등 각종 유물 수천 건 이상이 출토되었다. 그중 일련번호 J22 우물에서는 일련의 삼국시대 오나라 기년 간독이 발견되었다. J22는 건설공사장 동부 가운데의 남쪽에 위치하며, 원래는 走馬樓路50호 아래에 위치한다. 1996년 10월 17일, 기계 작업으로 인해 J22의 입구가 파괴되었다. 입구의 파손 상태가 매우 심각하여, 우물의 북측에 누적된 간독이 거의 다 파괴되었다. 파손 범위는 현존한 우물 입구부터 아래로 약 2.23~2.7m 정도이다. 長沙 走馬樓 22호 우물에서 출토된 삼국 오간은 출토상황에 따르면 2가지 유형으로 구분할 수 있다. 하나는 '采集簡'이며, 다른 하나는 '發掘簡'이었다. 采集簡은 우물이 파괴된 이후에 우물의 주변 및 5㎞ 지점에 위치한 湘湖漁場으로 운송된 폐기물과 섞인 흙에서 찾은 간독이다. 이와 같은 간독은 상대적으로 많이 파손된 상태였다. 發掘簡은 吳簡이 공식으로 발견된 이후에 현장 보호 조치를 실시한 뒤, 과학 기술을 거쳐 출토된 간독이다. 이 유형의 간독은 비교적 완전하다. 제4권부터는 매권마다 「揭剝位置示意圖」를 첨부하여, 미시

적으로 간독 덩어리 속 각 간독들의 위치를 표기하였는데, 주로 해당 절단면을 표시하였다. 절단면 그림은 간독을 파악하는 구체적인 내용을 제시하며, 그중에 구역 위치·층간 위치·나열순서·수량 등의 정보들을 포함하였다. 1996년의 발굴보고에 따르면 이 지역에서 발견된 삼국 오간의 수량은 10만 매 정도에 달하는 것으로 추정된다. 주마루 오간의 보존 작업은 2011년에 이르러 전부 완성되었는데, 글자가 있는 간독은 76,552매, 묵서 흔적이 있는 간독은 2만여 매, 글자가 없는 간독은 4만여 매로, 일련번호를 매긴 간독 수량은 총 14만 여 매에 이른다.

3. 내용

지금까지 발견된 주마루오간에 기록된 가장 이른 시기의 연호는 후한 獻帝 建安 25년(220년)이며, 가장 늦은 연호는 오나라 손권 嘉禾 6年(237년)이다. 그중에 建安의 연호는 27년까지 기재되었으며, 손권이 황제가 된 黃武 元年(222년)부터는 더 이상 후한 建安의 연호와 曹魏 黃初의 연호도 보이지 않는다. 간독의 종류는 簡·牘·簽牌·封檢·封泥匣으로 구분할 수 있다. 죽·목 간독은 대부분 冊으로 편련되었으며, 간독 자체에 남아있는 연결 흔적을 보면 일반적으로 위·아래 2줄이 있다. 간독 내용은 대체로 符券類·簿籍類·書檄類와 信劄, 그리고 기타로 구분된다.

1) 賦稅 간독

⑴ '吏民田家莂'大木簡

해당 간독의 길이는 49.8~56㎝ 너비는 2.6~5.5㎝이다. 간독 자체는 황갈색이고 삼나무로 제작되었는데, 간독에 톱질의 흔적이 보이지 않는 것으로 보아 금속도구를 이용해 대패질·다듬질·깎는 방법으로 제작된 것이다. 목간 상단에는 모두 묵서된 '同'자, 혹은 '同'과 같은 의미를 지닌 부호가 기록되어 있다. 목간에는 모두 끈으로 연결한 흔적이 남아있으나, 연결한 끈은 이미 부패하여 사라졌으며 상하 2줄의 연결 흔적과 간독 상하 양 끝의 간격은 거의 일치한다. '吏民田家莂'의 연대는 嘉禾4년과 嘉禾5년이며, 시기는 각각 그 이듬해 연초까지 이어진다. 간독의 내용은 田家가 대여한 토지의 수량·사용기한·규정상의 액수·시간에 따라 관청에 납부 혹

은 면제된 租米·租布·稅錢이며, 또한 관리가 수납하고 점검하는 상황도 포함한다. 관련 내용은
『長沙走馬樓三國吳簡·嘉禾吏民田家莂』(1999)에 수록되었다.

(2) 부세류 죽간

2가지 형태가 있다. 하나는 약간 넓은 것으로 길이는 25~29㎝ 너비는 1.2~1.5㎝ 두께는
0.15~0.18㎝이다. 다른 하나는 약간 좁은 것으로 길이는 22.2~23.5㎝ 너비는 0.5~1.2㎝ 두께
는 0.05~0.1㎝이다. 죽간의 색깔은 일반적으로 갈색이며, 보존상태가 좋지 않아서 죽간들을 연
결한 끈은 모두 부패하여 끊어진 상태이다. 죽간에 기록된 부세 내용은 매우 복잡한데, 세금 징
수 대상으로는 米·布·錢·皮·豆 등의 종류가 다양하며 많다. 예를 들면, 돈의 종류는 戶稅錢·口
算錢 이외에 米租錢·市租錢·雜米錢·財用錢 등 20여 종이 있다. 米稅의 종류는 租米·稅米·限
米·醬賈米·折鹹米 등 30여 종이 있다. 戶調는 布·麻·皮 등이 있다.

2) 名籍 간독

명적 간독의 형태는 賦稅簡과 같다. 목독과 죽간에 별도로 기록하였는데, 목독의 길이는
23~23.5㎝ 너비는 4~5㎝ 두께는 0.4~0.5㎝이며 황갈색이다. 목독에 기록된 내용은 모두 관리
가 실태를 조사·확인한 해당 가족 구성원의 상황이며, 죽간에 기록된 내용은 가족 구성원 중의
한 명, 혹은 몇 명의 구체적인 정보이다. 그 내용은 일반적으로 거주지 주소·작위·이름·나이·
신체적 특징·질병 상황 등의 항목들이며, 항목의 기록 순서는 가정 내 지위의 중요도로 결정되
었다.

3) 관문서 간독

관문서 간독의 내용은 매우 풍부하며, 주로 州·郡·縣(國) 각급 관청 혹은 각 부서 간의 왕래
문서들이다. 해당 문서의 내용은 武陵 만이의 반란을 토벌하는 일, 군량 운송의 감독, 대여 양식
환납, 사법 재판, 민사사건의 조사 등 여러 분야의 내용을 포함한다. 또한, 간독의 내용 중에는
삼국 초기 오의 유명한 장수나 관리가 있는데, 예를 들면 步騭·呂岱·顧雍·潘濬 등도 기록되어
있다. 죽간의 서사 형식은 단행·양행으로 구분되며, 크기는 賦稅簡과 같다. 목간의 길이는

24.2㎝ 너비는 1.5~1.9㎝ 두께는 0.4~0.5㎝이다. 목독의 길이는 23.4~25㎝ 너비는 6~9.6㎝ 두께는 0.6~0.9㎝이다.

封檢·封泥匣도 있었다. 나무 재질로 된 간독이며, 보존상태가 좋지 않고 모든 간독이 제3층의 집적층에서 나왔는데, 매장 연대는 응당 제2층보다 이른 것이다. 封檢은 모두 장방형이며 하단의 1/3 부분에 부승(傅繩, 봉검을 묶는 끈)의 승조(繩槽, 끈을 고정하는 홈)와 진흙을 메우는 네모난 구멍이 있다. 封泥는 이미 떨어졌고, 상단의 2/3 부분에 표제를 서사하는 題板이 있다.

『長沙走馬樓三國吳簡·竹簡』의 제1권부터 제3권까지는 모두 采集簡이고, 제4권부터 제9권까지는 發掘簡이다. 『長沙走馬樓三國吳簡·竹簡』의 제1권은 상·중·하 3책으로 구분하여, 상·중은 도판과 석문·주석이고, 수록된 죽간 수량은 총 10,545매이며 차례대로 나열되었다. 죽간에 기록된 가장 이른 기년은 후한 中平 2년(185년)이고, 다음으로 建安 25년(220년)이 있으며, 가장 늦은 기년은 吳 嘉禾6년(254년)이다. 전체적인 내용은 삼국 오의 정치·경제·군사·문화·교통·민족 등의 여러 분야를 언급하고 있다. 뒤에 따로 인명·지명·기년 등의 색인이 첨부되었다.

제2권은 장사 주마루 22호 우물에서 출토된 죽간 9,000여 매를 수록하였다. 그 내용은 삼국 오 가화 연간 장사지역의 관청 문서와 호적이며, 대량의 부세 문서도 있다.

제4권에 수록된 간독은 모두 현장 고고 발굴을 통해 정리·수집된 것으로, 우물 벽의 붕괴와 건설 작업의 영향을 받았다. 제3권까지 수록된 죽간은 이미 전부 발굴 현장에서 벗어나 다른 지역으로 운송되었으나, 구제조치를 통하여 되찾았다. 그로 인해 기존 우물에 있었을 때의 매장 위치를 확인할 수 없었다. 이에 비해 제4권에 수록된 간독의 우물 매장 위치는 비교적 명확하며, 보관 상태도 비교적 온전하다. 작업을 통해 정리된 간독이 반 이상을 차지하고, 남은 반은 아직 흩어진 상태이다. 제4권 간독의 기존 정리 번호는 30001호부터 시작하며 35613호까지이다. 제4권의 간독 번호는 이전에 출판된 3권의 번호와 이어지지 않는다. 이것은 제4권에 실린 간독들은 앞서 3권까지에 실린 다른 지역에서 찾은 간독과는 다르다는 것을 의미한다.

제5권은 주마루 22호 우물의 삼국 오간 7,431매를 수록하였다. 모두 長沙郡 臨湘縣(侯)의 문서로 경제활동과 인구관리를 언급하여 삼국의 역사를 연구하는 데 높은 사료적 가치를 지니고 있다. 제5권은 상·중·하 3책으로 구분되는데, 상은 前言·凡例·彩版·도판으로 구성되며, 중은 도판이고, 하는 석문·부록1(간독 박리 표시도, 간독 출토 총 평면과 입체 도판)·색인(인명색인·지명색인·기년색인)이다. 제5권은 총 7,431매로 발굴 정리한 26개 盆의 간독 중 제5권에 수록된 것은 5호 盆부터 12호 盆의 간독이다. 즉, 제5호 盆의 35614호~35729호, 제6호 盆의 35730호~37934호, 제7호 盆의 37935호~38940호, 제8호 盆의 38,941호~40095호, 제9호 盆의 40096호~41073호, 제10호 盆의 41074호~41949호, 제11호 盆의 41950호~42834호, 제12호 盆의 42835호~43034호이다.

제6권의 대부분 간독은 卷冊의 형태로, 우물 벽의 붕괴와 건설 작업의 영향으로 인해 역시 거의 천여 매의 죽간이 이미 흩어졌다. 제6권에 수록된 간독의 내용은 매우 풍부한데, 그중에서는 경제활동과 인구관리가 많은 비중을 차지하고 있다. 수량이 비교적 많은 문서의 종류로는 각급 관부의 각종 상행·하행 문서, 여러 倉·여러 鄕의 出入簿·吏民 菜田簿·貸種糧簿·여러 倉의 料核簿·각종 出入錢簿과 莂券 등이 있다. 예를 들면, 여러 倉의 入米莂·入布莂·入麻莂 및 여러 鄕·里의 많은 戶·口名冊과 統計簿 등이 있다. 제6권에 수록된 '吏民買賣生口'의 통계가 비교적 많으며, 대량의 草刺(초고를 작성한 기록)과 木楬의 내용은 주로 本事의 標簽이다. 제6권의 부록은 2가지이다. 첫번째는 「簡牘總平面分布圖」, 「總立面示意圖」, 「揭剝位置示意圖」 3종이며, 두번째는 인명·지명·기년 색인이다. 제6권의 揭剝圖는 총 59장이고, 모두 평면과 단면을 결합한 방식으로 간독이 분리될 때의 실제상황을 반영하였으며, 총 5,234매 죽간, 6매 목독, 1매의 竹牘, 4매 木楬을 포함한다.

제7권에 수록된 죽간은 발굴 당시 최초 편호에 따르면 49199~55351호이며, 제7권의 정리편호에 따르면 1~6153호이다. 주요 내용은 草刺簡과 許迪割米案과 각종 簿籍 등이다.

제8권의 수록 죽간은 발굴 당시 최초 편호에 따르면 55352~61401호이다. 제8권의 정리편호에 따르면 1호부터 6050호까지이다. 주요 내용은 草刺簡과 許迪割米案 및 각종 簿籍 등이다.

제9권의 수록 죽간은 발굴 당시 최초 편호에 따르면 61402~69211호이다. 제9권의 정리편호에 따르면 1~7810호이다.

장사 주마루에서 발견된 삼국 오간의 총 수량은 14만 매 이상이다. 한 곳에서 동시에 이처럼 대량의 간독을 발견한 것은 보기 드문 일이다. 주마루 삼국 오간의 발견은 세계적인 고고 발견이라고 할 수 있다. 장사 주마루에서 출토된 오의 기년 간독은 여러 분야에 걸친 학술적 가치를 가지고 있다. 현재까지 정리된 일부 간독으로 볼 때 주요 내용은 부세·호적·창고관리·錢糧 입출·군민 둔전·왕래 서신 등이며, 사회·경제·정치·법률 등 각 분야의 정보들을 포함하므로, 삼국 오의 長沙郡府 및 臨湘縣과 臨湘侯國의 문서라 판단된다. 또한 출토지가 집중되어 있고 동일한 행정구역의 동일한 시간대 안에 있는 다양한 성격의 문서이기 때문에, 이 자료를 통해 하나의 행정구역 속 사회의 기본적인 상황을 복원하는 연구를 진행할 수 있다. 이러한 연구는 삼국시대 오나라와 장사군의 역사를 이해하는 데 매우 중요한 가치를 지닌다.

4. 참고문헌

走馬樓簡版整理組, 『長沙走馬樓三國吳簡·嘉禾吏民田家莂』, 文物出版社, 1999.

長沙文物考古研究所 等, 『長沙走馬樓三國吳簡·竹簡[壹]』, 文物出版社, 2003.

長沙簡牘博物館 等, 『長沙走馬樓三國吳簡·竹簡[貳]』, 文物出版社, 2007.

長沙簡牘博物館 等, 『長沙走馬樓三國吳簡·竹簡[參]』, 文物出版社, 2008.

長沙簡牘博物館 等, 『長沙走馬樓三國吳簡·竹簡[肆]』, 文物出版社, 2010.

長沙簡牘博物館 等, 『長沙走馬樓三國吳簡·竹簡[伍]』, 文物出版社, 2018.

長沙簡牘博物館 等, 『長沙走馬樓三國吳簡·竹簡[陸]』, 文物出版社, 2017.

長沙簡牘博物館 等, 『長沙走馬樓三國吳簡·竹簡[柒]』, 文物出版社, 2013.

長沙簡牘博物館 等, 『長沙走馬樓三國吳簡·竹簡[捌]』, 文物出版社, 2015.

長沙簡牘博物館 等, 『長沙走馬樓三國吳簡·竹簡[玖]』, 文物出版社, 2019.

남경 황책가원 목간(2002, 2004)
南京 皇冊家園 木簡

1. **출토지** : 강소성 남경시 진회하 남안 선판항 방면 황책가원 건설공사장

2. **개요**

  1) 발굴기간 : 2002년 7월~12월, 2004년 3월~5월

  2) 발굴기관 : 남경시박물관

  3) 유적종류 : 관청 유적

  4) 시대 : 孫吳~西晉

  5) 시기 : 3세기

  6) 출토상황 : 六朝시대 간독이 출토된 두 현장은 남경성 서남쪽 秦淮河 하류 양안에 위치하고 있다. 첫 번째 현장은 진회하 서쪽 연안의 皇冊家園 구역으로, 2004년 3월부터 5월까지 발굴되었다. 발굴 면적은 540㎡이며, 40여 매의 간독이 출토되었다. 절대연대가 기록된 年號簡들이 지층의 시대구분에 확실한 근거를 제시함으로써, 해당 지층의 연대는 대략 孫吳 중후기부터 동진 초기까지이다.

3. **내용**

40여 매의 간독은 지하에 매장되어 있는 동안 장기간에 걸쳐 침식되었기 때문에, 묵적 자체는 명백하지만 문자는 매우 희미하여 석독이 어렵다. 간문 번호의 'H'는 皇冊家園에서 출토되었음을 표시한 것이다.

황책가원 출토 23매 간독의 대부분은 명확한 紀年이 존재한다. 예를 들면, 簡H-9의 "赤烏十三年"은 吳나라 大帝 孫權의 4번째 연호로 기원 후 250년에 해당한다. 簡H-12의 "永安四年"은 오 景帝 孫修의 연호로 261년이다. 簡H-23의 "建興三年"에서 "建興"연호는 吳 廢帝 孫亮 및

西晉 愍帝 司馬鄴의 연호로 사용되었는데, 전자는 2년밖에 지속되지 않았고 후자는 5년간 지속되었기에, 이 간의 기년은 西晉의 연호에 속하며 315년에 해당한다.

이외에 황책가원 출토 대부분의 간독들은 기년이 명확하게 보이지 않지만, 간문에 보이는 단서는 관련 간독의 연대를 판정할 때 신뢰할 만한 근거를 제공한다. 가령 簡H-8 간문의 "宣詔郎"은 孫吳의 職官에서만 보이며, 『三國志』卷59, 吳書·孫登傳의 注에도 『吳書』에 宣詔郎 楊迪이 있다고 인용했으므로, 이 간은 孫吳 시기임을 알 수 있다.

簡H-7의 "建業宮" 역시 전형적인 시대적 특징을 갖추고 있다. "建業"은 곧 손권이 建安 17년(212) 京口(오늘날의 鎭江)에서 秣陵(오늘날의 南京)으로 옮긴 이후에 명칭을 바꾼 것으로, 天紀 4년(280) 3월 西晉이 吳를 멸망시킨 후 "建鄴"으로 고쳤으며, 建興 원년(313) 愍帝 司馬鄴을 피휘하기 위해 다시 "建康"으로 바꾸었다. "建業宮"은 즉 吳 大帝 孫權 黃龍 원년(229) 武昌에서 建業으로 천도하면서 옛 將軍府舍를 고쳐서 지은 太初宮인데, 이후에 여러 차례 重修하다 동진 咸和 4년(329) 蘇峻의 난에 완전히 훼손되었으므로, 이 간도 孫吳시기가 명확하다.

簡H-21의 簡文 중 일부인 "五年卅日丁未", "六月十五日辛未", "十月四日己未"는 『中國史歷日和中西曆日對照表』(方詩銘·方小芬, 上海人民出版社, 2007)에 따르면 모두 서진 建興 4년의 曆日과 서로 부합하므로, 이 간의 서사시기는 서진 建興 4년, 즉 316년에 속한다. 또한 簡H-1의 경우, 간문에 근거하여 해당 간이 廬江郡 松滋縣 陳永의 명함[名刺]임을 알 수 있다. 『三國志』卷55 吳書·陳武傳에 "偏將軍 陳武는 廬江郡 松滋縣 사람이며 그 손자의 이름은 永으로 그 지위가將軍의 반열에 올라 封侯가 되었다"라는 기록이 나온다. 陳永의 아버지는 都亭侯 陳脩로 黃龍 원년(229)에 사망하였다. 이에 근거하면 陳永은 대략 孫吳 초~중기에 생존했으리라 추측된다. 명함[名刺]에서 언급된 "陳永"과 『三國志』에서 기록한 "陳永"의 성명·里籍은 완전히 일치하므로, 확실히 동일 인물로 볼 수 있다. 다시 말하자면, 이 간의 작성연대도 孫吳 시기에 해당한다.

황책가원에서 출토된 다른 16매의 간독은 비록 간문 자체에는 연대를 보여주는 명확한 단서가 없지만, 출토 지층 및 출토 유물에 근거하면 대부분이 孫吳~西晉 시기에 속한다. 앞서 H-21의 연대가 서진 建興 4년(316)이라고 했는데, 그 이듬해는 동진 建武 원년(317)이므로 이 16매 간독 중 일부의 연대는 동진 초일 가능성도 배제할 수 없다.

이상의 초보적 정리에 근거한 23매의 황책가원 출토 간독들은 명함[名刺]·計簿·籤牌·書檄·符券·封檢·典籍 등으로 분류할 수 있다. 서체는 예서, 章草, 행서, 해서체 등 다양하게 사용되었다. 서사 형식은 단면과 양면으로 나뉘고 세로로 묵서한 것이 대다수이지만, 일부 간은 가로쓰기를 했다. 간문은 단면에 1행, 2행, 그 이상의 여러 행으로 쓰는 등 동일하지 않다.

1) 名刺簡

H-1, H-2, H-3, H-4, H-5의 5매가 있다. 모두 좁고 긴 막대 형태의 목간으로, 명함 주인의 성명·字·관적·신분 및 拜聞辭 등의 내용이 기록되었다. 해당 간들은 양면으로 기록되었다는 점에 주목해볼 수 있다. 簡H-5의 경우, 한면에는 "零陵楊傅再拜, 問起居, 湘鄕, 字文義"라고 기록하였으며, 다른 한면에는 "零陵楊傅再拜, 起問起居. □"라고 기록하였다. 이와 비슷한 내용이 간의 양면으로 기록된 사례로는 長沙 走馬樓吳簡의 J22簡이 있는데, 그 내용이 한쪽은 비교적 복잡하고 한쪽은 비교적 단순하다는 차이가 있다. 또한, 簡H-3의 한면은 세로로 "陳國丁凱再拜, 問起居. 柘, 字休虎"라 기록하였고, 다른 한 면은 가로로 "相府吏滿厷(肱)船"이란 6글자를 기록하였다. 이 명함[名刺]은 특수한 용도를 위해 여러 차례 이용되었다.

2) 식량 납부 통계 간독

H-8, H-9, H-10, H-12, H-13, H-20의 6개 간으로 역시 좁고 긴 막대형으로 단면 혹은 양면에 세로로 묵서하였고 모두 잔간이다. 모든 내용을 상세히 고찰하기는 어려우나, 식량의 수량·중량 및 錢額 등의 내용이 있으며, 식량에는 적어도 "息米"와 "粳米"의 두 종류가 존재했음을 알 수 있다. 그중 簡 H-9의 한면에는 "五, 粳米廿五斛, 赤烏十三年十月十日付, 司馬袁譙受."란 21자가 남아있어서, 납부한 식량의 종류·수량·날짜 및 受納한 사람 등의 정보를 확인할 수 있다.

3) 관문서 간독

H-7간은 잔결되었거나 혹은 내용이 간략하여 분석하기 어렵다.

4) 부적·제사 등 道敎 관련 간독

H-11, H-18, H-19, H-16, H-22, H-23 등 6매이다. 앞 3매 간에 "地神", "皇帝", "神祇", "通天達地" 등의 자구가 등장하고, H-16간에 "辰極"은 북극성을 뜻하는데 그 배면에 星符가 있으

므로, 해당 내용은 모두 제사와 관계가 있음을 알 수 있다. 뒤의 2매 간은 모두 朱砂로 서사한 道符로 내용은 도교의 부적과 연관된 것임을 알 수 있다. 그중 簡H-22에 "符主入門"이란 제목이 붙여져 있는 것으로 보아, 이 간독은 확실히 鎭土安宅·永保吉亨을 위해 문에 붙이는 부적임이 분명하다. 문에 부적을 붙여 귀신을 쫓는 것은 당시 사람들의 습속이었다.

H-23 간문 "建興三年正月廿二日南」郡宜成朱固拜受 命」捕死神不得干犯□」□代急如律令"의 대략적인 의미는 다음과 같다. "建興 3년(315) 정월 22일 南郡 宜成縣 사람인 朱固는 亡寇를 잡아 죽이라는 명을 받고, 부적을 만들어 神明에 "不得干犯"을 빌면서 이 부적이 마치 "律令"과 마찬가지로 이를 실시하자마자 바로 효과가 나타나기를 희망합니다." 간문 중의 "宜成"은 곧 "宜城"일 것인데, 『晉書』地理志下에서 宜城은 襄陽郡이 통할하는 8개 縣 중 하나라고 언급하였으며, 『宋書』州郡志三은 『永初郡國』과 『何志』를 인용하여 "宜城은 漢의 舊縣이며 南郡에 속한다"고 했다. 지금 이 간문에 따르면, 宜城은 서진 말 南郡의 속현으로 『宋書』의 기록과 부합하고 『晉書』의 기록이 잘못되었다는 것을 알 수 있다.

5) 日書簡

H-21 잔간 1매의 남아있는 하단 간문은 다음과 같다. "十四日, 除, 天李, 卜空, 可絲衣. 十月四日己未, 可□」■六月十五日辛未. 五月廿日丁未, 除, 可取衣.」■十二日, 除. 五日, 可□衣. 十五日, 除. 廿三日乙未. 廿八日, 收" 이는 일서와 관계있는 잔간이다. 일서는 시일을 선택하는 데 사용하는 일종의 數術書이다. 선택사항은 일상생활 속의 여러 측면들을 포괄하였으며, 그 내용으로는 "建除", "擇日" 및 "吉凶宜忌" 등이 있었다. 지금까지 발견된 전국·진한의 일서는 이미 20여 종류에 달하는데, 가장 완전한 판본은 수호지진간 일서이다. H-21 간문의 "除"와 "收"는 "建除" 속의 12神 반열에 속하며, "天李"는 즉 天理이다. "天李"도 당시 중요한 凶神의 한 종류였는데, 이날에는 入官과 入室을 꺼렸다. "擇日"과 "吉凶宜忌"는 모두 "衣"와 관련이 있는데, 아마도 일서 속 "衣良日" 내용을 발췌한 듯하다.

6) 기타 간독

簡H-15는 封檢으로 하단에는 모두 끈을 묶으면서 생긴 끈이 지나간 흔적과 진흙을 채운 봉니갑이 있으며 상부에는 題板 위에 묵서로 표제를 적었다. 簡H-6의 한면은 11개의 "人"字만을 썼는데 아마도 쩝字簡으로 보인다.

4. 참고문헌

王志高·賈維勇, 「南京發現的孫吳釉下彩繪瓷器及其相關問題」, 『文物』2005-5.

王志高, 이현주 譯, 「中國 南京 秦淮河邊 출토 六朝時期 간독과 관련 문제」, 『목간과 문자』 20, 한국목간학회, 2018.

남경 안료방 목간(2009~2010)

南京 顔料坊 木簡

1. **출토지** : 강소성 남경시 진회하 동남 연안 안료방

2. **개요**

   1) 발굴기간 : 2009년 7월~2010년 8월

   2) 발굴기관 : 남경시박물관

   3) 유적종류 : 관청 유적

   4) 시대 : 孫吳~西晉

   5) 시기 : 3세기

   6) 출토상황 : 남경시 秦淮河 동남쪽 연안에 위치한 顔料坊은 皇冊家園과는 강을 사이에 두고 서로 마주보고 있다. 2009년 7월부터 2010년 8월까지 발굴되었다. 발굴 면적은 약 3,000㎡이며, 출토된 간독은 140여 매이다. 절대연대가 기록된 年號簡들이 지층의 시대구분에 명확한 근거를 제시함으로써, 해당 지층의 연대는 대략 孫吳 중후기부터 동진 초기까지이다.

3. **내용**

   안료방 출토 간독 140여 매는 모두 목질로 묵서가 대부분이며 일부는 朱砂書로 기록했으나 대부분은 매우 심하게 잔결되었다. 지하에 매장되어 있는 동안 장기간에 걸쳐 침식되었기 때문에, 묵적 자체는 선명하지만 문자는 매우 희미하여 석독이 어렵다.

   안료방 출토 간독은 명확한 기년이 기록되어 있지 않지만, Y-16·Y-17 2매 간은 孫吳~西晉 시기의 지층에서 발굴되었다. 또한 간문 속에도 시기를 분석할 만한 단서가 존재한다. Y-16의 간문 "十月卅日丁未"는 『中國史歷日和中西曆日對照表』(2007)에 따르면 이 曆日은 孫吳 赤鳥 13년의 曆日과 서로 부합하기 때문에, 그 연대가 기원후 250년임을 알 수 있다. 간문에서 언급

된 관직 "積弩校尉"는 漢·西晉·南朝에서 "積弩將軍"이라 호칭하였고 曹魏는 "積弩都尉"라고 호칭하였으나, 『三國志·吳書』에 기재된 孫吳 校尉의 명칭은 수십 가지가 있으므로 기록에 보이지 않는 校尉의 명칭도 적지 않을 것이다. 출토자료 중 오의 故左郞中曹翊 買地券은 "立節校尉"를 언급하는데, 이는 전래 문헌에서는 보이지 않는다. 李蔚然은 "임시적으로 拜封하였거나, 史籍에서 누락하여 기록하지 않은 까닭일지도 모른다"고 보았다. 簡Y-17 簡文의 "積弩校尉"는 기록에서 누락된 여러 孫吳 校尉의 명칭 중 하나였던 듯하다. 또한 『三國志』 권46의 주석은 「江表傳」의 기록을 인용하여, 孫策이 曲阿를 점령한 후 일찍이 "陳寶를 阜陵에 보내 (孫策의) 어머니와 동생을 맞이하게 하였다"고 하였는데, 간문의 "陳寶"와 성명이 동일하고 시기 및 신분 역시 비슷하기에 동일 인물일지도 모른다. 요컨대, 이 간의 연대는 孫吳 시기에 해당한다.

안료방에서 출토된 기타 15매 간독은 명확한 紀年이 없고, 간문 자체에도 연대를 확인할 단서는 없다. 그러나 간독이 출토된 층위와 전형적인 시대 특징을 가지고 있는 청자기 등 함께 출토된 유물에 근거하여 그 연대를 추정하면, Y-2, Y-3, Y-4, Y-8, Y-13 5개 간의 연대는 아마 孫吳~西晉 시기이며, Y-1, Y-5, Y-6, Y-7, Y-9, Y-10, Y-11, Y-12, Y-14, Y-15 10개 간은 남조 시기일 것이다. 지금까지 동진 시기 간독은 南昌 永外正街의 吳應墓, 南昌 기차역의 雷陔墓·雷錩墓, 南昌 靑雲譜區梅湖景區의 周涉墓 등에서 명함[名刺]과 衣物疏 등이 발견되었다.

안료방 출토 간독은 명함[名刺], 計簿, 簽牌, 書檄, 符券, 封檢, 典籍 등으로 분류할 수 있다. 그 서체는 예서, 章草, 행서, 해서 등 다양하며, 서사 형식은 한면 혹은 양면으로 세로로 묵서한 것이 대다수이나 일부 가로로 쓴 것도 있다. 간문은 한면에 1행 이상 여러 행으로 쓰는 등 동일하지 않다. 종류별로 내용을 소개하면 다음과 같다.

1) 名刺簡

Y-1, Y-3의 2매 간은 모두 좁고 긴 막대 형태의 목간으로, 명함 주인의 성명, 字, 관적, 신분 및 拜聞辭 등의 내용이 기록되었다. 명함 주인의 관적은 모두 사료를 통해 증명할 수 있다. 주의할 만한 것은 양면으로 서사하는 경향이다. 簡Y-1은 한면에는 "弟子徐議, 議弟子朱 朱琦"라고 서사하였고 다른 면에는 "徐劉定從邂叩頭"라고 서사하였다. Y-3은 한면에는 "偉再拜問起居" 6자가 남아 있고 다른 한면에는 "□□示治人客」 □□未互□□" 12자가 남아 있다. 簡Y-1의 한쪽

면에는 "徐議"와 그 제자인 "朱琦"의 이름을 서사하여 두 명이 함께 하나의 명함[名刺]을 사용한 것 같은데, 이러한 현상은 이제까지 거의 나타난 적이 없다.

2) 선박 통행세 징수 簽牌

Y-6, Y-7, Y-9, Y-10, Y-11, Y-12, Y-14, Y-15의 8매 간으로, 모두 안료방에서 출토되었다. 그 형태는 2가지 종류로 구분된다. A형은 좁은 막대형으로 상단 한쪽은 抹角으로 되어 있는데 오직 Y-15簡 1매에서만 보인다. 한 면에만 "二百卄斤□" 5자를 묵서하였다. B형은 방형에 가까우며 상단의 양쪽이 抹角되어 있고 간문 상에는 원을 그리고 색을 칠한 흔적이 있는데, Y-15를 제외한 7매의 간이 모두 이 유형에 속한다. 묵서한 내용은 비교적 많은데 보존 상태가 비교적 완정한 簡Y-9를 예로 들면, 길이 8.5㎝ 너비 7.3㎝에 단면으로 "鮂魚朱断五」日 一百五十□□」 □賣□」 □□」 起八月十□"라 기재하여 화물 주인의 성명, 화물 종류 및 중량, 시작일과 종료일 등을 포함하고 있다. 제2, 3, 4행에는 원을 그리고 색을 칠한 검은 색 흔적이 있다. 안료방은 六朝 秦淮河 연안의 나루터 중 하나인 竹格航(竹格渡)가 있던 곳으로, 한동안 이곳에서 商稅를 거두었다. 즉, 이 두 유형의 簽牌는 선박이 지날 때 세금을 내는 것과 관련이 있으며, 이 둘 사이에는 시기적으로 앞서 사용하였는지 혹은 뒤에 사용하였는지의 차이가 있었을 것이다. B형 簽牌의 원을 그리고 색을 칠한 흔적은 관리자가 나루터를 지나는 선박의 세금을 거둔 후 표식을 한 것이라 추측된다.

3) 관문서 간독

Y-2, Y-16, Y-17 3매 간 중 Y-2簡는 잔결되었거나 혹은 내용이 간략하여 분석하기 어렵다. Y-16簡과 Y-17簡의 내용을 분석한 결과에 근거하면, 이 2개 簡은 동급 기관 사이에서 왕래한 문서에 속했던 것 같다. Y-16의 간문은 "濡須食 常往還所過□縣邑屯營蒙不嗬 (訶) 留如還□□」 十月卅日丁未起□"이다. 대략적인 의미는 赤烏13년(250) 10월 30일 어떤 관리가 濡須로 파견되어 공무를 처리한 후 돌아올 때 거쳐야 하는 縣邑과 屯營에서 통행을 차단하지 말 것을 요청하는 내용이다. Y-17의 간문은 "十一月十五日, 積弩校尉陳寶, 今遣士卒平等三人之西」州撓蘆, 乘船二艘往還, 蒙不苟(訶)留"이다. 대략적인 의미는 11월 15일 積弩校尉인 陳寶가 士卒 平 등 3명을 西州의 "撓蘆"로 파견하였는데, 그들이 탄 배 2척이 돌아올 때 하변의 기관에서 그들의 통

행을 막지 말 것을 요청하는 내용이다. 간문 중의 "西州"는 孫吳의 도성인 建業(오늘날 南京)의 楊洲 치소인 西州城인데, 吳의 궁전 太初宮의 서남쪽에 있었다는 사실에 근거하여 이름을 지은 것으로 여겨진다. 西州는 冶城의 동쪽·運瀆의 서쪽에 위치하고 있었는데, 대략 오늘날의 南京 建鄴路 북쪽·木料市 서쪽에 해당하며, 당시에는 秦淮河 하변의 運瀆水路에서 배를 타고 도착하였다. 西州를 처음 설치했던 연대는 2가지 說이 문헌에 기재되어 있다. 첫째는 孫策이 江東을 西州로 호칭하였을 시점이다. 둘째는 西晉 말 永嘉 연간(307~313)에 楊洲의 治所를 建康으로 옮기면서 王敦이 州城을 지은 시점이다. 앞서 분석하였던 Y-17의 연대는 孫吳 시기인데, 그 간문에서 "西州"라는 자구가 이미 등장하므로 첫 번째 설이 옳을 것이다.

4) 부적 및 道敎 관련 간독

Y-8簡 (관련 내용은 남경 황책가원 간독 참조)

5) 기타

Y-4簡는 封檢이다. 簡의 하단부에는 모두 끈을 묶으면서 생긴 흔적과 진흙을 채운 封泥匣이 있으며, 상단부에는 題板 위에 묵서로 표제를 적었다. Y-5簡의 꼭대기에는 원형으로 구멍을 뚫었는데, 한면에 "晉倉□入食"이라 묵서하여 해당 간은 물건의 위에 직접 연결되어 표식하는 역할을 한 실물 楬이었을 것으로 추측된다. Y-13簡은 개인 서찰과 관계된 잔간으로 보인다.

4. 참고문헌

王志高·賈維勇,「南京發現的孫吳釉下彩繪瓷器及其相關問題」,『文物』2005-5.

王志高, 이현주譯,「中國 南京 秦淮河邊 출토 六朝時期 간독과 관련 문제」,『목간과 문자』 20, 한국목간학회, 2018.

2. 서진西晉 목간

주천 삼패만 위진간(2013)

酒泉 三壩灣 魏晉簡

1. 출토지: 감숙성 주천시 숙주구 풍락향 삼패촌 위진묘(M1)
2. 개요

    1) 발굴기간 : 2013년

    2) 발굴기관 : 감숙성문물고고연구소

    3) 유지유형 : 고분

    4) 시대 : 위진 시기

    5) 시기 : 咸熙 二年(265)

    6) 출토상황 : 2013년, 감숙성 주천시 숙주구 풍락향 삼패촌에서 한 기의 위진 시기 묘 (M1)가 발굴되었다. 墓道 길이는 13.3m 너비는 0.8m 깊이는 3.85m이 다. 입구 부분에는 5개의 비교적 큰 돌덩어리를 세워 놓았다. 墓門 옆에 도 돌덩어리가 있다. 묘 실은 前室과 後室로 나뉘 는데, 전실은 길이 1.4m 너비 1.6m이다. 후실은 길이 2.8m 너비 1.76m 높이 1.2m이다.

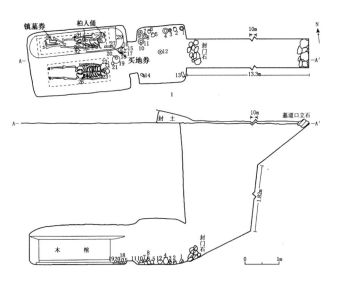

〈주천 삼패만 위진묘 평단면도〉(『考古與文物』 2020-1 轉載)

3. 내용

해당 묘지에서 나온 매지권과 진묘권은 모두 장방형의 얇은 측백나무 목판이며 단면에 적색의 초서체 글자로 기록되었다. 매지권(M1:27)은 길이 25.6㎝ 너비 5㎝ 두께 0.3㎝이다. M1에서는 한 점의 인형 묵화 목판[墨繪人形木片, M1:30]도 같이 출토되었는데 아마도 墓券에서 언급된 '柏人'일 것이다. 매지권과 진묘권은 각각 묘주 王甲齋의 머리 양측에서 출토되었다.

매지권에는 "酒泉樂涫南鄉朋里大男焦興勝妻王女"라고 하여 묘주의 신분을 특정할 수 있는 정보가 나온다. 내용은 행정문서양식에 빗대어 "黃泉使者"에게 분묘에 사용된 토지 매매를 고하는 매지권의 전형이다.

진묘권(M1:28)은 목판에 적색으로 글씨를 썼는데 필체가 조잡한 편이다. 길이 23.7㎝ 너비 7.2㎝ 두께 0.8㎝이다.

"葬者李子英、焦阿保伯□王(女)"라고 하는 묘주 정보가 기록되어 있어 매지권과 함께 비교가 가능하다.

4. 참고문헌

「甘肅酒泉豐樂三垻灣魏晉墓2013年發掘簡報」, 『考古與文物』 2020-1.

일과수 봉수 유지 서진간(2008)
一棵樹 烽燧 遺址 西晉簡

1. **출토지** : 감숙성 돈황시 小方盤城遺址(D25·T14) 부근 漢·晉시기 봉수 유지

2. **개요**

    1) 발굴기간 : 2008년 12월

    2) 발굴기관 : 돈황시박물관

    3) 유적종류 : 봉수 유적

    4) 시대 : 서진

    5) 시기 : 268년, 293년

    6) 출토상황 : 2004년 8월, 돈황시박물관은 小方盤城遺址(D25·T14)에서 서남쪽으로 약 65㎞ 떨어진 한대 淩胡燧(D3·T6b) 이남, 廣昌燧(D1·T6d) 동쪽에 위치한 '一棵樹'라는 지역에서 1기의 한진시기 봉수 유지를 발견하였다. 2008년 12월, 해당 박물관은 이 유적에 대해 구제발굴을 진행하였다. 이 유적지에서 발굴된 글자가 있는 간독은 총 9매로, 漢簡 7매, 晉簡 2매를 포함한다.

3. **내용**

일련번호 08dh-0인 간독이 일련번호 F5 봉수 가옥건축 유지의 서남쪽에서 출토되었다. 재질은 백양나무를 사용하였으며 길이는 44.3㎝ 너비는 6㎝ 두께는 2.2㎝이다. 앞면은 길쭉한 장방형이며, 상반부의 가운데에 끈을 묶을 수 있는 봉니를 메운 홈이 있고, 홈은 네모형이다. 홈의 상단에 3행의 글자가 있으며, 하단에 세로 5줄의 글자가 기록되어 있다. 상단의 서체는 비교적 크고, 하단의 글자는 약간 작으며, 글자의 필적은 선명하다. 封泥의 보존 상태는 온전하며 짙은 적색이고, 篆書 鈐印이 새겨졌다. 홈의 밑 부분에 가로 간격이 동일한 3줄의 작은 홈이 새겨져

있는데, 이 홈들은 3줄의 매듭을 짓는 부분으로, 극히 정교하게 만들었다. 3줄의 끈이 온전히 보존되어 있다.

출토 기물과 필적에 따르면 08dh-0호 간독 중 '元康三年'은 晉 惠帝 元康 三年(293년)으로 여겨지며, 이 간독의 성격은 晉나라의 符信으로서, 한대의 '符'에 해당한다.

4. 참고문헌

楊俊, 「敦煌一棵樹漢代烽燧遺址出土的簡牘」, 『敦煌研究』 2010-4.

樂遊·譚若麗, 「敦煌一棵樹烽燧西晉符信補釋─兼說漢簡中"符"的形態演變」, 『中國國家博物館刊』 2016-5.

戴衞紅, 「漢末魏晉時期縣級主官加領校探討」, 『中國史研究』 2019-6.

張德芳·石明秀, 『玉門關漢簡』, 中西書局, 2019.

니아유지 서진간(1901, 1906, 1914)

尼雅遺址 西晋簡

1. 출토지 : 신강위구르자치구 民豊縣 북쪽 약 150㎞ 지점 니아 N.V유지

2. 개요

    1) 발굴기간 : 1901년 3월 8일, 1906년 12월, 1914년

    2) 발굴기관 : 오렐 스타인 중앙아시아탐험대

    3) 유적종류 : 유지

    4) 시대 : 위진

    5) 시기 : 서진 泰始 5년(269년)

    6) 출토상황 : 신강위구르자치구 민풍현에서 북쪽으로 약 150㎞ 지점의 니야 유지 N.V房址는 니야 유지의 동북편에 위치하면서, 유지 중심의 대형 불탑에서는 3㎞ 정도 떨어져 있다. 일찍이 20세기 초 오렐 스타인이 발굴 조사를 하면서, 니야 유지 동북편의 이 파괴된 방 유지에 N.XV라고 번호를 매겼다. 이곳은 문서 보관고로 한 묶음의 카로슈티 문서가 도기·칠기·견직물·오수전 파편 더미와 뒤섞여서 나왔다. 약 250건의 카로슈티 문서와 50여 건의 한문 문서가 출토되었는데, 그중 1매의 한문 목간에 서진 "泰始五年"연호가 기재되어 있었다.

3. 내용

  1매의 한문 목간은 아마도 돈황 태수부에서 발행한 공문서로 생각되는데 뒷부분이 잘려 있어 자세한 내용은 알 수 없다.

4. 참고문헌

林梅村 編, 『樓蘭尼雅出土文書』, 文物出版社, 1985.

투르판 아스타나 서진간(1966~1969)

吐魯番 阿斯塔那 西晉簡

1. **출토지** : 신강위구르자치구 투르판 아스타나-카라호자 TAM53·TAM62 서진묘

2. **개요**

   1) 발굴기간 : 1966~1969년

   2) 발굴기관 : 신강위구르자치구박물관

   3) 유적종류 : 고분

   4) 시대 : 서진

   5) 시기 : 泰始 9년(273년)

   6) 출토상황 : 신강위구르자치구박물관은 1966~1969년 아스타나(三堡) 북쪽 지역과 카라호자(二堡) 서쪽 지역에서 총 95기의 고묘를 발굴하고 정리하였는데, 편호는 TAM43~147(이 중 미발굴 고묘 10기)이다. 카라호자 동쪽에서도 고묘 10기를 발굴했는데, 편호는 TKM15-54(이 중 미발굴 고묘 30기)이다. 두 구역에서 총 105기가 발굴되었다. 이 중 완전히 도굴당한 고묘는 총12기이고, 남은 93기의 대부분도 어느 정도 도굴되었다. 이 93기의 고묘는 대체로 3개 시기로 구분된다. 제1기는 西晉·16국부터 남북조 중기까지(3~6세기 초)이며, 대략적으로 高昌이 郡을 설치하는 시기이다.

〈TAM53 출토 泰始九年 목간〉
(『文物』1972-1 轉載)

3. 내용

   TAM53 출토 목간은 앞면에 "泰始九年"의 연호와 "大女翟薑女從男子欒奴"의 인물 정보를 기재하고, 買棺에 관한 사실관계를 계

약의 형식으로 서술하고 있다.

4. 참고문헌

新疆維吾爾自治區博物館, 「吐魯番縣阿斯塔那-哈拉和卓古墓群淸理簡報」, 『文物』 1972-1.

王素, 『吐魯番出土高昌文獻編年』, 台北新文豊出版公司, 1997.

액제납 파성자 위진간(1982)
額濟納 破城子 魏晉簡

1. 출토지 : 내몽골자치구 액제납 갑거후관 유지 塢墻 외곽

2. 개요 :

    1) 발굴기간 : 1982년

    2) 발굴기관 : 감숙성박물관

    3) 유적종류 : 관청유적

    4) 시대 : 서진

    5) 시기 : 294년

    6) 출토상황 : 이 간독은 1982년 8월에 甲渠候官 유지 塢墻 외곽의 흙덩이 틈새에서 발견된 것으로, 居延地區 간독 중에 시대가 가장 늦은 것이다. 이 간독은 원래 額濟納旗文管所에 소장되었으나 현재는 額濟納旗博物館에 수장되었다. 일련번호가 없다.

3. 내용

    薛英群 등은 『居延漢簡釋粹』에서 일련번호 82.E.P.W.C: 1의 간을 수록하였다. 해당 간은 "泰康四年" 연호를 기재했고, "將石興"이라 지칭된 인물의 파견 시일과 장소로 추측되는 정보를 적시하고 있다.

4. 참고문헌

    薛英群 等, 『居延漢簡釋粹』, 蘭州大學出版社, 1988.

침주 소선교 서진간(2003~2004)

郴州 蘇仙橋 西晉簡

1. **출토지** : 호남성 침주시 소선교 유지(원 郴州美術印刷有限公司 소재지)

2. **개요**

　1) 발굴기간 : 2003년 11월~2004년 2월

　2) 발굴기관 : 침주시문물처·호남성문물고고연구소

　3) 유적종류 : 古井群

　4) 시대 : 西晉 惠帝 시기

　5) 시기 : 300년경

　6) 출토상황 : 2003년 11월에서 2004년 2월까지 침주시 문물처와 호남성 문물고고연구소는 침주시 소선교 건설 공사장에서 후한부터 송·원대까지의 古井 11기에 대한 구제 발굴을 진행했다. 호남성 침주시 소선교에서 古井群은 면적이 8,700㎡에 달하는 건설공사장에 분포되어 있었다. 우물의 발굴 정리번호는 J1~J11이다. J10에서 출토된 것이 西晉 간독이다. J10은 입구가 원형이고 벽이 수직인 토갱 우물이다. 폐기된 이후 생활 쓰레기가 버려졌는데, 출토 문물 중에는 도자기와 목간 등이 포함되어 있다. 우물 직경은 1.25m로 폐기되기 이전에 이미 심하게 붕괴된 상태였다. 현재 남아있는 우물 입구에서 아래로 3.8m 위치부터 붕괴되어 5m 깊이까지 붕괴되었는데 그 직경은 3m가 넘는다. 탐사 깊이는 7.5m 이상인데, 지하수 때문에 탐사용 삽을 사용할 수 없었다. 오염된 쓰레기 진흙 속에서 도자기와 간독이 출토되었다. 간독을 발견한 시기는 2004년 2월 10일이었다. 간독이 출토된 당시의 위치는 붕괴가 시작된 우물의 벽부분이었다. 즉 간독이 우물에 들어갔을 때 해당 우물은 이미 폐기되어 많은 생활 쓰레기로 메워진 상태였다. 대다수의 간독은 삼나무로 만든 목간이며, 죽간은 단지 2매뿐이었다. 길이 24㎝ 너비 2.2~4.1㎝ 두께 0.2~0.3㎝이다. 封檢과 木楬은 각각 한 점이다. 간독은 잔간 포함해

서 총 909매이며, 이 중 글자가 없는 간독은 5매이다.

발굴팀은 발굴 당시 4부분으로 구분하여 추출한 후 다시 부분적으로 나누어 정리 작업을 진행하였다. 작업 중 한쪽부터 청소하면서 세척을 통해 한쪽의 단면을 보고 각 간독의 상대적 위치를 확인하였다. 제도·번호 매기기·정리 후에 다시 여러 차례의 세척 작업을 진행한 후 탈색과 촬영단계로 넘어갔다. 박리 시 출토상황에 따라 1·2·3·4로 해당 그룹을 표시하였다. 예를 들면, 1~1은 제1조의 첫 번째 簡이다. 간독에는 끈으로 연결한 흔적이 남아있었으며, 모두 두 줄의 끈이었다. 상단의 공백 부분은 응당 서사할 글자 수에 따라 결정되는데, 글자가 적으면 상단을 비우고, 글자가 많으면 공백 없이 서사했다.

3. 내용

간문에 元康·永康·太安 등의 연호가 있어, 기년이 명확하다. 모두 서진 혜제 시기에 속해서, 기원후 300년을 전후한 시기이다. 관련 내용은 서진 桂陽郡 郡府의 문서로 연월일까지 상세하게 기록되어 있다. 관련 내용은 다음과 같다.

1) 桂陽郡 관할 각 현의 개황·縣城의 규모와 관리의 설치 상황·수량 기록·해당 시기의 군수 滕君·晉寧縣 縣令 周系·便縣 縣令 談隆·편현과 진녕 현성의 둘레 길이·성벽 높이·현성과 郡城의 상대적 위치 거리·수도와의 거리·현급 행정구역의 면적 크기와 인근 군현과의 거리 등이다.

2) 지리 : 桂陽郡 관할 구역 내 산·하천·계류의 발원지와 水流의 방향.

3) 도로 郵驛 : 역참과 郵亭의 설치, 인근 역참과의 거리, 폐기 여부, 관리 인원 배치.

4) 정부 건축물 등록 : 관서·우정·鄕廨·임시 건축물.

5) 詔書 정령 혹은 계양군의 上奏 문서.

6) 인구 : 수량·연령·직업·질병과 사망 등록에 관한 내용. 간독에 기록된 내용을 통해 서진 시기 계양군의 인구는 7,000~10,000戶 정도 되며, 정부의 관리는 총 140명 정도 된다는 것을 알 수 있다. 縣·鄕을 단위로 삼아 인구의 총수를 기록하였다. 남녀·免老·罷癃·해당 연도 사망 인구수(남녀 별도 등록) 및 인구의 본적과 醫工·酒工·鐵工·捕虎工 등의 직업 기술 통계가 있다.

7) 토지 : 縣을 단위로 산천 토지의 총면적을 기록하였다. 이미 개간한 토지의 수량·개간에

적합한 토지의 수량, 수전과 한전을 구분해 재배한 벼·콩·삼의 토지 면적을 각각 기록하였다.

8) 물산 : 당시 계양군의 水生·陸生 동식물, 나무 종류는 소나무·백양나무·녹나무·느티나무 등, 사람들이 재배한 과일 채소·약초 등이다. 기록된 동물들은 야생종과 사육으로 구분되며, 소·말·양·돼지·개·곰·호랑이·표범·토끼·닭·오리·거위·자고·꾀꼬리·제비·참새·매·야생 오리 등이 있다. 수생 동물은 도롱뇽·쏘라기·가물치·메기·거북·자라 등이다.

9) 부세 : 곡식·면·비단·전폐 등을 포함한다. 간문에는 각 현의 1년 세수 합계가 자주 보인다.

10) 광산 자원 : 은광 채굴의 관리와 종사 인원의 등록.

11) 사직·先農 제사 : 제사지낼 때 관련 인원이 신중하게 祝文을 작성하는데, 제사용 제물은 돼지·양·술·염·醓醬·메주·술잔·국자·잔·접시·대나무 식기·豆·도마·興床 등의 용기가 있다. 주요 제사 인원으로 引導吏·執儀吏·沃洗吏 등을 두었다. 제사용 돼지와 양은 각 현 혹은 曹에서 구매하여, 제물의 무게와 값을 상세하게 기록하였다. 이 기록들은 상당히 직접적으로 해당 시기의 물가를 반영하고 있다.

12) 改火의 기록 : 고대에는 의술이 발달하지 않아 사람들은 질병의 발생이 불씨를 장기적으로 보관하는 것과 관련이 있다고 여겼기 때문에, 계절마다 불을 끄고 잿더미를 제거한 후에 다시 불씨에 불을 피우는 습속이 계승되었다. 비교적 광범위한 지역의 사람들이 봄에 버드나무, 여름에 棗杏, 가을에 柞棲, 겨울에 槐檀木을 새롭게 불을 피우는 재료로 사용했는데, 간문은 문헌 기록과 교차 검증할 수 있다.

13) 역사 인물과 묘장 상황에 관한 기재.

해당 우물군에 대한 발굴을 통해 거둔 주요한 성과는 2가지이다. 하나는 일련의 시대 특징이 선명한 도자기가 출토된 것이다. 이러한 기물들은 비교연구의 기준 기물로 활용될 수 있다. 다른 하나는 출토된 간독이 상당히 풍부하여 역사 문헌과 지방역사를 보충하는 역할을 할 수 있다. 우물과 도랑 등 유적들은 전한 시기부터 시작하여 후한·삼국 오·서진·수당·송원시기까지 이어진다. 출토 기물 중에는 대량의 생활용 도기 등도 출토되었다. J4와 J10에서 기년이 명확한 간독이 출토되었으며, 매우 중요한 자료들이다.

　출토된 간독은 역사 문헌과 지역의 역사가 더 풍부해질 수 있도록 보충해 준다. '桂陽' 두 글자는 『晉書』에서 총 25번 나오지만, 간단한 인명과 지명을 기록했기 때문에 해당 시기에 계양군에서 발생했던 구체적인 사건은 거의 언급하지 않았다. J10의 간문은 계양군에 속한 각 현의 인구·토지·부세·자원 등 정보들을 상세하게 기록하였으며, 『晉書』 등 전래 문헌의 부족한 부분을 보충해 주므로, 서진 시기의 역사를 연구하는 데에 있어서 기초자료로 활용할 수 있다.

　또, 소선교 서진간은 郴州 지역의 역사를 더 풍부하게 보완해준다. 현재 우리가 볼 수 있는 가장 이른 시기의 침주 지방지는 『萬曆柳州志』인데, 간독과의 시간 차이가 천 수백 년에 달하여 이 긴 기간에 관한 기록은 거의 없었다. 관련 진간 중에는 은광과 전문적인 채굴 인원에 관한 기록이 있었다.

　간문은 서진 시기 농업생산을 중시했음과 先農 제사에 대해 다시금 확인시켜 준다.

　J10의 출토 간독은 한자의 변화와 서법의 역사에 대해서도 중요한 의미를 가진다. 위진시기는 한자가 예서체에서 해서체로 변화·발전한 시기였다. 간독에 서사된 해서는 성숙한 형태의 글자를 단정하게 표현하였는데, 50여 년 후에 『蘭亭集序』가 나왔다. 한자의 변화가 일어난 것은 변방에 위치한 계양군의 일부 관리들 때문일 가능성은 크지 않고, 시대의 변화가 계양군에 영향을 미쳤을 것이다.

4. 참고문헌

　湖南省文物考古研究所·郴州市文物處, 「湖南郴州蘇仙橋遺址發掘簡報」, 『湖南考古輯刊』 第8輯, 2009.

남창 오응묘 서진간(1974)

南昌 吳應墓 西晉簡

1. 출토지: 강서성 남창시 東湖區 永外正街 吳應 墓

2. 개요

    1) 발굴기간 : 1974년 3월~5월

    2) 발굴기관 : 강서성박물관

    3) 유적종류 : 고분

    4) 시대 : 서진 말

    5) 시기 : 4세기 초

    6) 출토상황 : 이 묘지는 장방형의 前後室 아치형(券頂) 磚室墓이다. 후실에 온전한 朱漆棺 두 개가 있는데, 좌측의 관은 男棺이고 우측이 女棺이다. 木方 한 점은 男棺 안쪽에서 나온 것으로, 길이는 26.2㎝ 너비는 5.1㎝ 두께는 1.2㎝이 며, 묵서이다. 木方은 衣物疏이고, 그 이외에 男棺의 안쪽에서 名刺·木梳·木盒·木珠·木尺·灰白石猪·銅鏡·硯·墨 등의 수장품이 출토되었다. 名刺 5매의 길이는 25.3㎝ 너비는 3㎝ 두께는 0.6㎝이다. 발굴보고에 따르면 이 묘지의 연대는 西晉 말로 추정된다.

〈남창 오응묘 출토 木方〉(『華夏考古』 2010-2 轉載)

3. 내용

    木方은 상중하 3칸으로 구분되며 上欄에 15열, 中欄에 19열, 下欄에 14열이 서사되었다. 문서 끝부분은 '右四十七種'으로 끝을 맺었다. 의물소에는 "故書箱一枚, 故書硯一枚, 故筆一枚, 帋

一百枚, 故墨一丸."의 물품이 나열되었고, 5매의 名刺 중 3매에는 각각 '弟子吳應再拜問起居南昌字子遠', '豫章吳應再拜問起居南昌字子遠', '中郎豫章南昌都鄕吉陽里吳應年七十三字子遠'의 인물 정보가 기재었다.

이를 통해 해당 묘의 피장자 성명과 신분을 확인할 수 있으며, 해당 시기 상장 관습을 이해하는데에도 도움이 된다.

4. 참고문헌

江西省博物館,「江西南昌晉墓」,『考古』1974-6.

白彬,「南方地區吳晉墓葬出土木方研究」,『華夏考古』2010-2.

누란고성(L.A.I) 목간(1906, 1914)
樓蘭古城(L.A.I)木簡

1. **출토지** : 신강위구르자치구 누란고성 배수로의 중심부와 인접한 L.A.I 폐허

2. **개요**

   1) 발굴기간 : 1906년 12월, 1914년 2월

   2) 발굴기관 : 오렐 스타인 중앙아시아 탐험대

   3) 유적종류 : 관청유적

   4) 시대 : 서진 말부터 前涼 張駿 시기

   5) 시기 : 3~4세기

   6) 출토상황 : L.A.I호 폐허는 1901년 3월 3일 스벤 헤딘이 고용한 두 명의 나포뇨이 지역민이 발견한 것이다. 다음 날 헤딘은 곧바로 베이스캠프를 이곳으로 이전하였고, 편호는 'CLIX'로 정하였다. 이곳은 누란 고성의 동북쪽에 위치하고 있는데, 불탑이 있어 멀리까지 전망할 수 있었다. 다만 이때 헤딘은 이곳에서 어떠한 문자자료도 발견하지 못하였다. 1906년 12월, 오렐 스타인이 이곳에서 간독 및 종이 문서를 발견하였고, 7개의 번호를 부여하였다. 1914년 2월, 3건의 문서가 추가로 발견되었다. 1906년과 1914년 두 차례 발견된 문서 중 간독은 전부 4건이다.

3. **내용**

   4건의 간독은 주로 "建興十八年"의 연호, 간지일 등의 시간 정보, "大將軍右長史關", "功曹主簿" 등의 관직 및 인물 정보, "水曹請繩十丈", "粟特樓蘭", "一萬石錢二百"처럼 구체적 단위와 직무, 물품수량 및 금액 등의 정보를 담고 있다.

4. 참고문헌

林梅村 編,『樓蘭尼雅出土文書』, 文物出版社, 1985.

王素,『吐魯番出土高昌文獻編年』, 臺北新文豐出版公司, 1997.

侯燦·楊代欣,『樓蘭漢文簡文書·紙文書集成』, 天地出版社, 1999.

누란고성(L.A.II) 목간(1901, 1906, 1980)
樓蘭古城(L.A.II)木簡

1. **출토지** : 신강위구르자치구 누란 고성의 배수로 중심부와 인접한 L.A.I호 폐허 서남쪽

2. **개요**

　　1) 발굴기간 : 1901년 3월 8일, 1906년 12월, 1980년

　　2) 발굴기관 : 스벤 헤딘·오렐 스타인, 신강 누란고고대

　　3) 유적종류 : 관청유적

　　4) 시대 : 삼국 위~서진

　　5) 시기 : 3~4세기

　　6) 출토상황 : 누란고성 L.A.II 지점에서 漢文 簡紙 문서가 발견되었는데, 누란 고성에서 출토 문서가 가장 많이 나온 곳이다. 이곳은 '官署'·'三間房' 혹은 '破城裏의 衙門'이라 칭하였다. 1901년 3월, 스벤 헤딘은 이곳을 조사하여 簡紙 문서를 가장 많이 발견하였고, 그는 출토된 문서를 독일의 漢學家 칼 힐러에게 분석을 맡겼다. 힐러가 죽은 후에는 다시 콘라드에게 전하여 분석을 맡겼다. 콘라드는 헤딘이 정한 번호를 총 157개의 번호로 재정리하였는데, 그중에 목간은 121개의 번호가 있으며, 종이 문서는 36개의 번호가 있었다. 1906년에 스타인은 이곳에서 발굴 작업을 진행하였고, 프랑스의 샤반느에게 전해준 후에 분석을 맡겼다. 총 12개의 번호가 있었으며, 그중 목간은 8개의 번호가 있었고, 종이 문서는 4개의 번호가 있었다. 1980년 4월, 侯燦도 이곳에서 종이 문서 1매와 목간 1매를 발견하였다. 따라서 이곳에서 발견된 출토 간독 문서·종이 문서는 총 196개의 번호에 목간은 137개, 종이 문서는 59개가 있었다. 석독 후 총 317개의 번호로 정리하였으며, 목간은 135개, 종이 문서는 182개가 있었다.

　목간 중에서 분명한 연대가 있는 연호는 景元 4년(263년, 沙木 738), 鹹熙 2년(265년, 沙木 739), 鹹熙 3년(266년, 沙木 51·64)·泰始 2년(266년, 孔木 50), 泰始 4년(268년, 孔木

65·114), 泰始 5년(269년, 孔木 1a·49·102), 泰始 6년(270년, 孔木 107)이 있다.

3. 내용

누란고성 L.A.II에서 출토된 簡紙 문서의 내용에 따르면 이곳은 魏~西晉시기 西域 長史府 治所와 駐地인 것을 알 수 있다. 簡紙 문서 중에 '西域長史' 혹은 '長史'의 관직과 관련된 기사들이 흔히 보인다. 長史의 아래에 일련의 기관과 소속 掾屬·吏士도 설치되었다. 예를 들면 長史의 上位에 軍加司馬, 綱紀에 功曹(掾·史), 門下에 主簿·錄事掾·文書事郎中·從事·行書·書史·奏曹史 등 관리들이 배치되었다. 여러 曹에 兵曹(史)·督田掾·倉曹掾(史)·監倉掾(史)·醫曹 등 관리들이 있었고 散吏는 從掾位·從史位·掾·吏 등이 있었고 군사 관리는 督·將·督戰車·都佰 등이 있었다.

출토된 簡紙 문서 중에는 일부 관서 왕래 서신 이외에 상당한 부분을 차지하는 문서로서 군대의 둔전 개간·재배·관개·공급·양식 절약·기물 수령·봉록의 지급 및 일상생활 및 해당 업무와 관련이 있는 보고서도 포함되어 있다. 재배한 농작물의 품종으로는 보리·밀·검정 조·조·곡식 까끄라기·기장 등이 있었다. 특히 생산 활동과 관련된 기록 중 주목할 만한 것은 吏士에게 식량을 공급한 기록이었다. 吏士에게 식량을 공급한 것은 泰始 初 한 사람에게 하루 '一斗二升'을 공급하기 시작하면서부터, 점차 一斗·八升·六升 심지어 五升까지 감소했다. 泰始 5년 이후에는 실크 제품으로 吏士의 식량을 대체하여 공급하였다는 기록도 종종 보인다. 이러한 문서는 泰始 연간 이미 누란 오아시스의 생태환경이 어느 정도 악화되었던 점을 반영하는 것이다.

4. 참고문헌

林梅村, 『樓蘭尼雅出土文書』, 文物出版社, 1985.

王素, 『吐魯番出土高昌文獻編年』, 臺北新文豐出版公司, 1997.

侯燦·楊代欣, 『樓蘭漢文簡文書·紙文書集成』, 天地出版社, 1999.

누란고성(L.A.III) 목간(1906, 1980)
樓蘭古城(L.A.IV)木簡

1. **출토지** : 신강위구르자치구 누란 고성의 배수로 중심부와 인접한 3칸의 官署유적 서쪽 곁채

2. **개요**

    1) 발굴기간 : 1906년, 1980년

    2) 발굴기관 : 오렐 스타인·신강 누란고고대

    3) 유적종류 : 관청유적

    4) 시대 : 西晉~前凉시기

    5) 시기 : 3~4세기

    6) 출토상황 : 樓蘭古城 L.A.III에서 한문 목간 문서가 출토되었다. 오렐 스타인은 1906년 발굴 당시 총30개의 번호로 관련 출토자료를 정리하였고, 그중 중복된 번호가 2개 있었다. 해당 문서들은 샤반느에게 전해져서 32개의 번호로 다시 정리하였으나, 중복된 번호가 한 가지 있었다. 1980년에 侯燦이 이곳에서 다시 목간 1매를 발견하였다. 이때의 목간은 남쪽 방과 북쪽 방 사이에 위치한 서쪽 벽 바깥의 쓰레기 속에서 나온 것이다.

3. **내용**

이곳은 3칸 방의 관서 유적 중 하나로서, 이곳에서 출토된 목간 문서는 다음과 같이 L.A.II 출토 목간을 보충하는 역할을 한다.

1) 職官

L.A.II에서 보이는 功曹掾·主簿·錄事掾·兵曹史·書史와 督·將 이외에 帳下將이 추가되었다.

2) 職吏의 재직

梁鸞과 張龜는 누란 출토 간독·종이 문서 중 가장 흔히 보이는 인물로서, 모두 泰始 연간에

관직을 맡았다.

3) 계약의 해지

일반적인 식량 공급 기록 이외에 주목할 만한 것으로 식량의 解約을 요구하는 목간이 2매 있었다. 2매의 목간은 해당 시기에 누란의 생산과 생활이 매우 고달팠으며, 기본적인 식량도 절약하면서 반복적으로 득실을 따져야만 삶을 유지할 수 있었다는 사실을 반영한다.

4) 기물의 발급

大鑽·囚釬·模具 외에도 작은 쇠톱 등이 있다. 구매와 공급의 과정에는 약재인 茱萸와 桔梗에 관한 기록도 있다.

5) 기타

사람이 도망하는 것과 逃·賊人을 추격하는 기록도 있다.

4. 참고문헌

林梅村, 『樓蘭尼雅出土文書』, 文物出版社, 1985.

王素, 『吐魯番出土高昌文獻編年』, 臺北新文豊出版公司, 1997.

侯燦·楊代欣, 『樓蘭漢文簡文書·紙文書集成』, 天地出版社, 1999.

누란고성(L.A.IV) 목간(1906, 1914)
樓蘭古城(L.A.IV)木簡

1. 출토지 : 신강위구르자치구 누란 고성의 배수로 중심부와 인접한 3칸 관서 유적 서남쪽으
로 약 91.4m 지점

2. 개요

1) 발굴기간 : 1906년 12월, 1914년 2월

2) 발굴기관 : 오렐 스타인

3) 유적종류 : 관청유적

4) 시대 : 西晉 말~前涼 張駿 시기

5) 시기 : 3~4세기

6) 출토상황 : 누란고성(L.A.IV) 출토지점은 비교적 커다란 숙소의 폐허로서, 그 중심부에
는 견고한 방이 하나 있었다. 단단히 다진 흙 혹은 목재와 석회로 건축되었고, 주변은 상대적으
로 간단하고 누추한 방이었는데, 나무와 길쭉한 버드나무 가지로 벽을 만들었다. 1906년, 스타
인은 'i'호 유지와과 인접한 서남쪽의 'ii'호 유지에서 보존상태가 비교적 온전한 3매의 카로슈티
(佉盧) 문서를 발견하였다. 이 견고한 방의 中廳의 서쪽 입구 근처 쓰레기 더미(Stein의 번호 iv)
에서 카로슈티어 목독 1매를 발견하였다. 1914년에 스타인은 다시 폐허의 동북쪽에 있는 한
방의 북쪽에서 12야드 떨어진 대지(순번 : L.A.IVv) 위의 모래를 정리하는 과정에서 11매의 카
로슈티 문서를 발견하였다. 侯燦은 이곳에서 출토된 카로슈티 문서를 총 16건으로 정리하였는
데, 누란의 각 유적지 중 출토 문헌이 가장 많이 나온 지점이었다.

3. 내용

출토된 한문 목간으로 관부 문서가 있으며, 그중 1건에는 '長史君教'란 기록이 있는데, '教'는

일종의 공문서식이었다. 다른 1건은 '沽'買 교역 문서로, 가장 많은 것은 泰始 4년 廩給 문서의 잔편이다.

4. 참고문헌

林梅村, 『樓蘭尼雅出土文書』, 文物出版社, 1985.

王素, 『吐魯番出土高昌文獻編年』, 臺北新文豐出版公司, 1997.

侯燦·楊代欣, 『樓蘭漢文簡文書·紙文書集成』, 天地出版社, 1999.

누란고성(L.A.V) 목간(1906, 1914)
樓蘭古城(L.A.V)木簡

1. **출토지** : 신강위구르자치구 누란 고성의 배수로 중심부 인근, L.A.III의 북쪽으로 약 18.28m 떨어진 지점.

2. **개요**

　　1) 발굴기간 : 1906년 12월, 1914년 2월

　　2) 발굴기관 : 오렐 스타인 중앙아시아 탐험대

　　3) 유적종류 : 관청유적

　　4) 시대 : 서진

　　5) 시기 : 3세기 말~4세기 초

　　6) 출토상황 : 오렐 스타인은 1906년 누란고성 L.A.V 폐허 중 가장 남쪽에 위치한 방 하나를 'i'호로 지정하였는데, 이곳에서 1매의 목인장(沙木 889)과 1매의 목간(沙木 891) 및 1매의 카로슈티어 목판을 발견하였다. 또한 근처 마당의 쓰레기 더미(번호 ii)에서 한문 목간(沙木 890) 1매와 카로슈티어 목판 2매를 발견하였다. 1914년 스타인은 다시 L.A.IV와 L.A.V 사이에 얕게 쌓인 모래 아래에서 쓰레기 더미를 발견하였다. 여기서는 상당한 목재들과 종이에 기록된 한문 기록(『亞洲腹地』 제VII장, 영문판 p.216), 종이 문서 1매, 파손된 목간 5매를 발견하여 모두 프랑스 중국학자 조르주 마스페로에게 전해 분석하였다. 侯燦은 일련번호가 L.A.V.x인 간독 문서·종이 문서가 이곳에서 출토되었을 것으로 추정하였다.

3. **내용**

주로 식량·기물의 공급과 관련된 관청 문서이다. 공급자는 伍伯 李卑·穆成인데, 이들은 晉 泰始 연간의 小吏였다.

4. 참고문헌

林梅村, 『樓蘭尼雅出土文書』, 文物出版社, 1985.

王素, 『吐魯番出土高昌文獻編年』, 臺北新文豐出版公司, 1997.

侯燦·楊代欣, 『樓蘭漢文簡文書·紙文書集成』, 天地出版社, 1999.

누란고성(L.A.VI.i) 목간(1914)
樓蘭古城(L.A.VI.i)木簡

1. 출토지 : 신강위구르자치구 누란 고성의 배수로 중심부 인근 L.A.V의 서남쪽 지점

2. 개요

  1) 발굴기간 : 1914년 2월

  2) 발굴기관 : 오렐 스타인 중앙아시아 탐험대

  3) 유적종류 : 관청유적

  4) 시대 : 서진

  5) 시기 : 3세기 말~4세기 초

  6) 출토상황 : 1914년 2월, 오렐 스타인은 다시 누란고성 L.A.V의 서남쪽(2차 방문)에서 발굴작업을 진행하였다. 그는 『亞洲腹地』의 제VII장(인용판, p.215) '古樓蘭遺跡'에서 '우리는 L.A.VI의 부들로 만든 벽과 풍식으로 인해 거의 사라진 고대 건축 L.A.V 사이의 모래 아래에서 단단히 뭉쳐진 쓰레기 더미를 발견하였는데, 그 두께는 2~3피트였다. 주로 갈대 자루와 가축우리에서 나온 쓰레기로 구성되어 있었다. 쓰레기 더미의 서쪽에 위치한 부들 울타리로 둘러쳐진 방에서 한자가 적힌 몇몇 목간(L.A.VI. i1-4)들을 발견하였다'고 기록하였다. 스타인에 따르면 이곳에서 출토된 문서는 1호에서 4호까지가 존재했다. 조르주 마스페르가 분석하였을 때에는 3개의 번호만이 기록되었으며, 3호 목간이 유실되었다.

3. 내용

3매의 목간 중 1매에는 '入客曹牘皮二枚'라는 내용이 있는데, 客曹는 빈객 접대를 담당하는 부서였다. 다른 2매의 목간은 廩給 문서에 속한다.

4. 참고문헌

林梅村,『樓蘭尼雅出土文書』, 文物出版社, 1985.

王素,『吐魯番出土高昌文獻編年』, 臺北新文豐出版公司, 1997.

侯燦·楊代欣,『樓蘭漢文簡文書·紙文書集成』, 天地出版社, 1999.

누란고성(L.A.VI.ii) 목간(1906, 1914, 1980)
樓蘭古城(L.A.VI.ii)木簡

1. **출토지** : 신강위구르자치구 누란고성의 배수로 중심 인근, L.A.III와 L.A.IV 사이, L.A.VI
    의 남쪽

2. **개요**

    1) 발굴기간 : 1906년 12월, 1914년 2월, 1980년

    2) 발굴기관 : 오렐 스타인·신강 누란고고대

    3) 유적종류 : 관청유적

    4) 시대 : 서진

    5) 시기 : 3세기 말~4세기 초

    6) 출토상황 : 누란고성 L.A.VI.ii 지점에서 세 차례에 걸쳐 한자로 기록된 간독 문서·종이 문서가 출토되었다. 첫 번째로 발견된 문서들은 오렐 스타인이 1906년 1차 발굴작업을 진행하여 발견하였으며, 출토된 문서들은 131개의 번호로 정리되었다. 목간에는 113개의 번호가, 종이 문서에는 18개의 번호가 붙여졌다. 샤반느는 그 문서들을 전달받아 분석한 후, 목간을 120개의 번호(그중에 7개의 세부번호가 있었다)로 정리하고, 종이 문서를 19개의 번호(그중에 1개의 세부번호가 있었다)로 정리하였다. 두 번째로 발견된 문서들은 스타인이 1914년에 2차 발굴을 진행하여 발견하였으며, 출토된 문서들은 41개의 번호가 붙여졌다. 목간은 34개의 번호, 종이 문서는 7개의 번호가 붙여졌다. 조르주 마스페로가 이 문서들을 분석한 후 붙인 목간의 번호는 31개이고, 종이 문서의 번호는 7개였다. 세 번째로 발견된 문서들은 1980년에 侯燦이 발굴 작업을 진행하던 중 발견하였다. 그는 이곳에서 발견한 간독 문서와 종이 문서를 62개의 번호로 정리하였는데, 목간에는 61개의 번호가 붙여졌고 종이 문서에는 1개의 번호가 붙여졌다. 이상 총3차례에 걸쳐 출토된 간독 문서와 종이 문서에는 총 234개의 번호가 붙여졌으며,

그중 목간은 208매이고 종이 문서는 26건이었다. 하지만 재분석을 통해 총241개로 정리되었으며, 그중 목간은 214매이고 종이문서는 27건이다.

3. 내용

목간 속 절대연대를 나타내는 연호로는 景元 5년(264년) 1건·鹹熙 2년(265년) 2건·泰始 원년(265년) 1건·泰始 2년(266년) 3건·泰始三년(267년) 1건·泰始 4년(268년) 4건·泰始 5년(269년) 4건·泰始 6년(270년) 2건이 있으며, 이 외에는 永嘉 6년(312년) 2건이 있다. 이러한 절대연대를 기록한 문서가 출토됨으로써, 연구자들은 누란지역의 유적·유물을 연구하는 데에 있어 가장 기본적이면서도 직접적인 증거를 입수하게 되었다.

서역 長史府의 관원·屬吏와 曹屬 분야에서는 西域長史·西域司馬란 고급 관리 및 功曹·主簿·錄事掾 및 이전부터 알고 있던 諸曹·散吏 이외에도 府에서 근무하는 小吏인 伍伯·鈴下·馬下·削工 등의 존재가 보충되었는데, 특히 長史府의 曹에는 기존의 兵曹·督田·倉曹·監倉·監量·醫曹·市買史(使) 이외에도 鎧曹·簿曹·水曹·客曹·辭曹와 監藏掾(史)가 새로 추가되었다. 督·將 측면에서는 매우 많은 兵將들이 보이는데, 주로 將尹宜部·將張斂部·將朱遊部·將張忠部·假督王佩部·張祿部 등이 있다. 이러한 兵將들의 출현은 西域 長史府의 軍屯戌·農屯戌적 성격을 분명히 반영한다.

이곳에서 출토된 문서에는 屯·墾에 소속된 吏士가 종사한 식량의 생산과 배급 및 기물 발급 업무에 관련된 등기부 다수가 포함되며, 그중에는 약재를 구매하여 약재와 환약을 공급한 기록과 개인 서신이 있다.

이곳에서는 한문 목간 이외에도 카로슈티어 문서 12매가 출토되었다. 카로슈티어로 작성된 목간과 종이 문서는 각각 5매이며, 견직물 위에 작성된 문서 2건이 있다.

4. 참고문헌

林梅村,『樓蘭尼雅出土文書』, 文物出版社, 1985.

王素,『吐魯番出土高昌文獻編年』, 臺北新文豐出版公司, 1997.

侯燦·楊代欣,『樓蘭漢文簡文書·紙文書集成』, 天地出版社, 1999.

나포뇨이 사막(L.B.) 목간(1900, 1906)
羅布荒原(L.B)木簡

1. 출토지: 신강위구르자치구 나포뇨이 사막 L.B. 지점

2. 개요

   1) 발굴기간 : 1900년 3월 29일, 1906년 12월 23일

   2) 발굴기관 : 스벤 헤딘·오렐 스타인 중앙아시아 탐험대

   3) 유적종류 : 관청유적

   4) 시대 : 서진

   5) 시기 : 3세기 말~4세기 초

   6) 출토 상황 : 1900년 3월 29일, 스벤 헤딘은 나포뇨이 사막을 조사하다가 위구르인 가이드 알 디크가 분실한 삽을 찾기 위해 하루 전에 머물렀던 지점으로 돌아가는 길에 우연히 L.B 지점을 발견하였다. 1901년 3월 7일, 스벤 헤딘은 누란고성에서 이곳으로 와서 조사를 하다가 카로슈티어 문서 1매를 발견하였다. 1906년 12월 23일, 오렐 스타인이 L.B.II에서 목간 1매와 종이문서 1매를 발견했다. L.B.IV.V로 명명된 방에서 목간(沙木 892) 1매가 출토되었으며, 다른 방에서는 7매의 카로슈티어 문서가 추가로 발견되었다.

3. 내용

L.B.II.2-沙木 893의 내용은 "[上殘]犁盧四兩", L.B.IV.v2-沙木 892의 내용은 "兵支胡管支"이다.

4. 참고문헌

林梅村, 『樓蘭尼雅出土文書』, 文物出版社, 1985.

王素, 『吐魯番出土高昌文獻編年』, 臺北新文豊出版公司, 1997.

侯燦·楊代欣, 『樓蘭漢文簡文書·紙文書集成』, 天地出版社, 1999.

나포뇨이 사막(L.E) 목간(1914)
羅布荒原(L.E)木簡

1. **출토지** : 신강위구르자치구 나포뇨이 사막 L.A 누란고성에서 동북쪽 30.57㎞ 떨어져 있는 방형의 성루 건축물

2. **개요**

　　1) 발굴기간 : 1914년

　　2) 발굴기관 : 오렐 스타인 중앙아시아 탐험대

　　3) 유적종류 : 관청유적

　　4) 시대 : 서진

　　5) 시기 : 266~267년

　　6) 출토상황 : 1914년 스타인이 롭-노르 사막 L.E 지점의 부들과 동물의 배설물을 정리할 때 한자가 적힌 나무 조각 3매를 발견하여, L.E.i1·2·6으로 정리하였다. 이와 동시에, 원통 형태의 종이 조각 1점과 한문으로 작성된 종이 문서 조각 2점도 함께 발견했다.

3. **내용**

　　簽牌에는 泰始 2년(266)과 3년(267년)이 기록되어 있으며, '營以行', '使君營以郵行', '營以郵行' 등의 내용이 있다.

4. **참고문헌**

林梅村,『樓蘭尼雅出土文書』, 文物出版社, 1985.

王素,『吐魯番出土高昌文獻編年』, 臺北新文豊出版公司, 1997.

侯燦·楊代欣,『樓蘭漢文簡文書·紙文書集成』, 天地出版社, 1999.

나포뇨이(L.F) 간독(1914)
羅布荒原(L.F)木簡

1. 출토지 : 신강위구르자치구 나포뇨이 사막 L.A 누란고성의 동북쪽, L.E와는 4㎞ 떨어져
   있는 초소.

2. 개요

   1) 발굴기간 : 1914년

   2) 발굴기관 : 오렐 스타인 중앙아시아 탐험대

   3) 유적종류 : 관청유적

   4) 시대 : 미상(西晉으로 추정)

   5) 시기 : 미상

   6) 출토상황 : 1914년 오렐 스타인은 나포뇨이 사막 L.F. 지점의 초소 유지에서 남북으로
   배열된 3칸의 방에 각각 i, ii, iii란 숫자를 붙였다. i호 방의 쓰레기를 정리하는 과정에서 글자
   가 적힌 길쭉한 나무 막대 1매를 발견하여 L.F.ii06이란 번호를 붙였는데, 1점의 카로슈티어 쐐
   기 모양 목판도 함께 발견되었다.

3. 내용

   L.F.ii06-馬木 251, 조르주 마스페로는 이 초소를 '政胡'란 봉수로 추정하였다.

4. 참고문헌

林梅村, 『樓蘭尼雅出土文書』, 文物出版社, 1985.

王素, 『吐魯番出土高昌文獻編年』, 臺北新文豐出版公司, 1997.

侯燦·楊代欣, 『樓蘭漢文簡文書·紙文書集成』, 天地出版社, 1999.

나포뇨이(L.K) 간독(1909)

羅布荒原(L.K.)木簡

1. **출토지** : 신강위구르자치구 나포뇨이 사막 L.A 누란고성에서 서남쪽으로 약 50㎞, 미란 유지에서 동북쪽으로 약 100㎞ 떨어진 지점

2. **개요**

    1) 발굴기간 : 1909년 3월

    2) 발굴기관 : 타치바나 즈이쵸[橘瑞超]

    3) 유적종류 : 관청유적

    4) 시대 : 서진 泰始 연간

    5) 시기 : 1매는 A.D 269년, 3매는 알 수 없음.

    6) 출토상황 : 일본 오타니 중앙아시아 탐험대에 참가한 타치바나 즈이쵸[橘瑞超]가 이 문서들을 입수하였을 때의 구체적인 출토지점 기록은 존재하지 않으며, 출토유물에 대한 명확한 기록도 존재하지 않았다. 훗날 타치바나 즈이쵸가 출토지점의 사진을 제공하여 일본의 동양사학자 아키오 카타야마[片山章雄]와 모리 시카죠[森鹿三] 등이 비교·대조해 보았는데, 그들은 스타인의 제3차 중앙아시아 탐험 당시 조사했던 L.K라 불렸던 유지라고 판단했다. 侯燦은 출토문서의 내용·서체의 특징·재질의 흔적과 누란고성 및 다른 유적지에서 출토된 문서 간의 공통점과 차이점에 따라 굉장히 자세한 비교분석을 진행하여, 그 문서들을 3조로 나누었는데 제1조의 4매 목간 문서를 임시로 L.K 부분에 포함시켰다.

3. **내용**

    주요내용은 '泰始五年'의 연호, '監藏掾趙辭'을 비롯해 사법 진술로 보이는 내용도 있으며, "劣布八十四匹"과 같이 물품 수량에 대한 기록도 포함되어 있다.

4. 참고문헌

林梅村, 『樓蘭尼雅出土文書』, 文物出版社, 1985.

王素, 『吐魯番出土高昌文献編年』, 臺北新文丰出版公司, 1997.

侯燦·楊代欣, 『樓蘭漢文簡文書·紙文書集成』, 天地出版社, 1999.

임택 황가만탄 서진·전량간(2010)
臨澤 黃家灣灘 西晉·前涼簡

1. **출토지** : 감숙성 장액시 임택현 沙河鄉 西寨·共和 두 村과 倪家營鄉 黃家灣村 사이 황가탄 墓群

2. **개요**

　1) 발굴기간 : 2010년 6월 20일~8월 말

　2) 발굴기관 : 南京師範大學 文博系

　3) 유적종류 : 고분

　4) 시대 : 서진 말~전량

　5) 시기 : 미상

　6) 출토 정황 : 1970년 현지 농민이 황가탄 묘군에서 벽돌을 얻고자 봉분 몇 기를 파헤쳐 훼손하였는데, 묘실 구조는 單室·2室·3室 등으로 다르게 구성되었으며, 여기에서 陶壺·五銖錢·동경 및 철기·木車馬 등이 출토되었다. 그중 單室墓 내의 벽돌에 "初平元年(190) 動工, 五月三十完工, 共用錢二千二百口文"이란 문구가 새겨져 있었다. 다른 하나에는 "靑龍三年"(235)이라 새겨져 있었다. 單室墓에서 목간 1매가 출토되었는데, 길이는 20㎝이고 너비는 10㎝이다. 부장한 의복·기타 물품 전체를 열거하고 그 아래에 "云門亭長丘丞"이라 서명하였다.

　2010년 6월~8월, 감숙성 장액시 임택현성 서남쪽의 황가탄 묘군에 대한 발굴을 진행할 때에 M69에서 목간이 출토되었다. M1에서는 명확한 기년이 있는 遣策이 발견되었다. M9의 3호 관 안에서는 遣策·木符片·木握이 출토되었다. 편호 M23 묘장에서는 비교적 온전히 보존된 서진 목간들이 발견되었다. M23은 前·後室墓에 전체 묘장은 封土·墓道·甬道·前後室로 구성되어 있다. 前室에는 목관 1구가 놓여있고, 그 안에는 여성의 인골이 담겨 있었다. 後室에는 목관 2구가 놓여 있었는데, 북쪽 목관에는 여성의 인골이 담겨져 있었고 남쪽의 목관에는 남성의 인골이 담겨져 있었다. 남성의 인골 전체는 견직물로 감겨 있었는데, 머리 좌측과 명치에 각각 견책이 하나씩 놓여 있었으며, 우측 어깨에는 온전한 목간이 놓여 있었다. 묘에서 출토된 부장품 중에 도기로는 缸·缽·盞이 있고, 목기로는 馬·勺·耳杯·盤·俑·牛車가 있었으며, 동기는 동경·銅簪 등이 있었다. M23에서 출토된 완전한 목간은 총 27매였는데, 그 길이는 27~29㎝ 정도였고 너비는 서로 간에 차이가 컸는데, 가장 좁은 것은 1.7㎝이고 가장 넓은 것은 2.9㎝이다. 남겨진 흔적을 보면 목간은 2개의 줄로 묶였는데, 위아래 묶음줄의 위치는 대략 간의 머리 부분과 끝단에서 각각 9㎝씩 떨어진 지점이었다. 묶음줄이 간문을 눌렀다는 현상은 비교적 명확하니, 이 목간은 내용을 먼저 작성한 뒤에 줄로 묶었을 것이다. 목간 사진을 비교·대조해 보면, 어떤 목간의 뒷면에는 숫자가 적혀 있었다. 예를 들어, 簡6301·6303·6313·6296·6309 등의 뒷면에는 각각 "三", "五", "一三", "一四", "九"가 적혀 있는데, 그 서사 방향과 앞면의 간문이 서로 일치한다. 그러나 이 숫자들과 간문이 어떠한 연관이 있는지는 알 수 없다. 예를 들어 簡6313·6296 뒤쪽의 숫자는 각각 "一三"과 "一四"이지만, 정면의 문자와는 전혀 부합하지 않는다. 목간의 형태가 단일하지 않다는 점을 고려하면, 그 자체가 부장용으로서, 목간은 버려졌던 것을 재활용했을 가능성이 있다. 간 뒷면의 숫자는 아마도 처음 엮여질 때의 순서와 관련이 있을 것이다.

3. 내용

M23 목간은 문자가 전부 900자 이상이다. 그 내용은 서진 말 臨澤縣廷이 孫氏 형제가 일으킨 田塢에 대한 소송안건을 심리한 기록이다. 張榮强의 「甘肅臨澤晉簡中的家産繼承與戶籍制度—兼論兩晉十六國戶籍的著錄內容」(2017)에서 M23목간의 구체적인 석문을 진행한 바 있다.

M1에는 명확한 기년인 "建始元年"이 있으므로 이 묘장은 대략 서진 말 八王의 난 중 司馬倫이 정권을 장악했던 시기와 비슷하다. M23에는 명확한 기년이 있는 견책과 목간이 있는데, 견책에는 연호 "建興四年"이 있고 목간에는 "建興元年"이 있다. 建興元年~建興五年은 서진 愍帝의 연호이다. M9에는 명확한 기년이 있는 견책이 출토되었고 그 견책에는 "建興十六年"이란 내용이 있는데, 위의 묘장 연대에서 이미 논술하였듯이 前涼 張駿 시기의 연호이다. 즉, 前涼 초중기이다. 황가탄 묘군에서 출토된 기년간을 통해, 명확한 연대근거를 갖추게 되었으며, 그 결

과 후한 말에서 전량 중기까지 하서회랑 지역 묘장에 대한 고고학적 분기 연구에 참조할 만한 자료를 갖추게 되었다.

4. 참고문헌

馬海眞, 「臨澤縣黃家灣灘墓群發掘與分期研究」, 南京師範大學 碩士學位論文, 2012.

楊國譽, 「田産爭訟爰書所展示的漢晉經濟研究新視角—甘肅臨澤縣新出西晉簡册釋讀與初探」, 『中國經濟史研究』 2012-3.

張榮强, 「甘肅臨澤新出西晉簡册考釋」, 『魏晉南北朝隋唐史資料』 第32輯, 2015.

張榮强, 「甘肅臨澤晉簡中的家産繼承與戶籍制度—兼論兩晉十六國戶籍的著錄內容」, 『中國史研究』 2017-3.

3. 동진·십육국_{東晉·十六國} 목간

남창 동진 뇌해묘 목간(1997)

南昌 東晉 雷陔墓 木簡

1. 출토지 : 강서성 남창시 기차역 앞 광장 3호 동진 뇌해 묘

2. 개요

    1) 발굴기간 : 1997년

    2) 발굴기관 : 강서문물고고연구소, 남창시박물관

    3) 유적종류 : 고분

    4) 시대 : 동진

    5) 시기 : 동진 穆帝 永和八年(352년)

    6) 출토상황 : 이 묘는 前後室磚墓로 後室에는 朱漆된 목관 2개가 안치되어 있는데, 왼쪽이 여자의 관이고 오른쪽이 남자의 관이다. 남자의 관 안에서 木方·名剌木梳·木篦·木印章·木盒·滑石豬·黛硯·墨块·銅鏡·橢圓形石 등이 출토되었다. 3호묘 남성 관 속에서 나온 의물소 목방 1건은 끊어지기는 했지만 직사각형에 길이 31.7㎝ 너비 17.8㎝ 두께 1㎝이고 묵서되었다. 名剌 2건의 형태와 크기는 서로 비슷한데, 길이 24.6㎝ 너비 3㎝ 두께 0.8.㎝이다.

3. 내용

    의물소는 양면에 서사되었는데, 그중 한쪽 면의 내용은 "永和八年七月戊子朔五日壬辰江州鄱阳郡鄱阳县都□□□□□□南昌令雷陔命?婦?鄱陽□漲北禺年八十六即醉酒□□□□□身喪物疏如女胃讀書不得志者"이다. 다른 한 면에는 3개조의 絞紋으로 장식되었는데, 매 조마다 3갈래의 絞紋으로 만들어졌다.

    木方은 위에서 아래로 4등분되었고, 각 부분마다 상부에서 아래의 정방향으로 묵서되어 글자 크기가 다른 면에 비해 작다. 그 내용은 부장품 목록이다.

M3에서 출토된 의물소에 등장하는 "永和八年"의 "永和"란 연호는 역사 속에서 2번 등장한다. 하나는 후한 順帝의 연호로 6년 동안 사용되었다. 다른 하나는 東晉 穆帝의 연호인데 12년 사용되었다. 따라서 이 묘의 시기는 東晉 永和八年, 즉 352년이다. 출토된 의물소와 명자에서 M3는 뇌해와 그 부인의 합장묘라는 것을 알 수 있다. 의물소의 "南昌令雷陔"와 목인장에 새겨져 있는 "臣陔"란 글자를 통해서 뇌해는 동진의 관료였다는 것을 알 수 있다. 의물소·명자의 서체는 예서가 주이지만 행서의 풍격도 있기 때문에 서법사 연구에도 중요한 가치가 있다.

4. 참고문헌

江西省文物考古研究所·南昌市博物館, 「南昌火車站東晉墓葬群發掘簡報」, 『文物』 2001-2.

남창 동진 뇌조묘 목간(2006)
南昌 東晉 雷鍤墓 木簡

1. **출토지** : 강서성 남창시 기차역 동진 묘장군(1997년 정리) 남쪽 약 15m 지점(雷鍤墓)

2. **개요**

   1) 발굴기간 : 2006年 3月

   2) 발굴기관 : 강서성 문물고고연구소·남창시박물관

   3) 유적종류 : 고분

   4) 시대 : 서진 말~동진 초

   5) 시기 : 4세기 초

   6) **출토상황** : 2006년 강서성 문물고고연구소와 남창시박물관이 발굴한 동진시기 뇌조 묘는 아치형(券頂) 前後室 磚墓로 도굴당하지 않은 비교적 온전한 상태였다. 출토된 부장품은 총 50여 개로, 실용기가 많고 부장품은 적었다. 칠기 9건, 청자기 12건인데, 바닥부에 "雷"자가 묵서되어 있는 鉢도 있다. 동기가 10건에 滑石豬가 2개이며, 1개의 墨 조각은 松煙墨이다. 목 기는 총 24건인데, 기물의 형태로는 梳·篦·發飾·發簪·几·盒·名刺·木构 등이 있다.

3. **내용**

   2건의 名刺 중 1건은 묵흔이 모호해서 "□……再拜……弟……"만을 식별할 수 있었다. 다른 1건은 비교적 글자가 분명하여 "鄱陽雷鍤再拜, 問起居, 字仲处"라고 판독할 수 있다. 길이 2.47㎝ 너비 3.2㎝ 두께 0.7㎝이다.

   출토된 묵서 木刺와 바닥부분에 "雷"자가 적힌 청자 鉢과 청자 虎子 등에서, 묘주 뇌조는 남 성 귀족에 鄱陽 사람으로 확인된다. 이는 서진·동진시기 南昌의 雷姓 家族 發展史 연구를 하는 데 하나의 단서를 제공한다.

4. 참고문헌

杨軍·嚴振洪·胡勝·李國利·趙德林, 「南昌市火車站東晋雷鋽墓」, 『中國考古學年鑒』(2007年卷), 文物出版社, 2008.

江西省文物考古研究所·南昌市博物館, 「南昌火車站東晉墓葬群發掘簡報」, 『文物』2001-2.

무위 한탄파 전량 목간(1985)

武威 旱灘坡 前涼 木簡

1. 출토지 : 감숙성 무위시 松樹鄕 下畦村 한탄파 M19 전량 묘

2. 개요

    1) 발굴기간 : 1985년

    2) 발굴기관 : 감숙성 문물공작대(현 감숙성문물고고연구소)

    3) 유적종류 : 고분

    4) 시대 : 십육국

    5) 시기 : 338년·369년

    6) 출토상황 : 1985년 감숙성 문물공작대(현 감숙성문물고고연구소)가 무위시 송수향 하규촌 한탄파의 십육국 시기 전량 고분에서 목독 5매를 발굴했다. 그중 '東晉咸康四年(338)姬瑜妻衣物疏'라고 명명된 목독은 85WHM19:5로 편호되었는데, 길이는 27㎝이고 너비는 7㎝이다. 앞·뒤 양면에 묵서되었는데, 앞면은 5란으로 나누어서 앞의 3란은 각각 7행이 있고 뒤의 2란은 각각 6행이며, 약간 손상이 있지만, 행마다 3~8자가 서사되었다. 뒷면은 2행이고 여기도 약간 손상이 있으며, 행마다 5~25자가 서사되었다. 발굴보고는 존재하지 않지만, 『散見簡牘合輯』(1990) 『魏晉南北朝敦煌文獻編年』(1997) 등에 수록되었고 張俊民의 논문(2005)에도 석문이 있다. '東晉咸康四年(338)姬瑜妻衣物疏'와 아래에 서술할 '前涼升平十三年(369)姬瑜衣物疏'는 같은 묘에서 출토되었는데, 바로 부부합장묘이다. 이 목독은 여성의 관 속 시신 앞가슴에 놓여 있었고, '前涼升平十三年(369)姬瑜衣物疏'는 남성의 관 속 시신의 머리 왼쪽에 놓여 있었다. 두 목독의 문자는 서로 관련이 있기 때문에, 이 목독은 '東晉咸康四年姬瑜妻衣物疏'라 명명되었다.

    『前涼升平十三年姬瑜衣物疏』는 85WHM19:4라 편호된 목독이다. 길이는 27㎝이고 너비는 11.5㎝이고 두께는 0.6㎝이다. 한 면으로만 묵서되었는데, 오른편은 5란으로 나누어서 부장품

목록이 작성되었다. 첫 번째 난은 6행, 두 번째와 세 번째 난은 7행이며, 네 번째 난은 8행, 다섯 번째 난은 9행인데, 각 행은 4~24자가 서사되었다. 왼편은 1개 행에 紀年이 기록되었는데, 36자이다. 발굴보고는 없지만, 『散見簡牘合輯』(1990)에 최초로 수록되었고 『魏晉南北朝敦煌文獻編年』(1997)에도 석문이 있으며, 張俊民이 교록한 논문도 있다(2005).

위의 두 목독 외에 나머지 목독 3매는 각각 길이 28㎝ 너비 10.2㎝ 두께 1㎝, 길이 27.8㎝ 너비 5.6㎝ 두께 1㎝, 길이 28㎝ 너비 5.2㎝ 두께 1㎝의 소나무 재질 등이다.

3. 내용

〈東晉咸康四年(338)姬瑜妻衣物疏〉는 '咸康' 연호의 기록을 통해 시기를 東晉으로 확정할 수 있고, 練綿袍·結紫米袖·碧襦·褐幘 등의 총 33가지 물품 목록이 기록된 것으로 추측되지만, 말미의 아홉 가지 물품은 석독이 불가하고 물품 총합 부분의 기록이 지워져 전체 목록을 확정할 수 없다.

〈前涼升平十三年(369)姬瑜衣物疏〉는 白練尖·故巾幘·練面衣·練襠 등 총 35종의 물품이 기록되어 있다. "涼故駙馬都尉·建義奮節將軍長史·武威" 등 고관에 속한 묘주의 신분 정보가 포함되었다. 그 외 3매의 목독은 "建興卌三年"·"建興卌四年"·"建興卌八年"과 같이, 西晉의 마지막 연호를 연용했던 前涼 기년 문서의 전형적 특징을 반영한다.

4. 참고문헌

李鈞明·何雙全, 『散見簡牘合輯』, 文物出版社, 1990.

王素·李方, 『魏晉南北朝敦煌文獻編年』, 臺灣新文豐出版公司, 1997.

何雙全, 『簡牘(遙望星宿 : 甘肅考古文化叢書)』, 敦煌文藝出版社, 2004.

張俊民, 「武威旱灘坡十九號前涼墓出土木牘考」, 『考古與文物』 2005-3.

무위 전량 승평십이년 목간(1991)
武威 前涼 升平十二年 木簡

1. 출토지 : 감숙성 무위시 新華鄕 頭壩村 전량 묘
2. 개요

　　1) 발굴기간 : 1991년

　　2) 발굴기관 : 고대현박물관

　　3) 유적종류 : 고분

　　4) 시대 : 십육국

　　5) 시기 : 前涼 升平 12年(368년)

　　6) 출토상황 : 1991년 고대현 박물관은 감숙성 무위시 신화향 두파촌의 전량시기 묘장에서 전량 승평12년(368년)의 의물소 목독 2매를 출토했다.

3. 내용

의물소(一) : 목독이며, 朱書되었다. 전체 4행이 있는데, 앞면에 3행이 있고 행마다 11~18자가 서사되었다. 뒷면에는 1행, 18자가 서사되었다.

의물소(二) : 목독이며, 朱書되었다. 전체 8행이 있는데, 앞면에 5행이 있고 행마다 2~19자가 서사되었다. 뒷면에는 3행이 있고 12~28자가 서사되었다.

4. 참고문헌

梁繼紅, 「武威出土的漢代衣物疏木牘」, 『隴右文博』 1997-2.

何雙全·狄曉霞, 「甘肅省近年來新出土三國兩晉簡帛綜述」, 『西北師大學報(社科版)』 2007-5.

吳浩軍, 「河西衣物疏叢考――敦煌墓葬文獻研究系列之三」, 『甘肅省第二屆簡牘學國際學術研討會論文集』, 上海古籍出版社, 2012.

무위 전량 승평십삼년 목간(1991)

武威 前涼升平十三年 木簡

1. 출토지 : 감숙성 무위시 新華鄕 頭壩村 전량 묘
2. 개요
    1) 발굴기간 : 1991년
    2) 발굴기관 : 고대현박물관
    3) 유적종류 : 고분
    4) 시대 : 십육국
    5) 시기 : 前涼 升平 13年(369년)
    6) 출토상황 : 1991년 고대현 박물관은 감숙성 무위시 신화향 두파촌의 전량시기 묘장에서 전량 승평13년(369년)의 의물소 목독 2매를 출토했다.

3. 내용

의물소(一) : 목독으로, 묵서되었다. 전체 2행이고 행마다 29~31자가 서사되었다.

의물소(二) : 목독으로, 묵서되었다. 전체 4행이고 행마다 13~27자가 서사되었다.

승평13년 전량 의물소 목독에 기록된 부장품은 변경지역 소수민족의 물품·병기인데, 예를 들면, '千糧萬斛旃幕', '袴褶', '弓箭', '刀' 등으로 선명한 지역적 특색을 가지고 있다. 부장품들의 주인인 烏獨渾은 서북 변경 소수민족 출신의 군인일 것이다. 그는 사후에 부장용 의물소란 상장의궤를 사용하였으므로, 이를 통하여 16국 시기 하서지역 민족이 문화적으로 융합된 정황을 볼 수 있다.

4. 참고문헌

梁繼紅,「武威出土的漢代衣物疏木牘」,『隴右文博』1997-2.

何雙全·狄曉霞,「甘肅省近年來新出土三國兩晉簡帛綜述」,『西北師大學報(社科版)』2007-5.

吳浩軍,「河西衣物疏叢考─敦煌墓葬文献研究系列之三」,『甘肅省第二屆簡牘學國際學術研討會論文集』, 上海古籍出版社, 2012.

옥문 화해 필가탄 전량 손구녀 목간(2001)
玉門 花海 畢家灘 前涼 孫狗女 木簡

1. **출토지** : 감숙성 옥문시 화해향 필가탄 옥문 화해 필가탄 26호 전량 묘(M26)

2. **개요**

　　1) 발굴기간 : 2002년 6월

　　2) 발굴기관 : 감숙성 문물고고연구소

　　3) 유적종류 : 고분

　　4) 시대 : 십육국

　　5) 시기 : 前涼 升平 14年(370년)

　　6) 출토상황 : 2002년 6월, 감숙성문물고고연구소는 옥문시 화해향 上回莊으로부터 서쪽으로 2㎞ 떨어진 소륵하의 필가탄 제22구역과 제23구역에서 십육국 시기의 묘장 1기에 대해 구제 발굴을 진행하였다. 모래 언덕에 모두 53기의 묘장이 분포하고 있었는데, 이 의물소는 그 중 M26에서 출토되었고 현재 감숙성 문물고고연구소에 수장되어 있다.

3. **내용**

이 의물소 목독은 길이는 23.3~23.5㎝ 상단부의 너비 8.8㎝ 하단부의 너비 8.4㎝ 두께 0.35~0.8㎝이다. 양면에 묵서했으며, 비교적 완전하게 보존되었다. 앞면은 4개 난으로 나뉘어 부장품 목록이 서사되어 있는데, 제1란은 9행, 제2란은 10행, 제3란은 8행, 제4란은 9행으로서 행마다 3~8자가 있다. 뒷면은 紀年이 4행으로 서사되었으며, 행마다 5~25자가 있다.

M26 의물소의 서사방식은 오른쪽에서 왼쪽으로 각종 부장의복의 명칭 및 수량을 기록하는 것인데, 1란을 채워 쓴 후에 다시금 아래로 난을 바꾸어 썼으며, 끝부분은 난을 합쳐서 서사하였다. 발굴보고서는 나오지 않았으나, 2010년 張俊民이 사진 도판과 석문을 수록한 논문을 발

표하였다. 이 의물소는 필가탄에서 출토된 의물소 중에 연대가 가장 이른 것으로, 부장품 목록과 紀年 및 설명과 姓名 등의 내용도 모두 갖춘 가장 전형적인 의물소이다.

4. 참고문헌

張俊民, 「甘肅玉門畢家灘出土的衣物疏初探」, 『湖南省博物館館刊』 第7輯, 嶽麓書社, 2010.

吳浩軍, 「河西衣物疏叢考一敦煌墓葬文献研究系列之三」, 『甘肅省第二屆簡牘學國際學術研討會論文集』, 上海古籍出版社, 2012.

옥문 화해 필가탄 동진 목간(2002)

玉門 花海 畢家灘 東晉 木簡

1. 출토지 : 감숙성 옥문시 화해향 필가탄 40호 동진묘(M40)

2. 개요

　1) 발굴기간 : 2002년 6월

　2) 발굴기관 : 감숙성 문물고고연구소

　3) 유적종류 : 고분

　4) 시대 : 동진

　5) 시기 : 동진 簡文帝 咸安 5年(375년)

　6) 출토상황 : 2002年 6月, 감숙성문물고고연구소는 옥문시 화해향 上回莊으로부터 서쪽으로 2㎞ 떨어진 소륵하 이민족 구역의 필가탄 제22구역과 제23구역에서 십육국 시기의 묘장 1기에 대해 구제 발굴을 진행하였다. 모래 언덕에 도합 53기의 묘장이 분포하고 있었는데, 의물소 목독 1매가 M40에서 출토되었고 현재 감숙성문물고고연구소에 수장되어 있다.

3. 내용

　길이 26.7㎝ 너비 3.3㎝ 두께 0.7㎝의 목독이다. 양면에 묵서가 되어 있다. 앞면은 4개 난으로 부장품 명단이 작성되었으며, 매 난은 3행으로 행마다 5~6자가 작성되었다. 뒷면은 3개란으로 나누어져 있는데, 상란·중란이 연결되어 부장품 목록이 작성되었으며, 각각 3행이지만 손상이 심하여 행마다 1~5자만이 판독된다. 하란에는 2행으로 기년이 작성되어 있는데, 행마다 5~13자가 있다. 발굴보고서는 아직 나오지 않았으나, 張俊民이 연구와 석독을 하여 도판을 첨부한 논문을 발표하였다.

4. 참고문헌

張俊民,「甘肅玉門畢家灘出土的衣物疏初探」,『湖南省博物館館刊』第7輯, 嶽麓書社, 2010.

吳浩軍,「河西衣物疏叢考――敦煌墓葬文献研究系列之三」,『甘肅省第二屆簡牘學國際學術研討會論文集』, 上海古籍出版社, 2012.

옥문 금계량 전량 21호묘 목간(2009)
玉門 金鷄梁 前涼 21號墓 木簡

1. 출토지 : 감숙성 옥문시 淸泉鄕 白土梁村 금계량 16국 묘군 M21

2. 개요

    1) 발굴기간 : 2009년 2월~4월

    2) 발굴기관 : 감숙성 문물고고연구소

    3) 유적종류 : 고분

    4) 시대 : 십육국

    5) 시기 : 前涼 347년 이후

    6) 출토상황 : 이 목독은 M21에서 출토되었는데, 장방형이고 앞면에 3행으로 문자가 서
           사되었다.

3. 내용

  3행의 문서는 1행에 "有" 한 글자, 2행에 "令鐵騎玉門趙憲今部曲將", 3행에 "建興卅五年十月十日甲子下起左兵曹"가 각각 기록되었다.

  그 외에 풍부한 하서지역 16국 묘장의 고고자료는 하서지역 16국 묘장의 특징·상장 습속 등을 이해하고 파악하는데 중요한 의의를 지니고 있다.

4. 참고문헌

吳葒·王永安, 「甘肅玉門金雞梁十六國墓葬發掘簡報」, 『文物』 2011-2.

王策·吳葒, 「玉門金鷄梁出土的木牘和封檢」, 『文物』 2011-2.

옥문 금계량 전량 5호묘 목간(2009)

玉門 金鷄梁 前涼5號墓 木簡

1. 출토지 : 감숙성 옥문시 청천향 白土良村 금계량 십육국묘군 M5

2. 개요

    1) 발굴기간 : 2009년 2월~4월

    2) 발굴기관 : 감숙성 문물고고연구소

    3) 유적종류 : 고분

    4) 시대 : 십육국

    5) 시기 : 前涼 말(362년)

    6) 출토상황 : M5는 磚室墓로 묘장은 교란이 심하였지만 비교적 온전한 목관이 발견되었다. 목판 위에는 "升平六年九月五日大男趙□"란 구절이 보인다. 의물소는 현재 감숙성 문물고고연구소에서 보관하고 있다. 지금은 두 쪽으로 갈라졌다. 묵서로 앞·뒤 양면에 모두 서사했지만, 난의 숫자는 정확하지 않다. 모두 10행이며 각 행마다 3~17자가 서사되었다. 의물소의 기년이 서사된 부분은 잔결되었지만, 같은 묘의 관에 "升平六年九月五日大男趙□"란 구절이 있으므로, 이에 근거하여 升平 六年이라 판단할 수 있다. "升平"은 東晉 穆帝의 연호로 5년 동안만 사용되지만, 前涼 張氏 정권은 하서지역을 통제하면서 晉의 正朔을 376년 前秦에 항복할 때까지 계속 사용했다. 따라서 升平 六年은 東晉 哀帝 隆和元年(362)에 해당한다.

  封檢 1건은 장방형으로 정면은 평평하게 다듬어졌는데, 중간에 封曹가 있다. 뒷면은 弧形으로 중간은 두껍고 양 측면이 얇다. 뒷면의 四邊楔에는 薄邊이 있는데, 끼워 넣는 용도였던 듯하다. 앞면에는 3행으로 문자가 서사되어 있다.

3. 내용

목관판과 목봉검의 기년은 묘장의 연대 판정에 직접적 증거를 제공한다. M5 棺木의 "大男
趙", 의물소의 "大女趙" 및 봉검의 "趙淸行", "酒泉國相章"은 묘주의 신분을 드러낸다. 풍부한
하서지역 16국 묘장의 고고 자료는 하서지역 16국 묘장의 특징·상장 습속 등을 이해하고 파악
하는데 중요한 의의를 지닌다.

4. 참고문헌

吳紅·王永安, 「甘肅玉門金雞梁十六國墓葬發掘簡報」, 『文物』 2011-2.

옥문 금계량 전량 10호묘 목간(2009)
玉門 金鷄梁 前涼10號墓 木簡

1. 출토지 : 감숙성 옥문시 靑川鄕 白土良村 금계량 16국 묘군 M10

2. 개요

    1) 발굴기간 : 2009년 2월~4월

    2) 발굴기관 : 감숙성 문물고고연구소

    3) 유적종류 : 고분

    4) 시대 : 십육국

    5) 시기 : 前涼 말

    6) 출토상황 : 옥문 금계량 전량 10호묘(M10)에서 부서진 관의 덮개판 위에는 星象圖가 그려져 있고 또 문자도 있다고 한다. 다만 해당 묘장에 대한 발굴보고 「甘肅玉門金雞梁十六國墓葬發掘簡報」(2011)는 10호묘 棺板에 그려진 星象圖의 그림이나 문자의 석문·도판 등 상세한 정보는 나와 있지 않아서 자세한 내용은 알 수 없다.

3. 내용

미상

4. 참고문헌

吳葒·王永安,「甘肅玉門金雞梁十六國墓葬發掘簡報」,『文物』2011-2.

옥문 화해 필가탄 전량 조의 목간(2002)

玉門 花海 畢家灘 前涼 趙宜 木簡

1. 출토지 : 감숙성 옥문시 화해향 필가탄 37호 전량 묘(M37)

2. 개요

1) 발굴기간 : 2002년 6월

2) 발굴기관 : 감숙성 문물고고연구소

3) 유적종류 : 고분

4) 시대 : 십육국

5) 시기 : 前涼 升平 22년(378년)

6) 출토상황 : 2002년 6월, 감숙성 문물고고연구소는 옥문시 화해향 上回莊 서쪽 2㎞ 소륵하 이민족구역 필가탄 제22구역과 제23구역에서 십육국 시기에 속하는 묘지에 대하여 발굴을 진행하였다. 모래 언덕에 총53기의 묘장이 분포해 있는데, 이 의물소 목독은 M37에서 출토되어 현재 감숙성 문물고고연구소에 소장되어 있다.

3. 내용

전량 승평22년 조의 의물소 목독은 길이 26.3㎝ 너비 3.8~4.3㎝ 두께 0.8㎝이다. 양면으로 묵서했는데, 정면은 4란으로 파손이 심하다. 제1란은 6행, 제2란은 4행, 제3란은 2행이 남아 있고 1행을 식별할 수 있다. 제4란은 이미 판별할 수 없고, 행당 글자 수는 4~6자이다. 뒷면 우측에 수장품 목록을 3란 4행으로 이어 썼으며, 좌측에 紀年 2행을 기록하였다. 각 행의 글자 수는 22~28자이다. 발굴보고서는 아직 나오지 않았고, 張俊民(2010)의 석독이 있다.

4. 참고문헌

張俊民, 「甘肅玉門畢家灘出土的衣物疏初探」, 『湖南省博物館館刊』 第7輯, 嶽麓書社 2010.

吳浩軍, 『河西衣物疏叢考——敦煌墓葬文献研究系列之三』, 『甘肅省第二屆簡牘學國際學術研討會論文集』, 上海古籍出版社 2012.

옥문 화해 필가탄 전진 주소중 목간(2002)
玉門 花海 畢家灘 前秦 朱少仲 木簡

1. **출토지** : 감숙성 옥문시 화해향 필가탄 1호 전진 묘(M1)

2. **개요**

　　1) 발굴기간 : 2002년

　　2) 발굴기관 : 감숙성 문물고고연구소

　　3) 유적종류 : 고분

　　4) 시대 : 십육국

　　5) 시기 : 前秦 建元 16년(380년)

　　6) 출토상황 : 2002년 감숙성 옥문사 화해향 필가탄 M1묘에서 출토되어 현재 감숙성 문물고고연구소에서 소장하고 있는 의물소 목독이다.

3. **내용**

이 의물소 목독은 길이 23.5~23.8㎝ 상단 너비 7.2㎝ 하단 너비 6.9㎝ 두께 0.7㎝이다. 양면에 묵서했는데 상태가 비교적 완정하다. 정면은 3란으로 나누어 수장품 목록을 제1·2란 5행, 제3란 1행을 서사하였으며, 행당 글자 수는 4~6자이다. 뒷면에는 紀年 3행을 기록하였으며, 행당 10~15자이다. 발굴보고서는 아직 나오지 않았고, 張俊民(2010)의 석독이 있다.

4. **참고문헌**

張俊民, 「甘肅玉門畢家灘出土的衣物疏初探」, 『湖南省博物館館刊』 第7輯, 嶽麓書社, 2010.

吳浩軍, 「河西衣物疏叢考—敦煌墓葬文献研究系列之三」, 『甘肅省第二屆簡牘學國際學術研討會論文集』, 上海古籍出版社 2012.

옥문 화해 필가탄 후량 일명 목간(2002)

玉門 花海 畢家灘 後涼 佚名 木簡

1. **출토지** : 감숙성 옥문시 화해향 필가탄 38호 후량 묘(M38)

2. **개요**

    1) 발굴기간 : 2002년

    2) 발굴기관 : 감숙성 문물고고연구소

    3) 유적종류 : 고분

    4) 시대 : 십육국

    5) 시기 : 後涼 麟嘉 7년(395년)

    6) 출토상황 : 2002년 감숙성 옥문시 화해향 필가탄 M38 묘에서 출토된 의물소 목독은 묘주의 가슴 부분에 놓여 있었는데, 가슴 앞 의복의 大襟 안쪽에 안겨 있었다. 이는 의도적으로 죽은 자의 품 안에 둔 것이다.

3. **내용**

의물소 목독은 길이 23.5㎝ 너비 5.3㎝ 두께 0.1~0.7㎝이다. 소나무로 만들었는데, 이미 비틀려서 변형되었다. 발굴보고서는 아직 나오지 않았고, 張俊民(2010)의 석독이 있다.

4. **참고문헌**

張俊民, 「甘肅玉門畢家灘出土的衣物疏初探」, 『湖南省博物館館刊』 第7輯, 嶽麓書社, 2010.

吳浩軍, 「河西衣物疏叢考——敦煌墓葬文献研究系列之三」, 『甘肅省第二届簡牘學國際學術研討會論文集』, 上海古籍出版社, 2012.

옥문 화해 필가탄 후량 황평 목간(2002)
玉門 花海 畢家灘 後凉黃平 木簡

1. 출토지 : 감숙성 옥문시 화해향 필가탄 20호 후량 묘(M20)

2. 개요

　1) 발굴기간 : 2002년

　2) 발굴기관 : 감숙성 문물고고연구소

　3) 유적종류 : 고분

　4) 시대 : 십육국

　5) 시기 : 後凉 麟嘉 15년(403년)

　6) 출토상황 : 2002년 감숙성 옥문시 화해향 필가탄 M20묘에서 출토되어 현재 감숙성 문물고고연구소에 소장되어 있는 목독이다.

3. 내용

　의물소 목독으로 길이 24.6㎝ 위 너비 4.7㎝ 아래 너비 3.5㎝ 두께 0.6㎝이다. 양면으로 묵서했는데, 정면은 5란으로 나누어 수장품 목록을 서사하였다. 제1·2·3·4란 4행, 제5란은 2행이고, 행당 글자 수는 3~6자이다. 뒷면에는 紀年 3행을 썼으며, 행당 15~18자이다. 발굴보고서는 아직 나오지 않았고, 張俊民(2010)의 석독이 있다.

　목독 중에 기록된 "麟嘉"는 後凉 呂光의 연호로, 실제로는 8년까지 밖에 없으나 여기서 麟嘉 15년이라는 紀年이 나와서 주목된다. 麟嘉 15년은 동진 安帝 元興 2년으로 추산되는데, 즉 403년이다. 이때 後凉은 呂隆이 정권을 잡고 있었으며 神鼎 3년에 해당하는데, 『資治通鑑』 隆安4년(400) 11월 기사를 보면, "北凉晉昌太守唐瑤叛, 移檄六郡, 推李暠爲冠軍大將軍, 沙州刺史, 凉公, 領敦煌太守. 暠赦其境內, 改元庚子"라 하였으니, 돈황 지역은 이미 西凉이 수립되어 있었던 상황이었다.

4. 참고문헌

張俊民, 「甘肅玉門畢家灘出土的衣物疏初探」, 『湖南省博物館館刊』 第7輯, 嶽麓書社, 2010.

吳浩軍, 「河西衣物疏叢考――敦煌墓葬文献研究系列之三」, 『甘肅省第二屆簡牘學國際學術研討會論文集』, 上海古籍出版社, 2012.

옥문 화해 필가탄 서량 여황녀 목간(2002)
玉門 花海 畢家灘 西涼 呂皇女 木簡

1. **출토지** : 감숙성 옥문시 화해향 필가탄 30호 서량 묘(M30)

2. **개요**

    1) 발굴기간 : 2002년

    2) 발굴기관 : 감숙성 문물고고연구소

    3) 유적종류 : 고분

    4) 시대 : 십육국

    5) 시기 : 西涼 403년

    6) **출토상황** : 2002년 감숙성 옥문시 화해향 필가탄 M30 서량 묘에서 출토되었고, 현재 감숙성 문물고고연구소에 소장되어 있는 목독이다.

3. **내용**

의물소 목독의 길이 25㎝ 너비 8.3㎝ 두께 0.8㎝이다. 양면으로 묵서했는데, 정면은 5란으로 나누어 수장품 목록이 서사되어 있으나 잔결이 심하다. 제1란은 7행, 제2란은 8행, 제3란은 7행, 제4란은 4행이 있고, 제5란은 5행이 있으며 행당 글자 수는 2~6자이다. 뒷면은 우측을 4란으로 나누어 수장품을 서사했는데, 제1·2·3란은 각각 2행, 제4란은 1행이 있으며 행당 글자 수는 3~6자이다. 좌측에는 紀年 4행이 쓰여 있으며, 행당 5~23자이다. 발굴보고서는 아직 나오지 않았고, 張俊民(2010)의 석독이 있다.

4. **참고문헌**

張俊民,「甘肅玉門畢家灘出土的衣物疏初探」,『湖南省博物館館刊』第7輯, 嶽麓書社, 2010.

吳浩軍,「河西衣物疏叢考——敦煌墓葬文献研究系列之三」,『甘肅省第二屆簡牘學國際學術研討會論文集』, 上海古籍出版社, 2012.

옥문 필가탄 51호묘 일명 목간(2002)
玉門 畢家灘 51號墓 佚名 木簡

1. 출토지 : 감숙성 옥문시 화해향 필가탄 51호 묘(M51)

2. 개요

    1) 발굴기간 : 2002년

    2) 발굴기관 : 감숙성 문물고고연구소

    3) 유적종류 : 고분

    4) 시대 : 십육국

    5) 시기 : 4~5세기

    6) 출토상황 : 2002년 감숙성 옥문시 화해향 필가탄 십육국시기 M51 묘에서 출토되어 현재 감숙성 문물고고연구소에서 소장하고 있는 목독이다.

3. 내용

의물소 목독이며 길이 27㎝ 너비 5.1㎝ 두께 0.6㎝이다. 앞뒤 양면으로 묵서했는데, 정면은 6란으로 나누어 수장품 목록을 기록했다. 제1란은 3행, 제2·3·4·5란은 4행, 제6란은 3행이며, 행당 글자 수는 2~5자이다. 뒷면에는 紀年 3행이 쓰여 있으며, 행당 3~21자이다. 좌측 아래에 수장품 목록 1행이 쓰여 있다. 발굴보고서는 아직 나오지 않았고, 張俊民(2010)의 석독이 있다.

吳浩軍(2012)에 따르면 필가탄의 의물소 9건은 모두 2002년 동일한 墓群에서 나온 것이다. 이들 墓葬은 작은 모래 언덕 위에 분포하면서, 남북으로 길이 350m 지점에 집중되어 있다. 모두 소형 수혈식 토갱묘이며, 墓壙은 작고 얕게 매장되어 있어 單人葬 위주로 형태는 비슷하다. 확실한 紀年이 있는 것은 7개이며, 紀年이 없는 것은 겨우 1건이라 연대는 명확하다. 본 건의 기년은 비록 잔결이 있지만 십육국 시기에 속한다는 것을 알 수 있다.

4. 참고문헌

張俊民,「甘肅玉門畢家灘出土的衣物疏初探」,『湖南省博物館館刊』第7輯, 嶽麓書社, 2010.

吳浩軍,「河西衣物疏叢考――敦煌墓葬文献研究系列之三」,『甘肅省第二屆簡牘學國際學術研討會論文集』, 上海古籍出版社, 2012.

옥문 필가탄 3호묘 일명 목간(2002)

玉門 畢家灘 3號墓 佚名 木簡

1. 출토지 : 감숙성 옥문시 화해향 필가탄 3호묘(M3)

2. 개요

   1) 발굴기간 : 2002년

   2) 발굴기관 : 감숙성 문물고고연구소

   3) 유적종류 : 고분

   4) 시대 : 십육국

   5) 시기 : 4~5세기

   6) 출토상황 : 2002년 감숙성 옥문시 화해향 필가탄 십육국시기 3호묘(M3)에서 출토되어, 현재 감숙성 문물고고연구소에서 소장하고 있는 목독이다.

3. 내용

   의물소 목독이며 길이 24㎝ 너비 4.5㎝ 두께 0.2㎝이다. 앞뒤 양면에 묵서했는데, 기년이 없고 모두 수장품 목록이다. 정면은 6란으로, 제1란은 3행, 제2·5란은 6행, 제3·4란은 5행, 제6란은 1행이며, 행당 글자 수는 3~6자이다. 뒷면은 4란이며, 제1란은 4행, 제2·3·4란은 5행이고, 행당 글자 수는 4~8자이다. 발굴보고서는 아직 나오지 않았고, 張俊民(2010)의 석독이 있다. 필가탄에서 나온 의물소 목독 중 유일하게 기년이 없다.

4. 참고문헌

   張俊民, 「甘肅玉門畢家灘出土的衣物疏初探」, 『湖南省博物館館刊』 第7輯, 嶽麓書社, 2010.

吳浩軍,「河西衣物疏叢考――敦煌墓葬文献研究系列之三」,『甘肅省第二屆簡牘學國際學術研討會論文集』,上海古籍出版社, 2012.

고대 낙타성 전량 조쌍·조아자 목간(2010)
高臺 駱駝城 前涼 趙雙·趙阿玆 木簡

1. 출토지 : 감숙성 고대현 낙타성 남쪽 전량 2호묘

2. 개요

   1) 발굴기간 : 2000년 6월

   2) 발굴기관 : 고대현 박물관

   3) 유적종류 : 고분

   4) 시대 : 십육국

   5) 시기 : 前涼 建興五年(317년)

   6) 발굴상황 : '都中趙雙衣物疏'는 2000년 고대현 낙타성에서 출토되어 지금은 고대현박물관에 수장되어 있는 목독이다. 길이는 26㎝이고 너비는 7.5㎝이고 두께는 0.6㎝이다. 출토 후에 그 형태가 휘어짐과 동시에 금이 갔지만, 문자 석독에는 영향을 끼치지 않았다. 글자들은 묵서되었다. 앞면은 5란이 있고 총 38행이며, 행마다 4~7개의 글자가 있다. 뒷면은 6행이며, 각 행마다 6~12개의 글자가 있다. 발굴보고는 없으며, 寇克紅이 일찍이 考釋 논문을 작성하였다.

   '趙阿玆衣物疏'는 2000년에 고대 낙타성에서 출토되어 지금은 고대현박물관에 수장되어 있는 목독이다. 그 길이는 18.5㎝이고 너비는 9.5㎝이고 두께는 0.8㎝이다. 글자들은 묵서되었다. 한쪽 면에만 4란이 있고 총 37행이며, 행마다 4~19자가 있다. 발굴보고는 없으며, 寇克紅이 일찍이 考釋 논문을 작성하였다.

3. 내용

   〈都中趙雙衣物疏〉는 冠, 幘, 早頭衣, 絳結髮 등 총 42종의 趙雙 생전 사용했던 의물 목록을 기록했다. 〈趙阿玆衣物疏〉는 結髮, 叉(釵), 樹(梳), 巾 등 총 36종의 趙阿玆 생전 사용 의물을 기록

했으며, "建興五年正月廿八日"이라는 시간 기록을 병기했다.

4. 참고문헌

寇克紅, 「高臺駱駝城前涼墓葬出土衣物疏考釋」, 『考古與文物』 2011-2.

吳浩軍, 「河西衣物疏叢考—敦煌墓葬文献研究系列之三」, 『甘肅省第二屆簡牘學國際學術研討會論文集』, 上海古籍出版社, 2012.

고대 낙타성 전량 손아혜묘 목간(1998~2001)
高臺 駱駝城 前涼 孫阿惠墓 木簡

1. 출토지 : 감숙성 고대현 낙타성 유지 동남쪽 1㎞ 손아혜 묘

2. 개요

  1) 발굴기간 : 1998~2001년

  2) 발굴기관 : 고대현 박물관

  3) 유적종류 : 고분

  4) 시대 : 십육국

  5) 시기 : 前涼 建興24년(336년)

  6) 출토상황 : 감숙성 고대현 낙타성은 하서회랑 중부 장액시 고대현성에서 서남쪽으로 21㎞ 떨어져 있는 駱駝城鄉·祁連山 北嶽에 위치하고 있다. 낙타성 유지 주위의 묘장에서 십육국 시대의 木質 墓券과 買地券이 발견되었다. 그 목권들은 십육국 시대의 종교신앙과 사회생활과 연관되어 있어 학술계의 주목을 받았다. 그중 하나가 낙타성에서 동남쪽으로 1㎞ 정도 떨어져 있는 묘장 속 전량 周振의 妻인 孫阿惠 묘의 墓券인데, 길이 26㎝ 너비 8㎝ 두께 0.17㎝이며 6개 열로 묵서되었다. 일설에는 길이가 23.5㎝이고 너비가 12㎝라고도 한다.

3. 내용

〈周振 妻 孫阿惠 墓 墓券〉은 "建興四年"의 연호가 기록되었다. 묘주의 신분 정보와 더불어, 남편의 가계 정보까지 간접적으로 전하고 있다. 묘권의 목적에 맞게 저승으로 가는 황천길의 노자 명목과 상세 금액을 기록하고 있다. 또한 靑龍·白虎·朱雀·玄武의 四神 사상에 의거해 보고하는 특징을 보여, 한대 '告地書' 양식과는 다른 관념적 변화를 반영한다.

4. 참고문헌

趙雪野·趙萬鈞,「甘肅高臺魏晉墓墓券及所涉及的神祇和卜宅圖」,『考古與文物』2008-1.

劉衛鵬,「甘肅高臺十六國墓券的再釋讀」,『敦煌研究』2009-1.

고대 낙타성 전량 주위묘 목간(미상)
高臺 駱駝城 前涼 周圍墓 木簡

1. 출토지 : 감숙성 고대현 낙타성 유지 주위 묘

2. 개요

    1) 발굴기간 : 미상

    2) 발굴기관 : 고대현 박물관

    3) 유적종류 : 고분

    4) 시대 : 십육국

    5) 시기 : 前涼 建興24년(336년)

    6) 출토상황 : 출토 시기는 명확하지 않으며, 고대현 낙타성 유지 주위의 고묘 주위 묘에서 출토되었다.

3. 내용

〈前涼 建興24년 周圍 墓 墓券〉은 "建興廿四年"의 기년 기록이 있는데, 建興은 西晉 愍帝의 연호로 서진의 마지막 연호이다. 해당 연호는 316년 서진 멸망 후에도 317년 건강의 사마예 東晉이 건국할 때까지 사용되었고, 前涼의 경우는 361년까지도 이를 연용했다고 한다. 周圍墓 墓券는 이러한 문헌 기록을 사실로 확증해 준다. 차마·우양·반간·안·의복(물)의 물품 명세를 기록했고 그것이 시장 매매를 통해 9990전의 금액에 해당하는 사실 또한 기록했다. 靑龍·白虎·朱雀·玄武의 사신 사상에 의거해 해당 사실을 보고하고 있다.

4. 참고문헌

寇克紅, 「建康史考略」, 『大湖灣』 2, 2007.

고대 낙타성 전량 경소평·손아소 합장묘 목간(1998~2001)

高臺 駱駝城 前涼 耿小平·孫阿昭 合葬墓 木簡

1. **출토지** : 감숙성 고대현 낙타성 유지에서 동남쪽 1㎞ 떨어진 경소평·손아소 묘

2. **개요**

   1) 발굴기간 : 1998~2001년

   2) 발굴기관 : 고대현 박물관

   3) 유적종류 : 고분

   4) 시대 : 십육국

   5) 시기 : 구체적 시간은 미상

   6) 출토상황 : 감숙성 고대현 낙타성은 하서회랑 중부 장액시 고대현성 서쪽에서 약간 남쪽으로 치우쳐 21㎞가 떨어진 곳인 **駱駝城鄕·祁連山 北嶽**에 위치한다. 낙타성 유지 주위의 묘장에서 위진·십육국 시대의 목질 묘권과 매지권이 발견되었다. 그 목권들은 위진·십육국 시대의 종교신앙과 사회생활과 연관되어 있어 학술계의 주목을 받았다. 그중, 경소평·손아소의 부부합장묘에서 출토된 묘권은 길이 39㎝ 너비 9㎝ 두께 0.6㎝이고 11列로 묵서되었다. 이 목독의 시기에 대해서는 한대인지 위진·십육국시기인지 지금까지 학계에서 쟁론이 있어

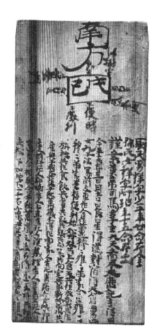

〈고대 낙타성 부근 출토 冥婚목독〉(『考古與文物』 2008-1 轉載)

왔다. 劉樂賢과 趙雪野는 이 목독을 위진시기의 것으로 보았다.

3. 내용

耿少平·孫阿昭 부부합장묘 墓券는 무덤에 묻힌 耿少平와 孫阿昭가 저승에서 다시 결혼을 하는 冥婚의 방식으로 이승과 저승 모든 家人의 영원한 안녕과 화합을 기원하였다. 陰陽五行과 黃帝, 竈君, 靑鳥子 등의 사상 개념을 적용하여 행정 문서 양식에 따라 보고하였다.

4. 참고문헌

趙雪野·趙萬鈞, 「甘肅高臺魏晉墓墓券及所涉及的神祇和卜宅圖」, 『考古與文物』 2008-1.

劉衛鵬, 「甘肅高臺十六國墓券的再釋讀」, 『敦煌研究』 2009-1.

劉樂賢, 「生死異路, 各有城郭-讀駱駝城出土的一件冥婚文書」, 『歷史研究』 2011-6.

고대 낙타성 전량 영사 목간(2000)

高臺 駱駝城 前涼 盈思 木簡

1. 출토지 : 감숙성 고대현 낙타성 유지
2. 개요

    1) 발굴기간 : 2000년

    2) 발굴기관 : 고대현박물관

    3) 유적종류 : 고분

    4) 시대 : 십육국

    5) 시기 : 前涼 升平 7年(363년)

    6) 출토상황 : 현재 고대현박물관에 수장되어 있다. 목독으로 한면에만 3란으로 묵서했는데, 전체 26행이다. 행마다 6~12개의 글자가 서사되었다.

3. 내용

발굴보고는 나오지 않았으며, 吳浩軍(2012)이 실물 사진에 근거하여 석독하였다. 망자 '盈思'의 물품목록을 기록한 衣物疏에 속하며, "升平七年" 연호가 기록되었다.

4. 참고문헌

吳浩軍, 「河西衣物疏叢考——敦煌墓葬文献研究系列之三」, 『甘肅省第二屆簡牘學國際學術研討會論文集』, 上海古籍出版社, 2012.

고대 낙타성 전량 목간(미상)

高臺 駱駝城 前涼 木簡

1. 출토지 : 감숙성 고대현 낙타성 유지

2. 개요

   1) 발굴기간 : 미상

   2) 발굴기관 : 고대현 박물관

   3) 유적종류 : 고분

   4) 시대 : 십육국

   5) 시기 : 前涼 升平 7年(363년)

   6) 출토상황 : 출토 시기는 알 수 없지만, 고대현 낙타성 유지에서 출토되었다. 해서체로 묵서된 雜物疏인데, 위에서 아래로 3란으로 나누어져 있다. 첫 번째 난은 오른쪽에서 왼쪽으로 정교하게 7행이 초사되었으며, 부장된 잡물 24종을 기록하였다.

3. 내용

   제1란에 10종, 제2란에 9종, 제3란에 5종의 총 24종의 물품을 기록했고, 말미의 2행에 "升平七年三月廿四日"이라는 일시와 "雜物種被疏"라는 문서 명칭을 기록하였다.

〈升平7年雜物疏(高台博物馆收藏, 賈小軍 촬영)〉

4. 참고문헌

賈小軍·武鑫, 『魏晉十六國河西鎭墓文·墓券整理硏究』, 中國社會科學出版社, 2017.

고대 낙타성 전량 호운우 목간(2001)
高臺 駱駝城 前涼 胡運于 木簡

1. 출토지 : 감숙성 고대현 낙타성 유지 남쪽 M5묘

2. 개요

  1) 발굴기간 : 2001년

  2) 발굴기관 : 감숙성문물고고연구소·고대현박물관

  3) 유적종류 : 고분

  4) 시대 : 십육국

  5) 시기 : 前涼 升平 13年(369년)

  6) 출토상황 : 2001년 감숙성 문물고고연구소와 고대현 박물관은 낙타성 유지 남쪽의 묘장들 중에서 5호묘의 발굴을 진행하여 전량 승평13년(369)의 목독 1매를 출토했다.

3. 내용

출토 목독은 길이 36㎝ 너비 4㎝ 두께 0.8㎝이다. 한 면에만 묵서되었으며, 3행으로 총77자가 쓰여 있다. 목독 전체에 문자가 기록하면서 난을 나누지 않았고 왼쪽 아래에 기년을 작성했다.

4. 참고문헌

甘肅省文物考古研究所·高臺縣博物館, 「甘肅高臺縣駱駝城墓葬的發掘」, 『考古』 2003-6.

何雙全·狄曉霞, 「甘肅省近年來新出土三國兩晉簡帛綜述」, 『西北師大學報(社科版)』 2007-5.

吳浩軍, 「河西衣物疏叢考―敦煌墓葬文獻研究系列之三」, 『甘肅省第二屆簡牘學國際學術研討會論文集』, 上海古籍出版社, 2012.

고대 낙타성 전진 고후·고용남묘 목간(2001)高臺 駱駝城 前秦 高侯·高容男墓 木簡

1. 출토지 : 감숙성 고대현 낙타성 유지 전진 1호묘(高侯), 2호묘(高容男)

2. 개요

    1) 발굴기간 : 2001년

    2) 발굴기관 : 고대현박물관

    3) 유적종류 : 고분

    4) 시대 : 십육국

    5) 시기 : 前秦 苻堅 建元 18年(382년)

    6) 출토상황 : 낙타성 묘군에서 구제 발굴·정리된 전진시기 묘장 2기는 낙타성 유지에서 남쪽으로 2.2㎞ 떨어진 곳에 위치한 가족 묘지이다. M1에서는 墓券 2개가 출토되었는데, 묘주의 인명은 高侯이고 高侯와 그 妻인 朱昊桑의 합장묘이다. 墓券 1은 길이 24㎝ 너비 8㎝ 두께 0.7㎝이고, 해서체로 묵서했으며, 오른쪽부터 왼쪽으로 세로쓰기로 4행이 서사되었다. 墓券 2는 장방형 목판이고 길이 26㎝ 너비 8㎝ 두께 0.7㎝이고, 해서체로 묵서했으며, 앞면·뒷면 모두 문자가 있어 앞면은 오른쪽부터 왼쪽으로 세로로 6행이 서사되었고 뒷면도 6행이 서사되었다.

    M2는 M1에서 동남쪽으로 4.5m 떨어진 곳에 위치하는데, 목독 1매가 출토되었다. 출토된 목독은 장방형 목판으로 길이 29㎝ 너비 7.5㎝ 두께 0.7㎝인데, 마찬가지로 해서체로 묵서해서 앞뒤 양면 모두 문자가 있다. 앞면은 오른쪽부터 왼쪽으로 세로쓰기로 6행이 서사되었고 뒷면은 5행이 서사되었다. 묘주의 성명은 高容南인데, 신분은 "大女"이고 高侯의 딸일 가능성이 높다.

3. 내용

高侯 墓券(一)은 "建元十八年正月丁卯朔廿六日壬辰" 묘주의 사망과 귀향 소식을 전하고 원한 없이 저승에 진입함을 고하고 있다.

高侯 墓券(二)는 皇天后土·天赫地赫·丘丞墓伯에게 고하는 장문의 묘권이다. 묘주 본인의 신분 및 사망 정보와 더불어 수장 물품 목록을 상세히 기재했고, 말미에 "建元十八年"의 연호가 기록되었다.

高容男墓券은 高侯 墓券(二)와 동일하게 皇天后土·天赫地赫·丘丞墓伯에게 고하며, 묘주의 신분 및 사망 정보, 수장 물품 목록을 기록했다. 후반부는 黑帝·靑龍·白虎·朱雀·玄武·三神·赤松子 등 각종 신령적 존재에 의거해 '入地'의 허락을 요구하였다. 말미에 "建元十八年"의 연호가 기록되었다.

4. 참고문헌

趙雪野·趙萬鈞, 「甘肅高臺魏晉墓墓券及所涉及的神祇和卜宅圖」, 『考古與文物』 2008-1.

劉衛鵬, 「甘肅高臺十六國墓券的再釋讀」, 『敦煌研究』 2009-1.

고대 나성 진 목간(1986)
高臺 羅城 晉 木簡

1. 출토지 : 감숙성 고대현 나성향 常封村 晉墓

2. 개요

   1) 발굴기간 : 1986년

   2) 발굴기관 : 미상

   3) 유적종류 : 묘장

   4) 시대 : 晉

   5) 시기 : 4세기 중엽

   6) 출토상황 : 1986년 감숙성 고대현 나성향 상봉촌 진묘에서 목독 1매가 출토되었다. 목독의 내용은 死者를 위한 의물소이고 연대는 "晉(369年)"이라고 하지만 근거는 다소 명확하지 않다. 전부 7행에 묵서되어 있다.

3. 내용

묵서가 흐릿한 부분이 많아 명확한 석독은 어렵다. "常孫阿之甲萬軍", "疎亡人", "當護之", "致疎爲信" 등의 단편적 기록을 통해 이것이 묘주의 入地 관련 문서인 것으로 추측할 수 있을 뿐이다.

4. 참고문헌

賈小軍·武鑫, 『魏晉十六國河西鎭墓文·墓券整理硏究』, 中國社會科學出版社, 2017.

고대 낙타성 전량 주여경 목간(2000)

高臺 駱駝城 前涼周女敬 木簡

1. 출토지 : 감숙성 고대현 낙타성 유지 남쪽

2. 개요

1) 발굴기간 : 2000년 6월

2) 발굴기관 : 고대현박물관

3) 유적종류 : 고분

4) 시대 : 십육국

5) 시기 : 前涼시기(376년 하한)

6) 출토상황 : 2000년 고대 낙타성 유지 남쪽 묘장에서 출토하여 현재 고대현 박물관에 소장하고 있다.

3. 내용

목독으로 한면에 묵서되어 있다. 3란으로 총9행인데, 행당 글자 수는 6~9자이다. 보고서는 아직 나오지 않았고, 목독에 紀年이 없으나, 앞의 〈趙雙衣物疏〉〈趙阿兹衣物疏〉가 출토된 곳과 같은 곳일 뿐만 아니라 줄을 바꾸고 문장을 끝맺는 서사 습관이 매우 비슷하여 동일 인물이 쓴 것으로 추정된다. 고대현박물관은 前涼으로 시대 구분을 하였으며, 이를 근거로 下限은 376년이라 하였다. 吳浩軍(2012)

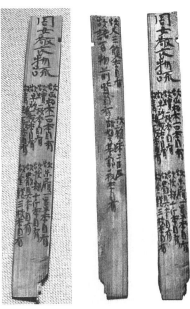

〈周女敬衣物疏(1.앞면 2.앞·뒷면, 高臺博物館 소장, 賈小軍 촬영)〉

은 실물 사진을 바탕으로 석독하였다.

4. 참고문헌

吳浩軍, 『河西衣物疏叢考—敦煌墓葬文獻研究系列之三』, 『甘肅省第二屆簡牘學國際學術硏討會論文集』, 上海古籍出版社 2012.

賈小軍·武鑫, 『魏晉十六國河西鎭墓文·墓券整理硏究』, 中國社會科學出版社, 2017.

고대 낙타성 전량 일명 목간(1998)
高臺 駱駝城 前涼 佚名 木簡

1. **출토지** : 감숙성 고대현 낙타성 유지

2. **개요**

    1) 발굴기간 : 1998년

    2) 발굴기관 : 고대현박물관

    3) 유적종류 : 고분

    4) 시대 : 십육국

    5) 시기 : 前涼 升平 23년(379년)

    6) 출토상황 : 1998년 고대 낙타성 유지에서 출토되어, 현재 고대현박물관에서 소장하고 있다.

3. **내용**

의물소 목독이며 한면에 3란으로 묵서했다. 총 26행이며 행당 글자 수는 6~12자이다. 보고서는 아직 나오지 않았다. 원본이 전시되고 있지만, 1면만 볼 수 있을 뿐만 아니라 글자도 희미하여 판별하기 어렵다.

4. **참고문헌**

吳浩軍, 「河西衣物疏叢考——敦煌墓葬文献研究系列之三」, 『甘肅省第二屆簡牘學國際學術研討會論文集』, 上海古籍出版社, 2012.

고대 낙타성 전량 주남 목간(2000)

高臺 駱駝城 前涼 周南 木簡

1. **출토지** : 감숙성 고대현 낙타성 남쪽

2. **개요**

   1) 발굴기간 : 2000년 6월

   2) 발굴기관 : 고대현박물관

   3) 유적종류 : 고분

   4) 시대 : 십육국

   5) 시기 : 前涼시기(376년 하한)

   6) 출토상황 : 2000년 고대 낙타성에서 출토되었고, 현재 고대현박물관에서 소장하고 있다. 이것도 紀年이 없으나 앞의 〈趙雙衣物疏〉와 〈趙阿茲衣物疏〉와 같은 곳에서 출토되었기 때문에 고대현박물관은 前涼으로 시대구분을 하였고, 이에 따르면 下限은 376년이다.

3. **내용**

   의물소 목독으로 한면에 3란으로 묵서했다. 총8행이며 행당 글자 수는 5~10자이다. 보고서는 아직 나오지 않았고, 吳浩軍(2012)이 실물 사진을 바탕으로 석독하였다.

〈周南衣物疏(1.앞면 ; 2.뒷면. 高臺博物館 소장, 賈小軍 촬영)〉

4. 참고문헌

寇克紅, 「高臺駱駝城前涼墓葬出土衣物疏考釋」, 『考古與文物』 2011-2.

吳浩軍, 「河西衣物疏叢考――敦煌墓葬文献研究系列之三」, 『甘肅省第二屆簡牘學國際學術研討會論文集』, 上海古籍出版社, 2012.

賈小軍·武鑫, 『魏晉十六國河西鎭墓文·墓券整理研究』, 中國社會科學出版社, 2017.

고대 낙타성 전량 하후승영 목간(1998)
高臺 駱駝城 前涼 夏侯勝榮 木簡

1. **출토지** : 감숙성 고대현 낙타성 유지

2. **개요**

  1) 발굴기간 : 1998년

  2) 발굴기관 : 고대현박물관

  3) 유적종류 : 고분

  4) 시대 : 십육국

  5) 시기 : 前涼 4세기

  6) 출토상황 : 1998년 고대 낙타성에서 출토되어 현재 고대현박물관에 소장되어 있다.

3. **내용**

의물소 목독이며 묵서이다. 좌우 모두 잔결이 있으며 10행이 남아있고 행당 글자 수는 6~13자이다. 보고서는 아직 나오지 않았고, 목독의 紀年이 없지만 고대현박물관에서 진열할 때 표제를 '夏侯勝榮衣物疏'라고 하고 '魏晉'으로 시대구분을 했었다. 하지만 낙타성 유지 지역에서 나온 십육국시기의 다른 의물소와 유사하기 때문에 일단 여기서는 前涼 계열로 분류해 둔다.

4. **참고문헌**

吳浩軍, 「河西衣物疏叢考一敦煌墓葬文献研究系列之三」, 『甘肅省第二屆簡牘學國際學術硏討會論文集』, 上海古籍出版社, 2012.

고대 허삼만 전진 목간(2000)

高臺 許三灣 前秦 木簡

1. **출토지** : 감숙성 고대현 낙타성 유지 서쪽 8㎞ 허삼만 五道梁 묘군

2. **개요**

    1) 발굴기간 : 2000년 10월

    2) 발굴기관 : 고대현박물관

    3) 유적종류 : 고분

    4) 시대 : 십육국

    5) 시기 : 前秦 建元 20년(384년)

    6) 출토상황 : 감숙성 고대현 낙타성 유지에서 서쪽으로 8㎞ 떨어진 허삼만 남서쪽의 오도량 묘군을 다시 매립하며 일찍이 도굴당했던 묘장을 정리할 때 출토되었다.

3. **내용**

題記 문자는 관 덮개판 안쪽에 쓰여 있었으며, 관 덮개판은 소나무로 제작되었고 길이 210㎝ 너비 39㎝ 두께 5㎝이며 장방형이었다. 題記는 예서로 묵서했는데, 왼쪽에서 오른쪽으로 6행이 세로로 쓰여 있었다.

4. **참고문헌**

寇克红, 「高臺許三灣前秦墓葬題銘小考」, 『高臺魏晋墓與河西歷史文化研究』, 甘肅教育出版社, 2012.

스타인 수집 아스타나 전량 목간(1914)
阿斯塔那 前涼 木簡

1. **출토지** : 신강위구르자치구 투르판시 아스타나 墓區 서북쪽 묘장

2. **개요**

   1) 발굴기간 : 1914년

   2) 발굴기관 : 오렐 스타인 중앙아시아 탐험대

   3) 유적종류 : 고분

   4) 시대 : 십육국

   5) 시기 : 前涼 升平 八年(364년)

   6) 출토상황 : 오렐 스타인은 신강 아스타나 墓區의 서북쪽에 흩어져 있던 몇몇 묘장들을 '제6區'로 지정하였다. 그 묘장 중에서도 남쪽으로 조영된 1개 묘장은 비교적 높은 구릉에 자리하고 있는 3인 합장묘였다. 묘실 후벽에는 2명의 여성과 1명의 남성 및 牛車·무릎을 굽힌 낙타·꽃나무 벽화가 그려져 있었다. 묘 안에는 자수를 한 직물·견직물 조각·면사 스카프·작은 헝겊신·화살·나무로 만들어진 2남2녀의 俑이 있었다. 묘에서 종이문서는 발견되지 않았으며, 목간 1매 만이 발견되었다.

3. **내용**

   목간 상단부에 2행으로 글자가 서사되었다. 우측 행의 글자는 이미 희미해져서 분명치 않으며, 좌측 행의 글자는 "升平八年六月三日" 8글자가 남아 있다.

4. **참고문헌**

陳國燦, 『斯坦因所獲吐魯番文書硏究』, 武漢大學出版社, 1995.

투르판 아스타나 북량 62호묘 목간
(1966~1969) 吐魯番 阿斯塔那 北涼 62號墓 木簡

1. 출토지 : 신강위구르자치구 투르판시 고창구 아스타나-카라호자 62호 북량묘(TAM62)

2. 개요

    1) 발굴기간 : 1966~1969년

    2) 발굴기관 : 신장위구르자치구 박물관

    3) 유적종류 : 고분

    4) 시대 : 십육국

    5) 시기 : 北涼 緣禾5년(436년)

    6) 출토상황 : 신강위구르자치구 박물관은 아스타나[三堡] 북쪽, 카라호조[二堡]의 서쪽 지구에서 고묘 총 95기를 정리하면서 TAM43-147의 편호를 붙였다(그중 정리가 안 된 것은 10기). 또 카라호자 동쪽에서 정리된 것 10기에는 TKM15-54의 편호를 붙였다(그중 정리가 안 된 묘지 30기). 두 지역에서 총 정리된 묘장이 105기였으며 그중 완전히 도굴당한 12기를 제외한 나머지 93기도 대부분 도굴을 당하였다. 이 93기의 묘를 대략 3시기로 나누면 제1기는 서진·십육국에서 남북조 중기(3세기 중반에서 6세기 초)까지이며 대략 高昌郡을 설치한 시기에 해당한다.

3. 내용

2매의 목간이 묘장 TAM53·TAM62에서 출토되었다. 그중 66TA M53:9 편호가 붙은 목간은 전체 3행으로 행마다 16~19자를 묵서했다. TAM62 출토 목간은 緣禾 5년의 수장품 목록인데, 緣禾는 北涼 沮渠蒙遜의 연호이며, 緣禾5년은 436년에 해당한다. 이 시기는 北涼이 高昌郡을 설치한 때이다.

4. 참고문헌

新疆維吾爾自治區博物館, 「吐魯番縣阿斯塔那-哈拉和卓古墓群淸理簡報」, 『文物』 1972-1.

王素, 『吐魯番出土高昌文献編年』, 臺北新文豊出版公司, 1997.

투르판 아스타나 북량 177호묘 목간(1972)
吐魯番 阿斯塔那 北涼 177號墓 木簡

1. **출토지** : 신강위구르자치구 투르판시 고창구 아스타나 177호 북량 묘

2. **개요**

    1) 발굴기간 : 1972년

    2) 발굴기관 : 신강 고고문물소

    3) 유적종류 : 고분

    4) 시대 : 십육국

    5) 시기 : 北涼 承平 13년(455년)

    6) 출토상황 : 1972년 아스타나177호묘에서 출토된 묘지의 형태는 매우 독특한데, 투르판 출토 墓志 中 가장 이른 것으로 〈且渠封戴墓表〉라는 제목이다. 재질은 회황색의 사암석이고, 높이 43.5㎝ 너비 35㎝ 두께 16㎝이다. 윗부분은 반원형이며 아랫부분은 홈이 파여 있는 基座 위에 끼워져 있었다. 墓表의 표면에는 붉은 색 안료가 칠해져 있으나 기본적으로 벗겨졌고, 위에는 "大涼承平十三年歲在乙未四月廿四日冠軍將軍涼都高昌太守都郎中大且渠封戴府君之墓表也"라는 문자가 예서체로 새겨져 있다. 이외에 목질의 〈且渠封戴追贈令〉 1매가 출토되었는데, 7행으로 앞뒤가 완전한 편이다.

3. **내용**

〈承平十三年(455)四月廿一日追贈且渠封戴敦煌太守令〉으로 명명된 목질 문서는 "故冠軍將軍·都郎中·高昌太守封戴"이라 하여 묘주의 신분을 특정하고 있다. 문서 말미 "升平十三年四月廿一日, 起向書吏部"의 기재는 행정문서의 전형을 보여준다. 또 한편으로 "魂而有靈, 受兹嘉寵"과 같은 내용은 해당문서가 '告地'의 목적을 가진 것이었음을 추측하게 해준다.

4. 참고문헌

周偉洲, 「試論吐魯番阿斯塔那且渠封戴墓出土文物」, 『考古與文物』 1980-1.

新疆文物考古研究所, 「阿斯塔那古墓群第十次發掘簡報(1972~1973)」, 『新疆文物』 2000-3·4 期合刊.

王素, 『高昌史稿·統治編』, 文物出版社, 1998.

王素, 「高昌王令形制綜論」, 『西域研究』 2019-1.

카라호자 고묘군 출토 목간(1975)

哈拉和卓 古墓群 出土 木簡

1. 출토지 : 신강위구르자치구 투르판시 화염산공사 카라호자 지구 저수지 공사장 고묘군

2. 개요

　　1) 발굴기간 : 1975년

　　2) 발굴기관 : 신강박물관 고고대

　　3) 유적종류 : 고분

　　4) 시대 : 십육국~고창국 시기

　　5) 시기 : 4~6세기

　　6) **출토 상황** : 카라호자[哈拉和卓] 고묘군은 유명한 화염산의 남록, 고창고성의 동북쪽에 위치한다. 1975년에 고고팀이 고묘 51기를 발굴하였으나, 이 중 11기의 墓頂은 붕괴 상태가 심각하여 정리 작업을 진행할 수 없었다. 따라서 실제로 발굴한 묘장은 40기였다. 발굴된 고묘는 대체적으로 3기로 구분할 수 있다. 제1기는 11기가 있는데, 16국시기 柔然에서 군을 설치하여 高昌을 통제하는 초창기에 해당한다(闞氏 高昌 시기). 이 시기의 출토 문물은 주로 목기이며, 木俑·木牛車·木鳩杖·木梳 등이 있다. 도기도 적지 않으며, 출토된 絲織品 중 絹이 비교적 많다. 주목해야 할 것은 해당 묘지에서 17매의 代人木牌가 출토된 것이다. 제2기에서도 1매의 代人木牌가 출토되었다.

3. 내용

　17매의 代人木牌는 3가지 유형으로 구분된다. 제1유형은 총 4매이며, 木牌의 길이는 10.2~22㎝ 너비는 1.6~2.8㎝ 두께는 0.3~0.6㎝이다. 목패의 상단은 머리 모양이며 하단은 뾰족한 모양으로 조각되었다. 머리 부분은 검은색의 墨線으로 얼굴, 짙은 눈썹, 큰 눈, 짧은 팔자

수염을 그렸으며, 몸 부분에 '代人' 두 글자가 적혀 있다. 그중 3매는 '代人'의 아랫부분에 'x'

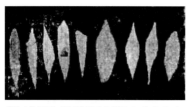

〈'代人' 목판 앞면(75TKM90:1、2、5、6、8、10、12-15〈a〉)〉(『文物』1978-6 轉載)

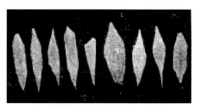

〈'代人' 목판 뒷면(75TKM90:1、2、5、6、8、10、12-15〈b〉)〉(『文物』1978-6 轉載)

기호를 추가하였다(75TKM97:3-5). 제2유형은 총 4매로, 목패의 길이는 12.1~14.2㎝ 너비는 1.8~2.6㎝ 두께는 0.3~0.8㎝이고 네모난 형태이다. 목패에는 빨간색의 가로와 세로로 된 짧은 선이 있다(75TKM91:6-9). 제3유형은 총 9매이다. 木牌의 길이는 7.9~11.1㎝ 너비는 1.9~3.9㎝ 두께는 0.1~0.7㎝이고 네모난 형태이며, 정면에 빨간색의 '代人' 두 글자를 필사했다. 윗면에 朱書로 소그드 계통 문자로 추정되는 'Kiši'(75TKM90:1、2、5、6、8、10、12-15)가 필사되어 있는데 정확히 어떤 언어인지는 확실하지 않다. 쿠르반 와리[庫爾班·外力]은 'Kiši'를 소그드 문자로 서사된 고대 돌궐어이며, 뜻은 사람·하인, 혹은 아내의 의미라고 했다.

제2기의 고묘에서 출토된 1매의 대인목패 'x'(75TKM89:2)는 길이 9.5㎝ 너비 2.8㎝ 두께 0.5㎝이고, 네모난 형태이며 朱書이다.

4. 참고문헌

新疆博物館考古隊, 「吐魯番哈拉和卓古墓群發掘簡報」, 『文物』 1978-6.

王素, 『吐魯番出土高昌文獻編年』, 臺北新文豐出版公司, 1997.

4. 남북조南北朝 목간

투르판 아스타나 고묘군 도인 목간(1984)
吐魯番 阿斯塔那 古墓群 桃人 木簡

1. **출토지** : 신강위구르자치구 투르판시 아스타나 고묘군

2. **개요**

   1) 발굴시간 : 1984년 2월 20일

   2) 발굴기관 : 신강 투르판 지구 문물관리소

   3) 유적종류 : 고분

   4) 시대 : 北魏 중기 혹은 北齊·北周 시대

   5) 시기 : 약 6세기

   6) 출토상황 : 1984년 2월 20일 신강 투르판 지역 문물관리소는 아스타나 고분군의 보존 상황을 살펴보던 중, 앞뒷면에 문자가 기록된 작은 목패 1점을 발견하였다. 발굴자들은 이 목패가 봉토에 묻힌 이후, 후대 사람에게 전달되지 않은 것으로 보고 있다. 목패가 묻힌 묘는 정비된 묘군의 서쪽에 위치하며, 336호 묘에서 남쪽으로 400m 떨어져 있고 봉토의 높이는 지면에서 30㎝ 정도 되는 소형 묘장이다. 이 목패는 현지의 복숭아나무로 만들어졌으며, 길이 21㎝ 두께 1.1㎝ 윗 너비 5㎝이고 전체적으로 평평하며 아랫부분이 뾰족하다. 기록된 내용에 따르면 이 무덤의 주인은 張龍勒이다. 목패에 기록된 문자의 파임(乀) 필체에는 隷意가 남아 있는데, 이 묘군에서 출토된 麴氏 高昌國 高昌 시기의 문서 및 墓志의 필적과 유사하다.

3. **내용**

   목패의 앞면 윗부분은 하나의 圖案으로서 이미 희미하고, 아랫부분에는 완전한 양행 묵서 문자가 있다. 내용은 "桃人一枚, 可守張龍(第一行)勒墓舍一所. 東千[阡](第二行)"이다.

   뒷면에는 묵서 문자 3행이 있으며, 그 윗부분에도 역시 잔결된 문장이 있다. 내용은 "[南]陌,

北陌. 自與先人相(第一行) 使后世.冒[茂]. 不得 徊俊(第二行) 如律令(第三行)"이다.

4. 참고문헌

柳洪亮, 「吐魯番阿斯塔那古墓群新發現的"桃人木牌"」, 『考古與文物』 1986-1.

투르판 아스타나 고창국 90호묘 목간 (1966~1969)吐魯番 阿斯塔那 高昌國 90號墓 木簡

1. **출토지**: 신강위구르자치구 투르판시 아스타나-카라호자 90호 고창국 묘(TAM90)

2. **개요**

   1) 발굴기간 : 1966~1969년

   2) 발굴기관 : 신강위구르자치구 박물관

   3) 유적종류 : 고분

   4) 시대 : 남북조

   5) 시기 : 高昌國 延昌 8년(568년)

   6) 출토상황 : 미상

3. **내용**

석문 전문은 "延昌八年十月十六日丁巳張武俊妻翟氏墓表"로, 연대와 묘주의 정보를 담은 표제와 같다.

4. **참고문헌**

新疆維吾爾自治區博物館, 「吐魯番縣阿斯塔那-哈拉和卓古墓群清理簡報」, 『文物』 1972-1.

王素, 『吐魯番出土高昌文献編年』, 臺北新文豊出版公司, 1997.

신강 빠다무 201호묘 목간(2004)
新疆 巴達木 201號墓 木簡

1. 출토지: 신강위구르자치구 카스[喀什]지구 빠다무[巴達木]

2. 개요

    1) 발굴기간 : 2004년 10월

    2) 발굴기관 : 吐魯番地區文物考古工作者

    3) 유적종류 : 고분

    4) 시대 : 남북조

    5) 시기 : 麴氏 高昌國 延昌14년(574년)

    6) 출토상황 : 이 나무 墓表는 신강위구르자치구 빠다무[巴達木] 2호 묘지의 康氏 가족묘지 201호묘의 묘도 서벽 아래에서 나왔다. 호양목으로 만들었으며 직사각형으로 아래쪽으로 기울어진 형태이다. 왼편의 길이 23.5㎝ 오른편의 길이 28㎝에 하단의 너비가 10.7㎝ 두께는 3.6㎝이다. 붉은 색으로 글씨를 썼는데, 현재 글자는 부분적으로 흐릿한 상태이다. 편호는 2004TBM201:1이다.

3. 내용

    총 3행으로 이루어진 나무 묘표는 1행이 "延昌十四年甲午歲二月"이라 하여, 연호와 년월, 이어서 2행이 "廿一日, 康虜奴公母之"라고 하여 묘주 정보를 기입한 후, 마지막 3행에 "墓表" 두 글자를 기입했다.

4. 참고문헌

榮新江·李肯·孟憲實 主編,『新獲吐魯番出土文獻』, 中華書局, 2008.

산동 임구 북제 왕강비 목간(미상)
山東 臨朐 北齊 王江妃 木簡

1. 출토지: 산동성 임구현
2. 개요
   1) 발굴기간 : 미상
   2) 발굴기관 : 미상
   3) 유적종류 : 고분
   4) 시대 : 남북조
   5) 시기 : 北齊 武平 4년(580년)
   6) 출토상황 : 미상

3. 내용

북제 시기 高僑가 사망한 아내인 王江妃를 위해 만든 墓券이다. 앞면은 告地書이고, 뒷면은 衣物疏이다.

고지서에는 "武平四年"의 연호를 비롯해, 77세에 사망한 묘주 왕강비의 개인 이력을 기록하고 각종 신령의 보증을 통해 저승에 들어갈 수 있기를 청하고 있다. 남편인 高僑가 자신을 "釋迦文彿弟子"라 칭하고, "書者觀世音"을 언급하는 등, 뚜렷한 불교적 색채가 나타난다.

4. 참고문헌

端方, 「陶齋藏石記」 卷13 『高僑爲妻王江妃造木版』, 『石刻史料新編』 11, 新文丰出版公司, 1982년 2판.

5. 수당隋唐 목간

당 서주 국창독 목간(2006)
唐 西州 麴倉督 木簡

1. 출토지: 신강위구르자치구 투르판시 아스타나 607호 묘

2. 개요

　1) 발굴기간 : 2006년 9월 9일~12일

　2) 발굴기관 : 吐魯番地區文物局, 新疆自治區博物館

　3) 유적종류 : 고분

　4) 시대 : 당대

　5) 시기 : 당 현종 開元연간(713~741년)

　6) 출토상황 : 이 묘는 투르판 아스타나 2구역의 중부에 위치한다. 묘장은 경사진 土洞墓인데, 묘도 내 1.3m 들어간 지점의 동측 벽 아래에서 代人木牌 1점이 발견되었다. 묘는 이미 도굴되어 출토된 紙質문서와 代人木牌 외에 다른 유물은 없다. 紙質문서에 당 중종의 연호인 '神龍元年', '神龍二年', '景龍二年' 등이 나오지만 실제 묘장 시기는 현종 개원 연간으로 추정된다. 또 목패의 문자에서 묘주는 麴氏 성을 가진 西州 倉督이라는 것을 알 수 있다.

3. 내용

2006TAM607:1로 편호된 목패는 "此是麴倉督身"의 여섯 글자가 기재되어 있다.

4. 참고문헌

榮新江·李肖·孟憲實 主編, 『新獲吐魯番出土文獻』, 中華書局, 2008.

크야크쿠두크 당대 봉수대 목간(2016)

克亞克庫都克 唐代 烽燧臺 木簡

1. **출토지**: 신강위구르자치구 투르판시 크야크쿠두크 봉수대 유지

2. **개요**

　　1) 발굴기간 : 2016년

　　2) 발굴기관: 신강 문물고고연구소

　　3) 유적종류: 봉수대 유적

　　4) 시대 : 당대

　　5) 시기 : 7~9세기

　　6) 출토상황 : 新疆 文物考古硏究所 黨志豪는 투르판시 경내에 급히 보강해야 할 장성 42
곳에 대하여 상세한 고고 조사를 진행했다. 동시에 일부 유적지의 정리를 진행했는데, 이 과정
에서 소량의 목간·문서 및 기타 유물이 출토되었다. 또 胡興軍은 巴州 경내 실크로드를 따라
분포한 33곳의 봉수대 유적지를 조사했는데, 그중 봉수대 유지 7곳에서 고고 발굴을 집중 진행
하여, 크야크쿠두크 봉수대 유지에서 목간 45매, 紙質 문서 90건을 발견했다. 판독 가능 문자
는 '開元' 연호 및 唐代 군사시설인 '守捉', 한문 題記 등이 있었다.

3. **내용**

　2016년 출토된 크야크쿠두크 봉수대 목간 45매와 紙質 문서 90건에서 판독 가능한 문자는
'開元' 연호, 唐代 군사시설인 '守捉', 한문 題記 등이 있다.

4. **참고문헌**

新疆考古所社科院考古所, 「2016年新疆文物考古成果匯報會紀要」, 『中國考古網』 2017.1.6.

크야크쿠두크 당대 봉수유지 목간(2019)

克亞克庫都克 唐代 烽燧臺 木簡

1. **출토지**: 신강위구르자치구 위리현 경내 크야크쿠두크 봉수 유지

2. **개요**

    1) 발굴기간 : 2019년 10월

    2) 발굴기관 : 신강 문물고고연구소

    3) 유적종류: 봉수 유적

    4) 시대 : 唐

    5) 시기 : 7~10세기

    6) 출토상황 : 발굴 정황 보도에 따르면, 크야크쿠두크 봉수 유적지는 대형 모래언덕 위에 축조된 것으로 봉수 본체·거주 가옥 등의 건물로 구성된 완전한 형태의 구조이고 기능이 잘 갖추어진 복합 군사시설 유적지이다. 봉수는 사구 동쪽 부분에 있었는데, 바람을 맞은 동·북쪽 양측이 크게 붕괴되었다. 현재 봉수의 평면도 형태는 대략 정방형으로 정면은 사다리꼴이며, 3층 혹은 4층의 흙벽돌 사이에 갈대풀을 한 층 끼워놓고, 중간 부분에 백양나무를 겹쳐 쌓아 만들었다. 아랫부분은 길이 8m 정도 남아 있으며 높이는 약 7m이다. 사구 서부에서 표층의 모래를 정리한 후, 가옥 3칸을 발견하였다. 가옥의 건축 방식은 '減地法'을 사용했고 아래쪽을 파내어 원래의 生土가 쌓이는 동안 3칸 반의 地穴식 가옥을 파서 지었는데, 실내 면적이 약 80㎡이다.

    사구 남쪽 언덕 아래 '쓰레기 더미' 유적지에서 갈대풀·가축의 대소변 및 각종 생활 유물을 포함하여 현재까지 800여 건(점)의 유물이 출토되었는데, 그중 종이문서·목독 633건(점)이 포함되어 있다.

    출토 유물 및 탄소14 측량연대법을 통해 봉수 유적지는 당대에 축조된 사실이 확인되었는데, 크야크쿠두크 봉수는 安西4鎭 중 하나인 焉耆鎭 하에서 토번의 침입을 막기 위해 축조한 군사

시설이었다. 咸亨 元年(670) 이후 토번은 靑海 吐谷渾 지역을 장악하여 安西4鎭으로 통하는 길을 열었다. 이후 焉耆 동쪽은 唐과 토번 간의 첨예한 대결이 펼쳐지면서 安西·北庭都護府를 잇는 요충지로서 엄중한 방어가 요구되었다. 토번이 '樓蘭路'를 따라 焉耆鎭을 기습하는 것을 막기 위해 鎭의 동쪽인 孔雀河 연변에 각급 군사 시설을 축조하여 봉수 경계선을 구축했던 것이다.

3. 내용

크야크쿠두크 봉수 유지 출토 유물에는 종이 문서와 목독 633건이 포함되어 있다. 종이문서는 출토 시 대부분 둥근 형태였는데, 초보적인 석독을 거쳐 크야크쿠두크 봉수 유적지는 하나의 순찰소급 기관 주둔지, 孔雀河 봉수군 일선의 군사 방위선으로 확인되었고, 이를 '樓蘭路'라 부른다. 크야크쿠두크 봉수 유적지는 '樓蘭路'의 길을 지키고, 약간의 烽鋪를 관리하며 인근 연선의 방어를 담당하였다. 문서의 성질은 주로 武周시기부터 開元 연간까지 순찰소와 관할 각 烽鋪 및 상급 관리 기구 사이 왕래한 군사 문서이며, 그 내용에는 孔雀河 연변의 봉수와 관련된 각급 군사 시설의 명칭이 상세히 기록되어 있다. 예를 들어 臨河烽·馬鋪烽·沙堆烽·黑河鋪·猪泉谷鋪·榆林鎭·通海鎭·掩耳守捉·于术守捉·焉耆守捉·安西都護府 등은 역사 문헌 중 唐代 安西4鎭의 하나인 焉耆鎭 軍鎭 방어 체계의 공백을 메웠다. 문서는 이외에 授勳告身·賑單·私人信札·書籍·文学作品 등의 내용이 있으며, 군사·정치·경제·문학 여러 방면을 포함한다.

출토 목독은 상태가 양호하고 글자 흔적도 뚜렷한데, 내용은 주로 烽鋪와 순찰소 간의 計會交牌와 平安火 제도가 기재되어 있다. '計會交牌' 제도에 관한 木質의 실물 표본은 중국에서는 처음 나온 것이다. 또 康覽延의 군공을 기재한 문서 및 강권을 두려워하지 않는 부부에 대한 故事를 묘사한 『韓朋賦』 등이 포함되어 있다. 『韓朋賦』는 당시 이야기꾼들의 초고였을 가능성이 크다. 이들 문헌 자료는 唐代 軍鎭의 방어체계는 물론, 唐代의 변경 생활에 대한 중요한 자료를 제공한다.

출토된 각종 문서·목독의 수량은 방대하고 내용은 풍부하여 여러 방면에서 역사의 공백을 메웠으며, 당대의 군사·정치·경제·문화·사회생활 각 분야를 이해하는 데 매우 중요한 역할을 하였다. 당대 중앙왕조의 서역에 대한 효과적인 통치와 관할·서역 지역의 중앙정부에 대한 문화적 동질감 등 많은 측면을 실증하는데 중요한 의미를 가진다.

4. 참고문헌

「2019年國家文物局發布四項"考古中國"絲綢之路考古重大成果之四: 新疆尉犁縣克亞克庫都克烽燧遺址」, 『中國文物報』 2019.11.26.

6. 토번·우전·카로슈티·쿠차 출토 목간

토번 목간(1959, 1973, 1974)
吐蕃 木簡

1. **출토지** : 신강위구르자치구 나포뇨이 남안 미란고성유적, 일부 호탄 북쪽 木圖塔克 출토

2. **개요**

    1) 발굴기간 : 1959년 10월·1973년·1974년

    2) 발굴기관 : 신강박물관

    3) 유적종류 : 유지

    4) 시대 : 토번

    5) 시기 : 7~9세기

    6) 출토상황 : 미란고성은 婼羌縣 동북쪽 약 75㎞ 지점에 위치한다. 청신고속도로는 고성의 중심지를 관통하는데, 고성에는 남쪽에서 북쪽으로 흐르는 마른 하상이 남아있다. 고성 내에 모래가 섞인 빨간 도편과 회도편이 산재되어 있으며, 토치카·불교사찰은 기본적으로 흙덩이로 건축한 것이다. 토치카의 높이는 약 20m이며 밑 부분의 직경은 약 10m 정도이다. 제3호 방은 길이 370㎝ 너비 290㎝ 깊이 140㎝로 건축되었고, 출토 문물은 14점이 있었다. 티베트문자가 적힌 목간 4매가 발견되었으며, 길이 15.6㎝ 직경 1.3㎝이다. 제4호 방에서 티베트문자가 적힌 목간은 21매가 발견되었는데 큰 것과 작은 것 2가지로 구분된다. 하나는 길이 10.6㎝ 너비 1.6㎝이고, 다른 하나는 길이 14.4㎝ 너비 2.3㎝이며, 한쪽 끝에 작은 구멍이 있다. 제5호 방에서 티베트문자가 적힌 목간이 14매가 나왔으며, 목간의 길이는 19.9㎝ 너비 3㎝이며 간의 한쪽 끝에 작은 구멍 하나가 있다. 제6호 방에서 티베트문자가 적힌 목간이 59매, 제7호 방에서는 티베트문자가 적힌 목간·종이 파편과 목독 95점이 나왔다. 제8호 방에서 티베트문자가 적힌 목간과 종이 파편 13점이 나왔다. 제9호 방에서 티베트문자가 목간 19매와 종이 파편이 나왔다. 王堯와 陳踐의 견해(1986)에 따르면 상술한 간독은 총 225매이다. 1973년 穆舜英의 기

술에 따르면, 미란고성의 토번 성루는 남쪽으로는 옛 미란 하천과 인접하고, 감숙 돈황에서 곤륜산의 북쪽으로 통하는 요도이다. 이 古堡는 남북으로 약 56m 동서 길이 약 70m의 불규칙한 방형 방어용 성루인데, 성루의 네 모서리에 망루가 건축되었고, 성벽은 흙으로 건축하였는데 아래층은 항토이며, 항토층 가운데에 붉은 버들가지가 섞여있다. 항토층 위에 흙벽돌로 쌓은 벽의 상태로 볼 때, 여러 차례 개축·증축작업이 진행되었음을 알 수 있다. 성루의 뒤쪽 가옥 유지에서 대량의 목간과 문서가 출토되었다.

3. 내용

간독은 다음과 같은 특징을 지니고 있다. 첫째, 간독 우측에 나무 홈이 있어 끈을 묶거나 봉니를 추가할 수 있다. 둘째, 대부분 간독에 깎아낸 흔적이 남아있어, 여러 차례 재사용했음을 알 수 있다. 깎아낸 차례마다 매번 옆에 기호를 새겼다. 셋째, 우측 끝에 구멍이 있어 끈으로 여러 매의 간독을 연결할 수 있는 '韋編'에 해당한다. 넷째, 간독 문자는 예스럽고 소박하면서 다수가 正字가 아닌 俗字 및 약자로 서사되었는데, 아마 하급 군사와 관리가 서술한 듯하다.

4. 참고문헌

王堯·陳踐, 『吐蕃簡牘綜錄』, 文物出版社, 1986.

도란 열수묘군 티베트 문자 목간
(1982, 1999, 2005) 都蘭 熱水墓群 藏文 木簡

1. 출토지 : 청해성 해서몽고족장족자치주 도란현 열수향 경내 열수묘군

2. 개요

    1) 발굴기간 : 1982, 1999, 2005년

    2) 발굴기관 : 청해성 문물고고연구소, 북경대학고고문박학원·청해고고연구소 연합 고고대

    3) 유적종류 : 고분

    4) 시대 : 당대

    5) 시기 : 7~8세기

    6) 출토상황 : 열수묘군은 청해성 도란현 察汗烏蘇鎭 동남 약 10㎞ 떨어진 熱水溝에 위치한다. 察汗烏蘇河 양안에 분포하고 있는데, 북안의 160여 기는 熱水1호대묘(일명 血渭1호대묘)를 중심으로 산록에 연하여 두 갈래로 길게 동서로 약 3㎞에 걸쳐 있다. 남안의 묘지는 열수1호대묘와 강을 사이에 두고 마주보면서 30여 기가 있다. 1999년 북경대학 고고문박학원과 청해고고연구소의 연합 고고대는 그중 비교적 큰 4기의 묘장을 발굴했다. 열수1호대묘는 청해성 전체에서 가장 큰 규모의 토번 시기 묘장이며 또 묘지를 전부 아우르는 고지이면서 중심이다. 1982~1985년 청해성 문물고고연구소는 열수1호대묘와 그 부속 유적에 대한 발굴을 진행했는데, 묘장의 구조와 출토 유물의 분석을 통해 8세기 중후기의 대형 토번 묘장임이 확인되었다.

3. 내용

都蘭 熱水 10호묘에서 11매의 고 티베트 문자 목독이 출토되었다. 고 티베트 문자 전문가 王堯와 陳踐이 한문으로 석독을 진행했었다. 이 11매 목독은 조문책의 형식으로 수장된 것이다. 망자를 애도하는 조문을 책에 기록하여 수장하는 습속은 지금도 청해 등지 장족의 상장으로 계

속되고 있는데 목적은 망자에게 친우들이 보내는 애도와 제사 등의 상황을 이해시키기 위한 것이다.

熱水1호대묘에서는 목독 잔편이 출토되어 현재 청해성 고고연구소에서 소장하고 있다. 그중 7매의 목독은 許新國의 「關于都蘭熱水鄕血渭一號大墓的族屬及年代」(2012)에서 공개되었다.

그 외에 南1호묘에서 고 티베트 문자 목독 1매(標本號 99DRNM1:36), 南2호묘에서 고 티베트 문자 목독 1매(標本號 99DRNM2:4), 南3호묘에서 고 티베트 문자 목독 2매(標本號 99DRNM3:154/155), 靑海省考古所가 2005년 察汗烏蘇河 북안에서 발굴한 묘에서 고 티베트 문자 목독 1매, 血渭6호묘에서 목독 1매가 각각 출토되었다.

都蘭縣 科肖圖 묘 출토 티베트 문자 목독에 대해서 스위스의 저명한 티베트학 학자 에이미 헬러[Amy Heller]는 "청해성 도란현 科肖圖 묘군의 묘실은 모두 비어있는데, 단지 출처 불명의 티베트 문자 목독 잔편만이 남아서 박물관에 개별적으로 진열되어 있고 모두 별도의 설명을 하고 있다"라고 했다. 그 수량은 분명하지 않다.

4. 참고문헌

王堯·陳踐, 「靑海吐蕃簡牘考釋釋」, 『西藏硏究』 1991-3.

에이미 헬러 저·霍川 역, 「靑海都蘭的吐蕃時期墓葬」, 『靑海民族學院學報』 2003-3.

靑海考古硏究所·北京大学考古文博學院 編著, 『都蘭吐蕃墓』, 北京科学出版社, 2005.

許新國, 「關于都蘭熱水鄕血渭一號大墓的族屬及年代」, 『靑海藏族』 2012-1.

阿頓·華多太, 「論都蘭古墓的民族屬性」, 『中國藏學』 2012-4.

도란 열수묘군 2018혈위1호묘
티베트 문자 목간(2018)

都蘭 熱水墓群2018血渭一號墓 藏文 木簡

1. **출토지** : 청해성 해서몽고족장족자치주 도란현 열수향 경내 열수묘군 2018血渭1호묘

2. **개요**

   1) 발굴기간 : 2018년

   2) 발굴기관 : 중국사회과학원고고연구소·청해성문물고고연구소 연합 고고대

   3) 유적종류 : 고분

   4) 시대 : 唐代

   5) 시기 : 7~8세기?

   6) 출토상황 : 도란 열수묘군 2018血渭 1號墓는 묘장의 규모가 크고, 묘원의 구조는 완전한 형태인데 이는 지금까지 靑藏高原에서 발견된 능묘 중 보존이 가장 완전하고 구조가 분명한 묘장이다. 묘원 건물은 담장·봉토·회랑과 제사 건물로 구성되어 있다. 墓墻의 평면은 방형에 가깝고, 동서 33m 남북 31m이다. 墓墻의 안에는 방형의 봉토가 있는데, 봉토의 둘레는 흙벽돌을 쌓아 올렸고, 동서 26.57m 남북 24.78m이다. 回廊은 墓墻과 봉토 사이에 끼여 있는데, 이는 봉토를 둘러싸고 있는 통로로서 북쪽 墓墻에 출입할 수 있는 문터가 발견되었다. 墓墻 동북 모퉁이 바깥쪽에 제사건물이 발견되었고, 2기의 돌로 된 집터(편호 F1·F2)로 구성되어 있다. 집터의 평면은 모두 장방형이다. F1은 동서 10.9m 남북 9.84m이다. 집터 북쪽 담장에 문을 내었고 문 바깥쪽에는 曲尺形의 석조 벽이 있으며, 집터 내 바닥에는 양의 견갑골 및 지면에 삽입된 나무 기둥이 발견되었는데, 혹 묘장 제사와 상관된 것으로 추정된다. 2호 집터F2는 F1의 서북쪽에 위치하며, 동서 5.58m 남북 5.53m이고 집터 동쪽 담장에 문을 내었다. 묘장은 墓道와 墓

穴로 구성되어 있다. 묘도는 묘혈의 동쪽에 위치하며, 계단식 묘도이고, 묘도 내에서 殉馬坑이 발견되었는데, 남북으로 길게 뻗은 형태로 길이 6.6m 너비 1~1.13m이다. 갱내 순장된 6필의 말이 있었다. 墓穴의 평면은 방형에 가까우며, 묘혈의 네벽에서 生土 계단이 발견되었고 상층은 석회암 재질이다. 현재 2층대·3층대를 고고발굴 하였고, 층계가 모두 고르지 않았다. 묘혈의 매립토에서는 순장인이 발견되었다. 묘도와 묘혈이 연결되는 곳에서 흙벽돌을 쌓은 照壁 흔적이 발견되었다. 발굴 결과 대량의 문물이 출토되었는데, 티베트 문자 목간·金銀帶具·장식품·견직물·皮革·칠기·터키석·수정 등이 있다. 이번에 발굴한 이 묘장은 규모가 크고 등급이 높아, 묘주의 높은 정치적 지위와 경제력을 반영하고 있다. 완전한 형태의 墓園은 처음 발견된 것으로 熱水墓群의 묘장제도와 葬俗을 연구하기 위한 중요한 고고 발견이라고 할 수 있다.

3. 내용

티베트 문자 목간이 출토되었지만, 아직 구체적인 내용과 수량은 알려지지 않았다.

4. 참고문헌

「國家文物局發布四項"考古中國"絲綢之路考古重大成果之三:青海都蘭熱水墓群2018血渭一號墓」, 『中國文物報』 2019.11.26.

2006년 수집 티베트 문자·브라흐미 문자 목간(2006)

1. **출토지**: 신강위구르자치구 투르판지구

2. **개요**

    1) 발굴기간 : 미상

    2) 발굴기관 : 미상

    3) 유적종류 : 미상

    4) 시대 : 미상

    5) 시기 : 미상

    6) 출토상황 : 2006년 신강위구르자치구 우르무치시의 모 문물 수집가가 수년간 수집해 온 80여 건의 투르판 출토 문서를 투르판지구 문물국에 기증했다. 그안에 1매의 티베트 문자 목간과 2매의 브라흐미 문자 목간이 포함되어 있다. 편호는 각각 2006 TZJI:191, 2006TZJI:192, 2006TZJI:193으로 매겨졌다.

3. **내용**

미상

4. **참고문헌**

榮新江·李肖·孟憲實 主編, 『新獲吐魯番出土文獻』, 中華書局, 2008.

약강 미란 유지 토번 목간(2012)
若羌 米蘭 遺址 吐蕃 木簡

1. 출토지 : 신강위구르자치구 남부 나포뇨이 호수 남안 미란 고성유지

2. 개요

   1) 발굴기간 : 2012년

   2) 발굴기관 : 신강문물고고연구소

   3) 유적종류 : 유지

   4) 시대 : 토번

   5) 시기 : 8~9세기

   6) 출토상황 : 2012년에 신강문물고고연구소는 미란 유지에 대하여 고고 정리 작업을 진행하였다. 이 발굴에서 총 300여 점의 문물이 출토되었으며, 모두 ⅯⅠ戍堡와 ⅯⅢ불탑이 붕괴된 흙 속에서 출토되었다.

   ⅯⅠ戍堡 건물의 흙 속에서 대량의 목간·皮甲·毛織物이 출토되었는데, 도기·동기도 일부 포함되어 있었다. ⅯⅢ불탑 동부·북부·서부의 붕괴된 흙에서 대량의 絹花·벽화 파편·목간이 출토되었다. ⅯⅠ戍堡에서 289점이 나왔는데, 이 중 목간 90매·각종 목기 103점·대나무 기물 5점·완전한 葫蘆 1점·骨角 기물 8점·방직물 35점·도기 28점·동기 7점·석기 9점·철기 2점·朱砂 1포 등이 포함되었다. ⅯⅢ 불탑이 붕괴된 흙에서 출토된 문물은 총 26점이며, 목기 8점·목간 1매·벽화 파편 5점·麻布 방직물 12점이 있었다.

3. 내용

   8세기 이후 토번이 이 지역을 점령하여 戍堡에서 대량의 토번문자 목간이 출토되었다. 목간에서 'Nob'라는 단어가 흔히 보이는데, 미란 고성이라는 의미인지 분명하지 않다.

4. 참고문헌

新疆文物考古硏究所,「新疆若羌米蘭遺址考古發掘新收穫」,『中國文物報』2013.3.15.

도란 왜연 티베트 문자 목간(2014)

都蘭 哇沿 藏文 木簡

1. **출토지** : 청해성 해서몽고족장족자치주 도란현 와연 저수지 상류 묘장군 M16·M23

2. **개요**

   1) 발굴기간 : 2014년 4월~9월

   2) 발굴기관 : 청해성문물고고연구소·섬서성고고연구원

   3) 유적종류 : 고분

   4) 시대 : 唐代

   5) 시기 : 740년 전후

   6) 출토상황 : 2014년 청해성문물고고연구소와 섬서성고고연구원이 협력하여 도란유적에 대해 구제발굴 작업을 진행하였고, 일부 목곽 묘에서 葛骨과 묵서의 티베트 문자 목간이 출토되었다. M23의 전체 구조는 원형 石圈·墓壙·夯土台·槨室 4가지 부분으로 구성되었다. 이 묘지의 도굴상태는 심각하였으나 토양층에 많은 수장품이 포함되어 있었고, 총 564점이었다. 이중에 陶片 475점·灰陶罐 1점·陶杯 1점·陶紡輪 15점·陶燈 14점·陶碗 2점·원형 陶片 10점·木簪 1점·木器殘件 1점·목간 3점·骨梗刀 1점·葛骨 15점·鑽孔骨條 4점·骨片 1점·骨刻 1점·角器 2점·방형 석기 2점·塗紅石塊 4점·皮革殘片 10점·漆皮 1점이 있었다.

   M16은 墓壙·石牆·槨室로 구성된 것이다. 墓壙의 평면은 장방형이며 단면은 거꾸로 돈 '凸'자형이다. 깊이 5.3m이고 입구의 동서 길이 3.62m 남북 너비는 3.52m이다. 곽실 사면의 벽 가운데와 한쪽에 티베트 문자가 서사되어 있다. 가운데의 티베트 문자는 방위를 나타내며, 밑단 아래부터 위까지 각자 티베트 문자의 첫 번째부터 9번째 자모를 기입해 목판 층의 순번을 표시하였다. 곽목에는 몇 개의 작은 글자가 있으나 보존상태가 좋지 않아서 판독하기 힘들다. 수장품은 모두 토양층에서 나온 것으로, 형태를 구별할 수 있는 기물은 20점이며, 모래가 섞인

灰陶罐 1점·銅飾 1점·鐵劍 2점·鐵釘 1점·木簡 2점·漆木碗 1점·橋形木塊 2점·木條 1점·鹿角器 1점·皮環 1점·皮繩 1점·琥珀墜飾 1점·綠松石飾 1점·鈉鈣玻璃珠飾 1점·貝飾 1점·金屬帶具 2점이다. 이외에 陶片 5점·紡織品殘片과 일부의 식물 씨앗이 있다. 출토된 측백나무를 감정한 결과, 이 묘장의 시대는 대략 740년 전후로 추정되는데 당시 도란 지역을 지배했던 토번의 유물이었을 것이다.

3. 내용

2014년 발굴한 목곽묘 M16·M23에서 출토된 蔔骨·목간은 티베트 문자가 묵서되어 있고, 또 M16의 槨木 안쪽에는 방위와 층수를 기록한 티베트 문자가 나오기도 해서 이 시기 토번 문화의 영향을 알 수 있다.

4. 참고문헌

北京大學考古文博學院·青海省文物考古研究所, 『都蘭吐蕃墓』, 科學出版社, 2005.

青海省文物考古研究所, 「青海都蘭熱水哇沿水庫發掘古代遺址和墓葬―出土墨書古藏文蔔骨與木簡」, 『中國文物報』 2015.7.3.

李冀源·席琳·胡曉軍·陳海清·梁官錦, 「青海都蘭縣哇沿水庫古代墓葬2014年發掘簡報」, 『考古與文物』 2018-6.

바추 투어쿠즈샤라이 고성 목간(1959)
巴楚 脫庫孜沙來 古城 木簡

1. **출토지**: 신강위구르자치구 바추현 투어쿠즈샤라이 고성

2. **개요**

   1) 발굴기간 : 1959년4月

   2) 발굴기관 : 신강박물관 남강고고발굴대

   3) 유적종류 : 古城 유적

   4) 시대 : 위진 이후

   5) 시기 : 3세기 이후

   6) 유적과 출토상황 : 1959년 4월 신강위구르자치구 박물관 남강고고발굴대는 바추현[巴楚縣] 투어쿠즈샤라이[TuoKuZiShaLai 脫庫孜沙來] 고성 일대에서 발굴과 유물 수집을 진행하였다. 그 결과 문자가 있는 목간 20매와 한자와 다른 민족 문자로 기록된 紙片 150여 건을 얻을 수 있었는데 모두 위진시기 이후의 유물이다. 또 1959년 10월 신강박물관 고고대는 니야 유지에서 66건의 카로슈티 문서를 얻었는데, 같은 해 바추현 투어쿠즈샤라이 고성에서 1매의 카로슈티 문자 목독을 발견했다.

3. **내용**

1959년 신장위구르자치구 바추현 투어쿠즈샤라이 고성 일대에서 발견된 위진 이후 시기의 문자 목간 20매와 카로슈티 문자 목독 1매의 내용에 대해서 아직 자세한 내용이 알려지지 않았다.

4. 참고문헌

新疆博物館,「新疆巴楚縣脫庫孜沙來古城發現的古代木簡帶文字紙片等文物」,『文物』 1959-7.

李均明·劉國忠·劉光勝·鄔文玲,『當代中國簡帛學硏究(1949-2019)』, 中國社會科學出版社, 2019.

왕병화 수집 우전 문자 목간(1973)
王炳華 收集 于闐文 木簡

1. **출토지** : 신강위구르자치구 호탄

2. **개요**

   1) 발굴기간 : 1973년

   2) 발굴기관 : 신강박물관 고고대 왕병화

   3) 유적종류 : 미상

   4) 시대 : 미상

   5) 시기 : 미상

   6) 출토상황 : 1973년에 신강박물관 고고대의 왕병화는 호탄에서 목독 1매를 수습하였다. 이 문서는 于闐文(일종의 병음 문자, 또한 "于闐 塞文"으로 칭함)으로 작성된 것이다.

3. **내용**

이 문서는 온전한 형태의 계약 문서인데, 내용은 인신의 매매와 관련이 있다.

4. **참고문헌**

張平, 「若羌瓦石峽遺址調查與硏究」, 『西域考察與硏究』(馬大正·王嶸·楊鎌 主編), 新疆人民出版社, 1994.

伊斯拉菲爾·玉素甫, 「新疆新發現的古文獻及其硏究」, 『新疆文物』 1999-3·4.

처러 티에티커리무 유지 우전 문자 목간
(1978)策勒 鐵提克日木 遺址 于闐文 木簡

1. **출토지** : 신강위구르자치구 처러현 다마구향 동북 티에티커리무 유지
2. **개요**
   1) 발굴기간 : 1978년
   2) 발굴기관 : 처러현 문화부문
   3) 유적종류 : 고대 유적
   4) 시대 : 于闐王 尉遲信訶(visa , simhyi) 재위 4년 2월 5일
   5) 시기 : 8~9세기(더 이른 시기일 가능성도 있음)
   6) 출토상황 : 길이 22.5㎝ 너비 13.7㎝ 두께 2.6㎝이며, 2개의 木板을 붙여 안쪽에 글자를 써서 계약 내용을 기술하였다. 목함 뚜껑에는 흙받이[泥斗]가 있고, 작은 구멍을 통해 위아래 판자를 매듭지어 묶고 封泥로 도장을 찍어서 다른 사람이 몰래 개봉하는 것을 방비하였다. 이 목함은 처러현 다마구 공사대대 3소대의 한 농민이 파시 티에티커리무에서 발견한 것으로 알려졌다. 발견 이후 현지 문화재 부서로 전달하여 보존하였다. 이미 모래가 쌓인 티에티커리무 유지는 다마구향 동북쪽에 있으며, 경작지에서 약 1㎞ 떨어져 있는 광범위한 고대 유적이다.

3. **내용**

于闐 문자에 대해 오랫동안 연구를 한 독일 함부르크 대학의 에머릭(R.E.Emmerick) 교수가 해독을 진행하여, 「중국에서 새로 출토된 于闐語 문서」라는 제목으로 『伊朗研究』 제12권 제3기에 발표하였다.

4. 참고문헌

殷晴,「一件新發現的于闐語文書: 兼析古代塔里木南端的社會經濟情況」,『新疆社會科學研究』 1986-12.

니아 유지 카로슈티 문자 목간(1980)

尼雅遺址 佉盧文 木簡

1. 출토지 : 신강위구르자치구 니아 유지

2. 개요

    1) 발굴기간 : 1980년

    2) 발굴기관 : 신강박물관, 호탄지구문관소

    3) 유적종류 : 고대 유적

    4) 시대 : 미상

    5) 시기 : 미상

    6) 출토상황 : 1980년 신강박물관과 호탄지구문관소가 공동으로 조직한 발굴팀은 니아 유적을 발굴하였는데, 발굴 당시 카로슈티 문자 간독을 발견하였다. 해당 간독들은 목간·목독 총 35점이다. 현재 이 문서들은 호탄지구문관소에 수장되어 있다.

3. 내용

미상

4. 참고문헌

沙比提·阿合買提·阿合買提·熱西提,「被流沙掩埋的古城—尼雅遺址」,『新疆大學學報(維文版)』1985-2.

伊斯拉菲爾·玉素甫,「新疆新發現的古文獻及其研究」,『新疆文物』1999-3·4.

니아 유지 채집 카로슈티 문자 목간(1981)

尼雅遺址 採集 佉盧文 木簡

1. 출토지 : 신강위구르자치구 민풍현 북부 니아 유지
2. 개요
   1) 발굴기간 : 1981년
   2) 발굴기관 : 신강 민풍현위선전부 李學華
   3) 유적종류 : 고대 유적
   4) 시대 : 前涼 建興23年(335년)~前秦 建元18年(383년)
   5) 시기 : 4세기
   6) 출토상황 : 1981년 민간에서도 수십 매의 카로슈티 문자 목독 문서가 수집되었다. 林梅村이 발표한 「新疆尼雅發現的佉盧文契約考釋」(1989)에 근거하면, 그중 한 목독은 신강 민풍현 위선전부 소속의 李學華가 1981년에 민풍현 북부 깊은 사막에 위치한 니아 유지에서 발견한 것이지만, 정확한 출토지는 알 수 없고 編號도 없다. 해당 목독들은 현재 호탄문물관리소에 수장되어 있다.

3. 내용

   이혼을 증명하는 1매의 契券이며, 작성 시기는 대략 前涼 建興 23년(335년)에서 前秦 建元 18년(383년)으로 추정된다.

4. 참고문헌

   林梅村, 「中國所出佉盧文研究目錄(1875-1992)」, 『西域考察與研究』(馬大正・王嶸・楊鎌 主編), 新疆人民出版社, 1994.

林梅村,「新疆尼雅發現的佉盧文契約考釋」,『考古學報』1989-1.

林梅村,「新發現的幾件佉盧文書」,『中亞學刊』第3輯, 中華書局, 1990.

니아 유지 중일 학술조사대 발굴
카로슈티·한문 목간(1988~1997)

尼雅遺址 中日學術調査隊 發掘 佉盧文·漢文 木簡

1. **출토지** : 신강 니야 유지

2. **개요**

  1) 발굴시간 : 1988~1997년

  2) 발굴기관 : 중일 니아유지 학술조사대

  3) 유적종류 : 고대 유적

  4) 시대 : 미상

  5) 시기 : 미상

  6) 출토상황 : 중국과 일본이 공동으로 조직한 니아 유적지 학술조사대는 9차 과학 고찰을 진행하여, 카로슈티 간독 50매 정도를 발굴하였다. 이들은 8차 유적지 조사 때도 N5 유적지에서 한문 목간 9매를 발견하였다. 이들 간독은 현재 신강 문물고고연구소에 수장되어 있다.

3. **내용**

미상.

4. **참고문헌**

伊斯拉菲尔·玉素甫,「新疆新發現的古文獻及其研究」,『新疆文物』1999-3·4.

카라돈 유지 우전 문자 목간(1990년대 초)

喀拉墩 遺址 于闐文 木簡

1. **출토지** : 신강위구르자치구 케리야 강 하류 카라돈 유지

2. **개요**

    1) 발굴시간 : 1990년대 초

    2) 발굴기관 : 신강 케리야 강 및 타클라마칸 과학탐험고찰대

    3) 유적종류 : 고대 유적

    4) 시대 : 西晉~남북조시기

    5) 시기 : 4~6세기

    6) 출토상황 : 신강 케리야 강 하류의 카라돈 유지는 호탄에서 북쪽으로 직선거리 190㎞ 떨어진 곳에 위치한다. 1990년대 초 이곳 유지 城堡의 동남쪽으로 약 1㎞ 지점에 위치한 집터 근처에서 于闐文 목판문서(표본 1990YKC:040) 및 도기를 입수하였다. 도기의 형태는 주로 罐·瓮·碗·鍋 등이며, 동철기의 경우 주로 동전·鐵杯 및 철기 잔편들과 木石器·유리 조각이다. 남아있는 문서의 길이는 23.7㎝ 너비는 12.3㎝ 두께는 1.4~1.8㎝이다. 이 목판은 입수되기 전에는 도마로 사용되어 양면에 모두 칼로 긁힌 흔적이 남아있으며, 이미 갈라져서 변형되었다. 그 재질은 호양목으로 형태는 그다지 반듯하지 않고, 오른쪽 아래 모서리에 지름 0.7㎝의 타원형 구멍이 있다. 목판의 필적은 이미 대부분 지워졌다.

3. **내용**

    앞면의 오른편에 10행의 글자가 남아 있는데, 글자 수는 행마다 다르고 빈칸이 있다. 첫 글자는 비교적 뚜렷하나, 왼쪽으로 갈수록 판별이 어렵다. 정리자는 비교적 후기의 于闐語 서사 재료는 이 목판문서와 다르며, 이 목판문서의 문자는 카로슈티 문자(주로 籍帳 종류)와 유사하다

는 점에 근거하여, 이 문서의 연대를 4~6세기(西晉~南北朝시기) 사이로 정하였다.

4. 참고문헌

吳州·黃小江, 「克里雅河下游喀拉墩遺址調查」, 『克里雅河及塔克拉瑪干科學探險考察報告』, 中國科學技術出版社, 1991.

7. 서하西夏 목간

무위 소서구 수행동 출토 티베트문자 목간(1971)

武威 小西溝 修行洞 出土 藏文 木簡

1. **출토지** : 감숙성 무위시 涼州區 張義鎭 소서구 수행동

2. **개요**

   1) 발굴기간 : 1971년

   2) 발굴기관 : 무위박물관

   3) 유적종류 : 미상

   4) 시대 : 서하

   5) 시기 : 11~13세기 초

   6) 출토상황 : 총 3매이다. 첫 번째 목독은 길이 32㎝ 너비 21㎝ 두께 1.5㎝이다. 앞면에 13행의 글자가 있으며, 뒷면에는 글자가 없다. 두 번째 목독은 길이 33㎝ 너비 14.2㎝ 두께 1.4㎝이다. 앞면에 9행의 글자가 있으며, 뒷면은 10행이다. 세 번째 목독은 길이 46㎝ 너비 14.3㎝ 두께 1.5㎝이다. 앞면에 10행의 글자가 있으며, 뒷면은 11행이다. 목독의 형태는 장방형이며 손잡이가 있고, 앞뒷면에 모두 티베트 문자가 묵서되어 있다. 현재 무위박물관에 수장되어 있다.

3. 내용

해당 목독의 대략적인 내용은 "天龍八部祈禱文"이다.

4. 참고문헌

陳炳應, 『西夏文物研究』, 寧夏人民出版社, 1985.

서하 흑성 목간(1980년대 중반)

西夏 黑城 木簡

1. **출토지** : 내몽고자치구 액제납기, 구체적 위치 미상

2. **개요**

   1) 발굴기간 : 1980년대 중반

   2) 발굴기관 : 액제납 文管所

   3) 유적종류 : 미상

   4) 시대 : 西夏

   5) 시기 : 11~13세기 이전

   6) 출토상황 : 미상. 額濟納文管所에서 보관하고 있는데, 현재는 居延遺址保護中心으로 개칭하였다.

3. **내용**

미상

영하 굉불탑 서하문자 목간(1990~1991)

寧夏 宏佛塔 西夏文 木簡

1. **출토지**: 영하회족자치구 하란현 굉불탑

2. **개요**:

   1) 발굴기간: 1990~1991년

   2) 발굴기관: 영하회족자치구 문물관리위원회

   3) 유적 종류: 불탑

   4) 시대: 서하

   5) 시기: 11~13세기 초

   6) 출토상황 : 1990~1991년 영하문물관리위원회는 寧夏 賀蘭縣 潘叔鄕 紅星村 동쪽에 위치한 굉불탑에 대해 수리보존 작업을 진행하였다. 정리 과정에서 대량의 서하 시기 유물들이 출토되었는데, 주로 絹繪 불화·彩繪泥塑造像 및 서하 文木 雕版 등이 있었다. 그중에 목재류의 서하 문자 목간과 서하 문자 木雕版도 포함되어 있다,

3. **내용**

   목간은 형태상 2종류로 나눌 수 있다. 하나는 길이 15.8㎝ 너비 2.8㎝ 두께 0.4㎝이다. 다른 종류는 잔여 길이 11.2㎝ 너비 1.9㎝ 두께 0.4㎝이며 상단에 지름 0.3㎝의 원형 구멍이 뚫려 있다. 앞면은 3행의 서하 문자로 묵서했는데 그중 큰 글자가 3자 있다. 뒷면은 서하 문자로 2행으로 묵서했는데 모두 작은 글자이다. 현재 영하회족자치구박물관에서 소장 중이다.

   목간 앞뒤 양면에 모두 서하 문자가 기록되어 있는데, 첫 글자는 큰 글자로 '十五子'로 번역할 수 있는데 즉 15弟子란 뜻이다. 기타 글자는 서하 문자의 작은 글자이다. 글자체는 정교하며 인명을 기록하였고, 목간 우측 하단에 작은 구멍이 있다. 해당 목간은 불교 신자들이 탑을 건설할

당시 기증했던 것으로 추정된다.

4. 참고문헌

王效軍,「寧夏博物館藏西夏文獻槪述」,『西夏學』2006-1.

雷潤澤·于存海·何繼英,『西夏佛塔』, 文物出版社, 1995.

史金波·陳育寧,『中國藏西夏文獻·金石篇』, 敦煌文藝出版社, 2007.

영하 배사구방탑 서하문자 목간 (1990~1991)

寧夏 拜寺溝方塔 西夏文 木簡

1. 출토지 : 영하회족자치구 하란산 배사구방탑

2. 개요

   1) 발굴시간 : 1990~1991년

   2) 발굴기관 : 영하 문물관리위원회

   3) 유적종류 : 불탑

   4) 시대 : 서하

   5) 시기 : 11~13세기 초

   6) 출토상황 : 西夏文 木牌 題記는 圭形이며 높이 15.5㎝ 너비 6.7㎝ 두께 1㎝이다. 상단 가운데에 구멍이 있고, 구멍 내부 직경은 0.6㎝이다. 목패에는 3개의 벌레 먹은 구멍이 있으며, 목패의 양면에 해서체의 글자가 세로로 묵서되었다. 정면은 4행이며 각 행에는 8~9자가 있고, 뒷면은 각 행에 3~7자씩 총 45자가 있는데 성씨가 비교적 많다. 현재 영하회족자치구고고연구소에 소장 중이다. 拜寺口西塔 穹室의 중심 기둥에 朱書 혹은 墨書의 梵文과 西夏文이 적혀 있다. 그중에서 묵서의 범어는 이미 희미해져서 확인할 수 없다. 서하 문자 역시 희미한데, 겨우 동북쪽과 서쪽 상단의 일부 글자만 식별할 수 있다.

   拜寺溝方塔의 塔心柱 墨書 題記는 8각형의 기둥이며 잔여 길이는 285.6㎝ 직경은 25㎝이다. 하단에 西夏文이 묵서되어 있으며, 모두 행서이다. 漢文 부분은 8面에 모두 글자가 있다. 그중 7面은 각 2행이고, 마지막 면은 1행으로 총 15행이 있다. 각 행마다 20자 정도 서사되었다. 상하에 난을 표시하는 선이 있으며 난의 간격은 70㎝이다. 西夏文 부분은 2面에 글자가 있고 총

7행이다. 앞의 4행은 희미한데, 서사된 후에 다시 칼로 깎아버린 것으로 보이며 서사 흔적만 남아 있다. 뒤의 3행 중 앞 2행에는 각 26자가 있고, 제3행에는 7자가 있다. 좌측 아래에는 작은 글자 9자가 있다. 구체적인 내용은 아직 번역·석독하지 못한 상태이다. 현재 영하회족자치구고고연구소에 수장되어 있다.

3. 내용

규형 목간의 앞면 첫 문장은 "貞觀癸巳十三年五月"로서, "貞觀"은 서하 제4대 帝王 崇宗 李建順의 연호이다. 간 뒷면에 4행의 서하 문자로 인명이 기재되어 있다. 초보적인 석독을 통해 "李原劉平/、舍人、□□、高阿訛/、王牛兒、□□□/、李□狗"로 파악되었다.

拜寺口西塔 穹室 중심 기둥의 西夏文 題字는 2행이 있으며, 상단에 위치한 5개 글자가 비교적 선명하고, 내용은 漢譯으로 "九月十五日"이다.

拜寺溝方塔 塔心柱의 墨書 漢文題記는 일부 글자가 흐릿하지만, "特發心願, 重修磚塔一座, 並蓋佛殿, 纏腰塑畫佛像, 至四月一日起立塔心柱, 奉爲皇帝皇太後萬歲, 重臣千秋, 風順雨調, 萬民樂業, 法輪常轉. 今特奉聖旨……"으로 석독되었다.

4. 참고문헌

王效軍, 「寧夏博物館藏西夏文獻槪述」, 『西夏學』 1, 2006.

雷潤澤·于存海·何繼英, 『西夏佛塔』, 文物出版社, 1995.

寧夏回族自治區文物考古研究所·賀蘭縣文化局, 「寧夏賀蘭縣拜寺溝方塔廢墟清理紀要」, 『文物』 1994-9.

무위 서관 서하묘 목간(1997)

武威 西關 西夏墓 木簡

1. **출토지** : 감숙성 무위시 서관

2. **개요**

　　1) 발굴기간 : 1997년

　　2) 발굴기관 : 무위지구박물관

　　3) 유적종류 : 고분

　　4) 시대 : 서하

　　5) 시기 : 11~13세기 초

　　6) 출토상황 : 1997년 3월 29일, 武警 武威支隊가 西關에서 직원 가족 아파트를 건설할 때 1기의 西夏 磚室墓를 발견하였다. 서하 시기의 유물은 총 9점이 출토되었고, 그중 목판에 서사된 冥契 한 점이 있었다. 해당 冥契는 측백나무로 제작되었으며, 朱書로 서사된 해서체의 한문이 적혀 있다. 冥契는 우측에서 좌측으로 서사되었고, 총 15행 232자이다. 冥契의 형태는 장방형이고 길이 38㎝ 너비 25.5㎝ 두께 2㎝이다.

3. 내용

　　총 14행으로 이루어진 해당 석문은 "維大夏乾祐十六年"이라 하여 기년 정보가 기록되어 있다. 龜筮·四神(靑龍·白虎·朱雀·眞(玄)武)·河伯 등 중원 문화의 요소가 농후하게 나타난다. 전체적인 형식 또한 기존 율령 행정문서를 모방한 告地書와 같은 특성을 지닌다.

4. 참고문헌

朱安·鍾雅萍, 「武威西關西夏墓清理簡報」, 『隴右文博』, 2001.

于光建·徐玉萍, 「武威西夏墓出土冥契硏究」, 『西夏硏究』 2010-3.

무위 서교 서하묘 주서 목간(1998)

武威 西郊 西夏墓 朱書 木簡

1. 출토지 : 감숙성 무위시 서교 響水河 煤礦家屬院

2. 개요

　　1) 발굴기간 : 1998년

　　2) 발굴기관 : 무위박물관

　　3) 유적종류 : 고분

　　4) 시대 : 서하

　　5) 시기 : 11~13세기 초

　　6) 출토상황 : 1998년 9월 21일, 武威城 西郊 響水河 煤礦 직원 가족아파트 공사 현장에서 부지 건축 작업을 진행하던 중, 1기의 온전한 서하 부부합장묘가 발견되었다. 묘에서는 소나무로 제작된 陰宅買地券 1점이 출토되었다. 길이는 31.5㎝ 너비는 17.5㎝이다. 총 6행의 묵서가 서사되었다. 현재 武威博物館에 수장 중이다.

3. 내용

　　앞면은 朱書의 해서체 한문으로 서사된 16행 券文이다. 각 행마다 글자 수가 다르며, 뒷면에는 글자가 없다. 앞면에는 묘지 토지의 구매비용, 묘지 둘레의 경계, 토지 판매자 등의 내용과 "大夏乾祐廿三年歲次壬子(1192년)"라는 기년 등이 기재되어 있다.

4. 참고문헌

姚永春,「武威西郊西夏墓清理簡報」,『隴右文博』2000-2.

于光建·徐玉萍,「武威西夏墓出土冥契研究」,『西夏研究』2010-3.

8. 원·명·청 元明淸 목간

거연 출토 원대 목간(1930)

居延 出土 元代 木簡

1. **출토지** : 감숙성 흑성 유지

2. **개요**

   1) 발굴기간 : 1930년

   2) 발굴기관 : 서북과학고찰단 단원 폴케 버그만(Folke Bergman)

   3) 유적종류 : 고성 유적

   4) 시대 : 원대

   5) 시기 : 13~14세기

   6) 출토상황 : 길이 15.5㎝ 너비 8.8㎝에 2행으로 문자가 있다. 왼편의 문자가 오른편보다 크다.

3. **내용**

총 2행에 걸쳐 "亦集乃路"가 중복 서사되었는데, 왼쪽 행의 글자가 좀 더 크게 서사되었다.

4. **참고문헌**

勞幹, 『居延漢簡―圖版之部』·『居延漢簡―考釋之部』, 中央研究院歷史語言研究所, 1957.

무위 영창 출토 원대 목간(1998)

武威 永昌 出土 元代 木簡

1. **출토지** : 감숙성 무위시 永昌鎭 劉沛村

2. **개요**

   1) 발굴기간 : 1998년

   2) 발굴기관 : 감숙성 무위시 문체국, 무위시박물관

   3) 유적종류 : 고분

   4) 시대 : 원대

   5) 시기 : 원 至元 26년(1289년)

   6) 출토상황 : 1998년 6월 25일, 감숙 무위 영창진 유패촌의 주민이 농경지를 정리하다가 元 至元 26년(1289년)에 해당하는 한 고분을 발견했다. 이에 무위시 문체국과 시박물관이 정리 발굴한 결과 1점의 木板 買地券을 발견했다. 매지권의 길이는 57.5㎝ 너비는 22㎝ 두께는 2㎝ 이다. 매지권의 형태는 소나무 재질의 장방형이며, 이미 잔결되어 벌레를 심하게 먹었고 글자 흔적도 잔결된 상태였다. 목판의 정면에 우측에서 좌측으로 세로로 서사된 주홍색의 한자 楷書 題記가 있다. 글자 흔적이 선명하고 서체도 정교하여 강건하고 힘이 있다. 총 11행이며 행마다 6~25자가 있다.

3. 내용

석문과 도판은 모두 吳浩軍의 『河西墓葬文獻硏究』(2019) 第3章 「河西買地券」을 참조할 수 있다. 매지권 말미에 적힌 "太歲巳丑至元二十六年三月庚辰旦初五日甲申口吉時告下"라는 기록을 통해 고분을 포함한 문서의 형성 연대를 至元26년으로 확정할 수 있게 되었다.

4. 참고문헌

梁繼紅, 「武威元墓淸理簡報」, 『隴右文博』 2003-2.

胡婷婷, 『甘肅出土散見簡牘集釋』, 西北師範大學碩士學位論文, 2013.

吳浩軍, 『河西墓葬文獻硏究』, 上海古籍出版社, 2019.

V
대학·박물관 소장 목간

상해박물관 소장 전국 초간
上海博物館 所藏 戰國 楚簡

1. 출토지 : 미상

2. 개요

    1) 발굴기간 : 미상

    2) 발굴기관 : 미상

    3) 유적종류 : 미상

    4) 시대 : 전국 楚

    5) 시기 : 전국 楚

    6) 출토상황 : 미상

    7) 수장 경위: 1994년 봄, 전국시대 초 죽서가 홍콩문물시장에 등장하여 상해박물관이 5월에 구매하였다. 첫 번째 죽간 더미는 잔간과 온전한 간이 1,200매였다. 1994년 가을과 겨울 사이에 또 관련 죽간들이 홍콩문물시장에 나왔는데, 그 문자의 내용은 첫 번째 죽간 더미와 관련이 있었다. 홍콩의 朱昌言, 董慕節 등 여러 명이 출자하여 죽간을 구매한 후 상해박물관에 기증하였다. 이것이 바로 두 번째 죽간 더미로 첫 번째 죽간과 서로 비슷하고, 綴合이 가능했는데 총497매였다.

3. 내용

    上海博物館文物保護與考古科學實驗室의 과학적 측정과 비교분석을 통해, 이 죽간들은 전국시대 말기 초나라 귀족의 묘에서 나온 부장품에 해당한다는 점이 밝혀졌다. 그 내용은 총 80여 종으로, 익히 알려진 책의 제목 20여 편을 포괄하고 있다. 모두 진시황 "분서갱유" 이전의 초판 필사본인 전국시대의 고서이며, 역사, 철학, 종교, 문학, 음악, 문자, 군사 등과 관련이 있다. 유가류가 주를 이루면서 도가, 병가, 음양가 등을 포함하고 있다. 전세 문헌에 존재하지 않는 내용이 많다. 『周易』 등 몇몇 서적들은 전세 문헌에도 남아있는 것인데, 그 내용은 전세 문헌과 다른 점이 많다.

上海古籍出版社에서 출판한 『上海博物館藏戰國楚竹書』의 내용을 1책에서 9책까지 순서대로 아래에 정리한다.

1) 「孔子詩論」, 「緇衣」, 「性情論」

「孔子詩論」은 「頌」·「大雅」·「小雅」·「國風」 등 詩篇의 개론과 평론을 적은 것이다. 「緇衣」는 총 23章으로 全文이 "子曰"로 章을 시작하며, 章 마지막 글자 아래에 墨釘이 있어 해당 내용이 끝났음을 표시했다. 「性情論」은 서체가 세밀하고 정제되어 엄격하며, 글자 간격도 획일적이다. 『周易』, 『恒先』이 이와 동일한 서체에 속하는데, 응당 동일인이 서사한 것이다. 간문은 郭店楚簡의 「性自命出」篇과 대체로 비슷하다.

2) 「民之父母」, 「子羔」, 「魯邦大旱」, 「從政」, 「昔者君老」, 「容成氏」

「民之父母」는 篇題가 없지만, 簡文의 주제에 의거해 이름을 정한 것이다. 내용은 대체로 『禮記·孔子閑居』 및 『孔子家語·論禮』와 유사하다. 유가의 도덕관을 인식하는 데 참고할 중요한 가치가 있으며, 『禮記』와 『孔子家語』의 경향성을 분석하는 데에도 도움이 된다. 「子羔」는 孔子가 子羔에게 舜과 堯의 禪讓 및 禹, 契, 后稷이 차례대로 天子가 된 일을 물은 것에 대하여 답한 것이다. 『大戴禮記』五帝德, 『史記』五帝本紀에 기록된 五帝의 계통과 완전히 일치하지는 않지만, 전래 문헌과 대체로 동일한 내용을 기재하고 있다. 「魯邦大旱」은 哀公이 노나라의 큰 가뭄에 직면해 孔子에게 가르침을 구한 것과 관련해 孔子와 子貢이 토론한 내용이다. 「從政」(甲乙篇)은 그 내용 중 從政者는 응당 "敦五德, 固三誓, 除十怨."에 진력해야 한다고 지적하면서 구체적인 해석도 하고 있는데, 『論語』, 『禮記』 등을 상호 참고할 수 있어 유가 정치사상 연구의 새로운 자료를 제공한다. 「昔者君老」는 篇題가 없어 정리자가 첫 문장의 내용에 근거하여 이름을 정했다. 대체로 國君이 노쇠하여 사망한 뒤에 행해야 하는 태자의 예를 가르치는 내용이다. 「容成氏」는 상고시대 제왕과 관련이 있는 전설을 다루고 있다. 내용 중 禹가 九州·島를 나눈 것에서 언급되는 州의 이름은 『商書』禹貢 등의 서적에 보이는 것과 차이가 있다. 또 周 文王이 九邦을 평정한 사적 속의 邦名은 알려진 것이 없었는데, 이를 통해 그 공백을 보충할 수 있다.

3) 「周易」, 「中弓」, 「恒先」, 「彭祖」

『周易』은 공개된 3번째 죽간 중 분량이 가장 많으며, 가장 오래된 『周易』 사본(寫本)이다. 죽간에서 등장하는 적색과 흑색 6종의 기호는 처음 보이는 것들로, 음양의 전환 및 인과관계에 관한 易學 理論을 반영한 것이다. 「中弓」은 전국시대의 佚書이다. 中弓은 孔子가 "犁牛之子"로 비유한 덕행이 제일로 꼽혔던 제자이며, 전문은 그와 공자의 문답 형식으로 되어 있다. 「恒先」은 한편의 완전한 도가 저작으로 『周易』과 서체가 동일하다. 세번째 簡 뒷면에 篇題가 서사되었다. "恒先"은 먼저 天地가 생기고 독립하여 바뀌지 않았으므로 '周行', 즉 道家가 영원한 창조력의 "道"임을 지적한 것이다. 「彭祖」는 도가의 일실 서적이다. 전설 속의 장수 인물인 彭祖의 전설이 전국시대에 이미 시작되었음을 본 편을 통해 알 수 있다.

4) 「采風曲目」, 「逸詩」, 「昭王毁室·昭王與龔之脽」, 「柬大王泊旱」, 「内豊」, 「相邦之道」, 「曹沫之陳」

「采風曲目」은 五聲의 "宮·商·征·羽" 聲名 및 각각의 歌曲 篇名을 다루고 있다. 하지만 "角"의 聲名은 발견되지 않았다. 「逸詩」는 殘簡 2매이며 본래 篇名은 없었다. 「昭王毁室□昭王與龔之脽」는 서체가 깔끔하고 글자 간격이 획일적이다. 내용은 「昭王毁室」과 「昭王與龔之脽」 2篇의 문장이 합쳐져 있다. 「昭王毁室」은 服喪者의 親人이 新宮 아래에 매장되었다는 하소연에 따라 新宮을 허물어버렸다는 내용이다. 「昭王與龔之脽」은 昭王이 大尹의 말만 듣고 龔之脽를 만나지 않다가 나중에서야 알현한다는 내용이다. 「柬大王泊旱」는 전문의 첫 구절을 篇題로 삼은 것이다. 내용은 초나라의 왕이 병들고, 나라에 큰 가뭄이 드는 일 등이 겹친 상황에서 楚 簡王과 신하들의 어찌할 바 모르는 마음을 기록한 것이다. 군사, 관제, 의학, 氣像, 종교 등 다방면의 내용을 다루고 있다. 「内豊」은 첫 번째 간의 뒷면에 原題인 '内豊'이 있다. 기록된 내용은 『大戴禮記』의 「曾子立孝」 등과 관련된 것이 많다. 李朝遠은 이것이 『禮記』内則과 관련이 있는 것으로 추측하였다. 「相邦之道」는 마지막 簡의 孔子와 子貢의 문답인 '相邦之道'를 篇名으로 삼은 것이다. 「曹沫之陳」은 노나라 莊公과 曹沫 사이의 문답이다. 앞의 12매 簡은 '政', 뒤의 33매 簡은 '兵'을 논했다. 兵家의 說에 해당할 것이다.

5)「競建內之」,「鮑叔牙與隰朋之諫」,「季庚子問于孔子」,「姑成家父」,「君子爲禮」,「弟子問」,「三德」,「鬼神之明·融師有成氏」

「競建內之」는 첫 번째 간 背面에 편제가 있다. 내용은 포숙아와 습붕이 제환공에게 先王之法을 준수하여 재난에 대비해야 한다고 진언하는 것이다. 다음의 「鮑叔牙與隰朋之諫」편과는 내용이나 문구가 달라 별도의 편으로 구분했다. 「鮑叔牙與隰朋之諫」은 서체가 깔끔하고 글자 간의 간격이 서로 같다. 내용은 鮑叔牙와 隰朋이 桓公에게 堅刁과 易牙를 경계해야 한다고 직간하는 것이다. 「季庚子問于孔子」는 篇首에 의거해 편제로 정했다. 季庚子가 孔子의 魯나라 귀환을 맞이한 일을 기록했다. 전편은 문답 형식으로 孔子의 魯國 부흥 및 治國 관점을 기록하고 있다. 「姑成家父」는 篇首에 의거해 편제로 정했다. 내용은 춘추시대 중기 晋의 三郄과 관련된 것이다. 「君子爲禮」는 孔子와 제자 사이의 문답이 주요 내용이다. 「弟子問」 또한 孔子와 제자 사이의 문답이 주요 내용이다. 「三德」은 원래는 篇題가 존재하지 않았다. 簡文의 내용은 天地와 刑德 간의 관계를 주로 언급한 것이다. 「鬼神之明·融師有成氏」 중 「鬼神之明」은 簡文의 내용과 주제를 근거로 하여 이름을 정한 것이다. 『墨子』의 佚文으로 추측되며, 귀신 관련한 문제를 다룬다. 「融師有成氏」는 篇首에 의거해 이름을 정한 것이다. 상고시대의 전설적 인물과 故事를 서술하고 있다.

6)「競公瘧」,「孔子見季桓子」,「莊王既成·申公臣靈王」,「平王問鄭壽」,「平王與王子木」,「慎子曰恭儉」,「用曰」,「天子建州(甲·乙本)」

「競公瘧」은 篇題가 2번째 簡의 상단 뒷면에 적혀 있다. 내용은 병세가 위독해진 제 경공을 둘러싸고 발생한 조정 내부의 격렬한 논쟁을 기록한 것이다. 제나라의 역사, 종교, 철학, 의학, 치국의 책략 및 『晏子春秋』의 취사, 成書 연대 등의 연구에 있어 중요한 가치를 지닌다. 「孔子見季桓子」는 篇首에 의거해 편제를 정한 것이다. 내용은 孔子와 季桓子의 대화를 기록한 유가 佚文에 속한다. 마지막에 「季桓子與孔子的相關系年」이 부기되어 있다. 「莊王既成·申公臣靈王」은 「莊王既成」과 「申公臣靈王」이 합쳐져 구성되었다. 4번째 간에 두 篇이 만나는 부분은 墨釘으로 구분되었다. 「莊王既成」은 楚 莊王과 重臣 子桱의 대화를 기록한 것이다. 「申公臣靈王」은 王子回와 申公의 왕위 투쟁 끝에 申公이 초 영왕이 되는 왕자 회에게 결국 臣從하게 되었다는 내용이다. 「平王問鄭壽」는 원래는 篇題가 없었다. 楚 平王이 鄭壽에게 질문을 한 내용과 平王과의 불화로 인해 鄭壽가 병을 핑계로 직무를 돌보지 않게 되었다는 내용을 다루었다. 「平王與王子木」은 원래는 篇題가 없었다. 『史記·楚世家』와 『春秋左氏傳·昭公十九年』에서 유사한 내용을 볼 수 있다. 「愼子曰恭儉」은 세 번째 簡의 뒷면에 篇題가 적혀 있다. "恭儉以立身, 堅强以立志", "均分而廣施" 등, 전국시대에 큰 명성을 떨쳤던 사상가 愼子, 즉 愼到의 사상을 다루고 있다. 「用曰」은 원래는 篇題가 없었다. 내용 중 "脣亡齒寒", "莫衆而迷" 등, 愼言의 중요성을 강조하는 말이 자주 나온다. 여러 節 사이마다 압운이 있어, 초나라 方言·音系 연구에 있어 중요한 참고 가치가 있다. 「天子建州」甲乙本은 유가 문헌으로서 주로 禮制와 관련된 내용을 기록했다. 일부 내용은 현존 『大戴禮記』, 『小戴禮記』에서 보이는 내용과 유사하다. 이는 선진시대 禮學 연구의 자료로 활용될 수 있다. 또한 荀子 사상 및 그 학술전통 연구에 있어서도 가치를 지닌다.

7) 「武王踐阼」, 「鄭子家喪」, 「君人者何必安哉」, 「凡物流形」, 「吳命」

「武王踐阼」은 『大戴禮記·武王踐阼』篇과 내용이 서로 부합한다. 「鄭子家喪」은 甲本과 乙本 각각 7매의 簡이며, 원래는 篇題가 없었다. 鄭나라 장례를 구실로 정을 침략한 초나라에 대해 이를 구원한 晉이 兩棠에서 대패한 것을 기술하였다. 관련 내용은 『春秋左氏傳』, 『史記』 등을 참고할 수 있다. 「君人者何必安哉」는 甲本과 乙本 각각 9매 簡이며, 원래는 篇題가 없었다. 甲乙篇 모두 范乘이 옥을 아끼는 군왕에게 강력히 간언한 일을 기록하고 있다. 「凡物流形」은 甲本은 30簡, 乙本은 22簡이 남아있다. "凡物流形"이라는 篇題는 甲本의 세 번째 簡 뒷면에 적혀 있다. 모든 편이 "問之曰"이란 첫머리로 시작하지만 답변이 없는 경우가 많다. 그 체재와 성격은 屈原의 「天問」과 매우 유사하다. 「吳命」은 篇題가 세 번째 簡의 뒷면에 적혀 있다. 대략 2개 章 중, 첫째 章은 군대를 이끌고 북상한 吳王에게 晉나라 군대가 사신을 파견하여 오나라 군대를 떠나게 한 내용을 기술하고 있다. 둘째 章은 吳王이 周天子에게 자신의 노고를 알린 내용인데, 『國語·吳語』와 문구가 대체로 비슷하다.

8) 「子道餓」, 「顏淵問于孔子」, 「成王旣邦」, 「命」, 「王居」, 「志書乃言」, 「李頌」, 「蘭賦」, 「有皇將起」, 「鶹鷅」

「子道餓」는 본래 편제가 없었지만, 첫 번째 간의 첫 세글자 '子道餓'를 제목으로 삼았다. 내용은 노애공 6년(기원전 489년) 공자가 陳과 蔡 사이에서 곤액을 겪은 사건에 대한 것이다. 「顔淵問于孔子」는 본래 편제가 없었지만, 본편의 첫 구절 '顔淵問于孔子'을 제목으로 삼았다. 안연이 공자에게 '內事' '內敎' '至明' 등 3가지 문제에 가르침을 구하고 공자가 직접 답을 하는 내용이다. 현행본 『논어』 등 전래 문헌에는 없는 내용으로, 공자와 안연의 사상 및 생애, 유가이론 연구에 있어 중요한 발견이라 할 수 있다. 「成王旣邦」은 본래 편제가 없었지만, 첫 번째 간의 '成王旣邦'을 제목으로 삼았다. 주 성왕이 주공 단에게 天子의 正道 등에 대해서 묻고 답하는 내용으로, 주공의 섭정에 관한 전국시대의 인식을 알 수 있는 새로운 문헌이다. 「命」은 제11간 背面 가운데에 '命'자가 있는데, 이를 관례에 따라 편제로 정했다. 본래 魯의 大夫였던 子春이 楚惠王의 명으로 令尹이 되는 것을 葉公子 高와 의논하는 내용이다. 「王居」는 첫 번째 간 背面 상단에 '王居' 2글자가 있어 편제로 삼았다. 내용은 변경 관문에 왕명을 전달하는 彭徒의 일을 초소왕과 영윤 자춘이 나누는 대화이다. 「志書乃言」은 본래 편제가 없었다. 초나라 왕이 방종하고 선하지 않은 대부들에 대해 불만을 표하는 내용이다. 「李頌」은 楚辭류의 작품으로 민가의 오얏나무를 관부의 동백나무와 대비하여 君子의 마음을 노래한 것이다. 이는 현행본 『楚辭』에는 보이지 않는 작품으로, 楚辭 연구에 매우 귀중한 자료라고 할 수 있다. 본편의 편제는 없지만, 작품이 노래하는 대상을 제목으로 삼았다. 「蘭賦」는 賦에 속하는데 전래문헌에서는 찾아볼 수 없다. 내용은 蘭의 품덕을 빌어 작자의 정감과 지향하는 바를 드러낸 것이다. 본래 편제가 없었지만, 작품의 주제를 제목으로 삼았다. 「有皇將起」는 楚辭류 작품으로 전래문헌에는 없는 내용이다. 초나라 지식인으로서 귀족 자제의 교육을 담당하며 느낀 바를 표현한 것이다. 본래 편제는 없지만, 첫 구절의 4글자를 제목으로 삼았다. 「鵩鶓」은 楚辭류 작품으로 전래문헌에는 없는 내용이다. 鵩鶓, 즉 올빼미에 비유해서 탐욕스러운 小人을 풍자한 것으로 보이지만, 잔결로 인해 정확한 문의를 파악할 수는 없다. 본래 편제는 없었지만, 작품이 노래하는 대상을 제목으로 삼았다.

9) 「成王爲城濮之行(甲·乙本)」, 「靈王遂申」, 「陳公治兵」, 「擧治王天下(五篇)」, 「邦人不稱」, 「史蒥問于夫子」, 「卜書」

「成王爲城濮之行」과 「靈王遂申」, 「陳公治兵」, 「邦人不稱」은 초나라의 역사와 관련이 있는 佚

文이며, 「擧治王天下(五篇)」과 「史蒥問于夫子」는 고공단보와 문왕, 태공망의 사적 및 史蒥가 孔子와 함께 어진 사람을 추천하고 재능 있는 사람을 임용하는 것, 나라를 다스리고 안정시키는 등의 논제에 대하여 나눈 문답을 기록한 것이다.

전국시대 초죽서 중 『上海博物館藏戰國楚竹書』는 전체 簡의 수가 1,697매, 글자 수도 35,000자에 달하여 지금까지 출토된 초간 중 매우 큰 비중을 차지하고 있다. 그 연대는 초나라가 郢에서 천도하기 이전 귀족묘지에서 출토된 부장품으로, 진시황의 "분서갱유"보다 앞선 시기에 속한다. 그 내용은 유가 뿐만 아니라 도가·병가·음양가 등을 포괄하고 있다. 서체에 있어서도 서법예술사 연구를 위한 매우 중요한 문화적 가치를 지닌다. 이 초죽서의 100여 종 문헌 중 선진 고적과 유사성을 서로 대조할 수 있는 것은 10종이 되지 않는다. 이는 상해박물관장 전국 초죽서가 가지는 독특한 의의와 중요한 가치를 잘 보여준다.

4. 참고문헌

馬承源, 「戰國楚竹書的發現保護和整理」, 『上海博物館藏戰國楚竹書(一)』前言.
馬承源 主編, 『上海博物館藏戰國楚竹書(一)』, 上海古籍出版社, 2001.
馬承源 主編, 『上海博物館藏戰國楚竹書(二)』, 上海古籍出版社, 2002.
馬承源 主編, 『上海博物館藏戰國楚竹書(三)』, 上海古籍出版社, 2003.
馬承源 主編, 『上海博物館藏戰國楚竹書(四)』, 上海古籍出版社, 2004.
馬承源 主編, 『上海博物館藏戰國楚竹書(五)』, 上海古籍出版社, 2006.
馬承源 主編, 『上海博物館藏戰國楚竹書(六)』, 上海古籍出版社, 2007.
馬承源 主編, 『上海博物館藏戰國楚竹書(七)』, 上海古籍出版社, 2008.
馬承源 主編, 『上海博物館藏戰國楚竹書(八)』, 上海古籍出版社, 2011.
馬承源 主編, 『上海博物館藏戰國楚竹書(九)』, 上海古籍出版社, 2012.
俞紹宏·張青松, 『上海博物館藏戰國楚簡集釋』(全10冊), 社會科學文獻出版社, 2019.

무한대학 소장 전국간
武漢大學 所藏 戰國簡

1. 출토지 : 미상

2. 개요

   1) 발굴기간 : 미상

   2) 발굴기관 : 미상

   3) 유적종류 : 미상

   4) 시대 : 전국시대

   5) 시기 : 기원전 350년 혹은 조금 뒤

   6) 출토상황 : 미상

   7) 입수정황 : 2011년 10월, 무한대학 간백연구중심은 한 덩이의 전국 죽간을 얻었고, 1년간 감정을 거친 후 2013년 1월 15일 정식 소장 사실을 발표하였다.

3. 내용

이들 죽간은 약 129매로, 문자가 서사된 죽간은 110매 정도이다. 그중 완전한 간은 30매 정도이고, 길이는 60~70㎝ 사이이다. 세척·탈색 처리를 거친 죽간의 표면은 황갈색 혹은 암갈색이며, 기재된 내용은 주로 楚의 占卜禱祠를 기록한 것이다. 죽간의 수량은 비교적 많고, 보존 상태 또한 비교적 좋다. 전국시기 초 문자, 초나라 사람의 占卜 습속, 초나라의 역법과 군사 및 초 왕족 3姓 중 하나인 "景"씨의 世系 등 관련 문제를 연구하는데 중요한 학술 가치를 가진다.

4. 참고문헌

「戰國竹簡入藏武漢大學」, 『光明日報』 2013.1.16.

청화대학 소장 전국간

清華大學 所藏 戰國簡

1. 출토지 : 미상

2. 개요

   1) 발굴기간 : 미상

   2) 발굴기관 : 미상

   3) 유적종류 : 미상

   4) 시대 : 전국 중말기

   5) 시기 : 전국 중말기

   6) 출토상황 : 미상

   7) 입수정황 : 2008년 7월, 趙偉國이 모교인 청화대학에 해외 경매로 얻은 한 덩이의 전국 죽간을 기증하였다. 죽간의 출토 시기와 유전된 과정에 대해서는 알 수 없다. 탄소14연대측정 결과 청화간은 전국 중·후기 유물로서, 문자 양식은 초나라의 것으로 확인되었고, 간의 수량은 모두 약 2,500매(소수 잔간/단간 포함)로 지금까지 발견된 전국 죽간 중 비교적 많은 편이다. 죽간은 2008년 7월 15일에 청화대학으로 보내졌다. 학교 측은 즉시 전문가를 조직하여 3개월간 죽간을 정리하고 보존 처리했다. 간의 형태는 다양해서 가장 긴 것은 46㎝, 가장 짧은 것은 10㎝ 정도이다. 죽간에 묵서한 문서는 서로 다른 필자에게서 나온 것으로, 형식이 모두 일치하는 것은 아니며, 대부분 문자는 정교하고 또렷하다. 일부 간에는 붉은색 格線, 즉 "朱絲欄"이 있다.

3. 내용

1) 『淸華大學藏戰國竹簡(壹)』(2010·12)은 『尹至』, 『尹誥』, 『程寤』, 『保訓』, 『耆夜』, 『金縢』, 『皇門』, 『祭公』, 『楚居』 등 9편의 문헌을 포함한다. 그중 『尹至』, 『尹誥』 두 편은 夏末·商初의 일을 기술하였고, 『程寤』, 『保訓』, 『耆夜』 3편은 商末에 속하며, 『金縢』, 『皇門』, 『祭公』은 周代의 일, 『楚居』는 초나라의 역사를 서술하였다.

2) 『淸華大學藏戰國竹簡(貳)』(2011·12)는 이미 유실된 2,300년 전의 역사 서적을 수록하였는데, 청화대학 출토문헌연구·보호중심에서는 『繫年』이라고 명명하였다. 『繫年』은 모두 138매의 죽간으로, 전편은 모두 23장으로 나뉘며, 서주 초기부터 전국 전기까지의 역사를 기록하고 있다. 그중 많은 사건들이 전래 문헌에는 보이지 않는 내용이어서, 『左傳』, 『國語』, 『史記』 등의 전적을 보완 수정할 수 있다.

3) 『淸華大學藏戰國竹簡(參)』(2012·12)은 모두 6종 8편의 문헌을 수록하였다. 『傅說之命』 3편은 『尙書』의 일부분이지만, 古文尙書 『傅說之命』과는 내용이 완전히 다르다. 이것과 제1집에 실린 『尹誥』, 즉 『咸有一德』을 통해 전래의 孔傳本 古文尙書가 僞書임을 확정할 수 있다. 『周公之琴舞』는 樂詩로서, 10편의 頌詩로 구성되어 있다. 구조는 『大武』와 비슷하며, 周公의 정권 반환과 成王의 왕위계승을 주된 내용으로 한다. 『芮良夫毖』은 당시의 정치를 풍자하는 정치시이다. 『良臣』은 간문 전체가 하나의 편으로 연결되어 서사되었는데, 주로 黃帝부터 春秋시기에 이르기까지 저명한 군주의 良臣을 기술하였다. 『祝辭』는 巫術 색채가 짙은 내용으로, 여러 古代 巫術 주문들을 기록했다. 『赤鵠之集湯之屋』 또한 巫術 색채가 짙은 내용이다.

4) 『淸華大學藏戰國竹簡(肆)』(2014·12)는 『筮法』, 『別卦』, 『算表』 등 3편의 문헌을 정리하였다. 그중 『算表』는 2,300년 전의 가장 오래된 "계산기"라고 할 수 있다. 곱셈과 나눗셈을 계산할 수 있어, 선진시기 수학 문헌의 공백을 메우고 있다.

5) 『淸華大學藏戰國竹簡(伍)』(2015·12)는 모두 6편의 전국 죽서를 정리하였다. 『封許之命』는 서주 문헌 및 冊命金文과 매우 비슷하다. 周王의 하사물 중 禮器의 명칭은 청동기 명문과 대조한 심도 있는 연구 가치를 지닌다. 『厚父』는 大盂鼎과 상당히 유사하며, 重德의 사상 또한 문

헌과 부합한다. 『命訓』·『度訓』·『常訓』은 天道·人道 사상을 반영하고 있는데, 이는 과거 東周 이후에나 많이 볼 수 있다고 생각했던 것들이다. 『湯處于湯丘』, 『湯在啻門』 두 편은 伊尹의 사적을 기록하고 있다. 초기 도가의 통치술과 관련이 있을 것이다. 『殷高宗問于三壽』는 전국시대 諸子의 학설이 서로 융합되는 특징을 보여준다.

6) 『淸華大學藏戰國竹簡(陸)』(2016·12)은 春秋 鄭·齊·秦·楚의 역사를 기록한 5편의 문헌을 정리했다. 『鄭武夫人規孺子』는 鄭莊公에 관한 내용이다. 『鄭文公問太伯』은 鄭의 公族인 太伯이 文公에게 훈계하는 언사를 기록하고 있다. 학계는 일반적으로 鄭桓公 사후 鄭의 東遷은 2대 군주인 鄭武公대에 시작하였다고 보는데, 여기서는 이미 鄭桓公 때 启疆으로 동천이 시작되는 과정을 명확히 기재하고 있다. 이는 서주와 동주 사이 鄭이 개국하는 실제 상황을 보여주어 春秋 초기 역사 연구에 새로운 돌파구를 제공한다. 『子産』은 鄭의 名臣 子産의 도덕 수양 및 施政 업적에 관한 논설이다. 문장은 비교적 유가의 색채가 강한데, 孔子가 子産을 높이 평가한 것은 확실히 연원이 있었음을 알 수 있다. 『管仲』은 齊桓公과 管仲의 문답 형식으로 전개되는 총 12개조의 문답으로, 나라를 다스리는 법을 서술한 내용이다. 『子儀』는 秦·楚의 역사 기술로서, 주로 秦과 晉의 전쟁 이후 秦 穆公이 楚와의 동맹을 위해 초의 중신인 申公 鬪克(字 子儀)을 석방하고 성대한 의식을 베풀어 돌려보낸 고사를 다루고 있다.

7) 『淸華大學藏戰國竹簡(柒)』(2017·04)은 전래문헌에 보이지 않는 춘추전국의 역사적 사실을 기록한 『子犯子餘』, 『晉文公入於晉』, 『趙簡子』, 『越公其事』 등 4편을 수록했는데 주로 晉의 역사를 기술하고 있다. 『子犯子餘』와 『晉文公入於晉』은 모두 晉 文公 重耳를 주인공으로 하여, 重耳의 국외 망명부터 귀국 후 霸者가 되는 과정을 기록하고 있다. 『趙簡子』는 范獻子와 成鱄이 趙簡子에게 훈육하는 내용으로, 군주가 절약으로 得政하고 사치로 失政하는 이치를 언급하고 있다. 『越公其事』는 총 11장으로 나누어 월왕 구천이 패배한 후 와신상담하여 好農·好信·徵人·好兵·飭民의 '5政'을 실시한 후 결국 吳를 멸망시키는 과정을 상세하게 기술했다.

8) 『淸華大學藏戰國竹簡(捌)』(2018·11)은 전국시대의 8편 문헌 『攝命』, 『邦家之政』, 『邦家處位』, 『治邦之道』, 『心是謂中』, 『天下之道』, 『八氣五味五祀五行之屬』, 『虞夏殷周之治』 등을 수록하고 있다. 『攝命』은 『尚書』에서 실전된 지 오래된 『冏命』(금본 『尚書』의 『冏命』은 "僞古文"이

다.)이다. 『書序』에 따르면 이 편은 周 穆王이 伯冏을 太僕으로 임명할 때 지은 것으로, 『史記』周本紀에는 周 穆王 즉위 초년에 작성된 것으로 알려져 있다. 하지만 간문에서의 '攝'은 懿王 太子 夷王 燮이어야 하고 주 천자는 孝王인 辟方으로 추정된다. 주요 내용은 주 천자가 伯攝에게 王言을 출납하는 것, 刑獄을 관리하도록 명하는 것, 伯攝이 왕의 가르침을 따라 교육하는 것, 백성을 편안히 하고 은혜를 베푸는 命辭를 기록한 것이다. 또한 천자는 攝에게 朕命의 출납을 명하며, 畿內 御事百官과 畿外 사방의 小大邦과 협력하여 감히 태만하거나 폭음하지 말도록 훈계하는데, 이는 冊命의 높은 조건을 보여준다. 書類 문헌에 속하는 본 편은 西周史 및 『尚書』 연구에 중요한 의의를 지닌다. 『攝命』 외에 『邦家之政』, 『邦家處位』, 『治邦之道』, 『心是謂中』, 『天下之道』, 『八氣五味五祀五行之屬』, 『虞夏殷周之治』 등도 일련의 국정을 다루는 풍부한 내용을 담고 있다.

9) 『清華大學藏戰國竹簡(玖)』(2019·11)는 『治政之道』, 『成人』, 『廼命一』, 『廼命二』, 『禱辭』 등 총5편의 문헌을 수록하고 있다. 『治政之道』는 제8집에 수록된 『治邦之道』와 같은 문헌에 속한다. 간 머리의 "昔者前帝之治政之道"란 구절에 의거하여 篇名을 『治政之道』로 정하였다. 내용은 옛것을 거울삼아 현재를 논하면서 나라를 다스리는 정치의 도를 논하는 장편의 政論이다. 이는 선진 정치사상사를 연구하는데 중요한 逸文의 발견에 속한다. 『成人』편은 주로 '成人'이 王(後)에게 典獄과 刑法을 설명하는 내용이다. 구체적으로 법치 관념, 법률의 의미, 사법제도의 판결 원칙 등을 기술하고 있는데, 풍부한 법치 사상을 포함하고 있는 선진법제사 연구의 중요 문헌이다. 『廼命』은 2편으로 이루어져 있는데, 내용은 서로 연관되는 훈계하는 말이다. 篇題는 두 편의 첫머리 글자에서 하나씩 두 글자를 딴 것이다. 『禱辭』편은 『廼命』와 동일 인물이 서사한 것으로 보인다. 『禱辭』는 韻을 사용하여 전부 8구절로 나누어 地神에게 기도를 올려 복을 구하는 내용으로 되어 있다. 기도 대상으로 后稷, 土正, 白馬, 君夫, 君婦 등이 나온다. 축원 장소, 축원 대상, 제물, 의식 등을 언급하면서 里邑의 번영과 해악을 구축할 것을 염원하고 있다.

10) 『清華大學藏戰國竹簡(拾)』(2020·11)은 모두 5종8편의 지금까지 확인되지 않았던 전국 시대 逸文을 수록하고 있다. 『四告』는 周公 旦, 伯禽父, 周 穆王, 召伯 虎 등 네 사람의 告辭를 기록한 4편의 문장이다. 각각 독립적이며 書類 문헌의 특징을 잘 구현하고 있다. 『四時』, 『司歲』,

『行稱』 등 3편의 문장은 모두 **數術類** 문헌이다. 『四時』는 전국시대 천문·역법·時令 등의 연구에 중요한 가치를 지닌다. 『司歲』는 현재까지 가장 이른 시기의 12歲 명칭을 기록한 완전한 문헌이다. 『行稱』은 1개월을 "六稱"의 시기로 구분해서 그 이익과 폐단 및 성과를 기록한 것이다. 이는 선진 문헌으로서는 처음 나온 것이라 주목된다. 『行稱』과 같은 권에 초사된 『病方』은 3종의 처방을 싣고 있는데, 지금까지 알려진 가장 이른 시기의 **方技類** 문헌이다.

4. 참고문헌

『清華大學藏戰國竹簡(壹)』, 中西書局, 2010년12월.

『清華大學藏戰國竹簡(貳)』, 中西書局, 2011년 12월.

『清華大學藏戰國竹簡(參)』, 中西書局, 2012년 12월.

『清華大學藏戰國竹簡(肆)』, 中西書局, 2014년 12월.

『清華大學藏戰國竹簡(伍)』, 中西書局, 2015년 12월.

『清華大學藏戰國竹簡(陸)』, 中西書局, 2016년 12월.

『清華大學藏戰國竹簡(柒)』, 中西書局, 2017년 4월.

『清華大學藏戰國竹簡(捌)』, 中西書局, 2018년 11월.

『清華大學藏戰國竹簡(玖)』, 中西書局, 2019년 11월.

『清華大學藏戰國竹簡(拾)』, 中西書局, 2020년 11월.

黃德寬, 「淸華大學藏戰國竹簡(玖)公佈一批珍稀文獻」, 『中國社會科學報』 2019.11.28.

안휘대학 소장 전국간
安徽大學 所藏 戰國簡

1. 출토지 : 미상

2. 개요

    1) 발굴기간 : 미상

    2) 발굴기관 : 미상

    3) 유적종류 : 미상

    4) 시대 : 전국

    5) 시기 : 전국

    6) 출토상황 : 미상

    7) 입수정황 : 2015년 초, 安徽大學出土文獻과 中國古代文明硏究協同創新中心은 전국 초
간을 입수하였다.

3. 내용

죽간은 총 1,167개의 편호가 있으며, 보존상태는 전체적으로 양호하고 완전한 간이 비교적
많다. 죽간의 형태는 다양하며 길이는 다른데, 가장 짧은 것은 약 21.3㎝, 가장 긴 것은 약
48.5㎝, 간의 너비는 0.4~0.8㎝이다. 길이가 긴 간은 세 줄로 편철되었으며, 길이가 짧은 간은
두 줄로 편철되었다. 잔여물은 뚜렷한데, 편철한 줄은 絲麻 종류의 재료로 만들었으며, 어떤 것
은 빨갛게 물들어 있다. 간 뒷면에 풍부한 정보가 담겨 있는데, 劃痕 혹은 墨痕이 적지 않게 남
아있고, 어떤 것들은 編號 혹은 일부의 다른 문자도 남아있다. 죽간은 여러 사람에 의해 필사되
었는데, 서체의 형식이 다양하고 필적이 선명하였다. 내용은 모두 書籍類의 문헌으로, 구체적으
로는 『詩經』, 초나라 역사, 孔子의 어록 등 諸子類 저작, 楚辭 및 기타 작품을 포함하며, 대부분

전래 문헌에 보이지 않았던 내용이다.

1)『詩經』간은『詩經』國風 부분의 周南·十又一, 召南·十又四, 侯·六, 墉·九, 魏·九(실제 10편), 秦風 10편 등에 해당한다.

2) 楚史類 죽간은 형태와 글자체 형식에 따라 두 그룹으로 나눌 수 있다. 제1그룹은 "顓頊生老童"부터 楚(獻)惠王시기의 "白公起禍"까지이다. 이는 楚의 선조 및 熊麗 이후부터 惠王까지 왕위 교체와 중대한 역사적 사건을 기록한 것이다. 제2그룹은 비교적 빽빽하게 서사되었는데, 내용은 초나라의 중요한 역사적 사실을 집약한 것이다.

3) 諸子類는 유가 중심의 내용으로, 형식에 있어 몇 개의 그룹으로 나눌 수 있다. 제1조는 孔子의 주장을 집약한 것으로, 각 簡들이 전부 "仲尼曰"로 시작한다. 간문에 보존된 공자의 주장은 현행본『論語』와『禮記』등의 책에서 몇 가지만 보일 뿐이며, 글자도 같지 않다. 제2조의 간은 子貢과 공자의 대화 내용이다. 제3조의 간은 주로 군자가 지켜야 할 행위를 논술한 것으로, "고귀한 지위에서도 천한 것을 잊으면 안 되고, 부유하면 능히 재화를 나눌 수 있어"야 하며, "龔儉不倦", "愼獨", "敬信" 등이 필요하다고 주장한다. 제4조 간은 "삼대의 성왕인 禹湯文武" 및 受(紂)·晉平公·宋景公 등을 예로 "聖人의 樂義와 美利"를 논술하며 "지금 사람들이 아름답게 여기는 것과 즐겁게 여기는 것은 각기 다르다"고 밝히고 있다. 제5조 간은 君子와 小人을 비교함으로써 군자의 행위 규범에 대해 논했다. 제6조 간은 총 7매가 있으며, 완전한 간은 2매에 불과하다. 제7조 간은 옛 聖王의 사적을 예로 들어 "補王之道"를 논했다. 제8조 간은 약 60매 중 완전한 간은 9매에 불과하다. 간의 뒷면에는 번호가 있는데, 2개조로 나누어 번호를 붙인 듯하다. 제9조의 간은 총 78매 중 비교적 완전한 간은 약 40매이다.

4) 楚辭類는 완전하게 보존된 두 편의 작품으로 구성되었다. 제1조 간은 총 23매 혹은 24매, 제2조 간은 총 27매이다.

5) 기타 관상, 占夢 등의 분야를 언급한 간이 있다. 제1조 간은 관상술로 여자의 신체적 특징과 용모에 따라 불임이 되는 각종 상황을 열거하거나, 음식에 따라 임산부가 남아를 낳을지 여아를 낳을지, 아이가 예쁜지 귀한지 등을 예측한 것이다. 제2조 간은 총 11매인데 잔결이 심하여 완전한 간은 없다. 대략 점몽서라는 것을 알 수 있다. 제3조 간은 총 6매의 간 중 철합하여 3

매의 간이 되된 것이다. 완전한 간은 1매에 불과하다.

　『안휘대학장전국죽간』의 『시경』은 전국 초 지역의 초본이자, 현재로서는 가장 이른 시기의 초본이라고 할 수 있어, 시경학 연구에 매우 중요하다. 또 출토 죽간에서 나온 楚史類 문헌으로는 가장 이른 시기이자 가장 완전하게 정리된 계통의 楚史여서, 선진사 그중에서도 특히 초사 연구에 매우 중요한 자료라고 할 수 있다.

4. 참고문헌

黃德寬, 「安徽大學藏戰國竹簡槪述」, 『文物』 2017-9.

安徽大學漢字發展與應用硏究中心 編, 『安徽大學藏戰國竹簡(一)』, 中西書局, 2019.

절강대학 소장 전국 초간

浙江大學 所藏 戰國 楚簡

1. 출토지 : 미상

2. 개요

   1) 발굴기간 : 미상

   2) 발굴기관 : 미상

   3) 유적종류 : 미상

   4) 시대 : 전국

   5) 시기 : 전국

   6) 출토상황 : 미상

   7) 입수정황 : 절강대학 藝術與考古博物館이 2009년에 입수한 "戰國楚簡"인데, 해당 죽간들의 전체 사진이 『浙江大學藏戰國楚簡』(이하 『浙江簡』으로 칭함)에 실려 2011년 12월 浙江大學출판사에서 출판되었다. 대부분 완정간(철합한 이후)으로 길이는 모두 23㎝ 정도이다. 간의 머리와 끝부분은 가지런하게 정리되어 있다. 비교적 길이가 긴 3매의 簡 상단은 가지런하면서 하단은 뾰족한 弧 형태로 특수한 모양이다. 지금까지의 簡 중에서는 처음 보는 모양이다. 절강 간은 정리를 거쳐 총 324호의 編號를 붙였는데 철합하여 완전하게 복원한 簡은 약 160매이다. 글자 흔적은 뚜렷하며 墨色이 농후하고, 문자는 대범하게 초사되어 자못 行草의 정취가 있다.

3. 내용

   『左傳』(철합한 이후 簡의 순서번호는 130여 호가 있음), 『玉句』(2매), 『四日至』(1매), 卜筮祭禱類 簡(철합한 이후 순서번호는 20호가 있음), 遣策(철합한 이후 순서번호는 33호가 있음) 등으로 원래 완전한 간은 160매 정도일 것으로 추정된다. 다만 『浙江大學藏戰國楚簡』은 위조된 죽간이란 의심이 제기되어, 논쟁 중에 있다.

4. 참고문헌

曹錦炎 主編, 『浙江大學藏戰國楚簡』, 浙大出版社, 2011.

邢文, 「浙大藏簡辨僞(上)――楚簡『左傳』」, 『光明日報』 2012.5.28.

邢文, 「浙大藏簡辨僞(下)――戰國書法」, 『光明日報』 2012.6.4.

악록서원 소장 진간

嶽麓書院 所藏 秦簡

1. 출토지 : 미상

2. 개요

   1) 구입시기 : 2007년 12월, 2008년 8월

   2) 구입기관 : 호남대학 악록서원

   3) 종류 : 구입 간독 (고분 출토유물로 추정)

   4) 시대 : 전국시대~진대

   5) 시기 : 기원전 3세기

   6) 출토상황 : 미상

   7) 입수정황 : 2007년 12월 중국 호남대학 악록서원은 홍콩의 문물시장에서 몇 덩어리의 간독을 구입했다. 구입 당시 이 간독은 이미 많이 파손된 상태로 끊어져 있는 부분이 많았고, 부패로 인한 얼룩이 심각한 상태였기 때문에 긴급히 보호조치를 진행하였다.

   호남대학 악록서원은 호북형주문물보호중심 전문가들과 함께 이 간독의 진위여부를 판명하기 위해 간독의 재질검사를 진행하였다. 먼저 구입 진간과 장사 주마루한간, 형주 사가교한간에서 채취한 샘플과 현대의 대나무 표본을 함께 武漢大學 測試中心으로 보내어 죽간의 노화정도와 대나무 질의 분해도 등을 측정하였고, 전자현미경, 적외선 등의 설비를 통해 분석한 결과 구입 간독의 분해정도가 장사 주마루한간, 형주 사가교한간과 거의 같으며, 이들과 거의 비슷한 시기 대나무에 쓰여진 간독임을 확인하였다. 이후 호남대학 악록서원은 李學勤, 張光裕, 胡平生, 李均明, 彭浩, 陳偉 등 진한 간독 전문가들을 초청해 간독에 대한 감정을 진행하였고, 그 결과 모든 전문가가 이 구입 간독이 진품임을 확인하였다.

   구입 당시 간독은 크고 작은 8개의 덩어리로 구분되어 있었는데, 이 덩어리를 분리하던 중

죽간을 싸고 있었던 대나무 편을 발견하였다. 따라서 간독은 원래 모종의 竹笥 안에 넣어져 있었던 것으로 보인다. 호남대학 악록서원은 원래 簡과 簡 사이의 연결관계를 분명히 하기 위해 간독의 세척 및 분리, 도면제작 작업을 동시에 진행하고 있었지만, 정리과정 중 이 8개의 간독 덩어리가 출토 당시의 원래 상태로 보존되지 않았음을 발견하였다. 이는 간독을 원래 상태로 그대로 편련하는 것이 불가능함을 뜻하는 것이었다. 여덟 덩어리의 간독은 정리를 거친 후 모두 2,100여매 편호간으로 분리되었는데, 그중에서 비교적 완정한 간은 1,300여매 정도였다.

이밖에 2008년 8월 홍콩의 한 골동품 수집가가 소장하고 있던 소량의 죽간을 호남대학 악록서원에 기증하였는데, 검사 결과 이 기증 죽간(전체 76매, 완정간 30여매)의 形制, 서체, 내용이 2007년 홍콩에서 구입한 간독과 기본적으로 동일하였기에, 함께 출토된 것으로 볼 수 있었다. 따라서 호남대학 악록서원은 이 두 건의 간독을 "嶽麓書院藏秦簡"으로 함께 병합하여(전체 2,176매) 소개하였다.

嶽麓書院藏秦簡(이하 "嶽麓秦簡"으로 약칭)은 대부분이 竹簡이었고, 30여매 정도의 소량만이 木簡이었다. 그중에서 비교적 완정한 간은 그 길이에 따라 크게 세 가지 종류로 나뉘어지는데, 첫 번째는 길이가 약 30㎝ 정도인 것이고, 두 번째는 약 27㎝의 길이를 가진 것, 세 번째는 약 25㎝의 길이를 가진 것이었다. 간의 너비는 대부분 0.5㎝~0.8㎝ 사이였다. 編繩에 따라서는 상중하 세 갈래의 편승을 가진 것과 두 갈래의 편승을 가진 것으로 양분된다. 남아있는 편승의 흔적으로 보아 악록진간의 경우 먼저 내용을 쓰고 편련한 것과, 간을 먼저 편련한 후에 내용을 쓴 두 가지 경우가 모두 확인된다. 악록진간의 문자는 대부분 정면에만 서사되었는데, 일부 간의 경우 뒷면에 "卅四年質日", "□□年質日", "律", "數" 등의 문자가 서사되어 있다. 이들은 분명히 간의 편명으로 볼 수 있다. 간에 서사된 문자는 서로 다른 특징의 풍격을 지니고 있는데, 기초적인 분석에 따르면 적어도 8종 이상의 서사 風格이 확인된다. 따라서 악록진간은 여러 명의 서사자가 기록한 것으로 볼 수 있다.

3. 내용

악록진간은 진대 역사를 연구하는데 있어 극히 중요한 자료로서, 1975년 발굴된 운몽수호지진간, 2002년 발굴된 이야진간과 함께 진대 간독에 있어 또 한 번의 중요한 발견으로 볼 수 있다. 악록진간의 발견은 진대의 법률, 수학, 점술 등의 연구에 있어 매우 중요한 의미가 있다. 호남대학 악록서원은 악록진간 정리 초기에 이 간독의 주요 내용을 〈日志, 官箴, 夢書, 數書, 奏讞書, 律令雜抄〉 등의 여섯 가지로 분류하였다. 하지만 악록진간이 출간될 때는 그 편명을 각각 〈質日, 爲吏治官及黔首, 占夢書, 數, 爲獄等狀四種, 秦律令〉으로 수정하였다. 2010년 출간된 『嶽麓書院藏秦簡(壹)』에는 〈質日〉, 〈爲吏治官及黔首〉, 〈占夢書〉 3편이 포함되었으며, 2011년 출간된 『嶽麓書院藏秦簡(貳)』에는 〈數〉가, 2013년 출간된 『嶽麓書院藏秦簡(參)』에는 〈爲獄等狀四種〉이 포함되었고, 2015년과 2017년, 2020년 출간된 『嶽麓書院藏秦簡(肆)』, 『嶽麓書院藏秦簡(伍)』, 『嶽麓書院藏秦簡(陸)』과 향후 출간될 예정인 『嶽麓書院藏秦簡(柒)』에는 〈秦律令〉 부분이 포함된다.

1) 質日

편제에 관해 정리 초기 여러 논쟁이 있었지만, 簡 중 뒷면에 "卅七年質日", "卅四年質日", "卅五年私質日"이라는 편제가 발견됨에 따라 2010년 출간 때 〈質日〉로 편명을 확정했다. 이에 따라 2014년 『秦簡牘合集』이 출간 당시 유사 간독이었던 周家臺秦簡 〈曆譜〉의 편명 또한 〈質日〉로 수정할 수 있게 되었다. 〈質日〉 중 진시황 27년 干支를 기록한 간의 경우 주로 "騰"이라는 사람의 활동 상황을 기록하고 있다. 총 8차례 등장하는 "騰"은 『史記』 秦始皇本紀에서 內史 관직에 있던 "騰", 睡虎地秦簡 〈語書〉에서 南郡守 관직에 있던 "騰", 里耶秦簡에서 陽陵縣 司空이었던 "騰"이 각각 등장하지만, 이들을 동일인으로 보기는 어려울 것 같다. 진시황 34년 간지를 기록한 간에는 "爽"이라는 인물이 등장하는데, 簡文에 따르면 "爽"은 "司空史", "令史" 등 縣 하층 관리를 역임한 것으로 나온다. 진시황 35년 質日 중에는 구체적인 인명이 나오지 않으며, 구체적인 사건을 기록한 것도 없다. 이 부분은 주로 "宿□□"의 형태로 住宿의 行程만을 기록하고 있다. 진시황 35년 質日은 앞의 진시황 27년, 34년 質日과 서사자가 다르기 때문에, 이 중 어느 것이 墓主와 관련된 기록인지는 추가적인 연구가 필요하다.

2) 爲吏治官及黔首

초기의 악록진간 정리자들은 간독의 내용이 관리된 자에게 필요한 격언으로 이루어져 있었기 때문에 임시적으로 〈官箴〉이라는 편명을 붙였다. 하지만 1531간 뒷면에서 "爲吏治官及黔首"라는 편명을 발견하였기 때문에 수정하였다. 모두 80여매의 簡으로 이루어져 있으며, 내용이나 형식이 모두 睡虎地秦簡 〈爲吏之道〉와 기본적으로 같다. 또한 그 내용 중 일부 문구는 睡虎地秦簡 〈爲吏之道〉의 내용과 거의 같기 때문에 양자의 비교를 통해 상호 간에 탈루된 부분을 보완할 수 있다.

3) 占夢書

夢占과 관련된 것이지만, 구체적인 어떤 날의 夢占 기록은 아니라는 점에서 睡虎地秦簡 〈日書〉 중의 "夢"과는 다르다. 夢象과 占語를 기록한 주요 내용 또한 睡虎地秦簡 〈日書〉의 "夢"과는 많은 차이가 있다. 『漢書』 藝文志에 따르면 한대에 〈黃帝長柳占夢〉 11권과 『甘德長柳占夢』 20권 저록이 있었다고 전해지지만, 이 서적들은 『隋書』 經籍志 상에는 보이지 않는다. 嶽麓秦簡 〈占夢書〉는 이와 관련한 占夢書 문헌의 가장 이른 시기 자료로서 높은 가치를 지닌다고 할 수 있다.

〈嶽麓秦簡(『嶽麓書院藏秦簡(參)』 轉載)〉

4) 數

算數와 관련된 서적으로 0956호 간의 뒷면에 "數"라고 쓰여진 부분에 의거해 〈數〉로 명명하였다. 모두 81건의 算題가 수록되어 있는데, 일부는 張家山漢簡 〈算數書〉나 『九章算術』 등에 보이는 것도 있으며, 일부는 악록진간에서만 나온다. 실용적 수학 문헌의 초본으로 생각되며, 저작 연대는 秦始皇 35년 이전으로 추정된다. 악록진간 〈수〉는 장가산한간 〈산수서〉와 함께 중국 고대 수학사 연구에 있어 상당한 자료적 가치를 지니고 있다. 뿐만 아니라 진대의 정치, 경제, 법률, 군사 등의 연구에도 활용될 수 있는 자료로서도 중요한 의미를 가진다.

5) 爲獄等狀四種

정리 초기에는 장가산한간 〈奏讞書〉와의 유사성으로 인해 〈奏讞書〉라는 편명을 임시 부여 하였다. 하지만 2013년 정식 출간 때에 간독의 재질과 내용, 서사체제 등이 네 종류로 나눠지 는 점과 원문 표제 등을 감안해 〈爲獄等狀四種〉이라는 편명을 최종 부여했다. 〈위옥등장사종〉 중 제1종은 모두 7개의 안례로 이루어져 있는데, 내용은 모두 전형적인 奏讞文書에 속한다. 장 가산한간 〈주언서〉 전반부 13개 안례와 내용과 형식이 서로 비슷하지만 지시를 청하는 내용은 보다 광범위하다. 죄명의 적용 뿐 아니라 미성년자의 형사책임능력 유무, 직무상 과실 등 법률 적용 원칙에 대한 문제에도 답을 구하고 있다. 작성 시기는 진왕 정 18년부터 25년까지로 진의 전국통일 직전의 시기를 배경으로 하고 있다. 제2종의 내용은 두 부분으로 나뉘어진다. 첫 번째 는 縣의 장관이 어려운 강도 살인 사건을 해결한 獄史를 郡 卒史로 추천하는 문서로, 장가산한 간 〈주언서〉 제22안례와 같은 부류에 속한다. 두번째는 郡府가 郡의 覆審을 거친 乞鞫안건 처 리를 명한 것으로, 장가산한간 〈주언서〉 제17안례와 같은 부류에 속한다. 그 외에 제2종에는 또 다른 두 건의 안례가 포함되었지만 잔결이 심해 구체적인 형식과 내용을 알 수 없다. 〈위옥 등장사종〉 제3종과 제4종은 각각 하나씩의 안례로 이루어져 있다. 제3종의 내용은 제1종과 같 은 전형적인 주언문서이다. 제4종은 전투 중 병사가 도망한 사건을 다루고 있는데, 장가산한간 〈주언서〉 제18안례의 내용과 유사한 점이 있다. 전체 4종의 문서 외에 분류하기 어려운 7매의 잔간은 "第五類"로 분류해 〈위옥등장사종〉 마지막 부분에 붙여 놓았다. 요컨대 악록진간 〈위옥 등장사종〉은 장가산한간 〈주언서〉와 비교를 통해 계승 관계를 연구할 수 있다. 또한 양자 문서 의 종합을 통해 진한대 사법 소송과 재판 등의 절차를 복원할 수 있다.

6) 秦律令

진대 율령 조문을 기록한 것으로 1659호간 뒷면에 "律"이라는 글자가 있기 때문에 이를 편 명으로 추정할 수 있다. 초기 정리에서는 "秦律" 뿐만 아닌 상당 내용의 "秦令" 또한 포함되어 있어, 이와 성격이 비슷한 睡虎地秦簡 〈秦律雜抄〉의 사례에 따라 편명을 〈律令雜抄〉로 임시 명명했다. 하지만 2015년 정식 출간될 때에는 〈秦律令〉으로 편명을 수정했다. 〈진율령〉의 수량은 약 1,200여 매에 달하여 악록진간 중 가장 큰 비중을 차지하고 있다. 정리자들은 이를 네 번에 걸쳐 출간하고 있다. 2015년 12월 391매에 달하는 〈진율령(1)〉 부분이 『嶽麓書院藏秦簡(肆)』로 출간되었고, 2017년 12월 337매로 구성된 〈진율령(2)〉 부분이 『嶽麓書院藏秦簡(伍)』로 출간되었다. 그리고 2020년 3월 274매가 수록된 〈진율령(3)〉 부분이 『嶽麓書院藏秦簡(陸)』으로 출간되었다. 나머지 400여 매의 편호간은 조만간 『嶽麓書院藏秦簡(柒)』로 출간될 예정이다.

〈진율령(1)〉의 제1조는 1991簡 뒷면에 "亡律"이라는 篇題가 있어 이 부분의 편명을 확정할 수 있었다. 악록진간 망률은 刑徒, 奴婢, 黔首의 도망 및 亡人을 은닉한 사람들에 대한 처벌 조문, 자수자의 감형조치와 망인을 고용한 자의 처벌 및 망인을 고발한 자에 대한 포상 규정 등을 기록했다. 장가산한간 〈이년율령〉에도 망률이 포함되어 있지만, 진대의 망률은 처음으로 발견된 것이다. 제2조는 篇題는 없지만 각 簡의 내용이 여러 律文의 율명을 기재하고 있다. 여기에는 〈田律〉, 〈金布律〉, 〈尉卒律〉, 〈徭律〉, 〈傅律〉, 〈倉律〉, 〈司空律〉, 〈內史雜律〉, 〈奔警律〉, 〈戍律〉, 〈行書律〉, 〈置吏律〉, 〈賊律〉, 〈具律〉, 〈獄校律〉, 〈興律〉, 〈雜律〉, 〈關市律〉, 〈索律〉 등 19종이 포함되어 있다. 律名 중 상당수는 睡虎地秦簡에 보이는 것이지만 〈尉卒律〉, 〈獄校律〉, 〈奔警律〉, 〈索律〉 등은 새로이 발견된 律名이다. 제3조는 하나의 簡 안에 서로 다른 서체의 글자가 병존하는 현상이 출현해 여러 명의 서사자가 기록했음을 보여준다. 또한 干支 편호를 가지는 〈內史郡二千石官共令〉이라는 令名이 출현하는데, 제3조의 대부분 簡은 이에 속하는 令文으로 추정된다. 令文의 내용은 里의 설치 및 관리와 관련된 규정, 上計와 관련된 구체적인 규정, 제사 관련 규정 등이 포함되어 있다.

〈진율령(2)〉에는 簡의 形制와 簡文의 내용에 따라 세 부분으로 나눌 수 있다. 제1조의 경우 각각의 令文 말미에 令名 없이 숫자 편호만 있다는 공통점이 있으며, 일부 간의 경우 숫자 편호 뒤에 校讎를 표시하는 수직의 긴 선이 그려져 있다. 내용에는 부인의 재가 후 재산 처리 규정, 구6국 귀족 및 그 처자, 同産, 舍人의 처벌규정, 新地의 관리 및 그 舍人이 錢財, 酒肉 등을 받았을 경우의 처벌 규정 등 지금까지 알려지지 않았던 秦令을 포함하고 있다. 제2조는 제1조와 달리 간문의 말미에 令名이 기록되어 있다. 令名에 따라 〈卒令〉, 〈廷卒令〉, 〈廷令〉, 〈"治獄受財枉事"令〉 등 네 부분으로 나눌 수 있으며, 行書, 治獄, 徭役 관련 규정을 포함하고 있다. 제3조는 초사 형식이 다양하며 일부 간의 말미에 〈內史倉曹令〉, 〈內史旁金布令〉, 〈遷吏令〉 등과 같은 令名을 기록하고 있다. 이들 令名은 지금까지 알려지지 않았던 것으로, 秦代 令文의 생성 과정을 이해하는데 중요한 자료이다.

〈진율령(3)〉은 簡의 내용과 形制에 따라 5조로 분류된다. 제1조는 다시 "廷戊"와 "令丁等令"의 두 부분으로 나누어지는데, "廷戊"의 令文 말미에는 대부분 令名이 없고 숫자 편호만이 기록되어 있다. 또한 편호 뒤에는 선 모양의 교정 표기가 흔히 보인다. "令丁等令" 역시 令名은 기록되어 있지 않다. 제2조는 다양한 서체로 서사되어 있어 몇 명의 다른 필자들이 서사한 것으로 보인다. 제2조의 간독은 수량이 많지 않음에도 〈祠令〉, 〈卜祝酹及□祠令〉, 〈安台居室居室共令〉, 〈安台居室四司空卒令〉〈四謁者令〉, 〈食官共令〉, 〈四司空卒令〉, 〈四司空共令〉, 〈給共令〉, 〈公車司馬令〉 등 다양한 令名이 확인된다. 하지만 殘簡이 많아 내용은 완전하지 않다. 제3조의 일부 간문은 "受財枉法"의 내용이며, 『嶽麓書院藏秦簡(伍)』 제2조의 내용과 비교할 수 있다. 제4조는 1매가 具律인 것을 제외하고 나머지는 모두 令文이다. 令文은 각각 卒令, 縣官田令, 廷令 등에 속한 것이다. 제5조는 〈雜律〉, 〈賊律〉과 〈廷內史郡二千石官共令〉 등 律文과 令文이 혼재되어 있다.

그 외에 아직 출간되지 않은 나머지 약 400여매(잔간 포함)의 편호간이 『嶽麓書院藏秦簡(柒)』로 출간될 예정이다.

악록진간은 1975년에 발굴된 수호지진간, 2002년 발굴된 이야진간과 함께 진대 역사 연구에 매우 귀중한 자료로 평가받고 있다. 특히 악록진간은 수호지진간과 장가산한간의 율령 자료를 연결해주는 고리와 같은 역할을 하며 중국 고대 율령의 발전 및 계승을 이해하는데 중요한 자료로 기능하고 있다. 더욱이 수호지진간이나 장가산한간에 보이지 않는 다수의 秦令 조문과 律名을 포함하고 있어, 문헌사료의 이해를 제고하는 것은 물론 律을 보완하는 令이 어떤 과정을 통해 만들어지는지에 대해서도 자세히 보여주고 있다.

다만 악록진간의 한계 또한 뚜렷하다. 그것은 정식 발굴된 것이 아닌 구입자료이기 때문에 묘주가 어떤 인물인지 전혀 알 수가 없고 함께 부장된 유물 또한 알 수 없다. 게다가 악록진간에는 風格이 확연히 구분되는 최고 8가지 이상의 서체가 확인되는데, 이에 따라 전체 악록진간이 과연 하나의 묘장에서 나온 것인지조차 불분명한 상황이다.

2007년 말 악록진간을 구입에서부터 정리상황, 기초적인 내용을 소개한 글이 『文物』에 발표되었고(「嶽麓書院所藏秦簡綜述」), 이와 거의 같은 시기에 악록진간 정리에 참여한 연구자들의 주요 간독의 내용을 소개하고 자료적 가치를 밝히는 글들이 『中國史硏究』 및 『湖南大學學報』를 통해 공개되었다. 이어서 2010년부터 악록진간 석문이 정식으로 출간되기 시작한 사실은 앞서 설명한 바와 같다. 조만간 전체 석문이 모두 공개되는 것과 더불어 다양한 수정 연구 또한 진행될 것으로 예상된다.

4. 참고문헌

陳松長, 「嶽麓書院所藏秦簡綜述」, 『文物』 2009-3.

陳偉, 「嶽麓書院秦簡考校」, 『文物』 2009-10.

朱漢民·陳松長 主編, 『嶽麓書院藏秦簡(壹)』, 上海辭書出版社, 2010.

朱漢民·陳松長 主編, 『嶽麓書院藏秦簡(貳)』, 上海辭書出版社, 2011.

朱漢民·陳松長 主編, 『嶽麓書院藏秦簡(參)』, 上海辭書出版社, 2013.

陳松長 主編, 『嶽麓書院藏秦簡(肆)』, 上海辭書出版社, 2015.

陳松長 主編, 『嶽麓書院藏秦簡(伍)』, 上海辭書出版社, 2017.

陳松長 主編, 『嶽麓書院藏秦簡(陸)』, 上海辭書出版社, 2020.

북경대학 소장 진간

北京大學 所藏 秦簡

1. **출토지** : 미상

2. **개요**

   1) 구입시기 : 2010년 초

   2) 구입기관 : 북경대학

   3) 종류 : 구입간독(고분 출토유물로 추정)

   4) 시대 : 진대

   5) 시기 : 기원전 3세기

   6) 출토상황 : 미상

   7) 입수정황 : 2010년 초 北京大學은 홍콩 馮燊均國學基金會의 기증을 받아 진대 간독을 입수했다. 北京大學 出土文獻研究所는 즉각 이 간독에 대한 보존 및 정리작업에 착수하였다. 현재 모든 간독의 보존, 정리작업이 완료되었으며 컬러사진 촬영과 부분적으로 字迹이 모호한 간독에 대한 적외선 촬영 작업, 그리고 간독의 철합과 기초적인 석독을 완료하였다.

  입수 당시의 간독은 끈적끈적한 상태의 진흙으로 덮여진 한 덩어리의 간독과 따로 떨어져 나온 15매의 죽간, 2매의 목독이 있었다. 보존처리 결과 竹簡 762매(그중 300여 매의 경우 양면에 문자 서사), 木簡 21매, 木牘 6매, 竹牘 4매, 木觚 1매로 정리되었고 이와는 별도로 주사위 1매, 算籌 61매 및 죽간 잔편 약간을 발견했다. 원래 이 간독과 算籌 등의 유물은 하나의 竹笥내에 합쳐져 있던 것으로 추측된다. 간독 상에 남아 있던 잔존 編繩 중에서 인체에 기생하는 기생충 알을 발견했는데, 이를 통해 묘장에서 출토된 간독임을 알 수 있었다. 연구소 측은 죽간 덩어리를 정면과 측면에서 관찰하여, 평면상으로는 흩어진 모습이었지만 부장 당시의 모습을 보여주는 죽간의 퇴적 상황과 육안으로 확인할 수 있는 죽간의 길이 차이 등에 근거하여 동일 卷

冊 여부를 확인하여, 760여 매의 죽간을 총 10권의 卷冊으로 정리할 수 있었다.

연구소에서는 간독 자료의 정리와 동시에 간독의 진위 여부를 판단하기 위한 과학적인 검사를 시행하였다. 검사 항목은 죽간의 탄소연대측정, 죽간, 목독 등에 대한 재질 감정, 적외선 흡수 편광 분석 및 현대 죽목간과의 비교, 라만 레이저 스펙트럼 분석을 통한 辰砂 성분의 확정, 전자현미경을 이용한 辰砂와 墨寫 흔적 형태 관찰 및 입자의 직경 분석, 광학현미경 관찰을 통한 竹簡 編繩의 재질 및 부착물에 대한 판단 등이었다. 이러한 검사를 진행한 결과 이 간독이 진품이며, 출토 지점이 호북성 江漢 평원 부근임을 확인할 수 있었다.

간독의 字體는 대부분 秦隸에 속하며 일부분은 篆書로 볼 수 있다. 또한 진한 간독 자료 중 자주 보이는 "質日"간을 확인할 수 있었는데, 이를 분석한 결과 간독의 質日簡이 진시황 31년(B.C.216)과 진시황 33년(B.C.214)에 속하는 것임을 알 수 있었다. 또한 한 매의 죽간 뒷면에서 "卅一年十月乙卯朔庚寅"이라는 紀年을 확인할 수 있었는데 비록 간지 초사에 착오가 있었지만 이를 통해 간독자료가 秦始皇 시대에 초사된 자료임을 확인할 수 있었다. 죽간 중 〈從政之經〉및 〈道里書〉로 명명된 자료를 보면 이 간독자료를 부장한 묘주는 진대 지방 관리로 추정할 수 있다. 또한 〈道里書〉에는 주로 江漢지구의 수륙 교통노선과 里程을 기록하고 있으며, 여기에 기록된 水名은 모두 현 호북성 경내의 하천으로 볼 수 있다. 또한 여기에 기록된 지명도 대부분이 秦 南郡 관할 경내로 추측되며 安陸과 江陵이 가장 많이 나온다. 진간이 부장된 묘장이 주로 호북성 雲夢縣과 荊州市(각각 秦代의 安陸과 江陵)에 집중되었다는 점을 감안해 연구소 측은 이 간독의 원 매장지가 호북성 중부 江漢평원일 것으로 추정하였다.

3. 내용

앞에서 언급한 바와 같이 北大秦簡은 죽간, 목간, 목독, 죽독 등 다양한 형태의 간독으로 구성되며, 그 수량의 대부분을 차지하는 죽간의 경우 전체 10개의 卷冊으로 구분되었다. 각각의 卷冊 수량과 그 주요 내용은 다음과 같은 표로 정리할 수 있다.

종류	권호	수량(매)	길이(㎝)	너비(㎝)	내용
竹簡	0	77	27.1~27.5	0.6~0.8	〈三十一年質日〉
	1	22	22.9~23.1	0.7~0.9	〈公子從軍〉
	2	55	36.5~37	0.5~0.7	〈日書〉
	3	82	22.9~23.1	0.5~0.7	〈算書〉
	4	318	22.6~23.1	0.5~0.7	〈算書〉,日書,〈道里書〉,〈制衣〉,醫方,〈禹九策〉,〈祓除〉
	5	60	30~30.2	0.6~0.8	〈三十三年質日〉
	6	6+1(목독)	27~27.3	0.6	〈祠祝之道〉(함께 편련된 竹牘[K001]의 경우 길이 34.4㎝, 넓이 1.7㎝임)
	7	24	23.7~24	0.5~0.7	〈田書〉
	8	50	27.2~27.9	0.5~0.8	〈田書〉
	9	62	27.5~27.9	0.5~0.6	〈從政之經〉,〈善女子之方〉
	散簡	6			
木簡	甲	12	22.9~23.1	0.9~1.1	〈白囊〉
	乙	9	23~23.1	0.8~1.2	〈隱書〉
木牘	M009	1	23	4.7	〈泰原有死者〉
	M016	1	23.1	2.2	記賬
	M025	1	23	7	九九術
	M026	1	23	2.4	歌詩
	W013	1	22.9	2.1	歌詩
	W014	1	25.1	4.4	記賬,〈作錢〉
竹牘	Z002	1	23	2.4	歌詩
	Z010	1	23.5	1.3	記賬
	Z011	1	23	1.7	記賬
木觚	M015	1	20.5	1~1.3	記賬

위 표에 열거된 죽간 卷3, 卷6, 卷8, 卷9의 경우 모두 簡의 뒷면에 경사도가 다른 刻劃 흔적이 발견되었으며, 목간 卷甲의 경우 여러 줄의 교차 묵선이 있어 편련할 때 간의 순서를 정하는데 중요한 참고가 되었다.

위 표에서 특별히 언급할 만한 것은 바로 죽간 卷4이다. 이 卷冊은 10卷의 卷冊 중 가장 많은 318

〈입수 당시 北大秦簡의 모습(「北京大學藏秦簡牘室內發掘淸理簡報」 圖23 轉載)〉

매로 이루어져 있는데, 대부분 간은 앞면과 뒷면에 모두 문자가 서사되어 있으며 9개 단락의 서로 다른 문헌을 수록하고 있다. 앞면에는 순서대로 〈算書〉甲篇, 日書甲組, 〈制衣〉, 〈算書〉乙篇의 도입부가 초사되어 있고, 뒷면에는 앞면을 이어 〈算書〉乙篇, 醫方, 〈道里書〉, 〈禹九策〉, 〈祓制〉, 日書乙組가 초사되어 있었다. 문헌의 서체는 일치하지 않을 뿐만 아니라 같은 면에 서로 다른 문헌이 이어져 초사되어 있고, 앞면과 뒷면의 편장 대응도 가지런하지 않다. 이처럼 서로 다른 초사자가 시간적 차이를 두고 다양한 내용의 문헌을 하나의 簡冊에 서사한 현상은 전국 및 진한 출토 簡冊에서는 잘 보이지 않는 일이다. 이는 고대 簡冊제도와 간독서적의 제작, 전승, 사용 등을 연구하는데 새로운 자료를 제공하고 있다.

北大秦簡이 포함하고 있는 내용은 굉장히 광범위한데 각 문헌별 주요 내용은 다음과 같다.

1) 〈從政之經〉

죽간 卷9에 속하며 睡虎地秦簡 〈爲吏之道〉와 유사하다. 다만 篇題가 발견되지 않아 간문의 내용에 근거해 잠정적으로 〈從政之經〉을 편제로 삼았다. 簡文은 6節로 나뉘어지는데 그중 4節은 관리된 자의 自律, 修身, 宜忌 및 治民의 기술들이며, 1節은 字書의 체례와 유사한데 관리의 직책 범위와 관련된 단어를 수록하고 있다. 이상의 5절은 모두 4란으로 나누어 서사되어 있고, 마지막 1절은 〈賢者〉를 제목으로 從政尙賢의 도리를 서사하고 있다.

2) ‹善女子之方›

죽간 卷9에 속하며 ‹從政之經›의 뒤에 편련되어 있다. 글의 첫머리에 “凡善女子之方”이라는 문구가 있으며, 전체 글의 내용도 “善女子”를 어떻게 만드는가에 대한 것이기 때문에 “善女子之方”이라는 편제를 붙였다. “善女子”라는 것은 아름답고 선량한 여자를 말하며, “方”은 방법, 규칙, 도리의 뜻이다. 전체 편의 문구에는 압운이 많으며, 문장 중에서는 夫妻의 道를 논술하고 있다. 또한 부인된 자의 도리 등을 강조하고 있기 때문에 이를 통해 진대 관리와 士人 가정 중 부녀자의 지위를 엿볼 수 있을 뿐만 아니라 당시의 윤리관, 도덕관 등 기층사회의 생활상을 이해할 수 있다. 이 글은 후한시기 班昭가 쓴 ‹女誡›보다 300여년 앞서 만들어진 것으로 중국의 가장 오래된 여성교육과 관련된 전론이라고 할 수 있다.

3) 數學문헌

북대진간 중 수학과 관련된 문헌은 죽간 중 4卷의 卷冊과 “九九術” 목독 1매 등으로 매우 큰 비중을 차지한다. 죽간 卷7의 내용은 田畝의 면적 계산에 관한 것이며, 卷8의 형식 또한 卷7과 유사한 田租의 계산 등이 있다. 卷8의 경우 “田書”라는 편제가 있어 이런 서적의 전용 명칭으로 생각된다. 죽간 卷3 및 卷4의 일부분에는 각종 수학계산 방법과 例題를 모아놓은 부분이 있는데, 악록진간 ‹수› 및 장가산한간 ‹산수서›, 문헌 중 ‹구장산술›과 비슷한 점이 많다. 편제는 잠정적으로 ‹算書›로 정해졌다. 죽간 卷4 ‹算書› 甲篇의 서두에는 ‹魯久次問數于陳起›라고 이름 붙인 800여자에 달하는 긴 문장이 나오는데, 수학의 기원, 작용과 가치 등에 관해 토론하고 있다. 이것은 기존의 고대 수학서적에서는 거의 보이지 않는 것으로 중국 고대 수학사 및 사상사 등의 연구에 중요한 의미를 지니고 있다.

4) ‹道里書›

죽간 卷4의 뒷면 중간 부분에 기록되어 있고, 원문에는 표제가 없지만 그 내용에 근거해 ‹道里書›로 명명하였다. 주로 江漢지구의 수륙교통노선과 里程을 기록하고 있다. 매 간은 상하 양란으로 나누어 서사되었는데 그 형식은 주로 “某地至某地某某里”로 되어 있고 里程 기재가 “步” 단위까지 매우 상세하게 되어 있다. 각 란의 지명은 “甲至乙”, “乙至丙”의 형식으로 서술되어 그 전후가 서로 연결되면서 하나의 교통선을 형성하고 있다. 기록된 지명 대부분은 秦 南郡의 관할 범위 내이며, 그중 縣名으로는 江陵, 安陸, 銷, 鄢, 競陵, 孱陵 등이 있다. 뿐만 아니라 문헌사료에서는 찾아볼 수 없는 대량의 鄕, 亭 등의 지명도 기록하고 있다. 〈道里書〉는 현재까지 秦代 江漢지구의 행정구획과 교통상황을 가장 상세히 기술한 자료로서 장강 중류 지역의 역사지리 연구에 매우 큰 가치를 지닌 사료로 생각된다.

5) 〈制衣〉

모두 27매로 죽간 卷4 앞면 뒷부분에 서사되어 있다. 첫 번째, 두 번째 간의 머리 부분에 각각 "折", "衣" 두 자가 쓰여져 있었는데, "折"은 "制"와 통한다고 생각해 "制衣"를 본 편의 편제로 삼았다. 본 편은 大襦, 小襦, 大衣, 中衣, 小衣, 裙, 襲, 袴 등 각종 의복의 形制, 치수 및 제작 방법 등을 기록하고 있다. 이처럼 한대 이전 공예 및 기술 관련된 책은 전래문헌은 물론 출토자료에서도 매우 드문 것으로 고대의 복식 연구에 중요한 가치를 지닐 뿐 아니라 진대 공예기술서적으로도 중요한 표본이 되는 자료이다.

6) 〈公子從軍〉

죽간 卷1에 속하며 편명은 따로 기록되어 있지 않아 이 글에 등장하는 "公子從軍"이라는 표현을 편명으로 삼았다. 이 편의 내용은 "牽"이라는 이름의 여자가 從軍하는 公子에 대한 짙은 그리움을 표현하면서 반면 "公子"의 그녀에 대한 애정의 담담함을 묘사해서 둘 사이의 감정적인 갈등을 표현하고 있다. 문장은 문학적인 의미가 풍부하며 여러 차례 시구를 인용하여 그 감정을 표현하는 등 전국 말기의 뛰어난 문학작품으로 볼 수 있다. 이런 자료는 문헌사료는 물론 출토자료에서도 잘 보이지 않는 것으로 중국 고대 문학사 연구에 상당한 의미를 지닌다.

7) 〈隱書〉

목간 卷乙에 속하며 1매의 뒷면에 "此隱書也"라는 문구가 있고, 내용 또한 『漢書』 藝文志 "詩賦略"에 저록된 〈隱書〉류 서적과 부합하기 때문에 〈隱書〉라는 편명을 부여하였다.

8) 飮酒歌詩

북대진간에는 일련의 민간가요가 수록되어 있는데 내용상 음주시에 부르는 것으로 『漢書』 藝文志의 분류법에 따르면 "歌詩"에 속한다. 목독 W-013, 죽독 Z-002간에 각각 한 수가 있으며, 목독 M-026간에 두 수가 있다. 노래의 내용은 사람들에게 술을 권하는 생동감 있고 정취가 넘치는 문구로 이루어져 있다. 이와 관련하여 간독과 함께 진흙더미에서 발견된 주사위 또한 음주와 관련된 것으로 추정된다. 이런 간독은 당시 사회의 생생한 생활상을 잘 반영하고 있다.

9) <泰原有死者>

한 목독에 서사되어 있는데, 편의 첫머리를 따서 <泰原有死者>라는 편명을 부여하였다. 그 내용은 죽은 사람이 다시 살아나 죽은 사람의 관점에서 喪祭와 관련된 宜忌를 논술한 것이다. 이 내용은 天水放馬灘秦簡 <志怪故事>와 비슷하며, 당시 사람들의 생사관을 잘 반영하고 있다.

10) 數術方技類 문헌

數術과 관련된 문헌이 죽간 및 목간 약 320여매에 걸쳐 서사되어 있다. 그 내용은 <質日>, <日書>, <數占>, <祠祝書>의 네 가지로 분류할 수 있다. 質日은 죽간 卷0과 卷5에 있으며, 日書 는 죽간 卷2 전체와 卷4 일부에 저록되어 있다. 數占書는 죽간 卷4의 <禹九策>편에 있으며, 祠 祝書는 죽간 卷4, 卷6, 목간 卷甲에 저록되어 있다. 또한 북대진간에는 약 80여 매에 달하는 醫 方이 있는데, 이런 문헌들의 내용은 지금까지의 자료에서는 잘 찾아볼 수 없었던 것으로, 관련 분야 연구에 상당한 가치를 지니고 있다.

11) 記賬문서

목독 W-014간의 양면에는 <作錢>이라는 기록이 서사되어 있는데 이는 秦始皇 32년 누군가 의 工錢 총액과 매달 받는 돈의 통계를 기록한 것이다. 또한 목독 M-016, 木瓠 M-015 및 竹牘 Z-010, Z-011간의 내용 역시 업무와 수입 등에 관한 기록이다. 이런 류의 진대 경제문서는 이 전에 거의 발견된 적이 없으며, 당시의 생산관계와 물가수준, 수학의 응용상황 등을 이해하는 데 있어 귀중한 실물자료가 되며, 묘주의 신분을 파악하는데에도 일정한 도움이 된다.

북대진간은 악록진간과 함께 정식 발굴된 간독자료가 아니라 홍콩의 문물시장에서 입수된 간독자료이지만 진간 중에서는 그 수량이 적지 않을 뿐더러 진대의 정치, 지리, 사회경제, 문학, 수학, 의학, 역법, 방술, 민간신앙 등 다양한 영역과 관련된 풍부한 내용을 수록한 자료로서 진 대사 연구에 상당한 의미를 지니고 있다. 북대진간에는 악록진간과 같은 법률자료는 수록되어 있지 않지만 당시의 생생한 사회상을 반영한 자료가 다수를 차지한다는 점에서 의의를 찾을 수 있다. 특히 북대진간에 포함된 문헌들은 지금까지 거의 발견되지 않았던 종류의 문헌으로 문헌사료와의 비교를 가능케 해준다. 따라서 전체 자료가 공개된다면 지금까지 발견된 진대 사료의 한계를 뛰어넘는 자료가 될 것이다.

2010년 자료를 입수한 북경대학 출토문헌연구소는 자료의 정리 작업에 착수하여, 2012년 6월 『文物』지에 간독자료의 전체적인 내용과 함께 일부 간독의 도판을 소개한 「北京大學藏秦簡牘綜術」을 발표하였고, 이와 함께 입수 당시 간독 덩어리를 다양한 각도에서 촬영한 사진과 함께 북대진간의 구체적인 정리 공정과 자료의 진위 여부를 밝히기 위해 실시한 다양한 과학적 검사 결과를 소개한 「北京大學藏秦簡牘室內發掘淸理簡報」를 발표하였다. 이와 함께 〈道里書〉 등 북대진간에 포함된 일부자료와 관련된 연구성과 등이 나오고 있지만 아직까지 전체 도판과 석문은 발표되지 않고 있다.

4. 참고문헌

北京大學出土文獻硏究所 編, 「北京大學藏秦簡牘綜術」, 『文物』 2012-6.

北京大學出土文獻硏究所 編, 「北京大學藏秦簡牘室內發掘淸理簡報」, 『文物』 2012-6.

북경대학 소장 한간

北京大學 所藏 漢簡

1. 출토지 : 미상

2. 개요

    1) 입수기간 : 2009년 초

    2) 입수기관 : 북경대학 출토문헌연구소

    3) 유적종류 : 미상

    4) 시대 : 한대

    5) 시기 : 전한 중기

    6) 입수정황 : 2009년 초 북경대학은 졸업생으로부터 국외에서 입수한 다수의 전한 죽간을 기증받았다. 이에 2009년 3월 역사·고고·문자학 등 각 분야 전문가를 초빙하여 〈北京大學出土文獻研究所〉를 설립하고, 경험이 풍부한 장사간독박물관의 전문가로부터 기술 지도를 받으면서 해당 죽간의 정리 분석 및 촬영 등의 작업을 본격적으로 시작하게 되었다.

3. 내용

    기증받은 전한 죽간을 정리 분석한 결과, 전부 3,346매로 편호되었다. 이 중 완정간은 약 1,600매이고 나머지 잔간 1,700여 매로 다수는 합칠 수 있는 것이다. 죽간은 길이에 따라 長·中·短 3종으로 구분할 수 있다. 長簡은 길이 약 46㎝로 한척 2척에 해당하는데 상중하 세 줄로 편철했다. 數術書 종류이다. 短簡은 길이 23㎝로 한척 1척에 해당하는데 상하 두 줄로 편철했다. 醫方 종류이다. 그 나머지 내용의 죽간은 모두 中簡인데, 길이는 약 29.5~32.5㎝로 한척 1척3촌에서 1척4촌 정도이다. 상중하 세줄로 편철했다.

    『북경대학장서한죽서』는 모두 20여 종의 古書籍으로, 遣策類나 私文書 등 다른 문서류 간독은 보이지 않는다. 그래서 「西漢竹書」라고 했다. 고서적들은 기본적으로 『한서』 예문지의 六藝·諸子·詩賦·兵書·數術·方技 등 '六略' 분류에 포함되며, 내용이 풍부하여 지금까지 발견된 고서류 죽간 중 가장 많은 수량을 차지한다.

북경대학출토문헌연구소는 입수한 죽간의 정리 및 편찬과 출판 등을 진행하여, 2012년부터 『北京大學藏西漢竹書』라는 제목으로 현재까지 5권으로 나누어 출판했다. 전체 죽간의 본래 예정된 권수는 7권인데, 아직 제6권과 제7권은 미간인 상태다. 제6권에는 수술서의 나머지 『日書』 695매, 『日忌』 414매, 『日約』 183매가 수록될 계획이다. 제7권은 醫書 711매를 실을 예정인데, 108여 개의 醫方으로 마왕퇴백서 「五十二病方」과 교감해서 서로 보완할 만하다. 그 밖에 아직 내용을 확정하지 못한 殘簡 및 無字簡 등은 마지막 제7권에 포함될 예정이라고 한다. 현재 출판된 5권은 각각 죽간의 컬러 및 확대·적외선 사진과 석문·주석 및 부록을 담고 있으며, 부록에는 簡背劃痕示意圖·죽간일람표·관련 문헌자료·정리자의 논문 등을 수록하고 있다. 각 권의 내용은 다음과 같다.

1) 제1권 : 『蒼頡篇』

제1권에 수록된 『蒼頡篇』은 본래 완정간 53매 잔간 34매였는데, 정리 후 완정간 63매 잔간 18매로 모두 81매이다. 본래 상중하 세 줄로 편철했고, 글자 수는 모두 1,337자이다. 서체는 예서체이면서 小篆의 자형이 많이 남아있다. 『북경대학장서한죽서』 창힐편은 글자 수가 비교적 많고 보존 상태도 좋은 편으로, 지금까지 출토된 居延漢簡이나 玉門花海漢簡 등의 다른 창힐편과 비교해 4言1句에 2句마다 押韻을 쓰고 韻部에 따라 章을 나누었다는 점에서는 동일하다. 반면 동일한 韻部에 몇 개의 章이 있기도 하고, 매장 첫머리에 2글자로 표제를 쓰고, 각 장의 마지막에는 해당 장의 글자 수를 각각 표기하는 등의 특징은 이전의 창힐편과는 다른 점이다.

2) 제2권 : 『老子』(上·下經)

제2권의 『老子』(上·下經)은 본래 완정간 176매 잔간 105매였는데, 정리 후 완정간 및 완정간에 가까운 죽간까지 합쳐 211매에 잔간 11매 유실된 완정간 2매가 되었다. 아마도 한대의 『노자』 원서는 223매였던 것으로 추측된다. 서체는 전한 중기의 성숙한 예서체에 가깝다. 현존 『노자』 본문의 글자 수는 5,200자에 본래 글자는 5,265자로 추측되어 지금까지 출토된 간백

『노자』 중에는 보존 상태가 가장 양호한 편이다.

북대간 『노자』는 상·하편으로 나뉘는데, 2호간 뒷면 상단에 '老子上經' 124호간 뒷면 상단에 '老子下經'이라고 쓰여있다. 上經은 전래본 『노자』의 德經, 下經은 道經에 해당한다. 전체 77장으로 上經 44장, 下經 33장인데, 매장의 첫머리에 원형점 '·' 부호로 장이 나뉘어졌음을 표시했다. 上·下經 내 章의 순서는 통행본 『노자』 81장과 기본적으로 일치해서, 편장 구조가 가장 완정한 간백 『노자』라고 할 수 있다.

3) 제3권 ; 『周馴(訓)』, 『趙正書』, 『儒家說叢』, 『陰陽家言』

제3권에 수록된 고서적 중 『周馴(訓)』은 완정간과 잔간을 합해 본래 219매였는데, 정리 후 완정간 206매에 잔간 5매로 모두 211매가 되었다. 그밖에 잔간 6매는 『周馴(訓)』 본문과 결합할 수 없지만, 서체 상으로 『周馴(訓)』에 속한다고 보아 마지막 부분에 붙여놓았다. 전편에 장을 나누는 부호 외에 1군데 구두 부호가 하나 있다. 서체는 가늘면서 반듯한 성숙한 예서로, 북대간 중에서는 서사 시기가 비교적 늦은 편에 속한다. 211호간 본문 아래에 다소 거친 필체로 '大凡六千'이라고 써서 본문과는 분명히 구별되는 부분이 있는데, 이는 죽간 서적의 사용자가 글자를 헤아려서 단 尾題이다. 이를 통해 본래 『周馴(訓)』편이 대략 6,000자였음을 알 수 있다. 3호간 뒷면 상단 쯤에 '周馴'이라는 표제가 있는데, 서체가 본문과 일치한다. 따라서 죽간 『周馴(訓)』은 본래 전편을 1명의 서사자가 써서 하나로 편철한 簡冊이고, 사용자가 후에 尾題를 달았다고 추측할 수 있다.

『周馴(訓)』편은 周昭文公이 共太子에게 훈계하는 형식을 취해서, 고대 성왕의 고사를 통해 치국지도를 밝히는 내용이다. 요순에서부터 전국 중기 秦 獻公까지인데, 일부는 『여씨춘추』, 『說苑』 등의 문헌에도 보이지만 대부분은 지금까지 없던 내용이다. 강조하는 치국지도는 尊賢·愛士·聽諫 등 모두 선진 문헌에서 흔히 보이는 의론으로 특별하지는 않다. 『周馴(訓)』의 내용이나 문자·용어·어법 등의 특징에서 성서 시기는 전국 후기로 볼 수 있다. 『한서』 예문지·「제자략·도가」에 『周訓』 十四篇'이라고 저록되어 있어서 일찍이 실전되었던 도가 저작임을 알 수 있다. 다만 치국지도를 논하는 내용은 일반적인 도가 문헌과는 크게 차이가 나고, 아마도 황노학파에 속하는 저작으로 보인다. 『周馴(訓)』편은 전국시대 도가학파와 저작에 대한 인식을 풍부하게 해주는 새로운 자료의 발견이라고 할 수 있다.

『趙正書』는 진말의 중요한 역사적 사실을 기록한 한초의 고일서로, 제목인 『趙正書』는 2번째 간 뒷면 상단 부분에 쓰여 있다. 현존 죽간은 52매로 정리 후 완정간 46매, 잔간 4매가 되었다. 결자가 많은 2매의 간독을 제외한 나머지 대부분은 상태가 좋아서 죽간의 유실은 없다. 서체는 성숙한 예서에 근접했다.

『趙正書』의 趙正은 진시황으로, 주로 진시황이 제5차 순행에서 돌아오는 길에 병에 걸려 사망하는 부분에서 이세황제가 즉위 후 여러 공자·대신을 주살하고 진이 멸망하기까지의 과정을 기술하고 있다. 대부분의 내용은 진시황 임종 전 이사와의 대화, 이사가 해를 입기 전의 진술 및 자영의 간언 등을 기록하고, 편 말에 다시 저자의 평론을 더해 호해가 자신은 죽고 나라가 망한 것은 '간언을 듣지 않았기' 때문이라고 강조했다. 이는 말의 기록을 위주로 '以史爲鑒'을 중시하는 문체로 전국시기 유행했던 語類의 고서와 비슷하다. 『조정서』의 서체와 서풍은 북대 간의 다른 문헌과 비슷해서, 서사 시기는 당연히 전한 중기 무제 전후이지만, 용어와 어법 등을 보면 성서 연대는 한초일 가능성이 크다.

『조정서』는 『사기』의 진시황본기·이사열전·몽염열전과 비슷한 내용으로 분명 일부 단락은 동일한 출처에서 나왔다고 볼 수 있다. 다만 몇 가지 중대한 사실은 『조정서』와 『사기』의 차이가 매우 크다는 것이다. 예를 들면 이세황제의 계승은 진시황이 죽기 전에 직접 승인한 것으로, 이사·조고 등이 몰래 유조를 위조했다는 이야기는 없다. 진말 역사에 관한 한초의 다른 기록이 유전되고 있었음을 보여 주는 것으로, 『사기』의 기록은 그중 하나이며 『조정서』라는 또 다른 텍스트의 존재를 확인시켜주는 매우 진귀하고도 새로운 자료이다.

『儒家說叢』은 11매가 남아있는데, 완정간 6매 외에 잔간 5매를 정리해서 모두 9매의 완정간이 되었고 표제간은 발견되지 않았다. 현존 간문은 3장으로 나뉘는데, 그중 2개 장의 첫머리에는 장을 나누는 '·' 부호가 남아있다. 내용은 『晏子春秋』, 『說苑』, 『韓詩外傳』 등 전래본과 비슷해서 대체로 유가의 의론에 속한다고 보아 『儒家說叢』으로 명명했다. 대부분 殘文이지만 당시 유가 텍스트의 변화와 의미를 이해하는데 도움이 된다.

『陰陽家言』은 17매가 남아있는데, 정리 후 12매가 되었지만, 잔간도 남아있고 표제간은 발견되지 않았다. 현존 간문은 압운을 많이 쓰며 대체로 3부분으로 나눌 수 있다. 첫 번째 부분은 天人感應으로 정치가 時令을 위반하고 군주가 부당한 행동을 했을 때 재이가 발생함을 논술하고 있다. 두 번째는 계절이 바뀔 때 불씨를 바꾸는 행사와 관련 있는 내용으로, 天時에 순응해야 함을 강조하고 있다. 세 번째는 天氣·地氣가 어떻게 바람·비 등의 자연현상을 일으키는지 설명하면서, 군주의 행동이 천도를 어기지 않아야 한다고 강조한다. 문장의 의미가 분명하지 않은 부분도 있지만 대체로 『한서』 예문지·「弟子略」의 陰陽家에 속한다고 볼 수 있다.

4) 제4권 : 『亡稽』, 『反淫』

제4권에 실려있는 『亡稽』는 중국에서 가장 오래된 고소설이라고 할 수 있다. 『亡稽』는 3번째 간 뒷면 상단에 표제가 있고, 정리 복원을 거친 후 완정간 73매 잔간 14매에 남아있는 글자 수는 전부 약 2,700자이다. 전한 俗賦 형식으로 士人인 周春과 그 아내 亡稽와 첩 虞士 사이의 가정 내 남녀의 애정과 질투를 다룬 내용으로, 여성의 투기를 경계하는 전형적인 결론을 내리고 있다. 후대 고전소설의 원형적인 내용과 형식을 갖추고 있는 동아시아의 가장 오래된 고소설의 하나로서 사회사·문학사 연구에 중요한 가치를 가진다.

한초 枚乘의 『七發』과 내용상 관련 있으면서 오랫동안 실전되었던 漢賦 『反淫』은 정리 복원을 거쳐 완정간 약 35매, 잔간 약 24매, 총 59매로 구성된다. 서체는 예서이고 대부분의 글자가 선명한 편이다. 본서는 魂과 魄이 대화하는 형식으로, 내용은 전래 문헌 중 枚乘의 『七發』과 비슷하다. 하지만 『七發』에 없는 내용도 많아서 서로 다른 작품으로 보아야 한다. 『七發』은 吳客과 楚 태자가 대화하는 형식으로 모두 七事를 이야기해서 제목이 된 것인데 비해, 『反淫』은 현존 문장상으로도 九事를 이야기하고 있다. 잔간 2589호 뒷면에 '反淫'이라는 2글자가 있는데, 서체의 유사성이나 본문 내용과의 관련성 등에서 본서의 제목으로 삼았다. 淫은 지나치다는 뜻으로, 反淫은 지나친 욕망의 방종을 경계한다는 것이다.

5) 제5권 : 『節』, 『雨書』, 『揣輿』, 『荊決』, 『六博』

북경대학장서한죽서 중 數術書류는 전부 1,587매인데, 그중 제5권에 『節』 66매, 『雨書』 65매, 『揣輿』 77매, 『荊決』 39매, 『六博』 49매가 수록되었다.

『節』은 주로 陰陽·刑德의 원리와 관련 정치·군사의 금기이다. 3번째 간 뒷면의 '節'자로 표제를 삼았다. '節'은 절기를 가리키는 것으로, 본편의 제1장과 제2장은 1년을 二分·二至·四位의 8절기로 나누어 매 절기 마다 46일이 된다. 이는 『管子·輕重己』, 『淮南子·天文』, 『禮記·月令』 등 전래본의 내용과도 부합한다. 나머지 2·3·4·8·9·10장도 대개 음양·형덕으로 각 절기의 운행 출입과 상응하는 人事의 금기를 언급하고 있어서, 전형적인 陰陽時令說이라고 할 수 있다. 5·6·7장은 음양오행을 기본 원리로 하는 군사 작전의 법칙을 전문적으로 이야기하는 내용으로, 『한서』 예문지의 '兵陰陽家'에 속한다고 할 수 있다. 문구 중에는 마왕퇴 백서 『형덕』, 은작산 한간 『地典』, 전래본 『태공병법』 일문과 비슷한 내용들이 있어서 상호 참고해서 보완할 수 있다. 출토 數術書는 실용적인 내용이 많고 『節』편과 같이 이론적인 부분은 적은데, 본편은 보존 상태가 좋고 내용도 풍부해서 중국 고대 數術의 사상·이론 방면 연구에 매우 중요한 가치를 가진다.

『雨書』는 월에 따라 장을 나누어 正月章은 '雨'자로 장 제목을 달고, 나머지 각 월은 '·'부호로 표시했는데 모두 12장이다. 매월은 모두 28宿으로 日을 기록하고 某日 '雨', '小雨', '大雨', '小雨雪', '大雨雪', '不雨', '風', '大風' 등을 상술했다. '비가 내려야 하지만[雨]', '비가 내리지 않는[不雨]' 등의 이상현상에 대해서도 상응하는 기상 또는 재이의 결과로 언급하고 있다. 후반부는 상하 2개의 난으로 나누어서, 12支의 순서에 따라 모일의 '雨', '風'에 따라오는 규칙적인 기상 현상을 언급하고 있다. 子日에서 시작하여 亥日로 끝난다. 『雨書』에서 전반부 12장이 중심이고, 후반부는 부록과 같은 성격이다. 지금까지 출토된 『日書』에도 비를 점치는 내용이 있지만 비교적 간단한 편이었는데, 『雨書』는 비록 잔결이 심하기는 하지만 내용이 풍부해서 전국·진한대 비와 같은 기상 현상에 대한 인식을 연구하는데 새로운 자료를 제공해 준다.

『攝輿』는 3번째 간의 뒷면에 '攝輿第一'이라고 쓰여 있는데, 이에 따라 제목을 정했다. 攝은 堪과 통용자로 攝輿는 곧 堪輿이다. 堪輿는 길흉의 날짜를 선택하는 數術의 한 종류이다. 전반부 내용은 주로 吉神·凶煞의 날짜를 고르고 피하는 원리이고, 후반부는 연산 도식의 활용 방법을 포함하면서 9가지 점후를 열거하고 있다. 본편의 점후는 모두 전국시대 초나라의 예로, 그중에는 '楚國'이라는 국명, '令尹子春', '司馬子位' 같은 초나라 인명, '陳', '郢', '城父' 같은 초나라 지명이 나오며, 또 간문에 보이는 '楚十三年天一在卯', '楚五年天一在未'는 모두 楚 悼王의 기년이다. 따라서 북대간 『攝輿』는 초문화와 밀접하게 관련 있으며, 이를 통해 전국시대 초의 역사를 이해하는데도 도움이 된다. 다만 본편의 내용은 한대인들이 편집 정리한 것으로 반드시 전국시대 초나라 때의 원문은 아니라는 점 역시 주의할 필요가 있다. 본편의 많은 내용이 마왕퇴 백서 『음양오행』 갑편과 밀접한 관련이 있다.

『荊決』의 본래 간에 '荊決'이라는 표제가 있는데, 荊은 楚나라이고 決은 訣과 같은 뜻이다. 『荊決』의 내용은 초지역 筮占의 요결이다. 모두 16종의 卦象으로 16종의 숫자를 조합해서 筮占을 치는 방식인데, 북대간 『日書』에도 대응하는 내용이 있어서 서로 비교해 볼 수 있다. 간문의 내용상 序說·干卦·支卦 3부분으로 나눌 수 있다. 다만 序說과 16괘는 서로 독립된 내용으로, 순서가 통일된 것은 아니다.

『六博』의 3번째 간 뒷면에 붉은 글씨로 '六博'이라는 표제가 쓰여있다. 맨 앞에 '博局圖'가 있고, 그 뒤로 '亡人', '行', '繫及會論', '病', '娶婦' 등 5항목에 대해 점친 결과를 서술하고 있다. 그 밖에 3매의 간에 '入官', '衣'에 관한 길흉 금기를 소개하고 있다. 六博은 陸博이라고도 하는데, 한대 유행했던 바둑의 일종이다. 바둑돌의 행마하는 길을 博道라고 하는데 모두 9종의 위치가 있다. 六博점법은 60간지를 순서대로 博道에 배열한 후, 점을 치는 사항이 발생한 날 또는 점을 치는 날의 간지가 博道에 있는 위치에 근거해서 길흉을 점치는 방식이다. 윤만한독 『博局占』과 더불어 모두 이런 점법에

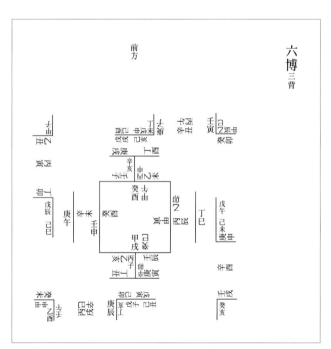

〈『六博』博局圖〉(『北京大學藏西漢竹書(伍)』(2016), 209쪽 轉載)〉

관한 문헌이어서 보완할 수 있다. 60간지의 博道 상의 배열 순서는 '高長訛曲長, 張道楬兼(廉)方, 方兼(廉)楬道張, 張訛曲長高'이다. 간지는 동남쪽의 '高'에서 시작하여 먼저 바깥에서 안으로, 다시 안에서 바깥으로 순서대로 간다. '張'의 위치가 한번 중복되면서 戊日·己日이 모두 그 위에 떨어지게 되고, 60간지는 博道의 九位 위에서 3번 순환하게 된다. 북대간『日書』에도 六博章이 있는데,『六博』의 '博局圖'와 비슷하지만 博道의 위치나 점치는 내용에서 차이가 크다. 윤만한독『博局占』및 북대간『日書·六博章』등과 함께 비교 연구하면 한대 六博점법을 이해하는데 크게 도움이 될 것이다.

북대간에는 무제 이후의 연호는 보이지 않고, 또 그 이전은 수술서 죽간 중 '孝景元年'이라는 紀年簡 1매만이 확인된다. 각 편의 서법과 서체는 서로 완전히 동일하지 않고 서사 시기도 약간 차이가 있지만, 대체로 거의 성숙한 漢隸 단계라고 할 수 있어서 秦隸에 가깝다고 할 수 있는 장가산한간이나 마왕퇴백서와 분명히 구별된다. 시기가 무제 초인 은작산한간의 서체와 비교하면 약간 늦은 시기이고, 또 선제 때인 정주 팔각랑한간에 비하면 좀 더 고졸한 서체이다. 서체의 특징과 죽간의 내용을 종합하면, 죽간의 서사 시기는 주로 한 무제 후반 무렵이고 하한이 선제 시기보다 늦지는 않은 것으로 추측된다. 또『북경대학장서한죽서』의 원 주인은 아마도 부양 쌍고퇴한간이나 정주 팔각랑한간의 묘주와 비슷한 한대 제후왕급이었을 것으로 추정되는데, 고서적류의『북경대학장서한죽서』의 내용은 한 무제 이래로 전한 중기 한제국의 상층 지배층이 가지고 있던 지식과 사상 등을 반영한다고 볼 수 있다.『북경대학장서한죽서』는 마왕퇴 백서나 은작산 한간 이후 또 하나의 중요한 한대 전적자료의 발견으로, 역사문헌학·문자학·선진진한사·사상사·의학사·서법사 및 간백서적제도 등 다방면의 연구에 매우 중요한 가치를 가진다.

4. 참고문헌

朱鳳瀚,「北京大學藏西漢竹書槪說」,『文物』2011-6.

北京大學出土文獻硏究所,『北京大學藏西漢竹書(壹)』, 上海古籍出版社, 2015.

北京大學出土文獻硏究所,『北京大學藏西漢竹書(貳)』, 上海古籍出版社, 2012.

北京大學出土文獻硏究所,『北京大學藏西漢竹書(參)』, 上海古籍出版社, 2015.

北京大學出土文獻硏究所,『北京大學藏西漢竹書(肆)』, 上海古籍出版社, 2015.

北京大學出土文獻硏究所,『北京大學藏西漢竹書(伍)』, 上海古籍出版社, 2015.

중국국가박물관 소장 한간(1998)

中國國家博物館 所藏 漢簡

1. **출토지** : 미상

2. **개요**

    1) 발굴기간 : 1998년 5월 7일

    2) 발굴기관 : 중국 국가문물국

    3) 유적종류 : 문화재 반환

    4) 시대 : 한대

    5) 시기 : 미상

    6) 출토상황 : 해외로 밀반출되었던 3,000여 건의 중국 문화재가 영국에서 1998년 5월 7일 중국 북경으로 송환되었다. 1995년 영국에서 밀수조직이 밀반출했던 수천여 점의 중국 문화재가 압수되었는데, 이후 3년 여의 협상을 거쳐 영국에서 송환되었던 것이다. 송환된 문화재는 신석기시대에서 명청시기에 이르기까지 1천여 점의 彩陶器, 300여 점의 석기, 358건의 금속기, 455건의 釉陶器, 1,028건의 자기 및 칠목기, 죽간, 骨角器, 견직품 등을 망라하여, 지상·지하 문물을 가리지 않고 생활용구·생산공구·청동예기·병기·화폐 등을 포괄하는 중요 문물이었다. 이 중 한대 죽간도 2매 포함되어 있는 것으로 알려졌다.

3. **내용**

    1998년 영국으로부터 송환된 한대 죽간은 2매라고 전해졌지만, 지금까지 구체적인 수량과 내용 및 연대, 형태 등은 공개되지 않아 알 수 없다. 현재 중국국가박물관에서 소장하고 있다.

4. 참고문헌

王莉·王徵, 「備忘與思考: 三千件走私文物回歸記」, 『中國文物報』 1998.8.26.

http://www.wenbozaixian.com/portal/digit_pager/paperdetail/publishdate/1998-08-26/paperId/2520/id/20312

과주현박물관 소장 한간

瓜州縣博物館 所藏 漢簡

1. 출토지 : 미상
2. 개요
   1) 발굴기간 : 미상
   2) 발굴기관 : 미상
   3) 유적종류 : 미상
   4) 시대 : 후한대
   5) 시기 : 1세기, 明帝 永平 14年
   6) 출토상황 : 미상

3. 내용

과주현 박물관 소장 목간 1매의 내용은 후한 명제 永平14년 斬虜隧卒의 日作 활동에 대한 보고 문서로 볼 수 있다.

4. 참고문헌

楊永生, 『酒泉寶鑑』, 甘肅文化出版社, 2012.
白軍鵬, 『敦煌漢簡校釋』, 上海古籍出版社, 2018.

섬서역사박물관 소장 한간(2000)

陝西歷史博物館 所藏 漢簡

1. 출토지 : 감숙성 武都縣 琵琶鄕 趙坪村(실제로는 돈황)

2. 개요

    1) 발굴기간 : 2000년 5월

    2) 발굴기관 : 섬서역사박물관

    3) 유적종류 : 불명

    4) 시대 : 한대

    5) 시기 : 전한 말 성제 陽朔元年(기원전 24년) 전후

    6) 출토상황 : 섬서역사박물관은 2000년 5월 감숙성 무도현 비파향 조평촌에서 12매의 목간을 수습했다. 하지만 河雙全(「非"武都漢簡"辯」, 『中國文物報』 2003-8-8)은 이 간독이 실제 무도가 아니라 돈황 지역에서 채집되었거나 도굴되었는데, 무도에서 출토되었다고 잘못 본 것이라고 했다. 즉 실제 돈황 출토 간독이지만 무도 출토 간독인 것처럼 잘못 인식되었고, 이를 섬서성역사박물관에서 소장하게 된 것이다.

3. 내용

    섬서역사박물관 소장 목간은 모두 12매이며, 돈황 지역 변경의 屯戌 사무에 관한 내용이다. 두께는 모두 0.2㎝ 이하이며, 길이와 너비는 서로 다른데 쪼개진 부분들이 많다. 섬서역사박물관의 『陝西歷史博物館徵集文物精萃』(2001)에 간독에 대한 소개와 함께 도판이 수록되었지만 분명하지 않다. 왕자금은 「陝西歷史博物館藏武都漢簡」(2003)에서 간독을 너비에 따라 4조로 나누고 석문을 게재하면서, 관련된 분석도 진행하고 있다.

    왕자금에 따르면 너비에 따라서, 제1조는 1·3·4·6·7·8·9·10·11호간으로 9매이다. 너비

는 0.8~0.9㎝이고 그중 완전한 형태의 간인 9호간은 길이가 23.1㎝이고 10호간은 22.9㎝이다. 나머지 잔결이 있는 7매의 길이는 16.6~7.3㎝ 사이이다. 제2조는 5호간 1매인데, 너비 1.1㎝에 남아있는 간의 길이가 3.5㎝에 불과하다. 제3조는 2호간 1매이고, 너비 1.4㎝ 남아있는 간의 길이는 3㎝ 정도이다. 제4조도 12호간 1매인데, 너비 2㎝에 길이는 5.2㎝이고 앞뒤 양면에 글자를 쓰고 있다. 필체는 서로 달라서 한 사람이 쓴 것으로 보이지 않는다.

섬서역사박물관 소장 12매 목간의 석문은 먼저 王子今의 「陝西歷史博物館藏武都漢簡」 (2003)에 처음 수록되었고, 이어서 何雙全의 「非"武都漢簡"辯」(2003)에 섬서역사박물관한간의 출토지를 돈황이라고 하면서, 왕자금의 석문에 대해서도 상당 부분 수정 보완하고 있다. 또 『中國簡牘集成 17』(2005)에도 석문을 게재했는데, 약간의 차이를 보여주고 있다. 趙寧의 「散見漢晉簡牘的蒐集與整理」(2014)는 기존 3종의 석문을 비교하면서 주석을 하고 있어 참고할 만하다.

4. 참고문헌

陝西歷史博物館 編/周天游 主編, 『陝西歷史博物館徵集文物精萃』, 三秦出版社, 2001.

王子今, 「陝西歷史博物館藏武都漢簡」, 『文物』 2003-4.

何雙全, 「非"武都漢簡"辯」, 『中國文物報』 2003.8.8.

http://www.wenbozaixian.com/digit_pager/paper/id/5670/publishdate/2003-8-8

中國簡牘集成編輯委員會 編, 『中國簡牘集成 17』, 敦煌文藝出版社, 2005.

趙寧, 「散見漢晉簡牘的蒐集與整理」, 吉林大學碩士學位論文, 2014.

무한대학 간백연구센터 소장 목간

武漢大學 簡帛硏究中心 所藏 木簡

    1. 출토지 : 原 산동성·강소성 交界 漢墓, 武漢大學 簡帛網 회원 'sz821206' 기증

    2. 개요

        1) 발굴기간 : 미상

        2) 발굴기관 : 무한대학 간백연구중심

        3) 유적종류 : 묘장

        4) 시대 : 한대

        5) 출토상황 : 2009년 11월 29일 무한대학 간백망의 간백논단 회원 'sz821206'이 목독의 판독을 요청하는 글을 올리면서 목독 사진도 함께 첨부해서 처음 알려지게 되었다. 해당 목독은 강소성과 산동성의 交界지역에 위치하는 한묘에서 출토된 것으로 전해졌다. 해당 목독은 길이 16.5㎝ 너비 6.6㎝ 두께 0.3㎝로 윗부분이 조각난 것을 붙였고 하단에 잔결이 있다. 예서체로 정면에 3칸으로 나누어 썼다. 글자가 모호한 상태인데, 적외선 촬영으로 비교적 분명하게 판독이 가능하다.

    3. 내용

    해당 목독의 篇首에 '衣物數'라고 제목이 쓰여 있고, 내용은 수장 衣物의 명칭과 수량을 기재한 목록이다. 즉 衣物疏 목독인 것이다.

    2010년 1월 'sz821206'은 해당 목독을 무한대학 간백연구중심에 연구 및 교육용으로 기증하여, 현재 무한대학 간백연구중심에서 소장하고 있다.

4. 참고문헌

李靜, 「武漢大學簡帛研究中心藏衣物數試釋」, 『簡帛』 第10輯, 2015.

홍콩중문대학 소장 목간

香港中文大學 所藏 木簡

1. 출토지 : 미상
2. 개요
   1) 발굴기간 : 미상
   2) 발굴기관 : 미상
   3) 유적종류 : 대학 소장
   4) 시대 : 전국·한·서진
   5) 시기 : 전국·한·서진
   6) 출토상황 : 미상

3. 내용

『香港中文大學文物館藏簡牘』(2001)은 홍콩중문대학 문물관이 구입해서 소장하고 있는 간독 259매를 정리해서 소개하고 있다. 그중 전국간은 10매, 전한「日書」簡 109매·遣策 11매, 奴婢廩食粟出入簿 69매·河堤簡 26매·후한 序寧簡 14매·동진 松人解除木簡 1매, 잔간 8매, 공백간 11매가 있었다. 내용은 문헌·일서·견책·奴婢廩食粟出入簿·河堤簡·序寧簡·解除木牘 등 여러 종류가 있다.

陳松長은 전한「日書」簡을 歸行·陷日·取妻出女·禹須臾·嫁子刑·稷辰·玄戈·五行·吏篇·日夜表·幹支表 등 24개의 장으로 구분하였는데, 이 간독 중 孝惠 3년은 유일하게 명확한 기년으로, 해당 간독은 '孝惠 3년(BC.192년) 이후에 초사한 것으로 추정할 수 있다.

'奴婢廩食粟出入簿'簡에도 명확한 기년이 있는데, '元鳳2年'(BC.79년)이라는 글자가 있다. 陳松長은 "일련의 간독은 전한 중기 간독이라 할 수 있으며, 해당 간독에는 '壽', '根', '貝' 등의 인물이 家奴로서 식량을 공급받은 상황과 가노의 매월 식량 공급 수량을 상세하게 기록하였다. 이 간독에서는 구체적으로 大石·小石의 환산비율을 기록하였다."라고 지적한 바가 있다.

河隄簡은 비교적 특별한 간독으로, 陳松長은 "이 간독은 처음으로 접한 새로운 자료로서, 비록 관련된 하천제방의 지리적 위치는 확인할 수는 없으나, 〈秦田二百四十步爲畝〉의 제도를 사용한 점과 간독의 형태에 따르면 한나라 간독인 것은 분명하다. 그중에 주목할 만한 것은 隄長·隄寬에 관한 기록이다. 예를 들면, '積', '畸', '實' 등의 전문용어인데, 이것은 모두『九章算術』의 기록으로 서로 입증할 수 있다."라고 지적하였다.

序寧簡 중 명확한 기년은 후한 章帝 建初 4년(79년)이다. 陳松長은 "이것은 보기 드문 내용의 목간이다. 우선, 두 종류의 형태로 구분하여 작성되었다. 하나는 비교적 작은 나무토막을 사용하여 서사하였으며, 서체가 작고 부자연스럽다. 다른 하나는 길쭉한 목간에 내용을 기록한 것으로, 서체가 크고 자유분방하다. 간지의 기록에 따르면 이는 위조를 할 수 없는 것인데, 해당 간의 형태가 매우 특별하기 때문이다. 둘째는 내용이다. '序寧'이란 두 글자는 문헌에 기록되지 않았으며, '皇母', '皇男皇婦', '皇子', '皇弟' 등의 표현도 극히 드문 사례이다."라고 지적하였다.

晉「松人」解除 목독은 일종의 그림과 장편의 문단이 있는 解除文을 기록한 나무토막이다. 이것은 후한 이후에 유행했던 鎭墓文·解適文·解注文을 이해하는 데 새로운 자료를 제공해주었다.

4. 참고문헌

陳松長,『香港中文大學文物館藏簡牘』, 香港中文大學文物館出版, 2001.
劉樂賢,「讀〈香港中文大學文物館藏簡牘〉」,『江漢考古』2001-4.

고대현박물관 징집 전량 목간

高臺縣博物館 徵集 前涼 木簡

1. 출토지 : 미상

2. 개요

   1) 발굴기간 : 미상

   2) 발굴기관 : 미상

   3) 유적종류 : 고분

   4) 시대 : 십육국

   5) 시기 : 前涼, 4세기

   6) 출토상황 : 미상

   7) 징집문물 상황 : 고대현박물관에 전시된 목독 1매로, 제목은 '前涼鎭墓券/魏晉/高臺縣城關鎭朱立虎處征集'으로 되어 있다.

3. 내용

해당 墓券의 전체적인 보존상태는 양호하며, 나무재질의 목독에 가지런하게 8행의 해서가 필사되었으나, 일부 필적은 이미 희미해졌다. 賈小軍은 스승이 제공한 촬영 사진을 바탕으로 석독을 진행했다.

4. 참고문헌

賈小軍·武鑫, 『魏晉十六國河西鎭墓文、墓券整理研究』, 中國社會科學出版社, 2017.

關尾史郎, 「高台県古墓群発掘調査簡史―主要出土文物とその研究の紹介をかねて」, 『資料

學研究』第15號, 2018.

　町田隆吉,「甘肅省高台県出土の冥婚書をめぐって」,『西北出土文獻研究』第9輯, 2011.

고도문명박물관 소장 전량 목간
古陶文明博物館藏 前涼 木簡

1. 출토지 : 미상

2. 개요

    1) 발굴기간 : 미상

    2) 발굴기관 : 미상

    3) 유적종류 : 고분

    4) 시대 : 십육국

    5) 시기 : 전량, 317년

    6) 출토상황 : 미상

    7) 문물 전시 상황 : 시라스 조신[白須淨真](2013)은 베이징의 中國古陶文明博物館에 高臺에서 출토된 의물소 목독이 전시되어 있다고 언급했는데, 출토 시기와 출토지점은 모두 파악할 수 없다.

3. 내용

    목독이며 길이는 29㎝ 너비는 11.6㎝ 두께는 0.8㎝이다. 앞뒷 양면으로 묵서했는데, 앞면 우측에 1행의 표제가 필사되었고 좌측에 5란으로 나누어 수장된 의물이 기록되었다. 좌측 제2란의 글자는 9행이며, 다른 난의 글자는 모두 각각 10행이다. 뒷면의 우측에 1행이 있으며 연대를 기록하였다. 필사된 글자는 선명하다. 관련 보고서는 없으나, 吳浩軍(2019)이 기존의 도판에 근거해 석문을 석독하였다.

4. 참고문헌

吳浩軍, 『河西墓葬文獻研究』, 上海古籍出版社, 2019.

關尾史郎, 「高臺県古墓群發掘調査簡史ー主要出土文物とその研究の紹介をかねて」, 『資料學研究』第15號, 2018.

白須淨真, 「晉の建興五(317)年、故酒泉表是都郷仁業裏·大女·夏侯妙々の衣物疏ー古陶文明博物館(北京)所蔵·新資料の紹介ー」, 『東ユーラシア出土文獻研究通信』 3, 2013.

白須淨真 著, 裴成國 譯, 「晉建興五年夏侯妙妙衣物疏初探——古陶文明博物館所藏新資料介紹」, 『西域文史』第8輯, 科學出版社, 2013.

신강 쿠차연구원 소장 쿠차어 목간 (1988~1990)
新疆 龜玆研究院藏 龜玆語 木簡

1. **출토지** : 신강위구르자치구 키질 천불동 앞

2. **개요**

   1) 발굴기간 : 1989~1990년

   2) 발굴기관 : 신강문물고고연구소

   3) 유적종류 : 키질 천불동 유적

   4) 시대 : 唐代

   5) 시기 : 미상

   6) 출토상황 : 신강 쿠차연구원 소장 목간은 중요한 학술적 가치를 지니고 있으며 연구원의 소장 목간 번호는 총 37개가 있다. 이 목간은 1989~1990년에 키질동굴 앞을 정리하면서 발견한 것이었다. 「1989年克孜爾千佛洞窟前淸理簡報」(1991)에서 목간의 출토를 언급하였고, 1매의 목간 사진을 공개하였다. 「1990年克孜爾石窟窟前淸理報告」(1992)에서도 언급한 바가 있었다. 2011년~2012년 新疆龜玆研究院·北京大學中國古代史研究中心·中國人民大學國學院 西域歷史語言硏究所가 협력하여 신강 쿠차연구원 소장 목간을 조사 연구하여 목간의 轉寫·轉錄·주석·중문 번역 및 관련 분석을 진행하였다.

3. **내용**

   목간의 내용과 형태는 명확한 차이를 지니고 있다. 총 5가지로 구분할 수 있다. 제1유형은 축목 제품지출('畜牧木簡'으로 약칭)이며, 총 26개의 번호가 있다. 제2유형은 식량지출이며 총 7

개의 번호가 있다. 제3유형은 불명확한 기물과 가축의 통계이며, 1개의 번호가 있다. 제4유형은 韻文이며, 1개의 번호가 있다. 제5유형은 부서진 간(碎簡)으로 현재 2개의 번호로 구분되는데, 사찰 및 계약문서 등으로 추정할 수 있고 잔간 12점을 총 9점으로 조합하였다. 제1유형 목간이 길쭉한 형태인 것을 제외하고, 다른 간은 모두 판상 모양이다. 특히 Ⅱ-1, Ⅱ-2는 네변이 모두 정교하게 깎인 판상 모양이다. 제3유형은 인명에 따라 어떤 종류의 신제품의 수량을 나열하였는데, 새로 제작한 기물 혹은 양과 소에 대한 장부일 가능성이 크다. 제4유형은 목간 1매만 있고, 5편의 시가 남아있다. 제1유형부터 제4유형까지는 모두 브라흐미 문자 쿠차어 목간이다. 제5유형은 慶昭蓉이 2010년 10월에 창고를 참관하면서 번호가 없는 부서진 간과 나무 기물 등 문물 속에서 찾아낸 카로슈티 문자 잔간이다. 해당 간의 문자는 대부분 결손되었는데, 연구를 통해 문자의 글자체는 쿠차 지역에서 출토된 카로슈티 문자의 특징을 지니고 있고, 언어도 기본적으로 슈미트가 정한 인도 속어 쿠차 방언일 가능성이 크다. 일부 잔간의 범어 특징도 명확하다.

또 오기하라 히로토시[荻原裕敏](2013)는 쿠차연구원이 소장한 1매의 쿠차어로 서사된 시를 기록한 방형 목독을 공개하였다. 목독의 내용은 키질석굴의 역사·전설과 관련된 것으로 현존하는 토하라어 목간 문헌 중에 유일한 운문 형식의 자료이다.

4. 참고문헌

自治區文化廳文物保護維修辦公室, 「1989年克孜爾千佛洞窟前淸理簡報」, 『新疆文物』 1991-3.

新疆文物考古硏究所, 「1990年克孜爾石窟窟前淸理報告」, 『新疆文物』 1992-3.

新疆龜玆石窟硏究所編, 『克孜爾石窟內容總錄』, 新疆美術攝影出版社, 2000.

新疆龜玆硏究院·北京大學中國古代史硏究中心·中國人民大學國學院西域歷史語言硏究所, 「新疆龜玆硏究院藏木簡調査硏究簡報」, 『文物』 2013-3.

荻原裕敏, 「新疆龜玆硏究院藏龜玆語詩文木牘」, 『文物』 2013-12.

영국국가도서관 소장 스타인 수집
당대 목간(1914)

英國國家圖書館藏 斯坦因 收集 唐代 木簡

1. **출토지** : 신강위구르자치구 마자타그[Mazartagh], 발라와스테[Balawaste]

2. **개요**

    1) 발굴기간 : 1914년

    2) 발굴기관 : 오렐 스타인

    3) 유적종류 : 고대 유적

    4) 시대 : 당대

    5) 시기 : 7~9세기

    6) 출토상황 : 1914년 오렐 스타인의 제3차 중앙아시아 탐험에서 수집한 당대 한문 목간이다. 정리소조는 에두아르 샤반느가 정리한 스타인 제3차 중앙아시아 탐험 획득 한문 문서와 비교 대조해 1734~1749간이 마자타그와 발라와스테 등지에서 출토되었다고 했다. 또 왕국유는 『流沙墜簡·屯戌叢殘』에 수록된 114~122간을 참고해서, "에두아르 샤반느가 말한 것처럼 세금 징수 장부가 확실하며, 당대 사람들이 쓴 것으로 거의 동 시기 출토 유물로 확정할 수 있다. 목간은 모두 매우 큰데 위는 넓고 아래는 좁으며, 뚫은 구멍도 목간의 상단과 하단에 있지 않다. 돈황과 海頭 두 곳에서 출토된 것과 형태가 매우 달라서 동일 시기 한 국가의 유물이 아니라는 것을 알 수 있다."라고 했다.

3. **내용**

1734로 편호된 목간은 정면과 배면 모두 묵적이 있지만 판독하기는 어렵다. 정리소조는 당대 목간으로 간의 표면에는 V형의 굵직한 槽가 하나 새겨져 있고 또 선형의 가는 槽가 6개 새겨져 있는데 모두 숫자를 표시한 각화부호라고 했다.

4. 참고문헌

汪濤·胡平生·吳芳思 主編, 『英國國家圖書館藏斯坦因所獲未刊漢文簡牘』, 上海辭書出版社, 2007.

王國維, 『流沙墜簡』, 中華書局, 1993.

무위시박물관 수집 당대 목간(1970년대)
武威市博物館 收集 唐代 木簡

1. 출토지 : 미상

2. 개요

　　1) 발굴기간 : 1970년대

　　2) 수집기관 : 감숙성 문물부문

　　3) 유적종류 : 미상

　　4) 시대 : 唐

　　5) 시기 : 7~9세기

　　6) 출토상황 : 1970년대 감숙성 문물 기관에서 일찍이 2매의 唐代 목독을 수집하였는데, 내용은 주문과 발원의 문서이다. 이 목독은 현재 무위시박물관에서 소장하고 있으나, 내용은 아직 공개되지 않았다.

3. 내용

주문과 발원 문서이다.

4. 참고문헌

何雙全, 「中國簡牘與簡牘學硏究」, 『國際簡牘學會會刊』 1, 台灣蘭臺出版社, 1993.

프랑스 국가도서관 소장 펠리오 수집 목간(1908)

法國國家圖書館藏 伯希和 收集 木簡

1. 출토지: 감숙성 돈황시 막고굴 제17호 굴

2. 개요

   1) 발굴기간 : 1908년

   2) 발굴기관 : 폴 펠리오

   3) 유적종류 : 막고굴 유적

   4) 시대 : 미상

   5) 시기 : 미상

   6) 출토상황 : 앞뒷면 모두 글자가 서사되어 있으며, 양면 모두 6행이다. 각 행의 글자 수는 11~12자이다.

3. 내용

   편호는 'Pel.cnin.4520'이며, 반야바라밀다심경의 내용과 〈般若波羅蜜多心經〉이라는 제목이 적혀 있다.

4. 참고문헌

   上海古籍出版社·法國國家圖書館, 『法國國家圖書館藏敦煌西域文獻』, 上海古籍出版社, 1995.

영국 국가도서관 소장 명대 목간(1914)

英國國家圖書館 所藏 明代 木簡

1. **출토지** : 감숙성 흑성 유적

2. **개요**

    1) 발굴기간 : 1914년

    2) 발굴기관 : 오렐 스타인 중앙아시아 탐험대

    3) 유적종류 : 고성 유적

    4) 시대 : 명대

    5) 시기 : 14~16세기

    6) 출토상황 : 이 목독은 1914년 오렐 스타인의 제3차 중앙아시아 탐험에서 획득한 감숙·신강 출토 한문 문서 중 조르주 마스페로가 간행한 부분에는 빠져있는 것으로 영국국가도서관 소장 편호는 OR.8211-8212이다. 邢義田에 따르면 명대 목독은 모두 4매이다. 그중 8211/1760독은 하단이 깎여서 뾰족한 형태이다. 8211/1761독은 보존 상태가 좋은데, 예서체로 반듯하게 쓰여진 글자가 분명하다. 목독의 머리 부분 양쪽으로는 물결 모양의 무늬가 서로 대칭을 이루면서 새겨져 있고, 꼬리 부분은 양끝의 폭이 좁혀져 있다. 중앙에 구멍이 하나 뚫려 있다. 8211/1762(1)+(2)독은 스타인의 본래 편호가 K.K.I02330인데, 너비가 3㎝에 좁은 곳은 2㎝이다. 길이는 40.4㎝이고 두께는 1㎝이다. 『Innermost Asia』(Sir Aurel Stein, , Oxford, 1928) 제13장에서 열거하는 출토품 목록과 대조하면 본 목독은 黑城 북담 안쪽 廟宇 유지(유지 편호 K.K.I.i)에서 출토되었다고 보아야 한다. 다만 본 목독은 목록에도 없고 책에서도 언급하지 않았으며 책 뒤의 도판에도 수록되어 있지 않다.

3. 내용

석문은 邢義田의 「英國國家圖書館藏明代木牘試釋」을 참고할 수 있다. 4매의 목독 중 8211-1762(1)+(2)는 "嘉靖三十一年"이라 하여 명대의 연호를 특정하고 있다.

4. 참고문헌

郭鋒, 『斯坦因第三次中亚探險所獲甘肅新疆出土漢文文書――未經馬斯伯樂刊布的部分』, 甘肅人民出版社, 1993.

邢義田, 「英國國家圖書館藏明代木牘試釋」, 『英國國家圖書館藏斯坦因所獲未刊漢文簡牘』, 上海辭書出版社, 2007.

중국제일역사당안관 소장 청대 만주문자 목간(1935, 1979, 2013)

中國第一歷史檔案館 所藏 清代 滿文 木簡

1. 출토지 : 미상

2. 개요

　　1) 발굴기간 : 1935년, 1979년, 2013년

　　2) 발굴기관 : 현재 중국제일역사당안관 소장

　　3) 유적종류 : 미상

　　4) 시대 : 청 초기

　　5) 시기 : 1636년

　　6) 출토상황 : 1935년 북평 고궁박물원 문헌관은 청대 內閣大庫의 당안을 정리하면서 조선 종이로 싸여 있는 26매의 만주문자 목패를 발견했다. 26매의 만주문자 목패는 모두 편호가 있는데, 편호는 원형의 작은 흰종이 조각에 검은색으로 써서 목패의 빈 곳에 붙여 놓았다. 목패를 포장한 조선 종이 겉면에 만주문자가 있고 안쪽에도 당안 40여 건이 쓰여 있다. 내용은 목패에 기록된 것과 동일해서 목패의 내용을 베껴 쓴 것으로 보인다.

　　1979년 북경 고궁박물원 명청당안부는 청대 내각의 여러 당안을 정리하면서 다시 2건의 만주문자 목패를 발견했다. 2013년 중국 제일역사당안관 滿文處는 청대 내각의 만문 당안을 정리하면서 또 앞서의 목패와 형태가 동일한 2건의 목패를 발견하여 모두 30건의 만주문자 목패를 발견하게 되었다. 목패의 재질은 대부분 백양나무, 버드나무, 소나무 등을 깎아서 만들었는데 형태는 각각 다르다. 지금까지의 30건 만주문자 목패는 대부분 얇은 조각으로 깎아서 앞뒤 양면에 글자를 썼다. 그중 한 건은 장방형의 기둥 형태로 4면에 글씨가 서사되어 있다. 목패의 길이와 너비는 서로 달라서 가장 긴 것은 33.3㎝이고 가장 짧은 것은 13.6㎝이다. 가장 넓은 것은 4.6㎝이고 가장 좁은 것은 2㎝이다. 목패의 형태가 서로 달라서 만주문자 자체도 크기가 같지 않다. 목패의 면마다 만주문자가 최소 1행씩 적혀 있고 가장 많은 경우는 4행이 쓰여진 것도 있다. 목패의 표면에 다른 것을 칠하지는 않았고, 한쪽 끝에 작은 구멍을 뚫어서 편철하여 전달이나 보존이 편리도록 했다.

3. 내용

30건의 만주문자 목패는 모두 누르하치의 12번째 아들인 청 武英郡王 아지거[阿濟格]의 군영에서 사용했던 것이다. 신·구 만주문자 교체기의 만주문자를 사용해서 기록했는데, 내용은 아지거가 숭덕 원년(1636년) 만주·몽골·한인 팔기를 이끌고 관내로 진입하여 북경 부근에서 명과 전투를 벌인 정황과 노획한 물자 및 군사를 지휘하는 왕과 패륵에게 하달한 명령 등이다. 예를 들면 "薊州兵一百乘馬誘我兵, 沙尔虎達. 阿尔布尼. 喀扎海等率兵追之, 斬三人, 生擒二人, 解来獻武英郡王", "命尔蘇凱携總兵官速来, 若使總兵官逃脱, 尔承其罪. 在笔帖式中, 尔較爲賢能者也. 勿使逃脱, 勉之! 勉之!"와 같은 내용들이다.

4. 참고문헌

李德启, 『阿濟格略明事件之滿文木牌』, 北平故宮博物院文獻館, 1935.
中國第一歷史檔案館, 『淸代檔案史料叢編』 第十四輯, 1990.
劉戀, 『滿文木牌 民族瑰寶』, 『中國檔案報』 2019.4.19.

부록 1.
1900년 이래 출토 중국 목간 일람표

No.	목간 명칭	출토 연도	목간 매수	출토 지역
		전국시대 목간		
1	長沙 五里牌 楚簡	1951~1952	죽간 37(혹 38)	호남성
2	長沙 仰天湖 楚簡	1953	죽간 43	호남성
3	長沙 楊家灣 戰國簡	1954	죽간 72	호남성
4	信陽 長臺關 楚簡	1957-1958	죽간 148	하남성
5	江陵 望山 楚簡	1965~1966	망산1호초묘 : 죽간207 망산2호초묘 : 죽간66	호북성
6	江陵 藤店 戰國簡	1973	죽간 24	호북성
7	江陵 天星觀 楚簡	1978	죽간 70여	호북성
8	隨州 曾侯乙墓 戰國簡	1978	죽간 240여	호북성
9	臨灃 九里 楚簡	1980	미상	호남성
10	江陵 九店 楚簡	1981, 1989	56호묘 : 죽간205 621호묘 : 잔간127 411호묘 : 죽간2	호북성
11	江陵 馬山 楚簡	1982	죽간 1	호북성
12	常德 夕陽坡 楚簡	1983	죽간 2	호남성
13	江陵 雨臺山 楚簡	1986	죽간 4	호북성
14	江陵 秦家嘴 楚簡	1986-1987	1호묘 : 죽간7 13호묘 : 죽간18 99호묘 : 죽간16	호북성
15	荊門 包山楚簡	1986~1987	죽간 408, 죽독 1	호북성
16	慈利 石板村 楚簡	1987	죽간 4,557	호남성
17	江陵 雞公山 楚簡	1991	미상	호북성
18	江陵 磚瓦廠 楚簡	1992	죽간 6	호북성
19	襄陽 老河口 安崗 楚簡	1992	1호묘 : 죽간21 2호묘 : 죽간4	호북성
20	黃崗 曹家崗 楚簡	1992~1993	죽간 7	호북성

No.	목간 명칭	출토 연도	목간 매수	출토 지역
21	江陵 范家坡 楚簡	1993	죽간 1	호북성
22	荊門 郭店 楚簡	1993	죽간 804	호북성
23	新蔡 葛陵 楚简	1994	죽간 1,571	하남성
24	棗陽 九連墩 楚簡	2002	죽간 1,359	호북성
25	武漢 黃陂 楚簡	2005	미상	호북성
26	荊州 八嶺山 楚簡	2008	죽간 30	호북성
27	武漢 丁家咀 楚簡	2009	1호묘 : 죽간 1 2호묘 : 죽간 20	호북성
28	荊門 嚴倉 楚簡	2009~2010	죽간 약 650	호북성
29	荊門 塌塚 楚簡	2010	죽간 13	호북성
30	荊州 高臺 楚簡	2011	죽간 3	호북성
31	荊州 望山橋 楚簡	2013~2015	죽간 15	호북성
32	荊州 夏家臺 楚簡	2014~2015	죽간 400여	호북성
33	湘鄉 三眼井 楚簡	2014	죽간 1,000여	호남성
34	荊州 龍會河 楚簡	2018~2019	죽간 324	호북성
35	荊州 棗林鋪 楚簡	2019	唐維寺126호묘 : 죽간8 熊家灣43호묘 : 죽간2	호북성
36	益陽 兔子山 簡牘	2013	9호정 : 13,000여 매 8호정 : 10여 매 1호정 : 10여 매 3호정 : 8,000여 매 6호정 : 1,000여 매 5호정 : 수량 미상 7호정 : 수량 미상	호남성
진대 목간				
1	雲夢 睡虎地 11號墓 秦簡	1975	죽간 1,155	호북성
2	雲夢 睡虎地 4號墓 秦簡	1975~1976	목독 2	호북성

No.	목간 명칭		출토 연도	목간 매수	출토 지역
3	靑川 郝家坪 秦簡		1979~1980	목독 2	사천성
4	天水 放馬灘 秦簡		1986	죽간 460 목간 4	감숙성
5	江陵 岳山 秦簡		1986	목독 2	호북성
6	雲夢 龍崗 秦簡		1989	죽간 150여 목독 1	호북성
7	江陵 楊家山秦簡		1990	죽간 75	호북성
8	江陵 王家臺 秦簡		1993	죽간 800여, 죽독 1	호북성
9	荊州 周家臺 秦簡		1993	죽간 389 목독 1	호북성
10	龍山 里耶 秦簡		2002 2005~2006	J1 : 목간 37,000여 K11 : 목간 51	호남성
한대 목간					
1	敦煌漢簡	스타인 제2차	1907	목간 708, 잔간 2,842	감숙성
2		스타인 제3차	1913~1915	목간 205	감숙성
3		小方盤城(周炳南)	1920	목간 17	감숙성
4		小方盤城(夏鼐)	1944	목간 76	감숙성
5		玉門 花海	1977	죽간 1 목간 93	감숙성
6		馬圈灣	1979	죽·목간 1,217	감숙성
7		酥油土	1981	목간 76	감숙성
8		敦煌市博物館採集漢簡	1979 1986~1988	1979 : 목간 22, 목독 3 1886 : 목간 145	감숙성
9		淸水溝	1990	목간 62	감숙성
10	敦煌 玉門關 漢簡		1990년 이후	간독 538여	감숙성

No.	목간 명칭		출토 연도	목간 매수	출토 지역
11	나포뇨이[羅布淖爾] 漢簡		1930	목간 71	신강위구 르자치구
12	니아[尼雅] 漢簡	스타인 4차	1931	목간 26	신강위구 르자치구
13		1993	1993	목간 2	신강위구 르자치구
14	居延 漢簡(舊簡)		1930~1931	간독 11,000여	감숙성· 내몽골자 치구
15	居延 漢簡(新簡)		1972~1974 1976, 1982	간독 8,409여	감숙성· 내몽골자 치구
16	肩水金關 漢簡		1973	간독 11,577	감숙성
17	地灣 漢簡		1986	간독 700여	감숙성
18	懸泉 漢簡		1990~1992	간독 35,000여	감숙성
19	額濟納 漢簡		1998~2002	간독 500여	내몽골자 치구
20	安西 九墩灣 漢簡		2003	목간 33, 죽간 2	감숙성
21	瓜州縣博物館 所藏 漢簡		미상	목간 3	미상
22	武威 剌麻湾 漢簡		1945	목간 13	감숙성
23	武威 磨咀子 儀禮簡		1959	죽, 목간 610	감숙성
24	武威 磨咀子 王杖十簡		1959	목간 10	감숙성
25	武威 磨咀子 王杖詔書令簡		1981	목간 26	감숙성
26	武威 旱灘坡 醫簡(武威醫簡)		1972	목간·독 92	감숙성
27	武威 旱灘坡 後漢簡		1989	목간 17 (1매 유실, 현 1매)	감숙성
28	武威 張德宗 墓 漢簡		1974	목독 1	감숙성
29	武威 五壩山 漢簡		1984	목독 1	감숙성

No.	목간 명칭	출토 연도	목간 매수	출토 지역
30	甘谷 渭陽 漢簡	1971	목간 23	감숙성
31	張掖 高臺 漢簡	2004	목독 잔편 1	감숙성
32	靜寧 黨家塬 漢簡	2004	목독 2	감숙성
33	永昌 水泉子 漢簡	2008, 2012	5호묘 : 목간 1,400여 8호묘 : 죽간 1, 목간 34	감숙성
34	咸陽 馬泉 漢簡	1975	죽간 3	섬서성
35	西安 未央宮遺址 漢簡	1980	목간 115	섬서성
36	陝西歷史博物館 所藏 漢簡	2000	목간 12	감숙성
37	西安 杜陵 漢簡	2001	목독 1	섬서성
38	大通 上孫家寨 漢簡	1978	목간 240여(잔편 400)	청해성
39	長沙 徐家灣 漢簡	1951	첨패 1	호남성
40	長沙 伍家嶺 漢簡	1951~1952	봉검 10	호남성
41	長沙 砂子塘 漢簡	1961	봉니갑 73	호남성
42	長沙 馬王堆 漢簡	1972~1974	1호묘 : 죽간 312, 목갈 49, 봉검 37, 죽패 19 2호묘 : 죽간1 3호묘 : 죽간 600, 목독 7, 목갈 53	호남성
43	長沙王后 漁陽墓 漢簡	1993	목갈, 봉니갑 100	호남성
44	長沙 九如齋 漢簡	1998	죽·목간 200여	호남성
45	長沙 走馬樓 漢簡	2003	죽간 10,000여	호남성
46	長沙 東牌樓 漢簡	2004	간독 426	호남성
47	長沙 五一廣場 漢簡	2010	간독 10,000여	호남성
48	長沙 尚德街 漢簡	2011	간독 257	호남성
49	長沙 東牌樓 漢·魏晉簡	2011	간독 수백 매	호남성
50	長沙 坡子街 漢簡	2015	미상	호남성

No.	목간 명칭	출토 연도	목간 매수	출토 지역
51	長沙 靑少年宮 漢簡	2016	죽간 100여	호남성
52	張家界 古人堤 漢簡	1987	간독 90	호남성
53	沅陵 虎溪山 漢簡	1999	죽간 1,346	호남성
54	株洲 鄧公塘 漢簡	2009	죽간 6	호남성
55	雲夢 大墳頭 漢簡	1972	목독 1	호북성
56	光化 五座墳 漢簡	1973	죽간 30여	호북성
57	江陵 鳳凰山 漢簡	1973	8호묘 : 죽간 175 9호묘 : 죽간 80, 목독 3 10호묘 : 죽간 170, 목독 6	호북성
		1975	167호묘 : 목간 74, 목갈 5 168호묘 : 죽독 1, 죽간 66 169호묘 : 죽간 1	
58	江陵 張家山 漢簡	1983~1984	247호묘 : 죽간 1236 249호묘 : 죽간 400 258호묘 : 죽간 58	호북성
		1985	127호묘 : 죽간 300	
		1988	136호묘 : 죽간 829	
59	江陵 毛家園 漢簡	1985~1986	죽간 74, 목독 1	호북성
60	荊州 關沮 蕭家草場 漢簡	1992	죽간 35	호북성
61	荊州 高臺 漢簡	1992	6호묘 : 목간 53 18호묘 : 목독 4	호북성
		2009	46호묘 : 목독 9	
62	隨州 孔家坡 漢簡	2000	죽간 780여, 목독 4	호북성
63	荊州 印臺 漢簡	2002~2004	간독 2,360여	호북성
64	荊州 紀南 松柏 漢簡	2004	목간 10, 목독 63	호북성
65	雲夢 睡虎地 漢簡	2006	죽간 2,137, 죽목독 128	호북성
66	荊州 謝家橋 漢簡	2007	죽간 208	호북성

No.	목간 명칭	출토 연도	목간 매수	출토 지역
67	宜都 中筆 漢簡	2008	목독 1	호북성
68	荊州 劉家臺 漢簡	2011	목독 2	호북성
69	隨州 周家寨 漢簡	2014	죽간 566, 목독 1, 죽첨패 3	호북성
70	荊州 胡家草場 漢簡	2018~2019	죽간 4,642	호북성
71	陝縣 劉家渠 漢簡	1956	목간 2	하남성
72	阜陽 雙古堆 漢簡	1977	죽간 6,000여, 목독 3	안휘성
73	天長 紀莊 漢簡	2004	목독 34	안휘성
74	南昌 海昏侯墓 漢簡	2011~2016	죽간 5,200여, 목독 66, 목갈 100매	강서성
75	高郵 邵家溝 漢簡	1957	목독 1	강소성
76	連雲港 海州 礁山 漢簡	1962	목독 1	강소성
77	連雲港 海州 霍賀墓 漢簡	1973	목독 7	강소성
78	連雲港 海州 侍其繇墓 漢簡	1973	목독 2	강소성
79	連雲港 海州 戴盛墓 漢簡	1976	목독 1	강소성
80	連雲港 海州 花果山 漢簡	1978	간독 30	강소성
81	連雲港 高高頂 漢簡	1979~1980	목독 1	강소성
82	連雲港 海州 陶灣 西郭寶墓 漢簡	1985	죽간 2, 목독 4	강소성
83	連雲港 海州 東公·凌惠平墓 漢簡	2002	목독 13	강소성
84	連雲港 海州 南門 王莽 新簡	미상	목독 1	강소성
85	鹽城 三羊墩 漢簡	1963	목독 1	강소성
86	盱眙 東陽 漢簡	1974	목독 1	강소성
87	高郵 神居山 廣陵王墓 漢簡	1979-1980	미상	강소성
88	邗江 胡場 漢簡	1980	목독 13, 木楬 6, 封檢 7	강소성
89	揚州 平山 養殖場 漢簡	1983	木楬 3	강소성

No.	목간 명칭	출토 연도	목간 매수	출토 지역
90	儀徵 胥浦 漢簡	1984	죽간 17, 목독 2, 봉검 1	강소성
91	儀徵 煙袋山 漢簡	1985	목독 26, 봉니갑 1	강소성
92	東海 尹灣 漢簡	1993	6호묘 : 죽간 133, 목독 23 2호묘 : 목독1	강소성
93	泗陽 大靑墩 漢簡	2002	목간 3, 목독 수십매	강소성
94	揚州 邗江 劉毋智墓 漢簡	2004	봉니갑 5	강소성
95	揚州 漢簡(2015)	2015	목독 13	강소성
96	臨沂 銀雀山 漢簡	1972	1호묘 : 죽간 7,500 목독 5 2호묘 : 죽간 32	산동성
97	臨沂 金雀山 漢簡	1978, 1983	11·13호묘 : 죽독 8 28호묘 : 목독 1	산동성
98	萊西 岱野 漢簡	1978	木方 6	산동성
99	日照 大古城 漢簡	1987	죽간 10, 목독 1	산동성
100	日照 海曲 漢簡	2002	106호묘 : 죽간 39, 목독 4 129호묘 : 목독 2 130호묘 : 목독2	산동성
101	靑島 土山屯 漢簡	2011, 2016~2017	목독 25	산동성
102	楡次 王湖嶺 漢簡	1971	목독 1	산서성
103	太原 悅龍臺 漢簡	2017~2018	간독 600여	산서성
104	定州 八角廊 漢簡	1973	죽간 2,500여	하북성
105	盧龍 范莊 漢簡	1987	미상	하북성
106	北京 大葆臺 漢簡	1974	죽간 1	북경시
107	天津 薊縣 道敎 漢簡	2000	목독 1	천진시
108	雲陽 舊縣坪 漢簡	2002	간독 20여	중경시

No.	목간 명칭	출토 연도	목간 매수	출토 지역
109	天回 老官山 漢簡	2012	1호묘 : 목독 50 3호묘 : 죽간 951	사천성
110	渠縣 城壩 漢簡	2014~2018	간독 200여	사천성
111	貴縣 羅泊灣 漢簡	1976	목간 10여, 목독 5,봉검 2	광서장족 자치구
112	廣州 南越國 漢簡	1983 2004~2005	첨패 1 목간 100여	광동성
113	貴港 深釘嶺 漢簡	1991	목독 1	광서장족 자치구
114	安順 寧谷 漢簡	1996	목독 1	귀주성
115	廣南 牡宜 漢簡	2007	목독 잔편 5	운남성

삼국·위진·남북조·수당·서하·원명청 목간

1	武威 新華鄉 曹魏簡	1991	목독 1	감숙성
2	南昌 高榮墓 吳簡	1978	목간 21, 목방 2	강서성
3	南京 薛秋墓 吳簡	2004	목간 5	강소성
4	武昌 任家灣 鄭醜墓 吳簡	1955	목간 3	호북성
5	鄂城 水泥廠 吳簡	1970년대 말~ 1980년대 초	목독 6	호북성
6	鄂城 磚室墓 吳簡	1993	미상	호북성
7	南陵 麻橋 吳簡	1978	목독 3	안휘성
8	馬鞍山 朱然墓 吳簡	1984	목독 17(名刺 14, 謁 3)	안휘성
9	郴州 蘇仙橋 吳簡	2003	J4 : 吳簡 140, 晉簡 940	호남성
10	長沙 走馬樓 吳簡	1996	간독 14만여 이상	호남성
11	南京 皇冊家園 木簡	2002, 2004	목간 40여	강소성
12	南京 顔料坊 木簡	2009~2010	간독 140여	강소성
13	酒泉 三壩灣 魏晉簡	2013	목판 2(매지권 1,진묘권 1)	감숙성

No.	목간 명칭	출토 연도	목간 매수	출토 지역
14	一棵樹 烽燧遺址 西晉簡	2008	간독 9(진간 2, 한간 7)	감숙성
15	니아[尼雅]遺址 西晉簡	1901, 1906, 1914	목간 1	신강위구르자치구
16	투르판 아스타나 西晉簡	1966~1969	목간 1	신강위구르자치구
17	額濟納 破城子(A8甲渠候官)魏晉簡	1982	간독 1	내몽골자치구
18	郴州 蘇仙橋 西晉簡	2003~2004	간독 909	호남성
19	南昌 吳應墓 西晉簡	1974	목간·독 4	강서성
20	樓蘭古城(L.A.I호) 木簡	1906, 1914	목간 4	신강위구르자치구
21	樓蘭古城(L.A.II) 木簡	1901, 1906, 1980	목간 137	신강위구르자치구
22	樓蘭古城(L.A.III) 木簡	1906, 1980	목간 33	신강위구르자치구
23	樓蘭古城(L.A.IV) 木簡	1906, 1914	목간 28	신강위구르자치구
24	樓蘭古城(L.A.V) 木簡	1906, 1914	목간 10(9?)	신강위구르자치구
25	樓蘭古城(L.A.VI.i) 木簡	1914	목간 3	신강위구르자치구
26	樓蘭古城(L.A.VI.ii) 木簡	1906, 1914, 1980	목간 214, 목독 5	신강위구르자치구
27	나포뇨이 사막(L.B) 木簡	1900, 1906	간독 9	신강위구르자치구
28	나포뇨이 사막(L.E) 木簡	1914	목간 3	신강위구르자치구
29	나포뇨이 사막(L.F) 木簡	1914	목간 1, 목판 1	신강위구르자치구

No.	목간 명칭	출토 연도	목간 매수	출토 지역
30	나포뇨이 사막(L.K) 木簡	1909	목간 4	신강위구르자치구
31	臨澤 黃家灣灘 西晉·前涼簡	2010	목간 27	감숙성
32	高臺 駱駝城 前涼 趙雙·趙阿玆 木簡	2000	목독 2	감숙성
33	高臺 駱駝城 前涼 孫阿惠墓 木簡	1998~2001	목독 1	감숙성
34	高臺 駱駝城 前涼 周圍墓 木簡	미상	목독 1	감숙성
35	武威 旱灘坡 前涼 木簡	1985	목독 5	감숙성
36	高臺 駱駝城 前涼 耿小平·孫阿昭 合葬墓 木簡	1998~2001	목독 1	감숙성
37	스타인 수집 아스타나 前涼 木簡	1914	목간 1	신강위구르자치구
38	玉門 金鷄梁 前涼 21호묘 木簡	2009	목독 1	감숙성
39	南昌 東晉 雷陔墓 木簡	1997	목간 2, 목독 1	강서성
40	南昌 東晉 雷鋽墓 木簡	2006	목간 2	강서성
41	玉門 金鷄梁 前涼 5號墓 木簡	2009	목간 1, 목독 1	감숙성
42	玉門 金鷄梁 前涼 10號墓 木簡	2009	목판 1	감숙성
43	高臺 駱駝城 前涼 盈思 木簡	2000	목독 1	감숙성
44	高臺 駱駝城 前涼 木簡	미상	목독 1	감숙성
45	武威 前涼 升平十二年 木簡	1991	목독 2	감숙성
46	武威 前涼 升平十三年 木簡	1991	목독 2	감숙성
47	高臺 駱駝城 前涼 胡運于 木簡	2001	목독 1	감숙성
48	玉門 花海 畢家灘 前涼 孫狗女 木簡	2002	목독 2	감숙성
49	玉門 花海 畢家灘 東晉 木簡	2002	목독 1	감숙성
50	高臺 駱駝城 前秦 高侯·高容男墓 木簡	2001	목독 2	감숙성
51	高臺 羅城 晉 木簡	1986	목독 1	감숙성

No.	목간 명칭	출토 연도	목간 매수	출토 지역
52	高臺 駱駝城 前涼 周女敬 木簡	2000	목독 1	감숙성
53	玉門 花海 畢家灘 前涼 趙宜 木簡	2002	목독 1	감숙성
54	高臺 駱駝城 前涼 佚名 木簡	1998	목독 1	감숙성
55	高臺 駱駝城 前涼 周南 木簡	2000	목독 1	감숙성
56	高臺 駱駝城 前涼 夏侯勝榮 木簡	1998	목독 1	감숙성
57	高臺縣博物館 徵集 前涼 木簡	미상	목독 1	미상
58	古陶文明博物館 所藏 前涼 木簡	미상	목독 1	미상
59	玉門 花海 畢家灘 前秦 朱少仲 木簡	2002	목독 2	감숙성
60	高臺 許三灣 前秦 木簡	2000	목판 1	감숙성
61	玉門 花海 畢家灘 後涼 佚名 木簡	2002	목독 1	감숙성
62	玉門 花海 畢家灘 後涼 黃平 木簡	2002	목독 1	감숙성
63	玉門 花海 畢家灘 西涼 呂皇女 木簡	2002	목독 1	감숙성
64	투르판 아스타나 北涼 62號墓 木簡	1966~1969	목독 1	신강위구 르자치구
65	투르판 아스타나 北涼 177號墓 木簡	1972	목독 1	신강위구 르자치구
66	玉門 畢家灘 51號墓 佚名 木簡	2002	목독 1	감숙성
67	玉門 畢家灘 3號墓 佚名 木簡	2002	목독 1	감숙성
68	카라호자[哈拉和卓] 古墓群 出土 木簡	1975	木牌 18	신강위구 르자치구
69	투르판 아스타나 古墓群 桃人 木簡	1984	木牌 1	신강위구 르자치구
70	투르판 아스타나 高昌國 90號墓 木簡	1966~1969	木板 1	신강위구 르자치구
71	신강 바다무[巴達木] 201號墓 木簡	2004	木墓表 1	신강위구 르자치구

No.	목간 명칭	출토 연도	목간 매수	출토 지역
72	山東 臨朐 北齊 王江妃 木簡	미상	목독 1	산동성
73	영국국가도서관 소장 스타인 수집 唐代 木簡	1914	목간 15	신강위구르자치구
74	武威市博物館 收集 唐代 木簡	1970년대	목독 2	미상
75	唐 西州 麴倉督 木簡	2006	代人木牌 1	신강위구르자치구
76	크야크쿠두크[克亞克庫都克] 唐代 烽火臺 木簡	2016	목간 45	신강위구르자치구
77	크야크쿠두크[克亞克庫都克] 唐代 烽火遺址 木簡	2019	종이·목독 등 633건	신강위구르자치구
78	『吐蕃簡牘綜錄』 수록 吐蕃 木簡	1959, 1973, 1974	목간, 목독 464	신강위구르자치구
79	都蘭 熱水墓群 티베트 문자 木簡	1982, 1999, 2005	잔편 포함 목독 수십매	청해성
80	都蘭 熱水墓群 2018血渭一號墓 티베트 문자 木簡	2018	미상	청해성
81	2006년 수집 티베트 문자·브라흐미 문자 木簡	2006	목간 3	신강위구르자치구
82	若羌 米蘭遺址 吐蕃 木簡	2012	목간 90	신강위구르자치구
83	都蘭 哇沿 티베트 문자 木簡	2014	16호묘 : 목간 2	청해성
84	프랑스 국가도서관 소장 펠리오 수집 木簡	1908	木牌 1	감숙성
85	바추[巴楚] 투어쿠즈샤라이[脫庫孜沙來] 古城 木簡	1959	목간·목독 21	신강위구르자치구
86	王炳華 수집 于闐 문자 木簡	1973	목독 1	신강위구르자치구
87	처러[策勒] 티에티커리무[鐵提克日木] 유지 于闐 문자 木簡	1978	목함 1	신강위구르자치구

No.	목간 명칭	출토 연도	목간 매수	출토 지역
88	니아[尼雅] 유지 카로슈티 문자 木簡 (1980)	1980	목·간독 35	신강위구르자치구
89	니아[尼雅] 유지 채집 카로슈티 문자 木簡(1981)	1981	목독 수십 매	신강위구르자치구
90	니야[尼雅] 중일 학술조사대 발굴 카로슈티·한문 木簡	1973	목독 1	신강위구르자치구
91	신강 쿠차연구원 소장 쿠차어 木簡	1988-1990	목간 37	신강위구르자치구
92	카라돈[喀拉墩] 유지 于闐 문자 木簡	1990년대 초	목판 1	신강위구르자치구
93	武威 小西溝 修行洞 出土 티베트 문자 木簡	1971	목독 3	감숙성
94	西夏 黑城 木簡	1980년대 중반	미상	내몽골자치구
95	寧夏 宏佛塔 西夏 文字 木簡	1990-1991	목간 1	영하회족자치구
96	寧夏 拜寺溝方塔 西夏 文字 木簡	1990~1991	목패 1, 中心柱木 1	영하회족자치구
97	武威 西關 西夏墓 木簡	1997	목판 1	감숙성
98	武威 西郊 西夏墓 朱書 木簡	1998	목독 1	감숙성
99	居延 出土 元代 木簡	1930	목독 1	감숙성
100	武威 永昌 出土 元代 木簡	1998	목판 1	감숙성
101	영국 국가도서관 소장 明代 木簡	1914	목독 4	감숙성
102	中國第一歷史檔案館 소장 淸代 滿洲 문자 木簡	1935, 1979, 2013	木牌 30	미상
대학·박물관 소장 목간				
1	上海博物館 所藏 戰國 楚簡	1994(入藏)	죽간 1,200여(1차) 죽간 497(2차)	

No.	목간 명칭	출토 연도	목간 매수	출토 지역
2	武漢大學 所藏 戰國簡	2011(入藏)	죽간 110	
3	清華大學 所藏 戰國簡	2008(入藏)	죽간 2,500	
4	安徽大學 所藏 戰國簡	2015(入藏)	죽간 1,167	
5	浙江大學 所藏 戰國 楚簡	2009(入藏)	죽간 약 160	위조간 의심
6	嶽麓書院 所藏 秦簡	2007, 2008	죽간 2,176	
7	北京大學 所藏 秦簡	2010	죽간 762, 목간 21, 목독 6, 죽독 4, 목고 1	
8	中國國家博物館 所藏 漢簡	1998	죽간 2	
9	北京大學 所藏 漢簡	2009	죽간 3,346	
10	武漢大學簡帛研究中心 所藏 木簡	2009	목독 1	
11	香港中文大學 所藏 木簡	미상	간독 259	

부록 2.
1970년 이래 중국 목간 관련 한국 연구성과

[1970~1980년]

金燁, 「雲夢出土 秦簡과 秦·漢初의 徵兵適齡」, 『全海宗博士華甲紀念史學論叢』, 1979.

金燁, 「中國連坐制度硏究 – 秦漢唐間 官吏의 職務上連坐制 –」, 『慶北史學』 2, 1980.

李成珪, 「秦의 土地制度와 齊民支配」, 『全海宗博士華甲紀念史學論叢』, 1979.

[1981~1990년]

李成珪, 「戰國時代 官營産業의 構造와 性格」, 『東方學志』 30, 1982.

李成珪, 「秦國의 政治와 墨家」, 『東方學志』 41, 1984.

崔德卿, 「隷臣妾의 身分과 그 存在形態 – 雲夢 睡虎地 『秦簡』을 中心으로 –」, 『釜大史學』 10, 1986.

任仲赫, 「雲夢秦簡의 貲罰에 대하여」, 『東洋史學硏究』 24, 1986.

朴健柱, 「前漢의 少府에 대한 一考察 – 家産制의 變遷과 관련하여 –」, 『首善論集』(成均館大) 10, 1986.

李成珪, 「秦의 身分秩序構造」, 『東洋史學硏究』 23, 1986.

尹在碩, 「秦代 '士伍'에 대하여」, 『慶北史學』 10, 1987.

林炳德, 「雲夢秦簡에서 보이는 隷臣妾의 身分的 性格」, 『成大史林』 4, 1987.

李成珪, 「秦의 山林藪澤開發의 構造 – 縣廷 嗇夫組織과 都官의 分析을 중심으로 –」, 『東洋史學硏究』 29, 1989.

李成珪, 「秦의 地方行政組織과 그 性格 – 縣의 組織과 그 機能을 중심으로 –」, 『東洋史學硏究』 31, 1989.

任仲赫, 「漢代의 文書行政」, 『中國學報』 29, 1989.

崔德卿, 「秦漢시대 소농민의 畝당 생산량」, 『慶尙史學』 4·5합집, 1989.

金燁, 〈發表要旨〉 「戰國·秦·漢代의 支配階層」, 『東洋史學硏究』 30, 1989.

金燁, 「中國古代의 地方統治와 鄕里社會」, 『大丘史學』 37, 1989.

金燁, 「〈秦簡〉에 보이는 家族連坐」, 『歷史敎育論集』 13·14합집, 1990.

崔昌大, 「睡虎地秦墓竹簡의 속죄와 자죄」, 『釜山工大論文集』 31, 1989.

崔昌大, 「[睡虎地 秦墓竹簡]倉律을 통해 본 縣倉」, 『釜山工大論文集』 32, 1990.

[1991년]

金秉駿, 「後漢時代 里父老와 國家權力 - 《漢侍廷里父老僤買田約束石券》의 분석을 중심으로 -」,
　　　　『東洋史學研究』 35, 1991.

李京圭, 「中國 古代社會의 「社」에 관한 一考察」, 『慶熙史學』 16·17, 1991.

李成九, 「中國古代의 市의 觀念과 機能」, 『東洋史學研究』 36, 1991.

小口彦太, 임대희 역, 「전통 중국의 법제도」, 『歷史教育論集』 16, 1991.

문지성, 「『儀禮』 「喪服經傳」의 校釋 : 武威漢簡 「喪服」 3種을 중심으로」, 연세대 박사학위논문,
　　　　1991.

[1992년]

이상열, 「中國의 禮典과 律·令·格·式; 法史的 考察」, 『曉星女子大學校 研究論文集』 44, 1992.

이성규, 「中華思想과 民族主義」, 『哲學』 37, 1992.

林炳德, 「秦·漢의 官奴婢와 刑徒」, 『忠北史學』 5, 1992.

임중혁, 「漢 律令의 形成과 發展에 대한 연구」, 고려대 박사학위논문, 1992.

鄭起燉, 「漢代 政令의 研究 - 武帝시기를 중심으로 -」, 『忠南大論文集』 39, 1992.

최덕경, 「中國古代 鐵製農具와 農業生産力의 발달」, 건국대 박사학위논문, 1992.

배진영, 「戰國末 秦國의 「家」에 對한 연구 : 雲夢睡虎地 秦墓竹簡의 分析을 中心으로」, 이화여대
　　　　석사학위논문, 1992.

[1993년]

金慶浩, 「漢代地方行政組織과 그 性格 - 鄉·亭·里를 中心으로 -」, 『五松李公範教授停年退任紀
　　　　念東洋史論叢』, 1993.

金秉駿, 「秦漢時代 女性과 國家權力 – 課徵方式의 變遷과 禮敎秩序로의 編入 –」, 『震檀學報』 75, 1993.

朴健柱, 「秦漢代 口賦의 成立」, 『歷史學研究』 12, 1993.

朴健柱, 「漢의 中央繇役과 更賦」, 『五松李公範教授停年退任紀念東洋史論叢』, 1993.

尹在碩, 「秦簡 『日書』에 나타난 "室"의 構造와 性格 – 戰國期 秦의 家族類型 고찰을 위한 시론 –」, 『東洋史學研究』 44, 1993.

李成珪, 「中國古代 皇帝權의 性格」, 『東亞史上의 王權』(東洋史學會 編, 도서출판 한울), 1993.

林炳德, 「秦·漢 奴婢의 性格」, 『五松李公範教授停年退任紀念東洋史論叢』, 1993.

任仲赫, 「漢初 九章律의 제정과 그 의미」, 『宋甲鎬教授停年退任紀念論文集』, 1993.

崔德卿, 「中國古代 小農民의 住宅構造에 대한 一考察」, 『釜大史學』 17, 1993.

최재용, 「秦內史의 性格變化에 대하여; 秦簡을 중심으로」, 『慶州史學』 2, 1993.

[1994년]

박건주, 「漢代 更繇制에 대한 一考察」, 『全南大 역사학연구』 113, 1994.

배진영, 「戰國末 秦國의 家의 性格; 雲夢睡虎地 秦墓竹簡의 分析을 中心으로」, 『梨大史苑』 27, 1994.

李成珪, 「戰國時代 國家와 小農民 生活 – 李悝 '盡地力之敎'의 재검토를 중심으로 –」, 『古代中國의 理解 1』(서울大東洋史學研究室 編, 지식산업사), 1994.

임병덕, 「魏晉時代의 良賤觀」, 『歷史學報』 142, 1994.

鄭夏賢, 「秦漢代 말[馬]의 이용과 需給 構造」, 『古代中國의 理解 1』(서울大東洋史學研究室 編, 지식산업사), 1994.

Hardy·Grant, 김형종 역, 「고대 중국의 역사가가 근대서구의 이론에 기여할 수 있는가?; 사마천의 복합화법」, 『문학과 사회』 27, 1994.

朴建柱, 「秦漢代 賦·役制의 研究」, 성균관대 박사학위논문, 1994.

임병덕, 「秦·漢의 奴婢와 刑徒」, 성균관대 박사학위논문, 1994.

[1995년]

김경호, 「漢代 皇太后權의 性格에 대한 再論」, 『阜村申延澈敎授停年退任紀念 史學論叢』, 일월서
　　각, 1995.

金秉駿, 「戰國時代 川東地域의 巴國과 그 起源 – 巴蜀文化의 形成過程과 관련하여 –」, 『古代中
　　國의 理解 2』, 지식산업사, 1995.

이성규, 「群盜의 皇帝 劉分子; 眞命天子의 條件」, 『黃元九敎授停年紀念論叢 東아시아의 人間
　　象』, 도서출판 혜안, 1995.

李成珪, 「戰國時代 秦의 外交政策」, 『古代中國의 理解 2』, 지식산업사, 1995.

임병덕, 「戰國 秦의 刑徒의 刑期와 그 性格」, 『阜村申延澈敎授停年退任紀念 史學論叢』, 일월서
　　각, 1995.

최덕경, 「戰國·秦漢시대의 山林水澤에 대한 保護策」, 『大邱史學』 49, 1995.

김병준, 「중국고대 四川지역의 巴蜀문화 연구; 郡縣지배의 지역적 편차에 대한 기초적 이해」,
　　서울대 박사학위논문, 1995.

박동헌, 「漢代 농가의 부업생산물과 그 유통에 관한 연구; 소농가정의 紡織을 중심으로」, 경희
　　대 박사학위논문, 1995.

민후기, 「전국시대 진 작제의 변화와 그 성격」, 연세대 석사학위논문, 1995.

[1996년]

박건주, 「江陵張家山漢墓竹簡의 〈奏讞書〉에 보이는 秦漢의 更繇制」, 『歷史學研究』 14, 1996.

朴東憲, 「江陵 鳳凰山 10號 前漢墓의 簡牘類에 보이는 流通과 그 經路 분석」, 『東洋學研究』 2,
　　1996.

方香淑, 「漢代의 公田假作」, 『吉玄益敎授停年紀念 史學論叢』, 1996.

윤재석, 「商鞅의 家族 改革論 분석을 통하여 본 戰國期 秦國의 家族形態」, 『慶北史學』 11, 1996.

이성규, 「張儀의 '狹天子'論과 戰國時代의 周王」, 『金文經敎授停年退任紀念 동아시아사 연구논
　　총』, 도서출판 혜안, 1996.

임중혁, 「漢帝國의 성격과 高祖 功臣集團」, 『淑大史論』 18, 1996.

최덕경, 「戰國·秦漢시대 음식물의 調理와 食生活」, 『釜山史學』 31, 1996.

윤재석, 「秦代家族制研究」, 경북대 박사학위논문, 1996.

이성구, 「中國古代의 呪術的 思惟와 帝王統治」, 서울대 박사학위논문, 1996.

박상혜, 「秦의 地方行政組織에 대한 一考察; 雲夢竹簡을 中心으로」, 숙명여대 석사학위논문, 1996.

이수덕, 「秦漢時期 治獄 過程에 관한 일고찰; 江陵 張家山 〈주언서〉를 중심으로」, 서울대 석사학위논문, 1996.

[1997년]

김경호, 「先秦時代 西北 地域의 人文的 特性」, 『成大史林』 12·13 合輯, 1997.

김경호, 「前漢 時期 河西 徙民의 背景과 性格」, 『祥明史學』 5, 1997.

김병준, 「漢代 太守府 屬吏組織의 變化와 그 性格; 江蘇省 連雲港 出土 尹灣漢牘의 분석을 중심으로」, 『古代中國의 理解 3』, 1997.

박건주, 「漢代 正卒과 지방 상비군」, 『全南史學』 11, 1997.

박동헌, 「漢代 民間 船舶의 형태와 附屬道具; 江陵 鳳凰山 9호 前漢墓 출토 선반관련 자료의 분석을 중심으로」, 『震檀學報』 84, 1997.

박봉주, 「包山楚簡에 반영된 楚의 統治 體制」, 『古代中國의 理解 3』, 1997.

이성규, 「中國 古代 抑商 정책의 사회사적 배경; 賈와 祭儀의 관계를 중심으로」, 『古代中國의 理解 3』, 1997.

임병덕, 「秦·漢 시기의 耐·完·黥·刑; 『漢書』 刑法志 "諸當完者, 完爲城旦舂"의 再考察」, 『忠北史學』 9, 1997.

任仲赫, 「尹灣漢簡을 통해 본 漢代의 지방행정제도」, 『歷史敎育』 64, 1997.

정하현, 「戰國末-漢初의 鄕村사회와 豪傑; 國家權力과의 관계를 중심으로」, 『古代中國의 理解 3』, 1997.

채현경,「秦의 地方統治와 祝術觀念」,『忠南史學』9, 1997.

최덕경,「衣食住를 통해 본 漢代 農民의 생활상」,『釜山史學』33, 1997.

윤재석,〈서평〉김병준,『中國古代 地域文化와 郡縣支配』,『歷史學報』155, 1997.

〈연구서〉

김병준,『中國古代 地域文化와 郡縣支配 : 四川地域의 巴蜀文化를 중심으로』, 일조각, 1997.

이성구,『中國古代의 呪術的 思惟와 帝王統治』, 일조각, 1997.

정일동,『漢初의 정치와 黃老思想』, 백산, 1997.

[1998년]

구성희,「漢晉塢壁의 성질 및 기능」,『魏晉隋唐史研究』4, 1998.

김병준,「前漢 列侯 徙封考-『漢書』侯表의 末格 郡縣名에 대한 검토-」,『中國古代의 理解 4』, 지
       식산업사, 1998.

윤재석,「春秋戰國期의 家系繼承과 後子制」,『慶北史學』21, 1998.

이성규,「漢代『孝經』의 普及과 그 理念」,『韓國思想史學』, 한국사상사학회, 1998.

이성규,「虛像의 太平-漢帝國의 瑞祥과 上計의 造作-」,『中國古代의 理解 4』, 지식산업사,
       1998.

이성규,「前漢末 郡屬史의 宿所와 旅行-尹灣漢簡〈元延二年日記〉분석-」,『慶北史學』21, 1998.

이성규,「前漢 縣長史의 任用方式 : 東海郡의 例-尹灣漢簡〈東海郡下割長吏名籍〉의 分析-」,『歷
       史學報』160, 1998.

임병덕,「《漢書》刑法志」,『慶北史學』21, 1998.

임중혁,「秦代 죄수의 형기」,『淑大史論』20, 1998.

장인성,「中國古代 障塞의 출현과 형태」,『백제연구』28, 1998.

최덕경,「中國古代 織機의 類型과 발달과정」,『慶北史學』21, 1998.

최덕경,「居延漢簡에 나타난 漢代 衣服과 衣生活」,『釜山史學』35, 1998.

최진묵, 「漢代 方士文化와 數術學의 盛行」, 『中國古代의 理解 4』, 지식산업사, 1998.

이성구, 〈評論〉 「閔斗基先生의 中國古代史研究」, 『中國古代의 理解 4』, 지식산업사, 1998.

정하현, 〈說林〉 「金燁선생님의 中國古代史 연구」, 『金燁박사정년기념사학논총』, 1998.

임대희, 〈飜譯〉 「漢文帝 시기 형법의 개혁과 그 전개의 재검토」(張建國), 『法史學研究』 19,
1998.

[1999년]

이명화, 「秦漢의 南方支配와 地域發展-南方의 郡縣化 과정을 중심으로-」, 『梨大史苑』 32,
1999.

이성규, 「前漢末 地方資源의 動員과 配分-尹灣漢簡〈東海郡下割長吏不在署名籍〉의 분석-」, 『釜
大史學』 23, 1999.

이성원, 「古代中國의 刑罰觀念과 肉刑-'非人化'觀念을 中心으로-」, 『東洋史學研究』 67, 1999.

임병덕, 「秦·漢 시기의 城旦舂과 漢文帝의 刑法改革」, 『東洋史學研究』 66, 1999.

임중혁, 「雲夢睡虎地 11號墓 喜의 출신」, 『中國史研究』 7, 1999.

임중혁, 「秦帝國의 통치이념과 실제-睡虎地秦簡을 중심으로-」, 『淑大史論』 21, 1999.

장승현, 「春秋·戰國時期 社의 機能과 性格」, 『學林』 20, 1999.

정창원, 「前漢代 水利事業에 대한 認識」, 『中央史論』 12·13, 1999.

최덕경, 「戰國·秦漢時代 度量衡制의 政治史的 의미와 그 變遷」, 『釜山史學』 23, 1999.

김경호, 「漢代 河西地域 豪族의 性格에 관한 연구」, 성균관대 박사학위논문, 1999.

이성원, 「古代中國의 刑罰觀念과 肉刑 : '非人化'관념을 중심으로」, 서울대 석사학위논문, 1999.

謝桂華, 「中國 簡帛자료의 출토현황과 연구」, 『慶北史學』 22, 1999.

[2000년]

김병준, 「漢代의 節日과 地方統治 - 伏日과 臘日을 중심으로 -」, 『東洋史學研究』 69, 동양사학
회, 2000.

민후기, 「戰國 秦의 爵制 研究 - 爵制에서 官僚制로의 이행을 중심으로 -」, 『東洋史學研究』 69, 동양사학회, 2000.

임병덕, 「秦·漢 刑徒의 刑期 再論(1) - 隸臣妾과 城旦舂을 중심으로 -」, 『忠北史學』 11·12, 충북사학회, 2000.

임병덕, 「秦·漢의 노역형 刑罰體系와 漢文帝의 刑法改革」, 『中國史研究』 9, 2000.

최덕경, 「秦漢時代 度量衡의 처벌규정과 삶의 강제」, 『中國史研究』 8, 2000.

최진열, 「前漢 宣帝시기 穀物購買政策의 실시와 그 배경 - '七郡' 선정배경의 分析을 중심으로 -」, 『서울大東洋史學科論集』 24, 서울대학교 동양사학과, 2000.

[2001년]

구성희, 「漢代 喪葬禮俗에 표현된 靈魂觀과 鬼神觀」, 『東國史學』 35·36 合輯(洪榮伯教授停年紀念特輯號), 2001.

구성희, 「漢代 厚葬風俗과 薄葬論」, 『史林』 15, 首善史學會, 2001.

김경호, 「〈資料紹介〉 近100年 主要 漢簡의 出土現況과 敦煌 懸泉置 漢簡의 內容」, 『史林』 15, 首善史學會, 2001.

김경호, 「漢代 河西地域 豪族의 形成과 그 性格」, 『東洋史學研究』 75, 동양사학회, 2001.

김병준, 「古代中國의 西方傳來文物과 崑崙山 神話」, 『古代中國의 理解』 5, 지식산업사, 2001.

박건주, 「中國 古代의 儒生과 言官」, 『中國史研究』 12, 2001.

윤재석, 「秦代의 物勒工名과 漆器銘文」, 『東洋史學研究』 76, 동양사학회, 2001.

윤재석, 「〈研究動向〉 中國 古代家族史 研究의 現況과 展望」, 『中國史研究』 13, 중국사학회, 2001.

이성구, 「中國古代의 求雨習俗과 徙市」, 『古代中國의 理解』 5, 지식산업사, 2001.

이성구, 「中國古代의 鳥魚紋과 二元世界觀」, 『薛山史學』 10, 2001.

이성규, 「『史記』와 易學」, 『西江人文論叢』 14, 2001.

이성규, 「秦末과 前漢末 郡屬史의 休息과 節日 - '秦始皇 34년 曆譜'와 '元延 2년 日記'의 比較·

分析을 중심으로 -」, 『古代中國의 理解』 5 (서울大 東洋史學硏究室 編), 지식산업사, 2001.

이성규, 「漢代의 官과 爵 - 官爵賜與의 실제와 그 意味를 中心으로 -」, 『古代中國의 理解』 5 (서울大 東洋史學硏究室 編), 지식산업사, 2001.

이성규, 「漢帝國 中央 武庫 收藏目錄의 發見 - 尹灣漢簡 〈武庫永始四年兵車器集簿〉의 正體 -」, 『歷史學報』 170, 역사학회, 2001.

이수덕, 「牛酒 賜與를 통해 본 漢代의 國家와 社會」, 『中國史硏究』 13, 중국사학회, 2001.

이주현, 「〈硏究報告〉 吳簡의 發掘과 簡帛學-長沙三國吳簡暨百年來簡帛發現與硏究國際學術硏討會 參席 報告」, 『魏晉隋唐史硏究』 8, 2001.

임중혁, 「魏晉時代의 律學者와 법이론(上)」, 『史叢』 53, 고대사학회, 2001.

정하현, 「中國 古代에 있어서 輿論의 形成과 流布」, 『東洋史學會 第20回 冬季學術討論會발표문 東아시아史上의 輿論과 政治』, 2001.

최진묵, 「漢代 數術學 符號體系의 成立과 그 活用」, 『東亞文化』 39, 2001.

한연석, 「居延漢簡校釋 (6)」, 『중국어문논총』 20, 2001.

홍정아, 「秦末의 良吏像 - 江陵 張家山 『奏讞書』 第22案에 대한 分析을 中心으로 -」, 『서울大東洋史學科論集』 25, 서울대학교 동양사학과, 2001.

박봉주, 『戰國時代 楚國 統治體制 硏究 - '縣邑'支配體制의 展開와 楚文化』, 서울대학교 박사학위논문, 2000.

[2002년]

김경호, 「漢代 邊境地域에 대한 儒敎理念의 普及과 그 의미-河西·西南 지역을 중심으로-」, 『中國史硏究』 17, 2002.

김엽, 「中國古代 不朽觀의 變遷」, 『慶北史學』 25, 2002.

남건호, 「中國 法制의 時代別 變遷 硏究」, 『中國硏究』 30-1, 한국외국어대학교 중국연구소, 2002.

박건주, 「張家山漢簡「二年律令」에 보이는 更繇制와 傳制」, 『全南史學』 19, 전남사학회, 2002.

박봉주, 「郭店楚簡의 君臣論과 그 楚國史的 意味」, 『東洋史學研究』 78, 2002.

박봉주, 「典型 楚文化의 發展과 그 意味」, 『中國學報』 45, 2002.

박한제, 「中國 古代의 都市 - 漢唐의 都市構造를 중심으로 -」, 『韓國古代史論叢』, 韓國古代社會
　　　研究所, 2002.

윤재석, 「'長沙三國吳簡暨百年來簡帛發現與研究國際學術研討會(1901~2001)' 참가기」, 『慶北史
　　　學』 25, 2002.

이성구, 「漢武帝時期의 皇帝儀禮 - 太一祀·明堂·封禪의 二重性에 대한 검토 -」, 『東洋史學研
　　　究』 80, 동양사학회, 2002.

이성규, 「史官의 傳統과 中國 역사서술의 특색」, 『講座韓國古代史』 5, 2002.

임병덕, 「中國古代·中世의 肉刑과 髡刑」, 『魏晉隋唐史研究』 9, 2002.

임병덕, 「『張家山漢簡』「二年律令」의 刑罰制度(Ⅰ) - 肉刑과 罰金刑·贖刑」, 『中國史研究』 19,
　　　2002.

강미경, 「漢代 識字教育과 文書行政能力 : 『急就篇』의 構成과 內容의 分析을 中心으로」, 서울대
　　　학교 석사학위논문, 2002.

[2003년]

김경호, 「〈서평〉 쯔루마 가츠유키(鶴間和奉) 지음, 『진시황제-전설과 사실의 경계(『秦の始皇
　　　帝-傳說と史實のはざま』(吉川弘文館, 2001)』」, 『中國史研究』 22, 중국사학회, 2003.

이상기, 「銀雀山漢簡 字形의 隸變 分析考」, 『中國人文科學』 27, 중국인문학회, 2003.

이성규, 「秦·漢의 형벌체계의 再檢討 - 雲夢秦簡과 〈二年律令〉의 司寇를 중심으로 -」, 『東洋史
　　　學研究』 85, 동양사학회, 2003.

이성규, 「秦·漢 帝國의 官과 爵의 相補기능 - 張家山竹簡〈二年律令〉을 중심으로 -」, 『강좌 한국
　　　고대사』 3, 가락국사적개발연구원, 2003.

李守德, 「漢代의 酒 - 律文과 政策을 중심으로 -」, 『中國史研究』 26, 중국사학회, 2003.

임병덕, 「〈서평〉 富谷至 編, 『邊境出土木簡の硏究』(朋友書店, 2003)」, 『中國史硏究』 25, 중국사학회, 2003.

최덕경, 「秦漢代 『日書』에 나타난 民間의 生態認識과 環境保護」, 『中國史硏究』 23, 중국사학회, 2003.

[2004년]

김경호, 「『史記』·『漢書』에 서술된 경제관과 그 사상적 배경」, 『中國史硏究』 32, 중국사학회, 2004.

김병준, 「漢代 墓葬의 위치와 築造에 관한 몇 가지 문제-兼 漢代考古與漢文化國際硏討會 論評-」, 『中國古代史硏究』 12, 중국고대사학회, 2004.

김병준, 「神의 웃음, 聖人의 樂-中國 古代 神聖 개념의 재검토-」, 『東洋史學硏究』 86, 동양사학회, 2004.

김용찬, 「『呂氏春秋』를 통해 본 秦·漢時期 農耕 管理의 理論과 實際」, 『서울大東洋史學科論集』 28, 서울대학교 동양사학과, 2004.

민후기, 「春秋 爵制의 성격과 변화 - 族에서 國으로 -」, 『中國古代史硏究』 12, 한국고대사학회, 2004.

박건주, 「『左傳』僞作說 문제에 대한 一考」, 『中國古代史硏究』 12, 중국고대사학회, 2004.

水間大輔, 「秦律·漢律における傷害罪の類型 : 張家山漢簡 「二年律令」を中心に」, 『中國史硏究』 28, 중국사학회, 2004.

윤재석, 「中國古代 : 先秦·秦漢」, 『歷史學報』 183, 역사학회, 2004.

이성규, 「中國 古代 商業의 性格에 관한 一試論」, 『中國古中世史硏究』 12, 중국고중세사학회, 2004.

이성규, 「中國 古代 帝國의 統合性 提高와 그 機制 - 民·官의 移動과 '帝國意識'의 형성을 중심으로」, 『中國古中世史硏究』 11, 중국고중세사학회, 2004.

최진묵, 「중국 고대 樂律의 운용과 禮制」, 『東洋史學硏究』 88, 동양사학회, 2004.

최진열, 「漢初 內史의 기능과 성격 – 張家山漢簡〈二年律令〉의 분석을 중심으로 –」, 『中國古代史研究』 11, 중국고중세사학회, 2004.

최진열, 「漢初 郡國制와 지방통치책 – 張家山漢簡〈二年律令〉을 중심으로 –」, 『東洋史學研究』 89, 동양사학회, 2004.

鶴間和幸, 김종건 譯, 「中國 첫 皇帝(First Emperor)의 遺産」, 『中國史研究』 32, 중국사학회, 2004.

민후기, 『고대 중국에서의 작제의 형성과 전개 : 은상에서 전국까지』, 연세대학교 박사학위논문, 2004.

송진, 「한대 통행증 제도와 상인의 이동」, 서울대학교 석사학위논문, 2004.

[2005년]

김경호, 「漢代 邊郡支配의 보편적 원리와 그 성격 – 이념적 측면을 중심으로 –」, 『東洋史學研究』 91, 동양사학회, 2005.

김경호, 「後漢末 涼州지역 세력가의 활동과 그 성격」, 『大邱史學』 81, 대구사학회, 2005.

김경호, 「漢代 변경 지배질서와 '東夷'지역 – 河西·西南夷 지역과의 비교를 중심으로 –」, 『史林』 23, 수선사학회, 2005.

김경호, 「『曹全碑』에 보이는 漢代 변경 출신 관사의 성장과 배경 – 邊郡徙民과 建寧2년 기사를 중심으로 –」, 『中國史研究』 38, 중국사학회, 2005.

김병준, 「中國古代 '長江文明'의 재검토」, 『中國學報』 51, 한국중국학회, 2005.

김유철, 「고대 중국에서 매체의 변화와 정보·지식·학술의 전통」, 『韓國史市民講座』 37, 일조각, 2005.

송진, 「漢代 通行證 制度와 商人의 移動」, 『東洋史學研究』 92, 동양사학회, 2005.

윤재석, 「額濟納旗 기행과 《額濟納漢簡》 簡介」, 『中國古中世史研究』 14, 중국고중세사학회, 2005.

이명화, 「漢代 '戶' 계승과 女性의 지위 –『張家山漢簡』을 중심으로 –」, 『東洋史學研究』 92,

2005.

이성규, 「중화제국의 팽창과 축소 : 그 이념과 실제」, 『歷史學報』 186, 역사학회, 2005.

이성규, 「尹灣簡牘에 반영된 지역성 - 漢帝國의 일원적 통치를 제약하는 지역전통의 일단 -」, 『中國古中世史硏究』 13, 중국고중세사학회, 2005.

이수덕, 「漢代 酒의 實像 : 술의 이용과 양조」, 『中國史硏究』 34, 중국사학회, 2005.

[2006년]

김경호, 「居延漢簡 「元康五年詔書冊」의 내용과 文書傳達」, 『中國古中世史硏究』 16, 중국고중세사학회, 2006.

김병준, 「중국고대 簡牘자료를 통해 본 낙랑군의 군현지배」, 『歷史學報』 189, 역사학회, 2006.

김병준, 「漢代 聚落 분포의 변화 - 墓葬과 縣城의 거리 분석을 중심으로 -」, 『中國古中世史硏究』 15, 중국고중세사학회, 2006.

卜憲群 著·오준석 譯, 「簡牘으로 본 秦漢初 鄕里 吏員의 설치 및 秩次문제」, 『中國古中世史硏究』 16, 중국고중세사학회, 2006.

이성규, 「중국 군현으로서의 낙랑」, 『낙랑 문화 연구』, 동북아역사재단, 2006.

임병덕, 「秦·漢 交替期의 奴婢」, 『中國古中世史硏究』 16, 중국고중세사학회, 2006.

임중혁, 「秦漢律의 벌금형」, 『中國古中世史硏究』 15, 중국고중세사학회, 2006.

蔡萬進, 이수덕 역, 「『奏讞書』와 漢代의 奏讞제도」, 『中國古中世史硏究』 16, 중국고중세사학회, 2006.

[2007년]

김용찬, 「張家山漢簡 二年律令 중 秩律 地名 譯註」, 『中國古中世史硏究』 17, 중국고중세사학회, 2007.

김용찬, 「漢代 13州 刺史部의 지역구분」, 서울대학교 석사학위논문, 2007.

박건주, 「秦漢의 爵制, 傅制와 疇官, 正卒의 관계에 대하여 - 張家山漢簡〈二年律令〉을 중심으로

　　－」,『歷史學硏究』30, 호남사학회, 2007.

박건주, 「秦漢의 居貲贖債와 代贖, 代役, 代刑」, 『中國史硏究』51, 2007.

윤용구, 「새로 발견된 樂浪木簡 － 樂浪郡 初元4年 縣別戶口簿」, 『韓國古代史硏究』46, 한국고대
　　사학회, 2007.

임병덕, 「漢文帝의 刑制改革과 그 評價」, 『中國古中世史硏究』18, 중국고중세사학회, 2007.

임중혁, 「秦漢律의 髡刑, 完刑, 耐刑」, 『中國古中世史硏究』18, 중국고중세사학회, 2007.

전효빈, 「走馬樓吳簡 倉庫의 物資管理體系」, 『東洋史學硏究』99, 동양사학회, 2007.

최진묵, 「漢代의 改曆過程과 歷譜의 성격」, 『大邱史學』87, 대구사학회, 2007.

柏倉伸哉, 「秦國 雍城地區의 六國文化와 移民」, 『中國史硏究』51, 중국사학회, 2007.

김진우, 「중국고대 '孝'사상의 전개와 국가권력」, 고려대학교 박사학위논문, 2007.

반채영, 「『尹灣漢墓簡牘』을 통해 본 漢의 지방통치」, 충북대학교 박사학위논문, 2007.

이명기, 「漢代 河西 屯田의 설치와 운영」, 한림대학교 석사학위논문, 2007.

이재열, 「秦漢시기 '亡命'의 양태와 국가의 통제」, 연세대학교 석사학위논문, 2007.

[2008년]

김경호, 「이천년 전 里耶鎭으로의 旅程과 "里耶秦簡" 簡介」, 『中國古中世史硏究』19, 중국고중
　　세사학회, 2008.

김진우, 「秦漢律의 '不孝'에 대하여」, 『中國古中世史硏究』19, 중국고중세사학회, 2008.

김진우, 「秦漢律의 '爲戶'를 통해 본 編戶制 운용의 한 성격」, 『中國古中世史硏究』20, 중국고중
　　세사학회, 2008.

黎明釗, 「漢帝國的社會秩序 － 捕亡問題探討 －」, 『中國古中世史硏究』20, 중국고중세사학회,
　　2008.

馬怡, 「居延簡《宣與幼孫少婦書》: 漢代邊地官吏的私人通信」, 『中國古中世史硏究』20, 중국고중
　　세사학회, 2008.

박건주, 「상앙변법 이후의 名田宅自奴婢 정책」, 『歷史學硏究』33, 호남사학회, 2008

박건주, 「秦漢 법제상의 「刑盡者」·「免隷臣妾」과 公卒·士伍·庶人」, 『中國學報』 58, 한국중국학회, 2008.

卜憲群, 「簡帛으로 본 秦漢代의 鄕里文書」, 『中國古中世史研究』 20, 중국고중세사학회, 2008.

角谷常子, 「中國古代公文書の書式」, 『中國古中世史研究』 20, 중국고중세사학회, 2008.

王子今, 「漢代西北邊境關於'亡人'的行政文書」, 『中國古中世史研究』 20, 중국고중세사학회, 2008.

이성규, 「里耶秦簡 南陽戶人 戶籍과 秦의 遷徙政策」, 『中國學報』 57, 한국중국학회, 2008.

이성규, 「前漢의 大土地 經營과 奴婢 勞動」, 『中國古中世史研究』 20, 중국고중세사학회, 2008.

임병덕, 「秦·漢시대의 '士伍 奪爵說'의 검토」, 『中國史研究』 53, 중국사학회, 2008.

임병덕, 「秦·漢시대의 士伍와 庶人」, 『中國古中世史研究』 20, 중국고중세사학회, 2008.

임중혁, 「秦漢律의 耐刑」, 『中國古中世史研究』 19, 중국고중세사학회, 2008.

張伯元, 「雲夢木牘中的兩个法律問題」, 『中國史研究』 57, 중국사학회, 2008.

張俊民, 「懸泉漢簡'置丞'簡與漢代郵傳管理制度演變」, 『中國古中世史研究』 20, 중국고중세사학회, 2008.

최진묵, 「節氣와 中國 古代人의 생활」, 『歷史敎育』 107, 역사교육학회, 2008.

[2009년]

김경호, 「韓國 古代木簡에 보이는 몇 가지 형태적 특징 – 中國 古代木簡과의 비교를 중심으로 –」, 『史林』 33, 수선사학회, 2009.

中村威也, 김령아 譯, 「里耶秦簡으로 본 民族과 支配」, 『歷史敎育論集』 43, 역사교육학회, 2009.

劉華祝, 「說張家山漢簡《二年律令·史律》中小吏的"爲更"」, 『中國古中世史研究』 21, 중국고중세사학회, 2009.

신성곤, 「走馬樓 吳簡을 통해 본 六朝時代 '村'의 기원에 대한 연구」, 『歷史文化研究』 34, 한국외대 역사문화연구소, 2009.

신성곤, 「簡牘자료로 본 중국 고대의 奴婢」, 『韓國古代史研究』 54, 韓國古代史研究, 2009.

塢文玲, 「"合檄"試探」, 『木簡과 文字』 3, 한국목간학회, 2009.

오준석, 「里耶秦簡을 통해 본 秦代 文書行政方式과 그 특징」, 『中國古中世史研究』 21, 중국고중세사학회, 2009.

오준석, 「秦漢代의 郵傳기구와 문서전달체계」, 『東洋史學研究』 109, 동양사학회, 2009.

이성규, 「'帳簿上의 帝國'과 '帝國의 現實' : 前漢 前期 南郡의 編戶齊民 支配와 그 限界 - 湖北 荊州 紀南 松柏漢墓出土 簿冊類 簡牘의 分析을 중심으로 -」, 『中國古中世史研究』 22, 중국고중세사학회, 2009.

이성규, 「前漢 更卒의 徵集과 服役 方式 - 松柏木牘 47호의 분석을 중심으로 -」, 『東洋史學研究』 109, 동양사학회, 2009.

李解民, 「中國 日用類簡牘의 형태와 관련한 몇 가지 문제」, 『木簡과 文字』 3, 한국목간학회, 2009.

임중혁, 「秦漢律의 庶人」, 『中國古中世史研究』 22, 중국고중세사학회, 2009.

張榮強, 「長沙東牌樓東漢"戶籍簡"補說」, 『中國古中世史研究』 21, 중국고중세사학회, 2009.

趙凱, 「尹灣漢簡《集簿》受杖人數與九十以上人口數合計問題蠡述」, 『中國古中世史研究』 21, 중국고중세사학회, 2009.

彭浩, 「數學與漢代的國土管理」, 『中國古中世史研究』 21, 중국고중세사학회, 2009.

강수웅, 「秦·漢初 郡의 기능과 그 위상」, 서울대학교 석사학위논문, 2009.

김윤림, 「前漢時期 法令의 運用과 經義의 援用」, 서강대학교 석사학위논문, 2009.

[2010년]

김경호, 「한·중·일 동아시아 3국의 목간 출토 및 연구 현황」, 『韓國古代史研究』 59, 한국고대사학회, 2010.

김병준, 「The Introduction of Chinese Characters into Korea : The Role of the Lelang Commandery」, Korea Journal 50-2, 2010

鷹取祐司, 「秦漢時代の文書傳達形態」, 『中國古中世史研究』 24, 중국고중세사학회, 2010.

임병덕, 「秦·漢의 토지소유제」, 『中國史硏究』 65, 중국사학회, 2010.

徐世虹, 「秦漢法律的編纂」, 『中國古中世史硏究』 24, 중국고중세사학회, 2010

楊振紅, 「松柏西漢墓簿籍牘考釋」, 『中國古中世史硏究』 24, 중국고중세사학회, 2010

渡邊信一郞, 「古代中國の身分制的土地所有」, 『中國古中世史硏究』 24, 중국고중세사학회, 2010.

윤재석, 「秦漢代 주택의 구조와 가족생활」, 『東洋史學硏究』 112, 동양사학회, 2010.

이성규, 「計數化된 人間」, 『中國古中世史硏究』 24, 중국고중세사학회, 2010.

이성규, 「漢代閏年의 財政收支와 兵·徭役의 調整」, 『震檀學報』 109, 진단학회, 2010.

이성원, 「秦漢사회 樂舞의 諸相」, 『中國古中世史硏究』 23, 중국고중세사학회, 2010.

임병덕, 「里耶秦簡을 통해서 본 秦의 戶籍制度」, 『東洋史學硏究』 110, 동양사학회, 2010.

임병덕, 「秦漢時代의 여성의 지위」, 『中國史硏究』 64, 중국사학회, 2010.

임중혁, 「中國 古代 庶人 개념의 변화」, 『東洋史學硏究』 113, 2010.

최진묵, 「중국고대사연구의 회고와 전망 - 新出資料의 분석과 역사의 공백메우기 -」, 『역사학보』 207, 역사학회, 2010.

韓帥, 「秦漢 시기 꿈(夢) 연구의 회고와 전망」, 『中國史硏究』 65, 중국사학회, 2010

睡虎地秦墓竹簡整理小組 編, 윤재석 譯, 『睡虎地秦墓竹簡 譯註』, 소명출판, 2010.

[2011년]

김동오, 「古代 中國의 工匠과 技術 통제 - 分業 생산과 工官 조직 분석을 중심으로」, 『東洋史學硏究』 117, 동양사학회, 2011.

고광의, 「樂浪郡 初元 四年 戶口簿 재검토」, 『木簡과 文字』 7, 한국목간학회, 2011.

금재원, 「秦漢代 擇日術의 유행과 보편화 과정」, 『中國古中世史硏究』 25, 중국고중세사학회, 2011.

김경호, 「秦·漢初 行書律의 內容과 地方統治」, 『史叢』 73, 고려대학교 역사연구소, 2011.

김경호, 「漢代 西北邊境 吏卒의 日常」, 『中國史硏究』 74, 중국사학회, 2011.

김병준, 「낙랑군의 한자 사용과 변용」, 『고대 동아시아의 문자교류와 소통』, 동북아역사재단, 2011.

김병준, 「돈황 현천치한간에 보이는 한대 변경무역 - 삼한과 낙랑군의 교역과 관련하여」, 『한국출토 외래 유물(초기철기~삼국시대)』, 한국문화재조사연구기관협회, 2011.

김병준, 「張家山漢簡〈二年律令〉의 출토위치와 편련 - 서사과정의 복원을 겸하여」, 『人文論叢』 65, 서울대학교 인문학연구원, 2011.

김병준, 「中國古代南方地域의 水運」, 『東アジア出土資料と情報傳達』, 汲古書院, 2011.

김석진, 「중국 淸華大學 소장 戰國시대 竹簡」, 『木簡과 文字』 7, 한국목간학회, 2011.

김석진, 「淸華戰國簡『保訓』편의 연대와 성격」, 『東洋史學研究』 116, 동양사학회, 2011.

민후기, 「戰國시기 秦의 爵制 補論 - 爵의 賜與, 官·爵의 관계, 官·祿 관계 등을 중심으로」, 『역사와 실학』 44, 역사실학회, 2011.

박건주, 「秦漢의 사회보장제도와 태평도」, 『역사학연구』 44, 호남사학회, 2011.

반채영, 「前漢 末 지방통치와 太守府 屬吏」, 『역사와 담론』 59, 호서사학회, 2011.

방향숙, 「前漢 말기 禮制 논쟁과 王莽의 정치집단」, 『中國學報』 64, 한국중국학회, 2011.

유영아, 「張家山漢簡〈二年律令〉 傅律(354-366簡)」, 『木簡과 文字』 8, 한국목간학회, 2011.

윤재석, 「秦·漢初의 戶籍制度」, 『中國古中世史研究』 26, 중국고중세사학회, 2011.

윤재석, 「韓國·中國·日本 출토 論語木簡의 비교 연구」, 『東洋史學研究』 115, 동양사학회, 2011.

이명화, 「秦漢 女性 刑罰의 減刑과 勞役」, 『中國古中世史研究』 25, 중국고중세사학회, 2011.

이승률, 「초 지역 출토 전국시대 간책 연구의 지침서 : 陳偉 等著『楚地出土戰國簡冊[十四種]』(經濟科學出版社, 2009)」, 『中國古中世史研究』 25, 중국고중세사학회, 2011.

임병덕, 「서평 : 윤재석 지음, 『睡虎地秦墓竹簡 譯註』, 소명출판, 2010」, 『歷史學報』 210, 역사학회, 2011.

임병덕, 「秦·漢時代의 庶人 研究 綜述」, 『中國史研究』 72, 중국사학회, 2011.

임병덕, 「出土文獻에 보이는 秦漢 시기의 토지제도 - 法的規定과 그 실제 및 授田制의 변화」,

『中國史研究』75, 중국사학회, 2011.

임중혁, 「漢初의 律令 제정과 田宅制度」, 『中國古中世史研究』25, 중국고중세사학회 2011.

임중혁, 「秦始皇 31年의 自實田」, 『中國古中世史研究』26, 중국고중세사학회, 2011.

최진묵, 「張家山漢簡 『算數書』의 "程"과 中國古代 생과 기술의 표준화」, 『中國學報』63, 한국중
　　　국학회, 2011.

최진묵, 「張家山漢簡 『算數書』의 편찬과 형성과정」, 『崇實史學』26, 숭실사학회, 2011.

김병준, 「Trade and Tribute along the Silk Road before the Third Century A.D.」,
　　　『Journal of Central Eurasian Studies』2, 2011.

김석진, 「清華戰國簡 『保訓』편의 文獻史적인 성격」, 단국대 석사학위논문, 2011.

이주현, 「漢代 河西四郡의 戍卒과 私物賣買」, 서울대 석사학위논문, 2011.

〈연구서〉

권인한·김경호·이승률 編, 『죽간·목간에 담긴 고대 동아시아』, 성균관대학교출판부, 2011.

동북아역사재단 편, 『고대 동아시아의 문자교류와 소통』, 동북아역사재단, 2011.

동아시아 고대학회 편, 『동아시아 세계의 기록문화와 학문정신』, 경인문화사, 2011.

[2012년]

김경호, 『秦·漢初 周邊民族에 대한 戶籍制度의 運營 : 秦漢簡牘資料를 中心으로』, 『中國史研
　　　究』81, 중국사학회, 2012.

김경호, 「秦·漢初 出土資料에 반영된 '士'·'吏'의 性格 – 游士에서 儒士로의 변천과정을 중심으
　　　로」, 『대동문화연구』80, 대동문화연구원, 2012.

송진, 「戰國時代 邊境의 출입자 관리와 符節」, 『中國古中世史研究』27, 중국고중세사학회,
　　　2012.

송진, 「前漢時期 帝國의 內部 境界와 그 出入 管理」, 『東洋史學研究』121, 동양사학회, 2012.

黎明釗, 「嶽麓書院秦簡《爲吏治官及黔首》與社會和諧 – 從《論語·爲政》篇說起」, 『中國古中世史研

究』 28, 중국고중세사학회, 2012.

임병덕, 「秦·漢時代의 '庶人' 再論」, 『中國史研究』 80, 중국사학회, 2012.

임병덕, 「연구지평의 확대와 질적인 수준의 도약을 향해서」, 『역사학보』 215, 역사학회, 2012.

임중혁, 「漢初의 田宅 制度와 그 시행」, 『中國古中世史研究』 27, 중국고중세사학회, 2012.

박준호, 「中國 古代 木簡의 署名 방식 연구」, 『고문서연구』 41, 한국고문서학회, 2012.

성시훈, 「淸華簡 『尹誥』의 내용과 사상사적 의미에 관한 고찰」, 『유교문화연구』 20, 유교문화연구소, 2012.

송진, 「中國 古代 境界 出入과 그 性格 變化 : 通過祭儀에서 通行許可制度로」, 서울대학교 박사학위논문, 2012.

정상준, 「分異令과 秦漢代의 가족 구성」, 한양대학교 석사학위논문, 2012.

[2013년]

김혜정, 「秦漢簡 『日書』의 方位觀 研究 - 周家臺·睡虎地 秦簡 『日書』, 孔家坡 漢簡 『日書』를 중심으로」, 『한중언어문화연구』 33, 한국중국언어문화연구회, 2013.

임병덕, 「中國古代·中世의 法과 女性」, 『東洋史學研究』 123, 동양사학회, 2013.

최진묵, 「중국 고대사회의 시간활용」, 『人文論叢』 70, 인문학연구원, 2013.

김병준, 「秦漢帝國의 이민족 지배 - 部都尉 및 屬國都尉에 대한 재검토」, 『역사학보』 217, 역사학회, 2013.

오준석, 「里耶秦簡과 秦代 縣廷의 문서행정」, 『中國古中世史研究』 30, 중국고중세사학회, 2013.

王彦輝, 「從戶的相關立法談秦漢政府對人口的控制」, 『中國古中世史研究』 29, 중국고중세사학회, 2013.

윤재석, 「中國古代의 守廟制度」, 『東洋史學研究』 124, 동양사학회, 2013.

윤재석, 「중국 고대 《死者의 書》와 漢代人의 來世觀 - 告地策을 중심으로」, 『中國史研究』 86, 중국사학회, 2013.

이만형, 「秦·漢 芻稿稅의 起源과 特徵 考察」, 『역사와 경계』 89, 부산경남사학회, 2013.

이성규, 「前漢 內郡과 河西4郡 간의 交易網 形成 – 肩水金關 출토 簡牘 通行證과 關出入者簿名籍을 중심으로」, 『東洋史學研究』 122, 동양사학회, 2013.

籾山明, 「長沙東牌樓出土木牘と後漢時代の訴訟」, 『中國古中世史研究』 29, 중국고중세사학회 2013.

임중혁, 「漢·魏晉律에서의 篇章 체제의 변화 – 賊律을 중심으로」, 『中國古中世史研究』 29, 중국고중세사학회, 2013.

김진우, 「先秦 儒家 '孝治' 理論의 初期形態-『郭店楚簡』의 分析을 중심으로」, 『史叢』 78, 2013.

강신석, 「郭店楚簡 君子論 〈五行〉譯註(Ⅰ)」, 『중국어문학논집』 78, 중국어문학연구회, 2013.

강신석, 「郭店楚簡 '君子論' 〈五行〉譯註(Ⅱ)」, 『중국어문학논집』 80, 중국어문학연구회, 2013.

김혜정, 「秦漢簡 『日書』의 方位觀 研究 – 周家臺·睡虎地秦簡 『日書』, 孔家坡 漢簡 『日書』를 중심으로」, 『한중언어문화연구』 33, 한국중국언어문화연구회, 2013.

문병순, 「《淸華大學藏戰國竹書(參)·良臣》篇 譯註」, 『중국어문논총』 58, 중국어문연구회, 2013.

胡元德·沈載權, 「中國古代合同類契約文書的樣式研究」, 『중국학논총』 39, 한국중국문화학회, 2013.

오준석, 「秦漢代 문서행정체계 연구」, 경북대학교 박사학위논문, 2013.

김종희, 「秦代 縣의 曹조직과 地方官制 : 里耶秦簡에 나타난 遷陵縣의 토지·재정운영을 중심으로」, 경북대학교 석사학위논문, 2013.

오정은, 「前漢 初 帝國의 판도와 외연에 대한 고찰 : 《二年律令》의 〈津關令〉과 〈秩律〉을 중심으로」, 숙명여자대학교 석사학위논문, 2013.

전혜란, 「戰國秦·漢初의 郡에 대한 고찰 : 睡虎地秦簡·里耶秦簡·張家山漢簡을 중심으로」, 숙명여자대학교 석사학위논문, 2013.

〈연구서〉

이승률, 『죽간·목간·백서 : 중국 고대 간백자료의 세계』, 예문서원, 2013.

[2014년]

금재원, 「秦 통치시기 '楚地'의 形勢와 南郡의 지역성」, 『中國古中世史硏究』 31, 중국고중세사학회, 2014.

김경호, 「秦漢時期 書籍의 流通과 帝國秩序」, 『中國古中世史硏究』 32, 중국고중세사학회, 2014.

김경호, 「出土資料와 文獻資料의 合奏」, 『역사학보』 223, 역사학회, 2014.

김동오, 「秦帝國시기 縣廷의 구조」, 『東洋史學硏究』 126, 동양사학회, 2014.

김용찬, 「古代 中國의 山川 祭祀와 국가 권력」, 『中國古中世史硏究』 34, 중국고중세사학회, 2014.

김종희, 「秦代 縣의 曹조직과 地方官制」, 『東洋史學硏究』 128, 동양사학회, 2014.

김진우, 「古代 中國의 國家 授田 관련 법 규정 再檢討 : 『張家山漢簡』 二年律令과 『天聖令』 田令의 비교를 중심으로」, 『中國古中世史硏究』 34, 중국고중세사학회, 2014.

김진우, 「前漢 文帝時期 諸改革에 대한 一考察 – 『張家山漢簡』 二年律令과의 비교를 중심으로」, 『史叢』 82, 2014.

김택민, 「漢律과 唐律의 姦罪 비교」, 『中國古中世史硏究』 32, 중국고중세사학회, 2014.

戴衛紅, 「伐閱之原流與演變 : 以出土資料爲中心」, 『中國學報』 70, 한국중국학회, 2014.

심재훈, 「전래문헌의 권위에 대한 새로운 도전」, 『역사학보』 221, 역사학회, 2014.

오정은, 「前漢 初 帝國의 통치 방향 : 《二年律令》의 〈津關令〉과 〈秩律〉을 중심으로」, 『中國古中世史硏究』 33, 중국고중세사학회, 2014.

오준석, 「漢代 문서전달 노선과 郵傳기구의 설치」, 『中國史硏究』 88, 중국사학회, 2014.

오준석, 「漢代 행정문서의 서사 형식과 문서행정체계」, 『中國古中世史硏究』 33, 중국고중세사학회, 2014.

王振華, 「《江陵鳳凰山西漢簡牘》述評」, 『中國古中世史硏究』 31, 중국고중세사학회, 2014.

윤재석, 「중국 고대 〈死者의 書〉와 漢代人의 來世觀 – 鎭墓文을 중심으로」, 『中國史硏究』 90, 중국사학회, 2014.

이성규, 「秦漢 帝國의 計時 行政」, 『역사학보』 222, 역사학회, 2014.

이주현, 「漢代 河西四郡의 戍卒과 私物 賣買」, 『東洋史學研究』128, 동양사학회, 2014.

임병덕, 「秦漢律과 法家思想」, 『中國史研究』89, 중국사학회, 2014.

임중혁, 「漢代의 不道罪」, 『중국학논총』46, 고려대학교 중국학연구소, 2014.

전혜란, 「秦·漢初의 內史와 郡」, 『中國古中世史研究』32, 중국고중세사학회, 2014.

최진묵, 「중국 고대 望氣術의 논리와 그 활용」, 『中國古中世史研究』33, 중국고중세사학회, 2014.

戴衛紅, 「中·韓 "貸食簡"연구」, 『대동문화연구』88, 성균관대 대동문화연구원, 2014.

魯家亮, 「2012年秦漢魏晉簡牘研究槪述」, 『木簡과 文字』13, 한국목간학회, 2014.

이연주·장승례, 「淸華簡 傳說之命 주해」, 『중국학논총』46, 고려대학교 중국학연구소, 2014.

최남규, 「《上博楚簡(三)》〈中弓〉篇 '先有司'구절에 대한 고찰」, 『중국인문과학』56, 중국인문학회, 2014.

[2015년]

금재원, 「漢初 '關外郡'의 設置와 그 源流」, 『中國古中世史研究』38, 중국고중세사학회, 2015.

김경호, 「秦, 漢初의 法律 繼承과 寬刑化 - 儒家的 性格을 중심으로」, 『中國史研究』97, 중국사학회, 2015.

김병준, 「낙랑군 동부도위 지역 邊縣과 군현지배」, 『韓國古代史研究』78, 한국고대사학회, 2015.

김진우, 「秦漢時期 戶籍類 公文書의 運用과 그 實態」, 『東洋史學研究』131, 동양사학회, 2015.

魯家亮, 김보람·방윤미 譯, 「2013年秦漢魏晉簡牘研究槪述」, 『木簡과 文字』15, 한국목간학회, 2015.

송진, 「秦漢時代 개인의 상거래와 券書」, 『中國古中世史研究』37, 중국고중세사학회, 2015.

오준석, 「里耶秦簡 '手', '半'의 의미와 釋讀」, 『中國古中世史研究』35, 중국고중세사학회, 2015.

오준석, 「秦代 地方統治와 文書傳達體系」, 『中國史研究』95, 중국사학회, 2015.

오준석, 「漢代 郵傳기구의 분류 및 기능」, 『동아시아문화연구』60, 한양대학교 한국학연구소,

2015.

윤재석, 「里耶秦簡所見秦代縣廷祭祀」, 『中國學報』 71, 한국중국학회, 2015.

이연주, 「淸華簡 〈耆夜〉 주해」, 『중국학논총』 47, 고려대 중국학연구소, 2015.

이연주, 「淸華簡 〈周公之琴舞〉 주해」, 『중국학논총』 49, 고려대 중국학연구소, 2015.

임병덕, 「秦·漢律의 "盜"와 「盜律」」, 『中國史硏究』 95, 중국사학회, 2015.

임중혁, 「戰國秦에서 漢初까지의 토지제도 綜觀」, 『中國古中世史硏究』 35, 중국고중세사학회, 2015.

임중혁, 「秦漢 율령사 연구의 제문제」, 『中國古中世史硏究』 37, 중국고중세사학회, 2015.

張寒, 「漢代軍事組織及相關法律制度硏究」, 『中國學報』 72, 한국중국학회, 2015.

정하현, 「秦漢시대 연구 반세기의 궤적」, 『東洋史學硏究』 133, 동양사학회, 2015.

권인한, 「古代 東아시아의 合文에 대한 一考察」, 『木簡과 文字』 14, 한국목간학회, 2015.

김정남, 「淸華簡 『金縢』을 통해 본 『尙書』 '詰屈聱牙' 현상의 유형적 고찰」, 『중국문화연구』 27, 중국문화연구학회, 2015.

김민지, 「戰國秦·漢初 奏讞制度 : 『張家山漢簡』 「奏讞書」·『嶽麓秦簡』 「爲獄等狀四種」을 중심으로」, 성균관대학교 석사학위논문, 2015.

안성현, 「居延지역 戍卒의 생활상과 傭作활동」, 경북대학교 석사학위논문, 2015.

장석재, 「『江陵張家山漢墓出土 「二年律令」』을 中心으로 살펴본 秦·漢律의 「盜律」과 「賊律」」, 충북대학교 석사학위논문, 2015.

[2016년]

강찬수, 「≪華簡≫ 脫草 원문 및 校釋(Ⅰ) - 第一信에서 第二十二信까지」, 『中國語文論叢』 77, 중국어문연구회, 2016.

김경호, 「競爭하는 貨幣 : 秦·漢初 社會性格의 理解를 중심으로」, 『中國古中世史硏究』 39, 중국고중세사학회, 2016.

김경호, 「秦漢法律簡牘의 內容과 그 성격 - 『嶽麓書院藏秦簡』(參)·(肆)의 내용 분석을 겸하여」,

『中國古中世史硏究』42, 중국고중세사학회 2016.

김동오, 「秦帝國 縣의 徒隸 운용 -『里耶秦簡』作徒簿를 중심으로」, 『中國古中世史硏究』40, 중국고중세사학회 2016.

김병모, 「東漢時代 武威地域에 形成된 繪畵 表現法과 顔料 需給 - 磨咀子地域 出土 遺物의 分析을 中心으로 - 」, 『中國史硏究』103, 중국사학회 2016.

김병준, 「淸華簡 〈繫年〉의 비판적 검토 - 秦의 기원과 관련하여」, 『人文論叢』73, 서울대 인문학연구원, 2016.

김정열, 「[중국 고대] 다양한 시각, 숨은 쟁점 - 2014~2015년 한국학계의 중국고대사 연구」, 『역사학보』231, 역사학회, 2016.

魯家亮 著, 김보람·방윤미 譯, 「2014年 秦漢魏晉簡牘硏究槪述」, 『木簡과 文字』17, 한국목간학회 2016.

戴衛紅, 「韓國에서 出土된 '椋'字 木簡으로 본 동아시아 簡牘文化의 전파」, 『史林』58, 수선사학회, 2016.

박건주, 「秦漢三國期 국가경제 운영상의 고용노동 활용과 賦, 役制上의 변화」, 『中國史硏究』100, 중국사학회 2016.

蕭燦, 송진영 譯, 「고대 중국의 수학간독의 출토상황과 문서서식 및 연구 근황 - 진한시기의 九九表와 算數書를 중심으로」, 『木簡과 文字』17, 한국목간학회, 2016.

송진, 「秦漢時代 통행 허가와 君命의 상징」, 『中國古中世史硏究』42, 중국고중세사학회, 2016.

송진, 「진한시대 券書와 제국의 물류 관리 시스템」, 『東洋史學硏究』134, 동양사학회, 2016.

鄔文玲, 송진영 譯, 「간독 중의 '眞'자와 '算'자-간독문서의 분류를 겸하여」, 『木簡과 文字』17, 한국목간학회, 2016.

오준석, 「秦代 亭의 기능과 吏員조직」, 『中國古中世史硏究』41, 중국고중세사학회, 2016.

유영아, 「漢代 北方지역에 나타난 縣城의 置廢」, 『歷史文化硏究』57, 한국외대 역사문화연구소, 2016.

이성원, 「春秋戰國시대 王權의 변화와 성격」, 『韓國古代史硏究』83, 한국고대사학회, 2016.

임병덕, 「『嶽麓秦簡』과 中國古代法制史의 諸問題」, 『法史學研究』 54, 한국법사학회, 2016.

임병덕, 「秦代의 罰金刑과 贖刑」, 『中國史研究』 100, 중국사학회, 2016.

임병덕, 「秦에서 漢으로의 罰金刑과 贖刑의 變化와 그 性格」, 『東洋史學研究』 134, 동양사학회, 2016.

임중혁, 「秦漢시기 詔書의 律令化」, 『中國古中世史研究』 42, 중국고중세사학회, 2016.

임중혁, 「出土文獻에 보이는 秦漢시기 令과 律의 구별」, 『中國學論叢』 54, 고려대학교 중국학연구소, 2016.

張德美, 「秦漢 시기 호적의 편찬형식」, 『中國史研究』 105, 중국사학회, 2016.

전경선·차철욱, 「秦代의 罰金刑과 贖刑」, 『中國史研究』 100, 중국사학회, 2016.

정창원, 「西漢帝國的國家防衛與西北邊區開發」, 『歷史와 實學』 59, 역사실학회, 2016.

최재영, 「張家山漢簡〈二年律令〉置後律의 구성과 내용 - 置後律 註解를 중심으로」, 『中國古中世史研究』 41, 중국고중세사학회, 2016.

홍승현, 「三國~南朝 買地券의 특징과 성격」, 『中國古中世史研究』 40, 중국고중세사학회, 2016.

홍승현, 「魏晉南北朝 買地券 譯註 및 解題」, 『中國古中世史研究』 39, 중국고중세사학회, 2016.

홍승현, 「後漢 買地券의 분류와 역사적·지역적 특징」, 『中國史研究』 101, 중국사학회, 2016.

藤田勝久, 「戰國秦의 國家形成과 郡縣制」, 『人文論叢』 73, 서울대 인문학연구원, 2016.

김정남, 「上博楚簡《周易》訟卦譯註」, 『中國學論叢』 53, 고려대학교 중국학연구소, 2016.

원용준, 「上博楚簡《凡物流形》의 사상적 특징과 그 死生論 고찰」, 『東洋哲學研究』 85, 동양철학연구회, 2016.

원용준, 「上博楚簡《東大王泊旱》의 재이설 연구」, 『陽明學』 44, 한국양명학회, 2016

원용준, 「청화간《서법》의 특징과 그 역학사적 의의」, 『儒敎思想文化研究』 65, 한국유교학회, 2016.

방윤미, 「戰國中後期 楚의 文書行政과 司法制度의 再構成 : 『包山楚簡』司法文書를 통하여」, 서울대학교 석사학위논문, 2016.

[2017년]

김경호, 「한국학계의 '고대 동아시아 簡牘자료' 연구하기」, 『東文化研究』 99, 성균관대학교 대동문화연구원, 2017.

三上喜孝, 「東아시아의 法規範 전파의 실태와 出土文字資料」, 『大東文化研究』 99, 성균관대학교 대동문화연구원, 2017.

김경호, 「前漢 海昏侯 劉賀 墓의 性格과 『論語』竹簡」, 『史林』 60, 수선사학회, 2017.

김경호, 「秦 始皇帝의 死亡 및 秦의 滅亡과 관련한 또 다른 문헌」, 『中國古中世史研究』 46, 2017.

김진우, 「秦漢代 奏讞文書의 被告 진술을 통해 본 기층사회의 實相」, 『中國古中世史研究』 43, 중국고중세사학회, 2017.

김진우, 「진한시기 토지제도와 편호제도 연구의 논점과 전망」, 『中國古中世史研究』 44, 중국고중세사학회, 2017.

魯家亮·李靜, 김보람·방윤미·장호영 譯, 「2015年秦漢魏晉簡牘研究槪述」, 『木簡과 文字』 19, 한국목간학회, 2017.

오의강, 「清華簡《厚父》性質探析」, 『中國古中世史研究』 45, 중국고중세사학회, 2017.

오의강, 「清華簡≪厚父≫疏證」, 『中國學報』 81, 한국중국학회, 2017.

오준석, 「里耶秦簡을 통해 본 秦代 縣廷의 租稅징수」, 『東洋史學研究』 140, 동양사학회, 2017.

오준석, 「秦代 縣廷의 재정운용과 회계처리」, 『中國古中世史研究』 45, 중국고중세사학회, 2017.

윤재석, 「秦의 '新地' 인식과 점령지 지배」, 『中國古中世史研究』 46, 중국고중세사학회, 2017.

이연주·장승례, 「清華簡<尹至><尹誥> 주해」, 『中國學論叢』 58, 고려대학교 중국학연구소, 2017.

이연주·장승례, 「清華簡<鄭武夫人規孺子> 주해」, 『中國學論叢』 55, 고려대학교 중국학연구소, 2017.

임병덕(서평자), 「秦簡牘合集(陳偉 主編, 武漢大學出版社, 2014)」, 『中國史研究』 106, 중국사학

회, 2017.

임병덕, 「嶽麓書院藏秦簡「爲獄等狀四種」案例七識劫婉案考」, 『中國史研究』 110, 중국사학회, 2017.

임병덕, 「秦·漢시기의 관리의 休假」, 『역사와 담론』 84, 호서사학회, 2017.

임중혁, 「韓國 中國古代史 학계에서의 土地制度 연구」, 『大東文化研究』 99, 성균관대학교 대동문화연구원, 2017.

최남규, 「≪上博楚簡(五)·弟子問≫에 대한 연구」, 『中國人文科學』 65, 중국인문학회, 2017.

최진묵, 「上海博物館藏 楚竹書「內禮」를 통해 본 고대 人倫의 형성과정」, 『中國古中世史研究』 45, 중국고중세사학회, 2017.

홍승현, 「六朝 買地券의 계통과 매지권 문화의 동아시아적 전개」, 『中國古中世史研究』 45, 중국고중세사학회, 2017.

[2018년]

금재원, 「秦代 '新地' 吏員의 구성과 그 한계」, 『中國古中世史研究』 49, 중국고중세사학회, 2018.

김경호, 「居延漢簡에 보이는 前漢時期 河西邊境의 情況」, 『中國史研究』 117, 중국사학회, 2018.

김석진, 「戰國 楚簡 역사류 연구 試論」, 『中國古中世史研究』 48, 중국고중세사학회, 2018.

戴衛紅, 이주현 譯, 「간독과 문서로 본 중국 中古 시기 지방 징세 체계 : 長沙走馬樓 출토 三國 吳簡을 중심으로」, 『木簡과 文字』 21, 한국목간학회, 2018.

魯家亮, 김보람·한주리 譯, 「2016年 중국 대륙 秦漢魏晉 간독 연구 개설」, 『木簡과 文字』 21, 한국목간학회, 2018.

박건주, 「중국고대 私屬層의 신분제적 속성」, 『中國古中世史研究』 47, 중국고중세사학회, 2018.

송진, 「3~4세기 중국으로의 사행과 입국절차 : 서역을 통한 중국 변경 출입을 중심으로」, 『中國古中世史研究』 48, 중국고중세사학회, 2018.

楊振紅, 김종희 譯, 「嶽麓秦簡을 통해 본 秦漢시기 "奔命警備"관련 법률」, 『東洋史學研究』 142, 동양사학회, 2018.

楊華, 김동오·김보람 譯, 「고대 중국 都邑 건설에서의 巫祝 의식」, 『木簡과 文字』 20, 한국목간학회, 2018.·

오준석, 「秦漢代 중앙 행정문서의 하달체계 연구」, 『東洋史學研究』 145, 동양사학회, 2018.

이성원, 「[중국 고대] 전환기의 중국고대사 연구와 그 歷程 : 2016~2017년 현황과 과제」, 『역사학보』 238, 역사학회, 2018.

이연주·장승례, 「淸華簡 鄭文公問太伯 주해」, 『中國學論叢』 62, 고려대학교 중국학연구소, 2018.

임병덕, 「秦漢 律令의 起源과 展開」, 『法史學研究』 58, 한국법사학회, 2018.

임중혁, 「秦漢律에 보이는 庶人의 개념과 존재」, 『中國古中世史研究』 50, 중국고중세사학회, 2018.

王志高, 이현주 譯, 「中國 南京 秦淮河邊 출토 六朝時期 간독과 관련 문제」, 『木簡과 文字』 20, 한국목간학회, 2018.

장석재, 「西漢의 西域邊疆政策」, 『中國史研究』 115, 중국사학회, 2018.

조용준, 「秦漢時期的巫術性醫療小考」, 『中國古中世史研究』 49, 중국고중세사학회, 2018.

陳咸松, 「《爲吏之道》書風及儒家思想考析」, 『서예학연구』 33, 한국서예학회, 2018.

원용준, 「상박초간 《周易》欽卦 연구」, 『韓國哲學論集』 56, 한국철학사연구회, 2018.

[2019년]

賈麗英, 「秦漢簡牘材料中"庶人"身份的自由性芻議」, 『東西人文』 12, 경북대학교 인문학술원, 2019.

김경호(서평자), 「出土資料를 통한 秦代 社會의 새로운 이해 -秦簡牘研究(第1-5冊)(陳偉 主編, 武漢大學出版社, 2016)를 중심으로 -」, 『中國史研究』 121, 중국사학회, 2019.

김경호, 「漢代 西北邊境 私信의 構造와 주요 내용」, 『中國古中世史研究』 53, 중국고중세사학회,

2019.

금재원, 「秦漢帝國 수도 권역 변천의 하부구조 – 秦嶺과 黃河 교통망을 중심으로- 」, 『東洋史學研究』 149, 동양사학회, 2019.

김동오, 「秦帝國의 복속 정책과 爵制」, 『東洋史學研究』 148, 동양사학회, 2019.

김동오, 「진한 간독중 姦罪 관련 안건의 제문제」, 『中國學報』 90, 한국중국학회, 2019.

김용찬, 「진한 제국의 기층 국가제사 운영 구조」, 『역사교육』 151, 역사교육연구회, 2019.

김진우, 「중국고대의 新출토자료와 사마천 연구 –『張家山漢簡』 二年律令·史律을 중심으로 – 」, 『史叢』 97, 2019.

김진우, 「진·한초 국가권력의 '田制' – 新출토자료의 田律을 중심으로 –」, 『中國古中世史研究』 52, 중국고중세사학회, 2019.

藤田勝久, 「秦代地方官府的信息処理 – 以里耶秦簡"某手"的用法爲中心」, 『東西人文』 12, 경북대학교 인문학술원, 2019.

楊振紅, 김종희 譯, 「『嶽麓秦簡(伍)』에 보이는 여성의 가족 재구성 관련 법령과 嫪毐의 난」, 『中國古中世史研究』 51, 중국고중세사학회, 2019.

謝偉傑(Wicky W. K. Tse), 「漢帝國緣邊與內部的「游離群體」 – 兼論秦漢帝國天下觀的想像與現實」, 『東西人文』 12, 경북대학교 인문학술원, 2019.

宋艶萍, 「從懸泉漢簡所見"持節"簡看漢代的"持節"制度」, 『東西人文』 12, 경북대학교 인문학술원, 2019.

오준석, 「秦代 공문서의 분류와 서사형식」, 『中國古中世史研究』 51, 중국고중세사학회, 2019.

王健, 「"周家臺祠先農簡"所見秦代鄉民私祀現象」, 『東西人文』 12, 경북대학교 인문학술원, 2019.

王子今, 「試說居延簡文"魯絮""襄絮""堵絮""彭城糸絮" – 漢代衣裝史與紡織品消費史的考察」, 『東西人文』 12, 경북대학교 인문학술원, 2019.

윤재석, 「漢代武威地區喪葬禮俗文化的性質 – 以磨嘴子漢墓出土幡物爲中心 –」, 『中國古中世史研究』 52, 중국고중세사학회, 2019.

이상기, 「秦系文字 出土槪況 簡述」, 『中國人文科學』 72, 중국인문학회, 2019.

임중혁, 「嶽麓書院藏秦簡(肆·伍) 秦令의 編制 원칙」, 『中國史硏究』 124, 중국사학회, 2019.

조용준, 「睡虎地秦簡〈日書〉篇所見之占卜問病考察」, 『인문학연구』 58, 충남대학교 인문학연구소, 2019.

周忠强, 「淸華簡 「周公之琴舞」 硏究述略」, 『中國史硏究』 118, 중국사학회, 2019.

陳松長, 「長沙走馬樓西漢簡中的"將田"小考」, 『東西人文』 12, 경북대학교 인문학술원, 2019.

김진우, 「새로 나온 山東 靑島 土山屯 上計文書類 漢牘」, 『木簡과 文字』 23, 2019.

장호영, 「漢初 出土 篇目의 특징과 그 의의」, 『학림』 43, 2019.

[2020년]

금재원, 「前漢 시기 鴻溝 水系 교통의 재건 - 梁楚 지역 郡國 변천을 중심으로 -」, 『中國古中世史硏究』 56, 중국고중세사학회, 2020.

김경호(서평자), 「秦漢 帝國에 대한 새로운 연구 방법과 이해 - 李成珪, 『數의 帝國 秦漢 : 計數와 計量의 支配』(大韓民國學術院, 2020)를 중심으로-」, 『역사학보』 245, 역사학회, 2020.

김경호, 「'資料' 연구로 본 동아시아학술원 20년 - 戶籍과 簡牘 자료를 중심으로」, 『대동문화연구』 112, 성균관대학교 대동문화연구원, 2020.

김동오, 「秦帝國시기 縣史 운용과 지방 통치 -〈里耶秦簡〉遷陵史志 분석을 중심으로 -」, 『中國古中世史硏究』 57, 중국고중세사학회, 2020.

김용찬, 「秦·漢 帝國 國家祭祀의 世俗化」, 『中國古中世史硏究』 55, 중국고중세사학회, 2020.

김진우, 「중국 고대 도량형과 수량사의 변화과정」, 『木簡과 文字』 24, 한국목간학회, 2020.

戴衛紅, 「長沙五一廣場東漢簡所見亭長的職務犯罪」, 『中國古中世史硏究』 56, 중국고중세사학회, 2020.

郭濤·史亞寧, 「雲夢睡虎地漢簡文帝(前元)十年質日中的越人與安陸」, 『中國史硏究』 127, 중국사학회, 2020.

戴衛紅, 「중국 출토 구구표 자료 연구」, 『木簡과 文字』 25, 한국목간학회, 2020.

方國花, 「고대 동아시아 목간자료를 통해 본 "参"의 이체자와 그 용법」, 『木簡과 文字』 25, 한국 목간학회, 2020.

방윤미, 「秦漢시대 治獄 절차와 시점 - 論·決·斷을 중심으로 -」, 『中國古中世史研究』 57, 중국 고중세사학회, 2020.

舒哲嵐, 「"告以罪刑"所見秦黔首法律素養與書吏記錄準則」, 『中國史研究』 126, 중국사학회, 2020.

송진, 「戰國 秦~漢初 왕조교체와 流民의 존재 양상」, 『中國古中世史研究』 55, 중국고중세사학 회, 2020.

이정환, 「토번시대 티베트 문헌연구」, 『한중사회과학연구』 18, 한중사회과학학회, 2020.

이주현, 「前漢 중기 이후 國家의 인력 이용 방식 변화 - 인력 고용을 중심으로 -」, 『東洋史學研 究』 150, 동양사학회, 2020.

오정은, 「秦漢시기의 구구단 - 少吏의 일상 업무에서의 그 가치를 중심으로 -」, 『中國고중세사 학회』 58, 중국고중세사학회, 2020.

오준석, 「秦漢初 촌락(里)의 조직과 통치방식 연구」, 『中國古中世史研究』 56, 중국고중세사학 회, 2020.

오준석, 「秦代 '以吏爲師'와 '史'職의 위상」, 『東洋史學研究』 152, 동양사학회, 2020.

이소화·김준수, 「『龍崗秦簡』 第1~10簡 연구」, 『중국학』 73, 대한중국학회, 2020.

이재연, 「청화간 『鄭武夫人規孺子』에 보이는 鄭나라의 군주 계승 양상에 관하여」, 『中國古中世 史研究』 57, 중국고중세사학회, 2020.

임병덕, 「秦漢律의 庶人 - 庶人泛稱說에 對한 批判 -」, 『中國史研究』 125, 중국사학회, 2020.

임중혁, 「嶽麓書院藏秦簡의 卒令」, 『東洋史學研究』 150, 동양사학회, 2020.

임중혁, 「『嶽麓書院藏秦簡』(肆)·(伍) 秦令의 編制 원칙」, 『中國史研究』 124, 중국사학회, 2020.

정동준, 「동아시아의 典籍交流와 『論語』 목간」, 『木簡과 文字』 24, 한국목간학회, 2020.

조용준, 「睡虎地秦簡〈日書〉篇所見之祝由巫術考察」, 『인문학연구』 59, 충남대학교 인문과학연구소, 2020.

周波, 「楚地出土文獻與《說文》合證(三題)」, 『한자연구』 26, 경성대학교 한국한자연구소, 2020.

[2021년]

김동오, 「〈里耶秦簡〉에 보이는 守官의 유형과 假吏의 의미」, 『中國古中世史硏究』 59, 중국고중세사학회, 2021.

김진우, 「잊혀진 기억, 사라진 역사들, 그리고 각인된 하나의 역사 - 『淸華簡』繫年·『北大簡』趙正書와 『史記』의 비교를 중심으로 -」, 『中國古中世史硏究』 59, 중국고중세사학회, 2021.

戴衛紅, 「中·韓·日 삼국 出土 九九簡과 기층 사회의 數學 學習」, 『중앙사론』 52, 중앙대학교 중앙사학연구소, 2021.

심재훈, 「전국시대 사서류 문헌의 원형 - 청화간 『子犯子餘』 역주 -」, 『中國古中世史硏究』 59, 중국고중세사학회, 2021.

조용준, 「周家臺秦簡所見之醫療巫術考察」, 『中國古中世史硏究』 59, 중국고중세사학회, 2021.

오준석, 「秦代 '舍人'의 존재 형태와 인적 네트워크」, 『中國古中世史硏究』 59, 중국고중세사학회, 2021.

이주현, 「前漢 중기 '타지 거주자[客]'의 출현과 그 의미 - 漢簡의 客子, 客田을 단서로 -」, 『中國古中世史硏究』 59, 중국고중세사학회, 2021.

홍영희, 「額濟納漢簡草書考察」, 『中國學硏究』 95, 중국학연구회, 2021.

금재원, 「家傳하는 簡牘 문서 - 睡虎地秦簡 법률문서 성격의 재고 -」, 『중국고중세사연구』 60, 2021.

김경호, 「前漢時期 西域 境界를 왕래한 使者들 - 『敦煌懸泉置漢簡』 기사를 중심으로 -」, 『중국고중세사연구』 61, 2021.

김용찬, 「懸泉置 雞出入簿를 중심으로 본 漢代 肉食의 변화」, 『중국고중세사연구』 61, 2021.

陳侃理, 유창연譯, 「海昏漢簡 『論語』 初讀 - 전한 중기 論語學의 고찰을 겸하여 -」, 『목간과 문

자』 26, 2021.

凌文超 ,「走馬樓吳簡"隱核波田簿"的析分與綴連」,『동서인문』 16, 2021.

蘭德,「從出土文獻研究早期中國的防洪和灌漑系統」, 동서인문 16, 2021.

楊華·王謙,「簡牘所見水神與禜祭」,『동서인문』 16, 2021.

陳偉,「"有等比"與"比行事"」,『동서인문』 16, 2021.

楊振紅,「秦漢券書簡所反映的"名計"制度」,『동서인문』 16, 2021.

周海鳳,「岳麓秦簡"卒令"性质臆解」,『동서인문』 16, 2021.

沈剛,「西北汉简所见军政系统官俸问题补遗」,『동서인문』 16, 2021.

張俊民,「敦煌小方盘城遗址出土残册散简刍议」,『동서인문』 16, 2021.

劉樂賢,「居延新簡"益氣輕體方"考釋」,『동서인문』 16, 2021.

宋少華,「再论长沙走马楼西汉简牍的年代」,『동서인문』 16, 2021.

藤田勝久,「漢代交通与傳喚、派遣的檄、符 -東亞簡牘的信息技術」,『동서인문』 16, 2021.

賈麗英,「中韓日簡牘文書中的"再拜""万拜""万段"變遷」,『동서인문』 16, 2021.

楊博,「前漢 海昏侯墓 출토 간독에 대한 기초적 고찰」,『동서인문』 16, 2021.

熊曲,「長沙走馬樓西漢簡臨湘駕論血婁、齊盜贓案初探」,『동서인문』 16, 2021.

楊小亮,「五一簡≪從掾位悝言考實倉曹史朱宏、劉宮臧罪竟解書≫編聯復原研究」,『동서인문』 16, 2021.

馬增榮,「長沙五一廣場出土東漢臨湘縣外郡「貨主」名籍集成研究」,『동서인문』 16, 2021.

다카토리 유지,「長沙五一廣場東漢簡牘·君教文書新考」,『동서인문』 16, 2021.

우근태,「秦諸夏考」,『동서인문』 16, 2021.

편저자

———

윤재석　　중국고대사 전공
尹在碩　　현 경북대학교 사학과 교수, 인문학술원장 겸 인문한국플러스지원사업(HK+) 사업단장
　　　　　中國社會科學院 簡帛研究中心 객원연구원, 河北師範大學 歷史文化學院 객원교수 겸 학술고문

논저　　　『睡虎地秦墓竹簡譯註』(소명출판사, 2010)
　　　　　「東アジア木簡記錄文化圈の研究」(『木簡研究』第43號, 2021), 「秦漢《日書》所見"序"和住宅及家庭結構再探」(『簡帛』
　　　　　第8期, 2013), 「秦漢初의 戶籍制度」(『中國古中世史研究』第26輯, 2011), 韓國·中國·日本 出土 論語木簡의 비교 연
　　　　　구(『東洋史學研究』第114輯, 2011), 「睡虎地秦簡日書所見'室'的結構與戰國末期秦的家族類型」(『中國史研究』第67期,
　　　　　1995) 등

저자

———

김진우　　중국고대사 전공
金珍佑　　현 경북대학교 인문학술원 HK연구교수
　　　　　중국사회과학원 역사연구소 방문학자, 고려대학교 사학과 BK21 연구교수, 한국국학진흥원 전임연구원 등 역임

논저　　　『동아시아 고대 효의 탄생』(평사리, 2021), 『중국의 지역문명 만들기와 역사 고고학 자료 이용사례 분석』(공저, 동북
　　　　　아역사재단, 2008) 등
　　　　　「잊혀진 기억, 사라진 역사들, 그리고 각인된 하나의 역사」(『중국고중세사연구』59, 2021), 「중국 고대 도량형과 수량
　　　　　사의 변화 과정」(『木簡과 文字』24, 2020), 「새로 나온 山東 靑島 土山屯 上計文書類 漢牘」(『木簡과 文字』23, 2019),
　　　　　「진·한초 국가권력의 '田制'—新出土자료의 田律을 중심으로」(『중국고중세사연구』52, 2019), 「중국고대의 新出土자
　　　　　료와 사마천 연구 - 『장가산한간』이년율령·사율을 중심으로 - 」(『史叢』97, 2019) 등

———

오준석　　중국고대사 전공
吳峻錫　　현 경북대학교 인문학술원 HK연구교수

논저　　　「秦·漢代 중앙 행정문서의 하달체계 연구」(『동양사학연구』145, 2018), 「秦代 공문서의 분류와 서사형식」(『중국고중
　　　　　세사연구』51, 2019), 「秦·漢初 촌락(里)의 조직과 통치방식 연구」(『중국고중세사연구』56, 2020), 「秦代 '以吏爲師'
　　　　　와 '史'職의 위상」(『동양사학연구』152, 2020), 「秦代 '舍人'의 존재 형태와 인적 네트워크」(『중국고중세사연구』59,
　　　　　2021) 등

———

다이웨이훙　중국고대사 전공
戴衛紅　　현 中國社會科學院 古代史研究所 研究員·魏晉南北朝史研究室 主任
　　　　　경북대학교 인문학술원 HK연구교수, 성균관대학교 동아시아학원 방문학자, 中國魏晉南北朝史學會 秘書長, 中國
　　　　　魏晉南北朝史學會 부회장 등 역임

논저　　　『北魏考課制度研究』(中國社會科學出版社, 2010), 『韓國木簡研究』(廣西師範大學出版社, 2017) 및 40여 편의 논문 등

———

금재원　　중국고대사 전공
琴載元　　현 경북대학교 인문학술원 HK연구교수
　　　　　중국 서북대학 역사학원 부교수 역임

논저　　　「家傳하는 簡牘 문서 - 睡虎地秦簡 법률문서 성격의 재고」(『중국고중세사연구』60, 2021) 「前漢 시기 鴻溝 水系 교통
　　　　　의 재건 - 梁楚 지역 郡國 변천을 중심으로」(『중국고중세사연구』56, 2020), 「里耶秦簡所見秦代縣吏的調動」(『西北大
　　　　　學學報』(人文社會科學版)2020 - 1, 2020), 「秦漢帝國 수도 권역 변천의 하부구조 - 秦嶺과 黃河 교통망을 중심으로」
　　　　　(『동양사학연구』149, 2019) 등